中国新闻传播学
自主知识体系建设工程

| 当代中国新闻理论研究 |

新闻本体论
（新修版）

On Journalistic Noumenon

杨保军◎著

中国人民大学出版社

·北京·

本书系中国人民大学科学研究基金项目

"当代中国新闻理论研究"

（批准号：18XNLG06）成果

总　序

2022年4月25日，习近平总书记来到中国人民大学考察调研时指出，加快构建中国特色哲学社会科学，归根结底是建构中国自主的知识体系。没有知识体系这个内涵，三大体系就如无本之木。习总书记的这一重要论述，为中国特色新闻传播学学科体系、学术体系、话语体系建设指明了方向。当前，面向新时代的使命任务、面向新媒体的变革、面向全球化背景下人类文明交往的新形势，新闻传播学科面临转型升级的迫切要求，需要在回答中国之问、世界之问、人民之问、时代之问中实现学科的系统性重组与结构性再造，新闻传播学的知识体系也需要以此来锚定坐标、厘清内涵外延。

中国人民大学新闻学院是中国共产党亲手创办的第一所高等新闻教育机构，是新闻传播学科"双一流"建设单位，主动布局和积极开展自主知识体系建设是我们应有的使命担当。为此，学院开展了"中国新闻传播学自主知识体系建设工程"重大攻关行动，组建了十六个科研创新团队，以有组织科研的形式开展专项工作，寄望以此产生一批重大基础性、原创性系列成果，这些成果将在中国人民大学出版社的支持下陆续出版。

中国新闻传播学自主知识体系建设，首先要解决这一体系的逻辑性问题。这需要回到学科发展的历史纵深处，从元问题出发，厘清基本逻辑。在过去的一百多年中，报纸、杂志、广播、电视、通讯社等风起云涌，推动了以大众传播为主体的职业新闻传播事业的迅猛发展。这种实践层面的动向也必然会反映到理论层面，催生和促进新闻传播学的发展。如果从1918年北京大学新闻学研究会成立算起，新闻学在中国的发展逾百年，传播学全面进入中国学界的视野已超过四十年，从1997年正式成为一级学科，新闻传播学在我国的发展则有二十多年。在长期的发展过程中，新闻传播学形成了以史、论、业务三大板块为支柱的知识图谱，并在各专门领域垂直深耕，形成了蔚为壮观的学科阵列。应该说，已有的发展为构建中国新闻传播学自主知识体系提供了良好的基础，但离自主知识体系的要求尚存在不小的差距。主要表现在：长期跑马圈地扩张而以添砖加瓦方式累积形成的知识碎片如何成为有逻辑的知识图谱？主要面向大众传播而形成的知识概念何以适应新媒体时代传媒业结构性变革的新要求？多源流汇聚、面向多学科开放而形成的知识框架如何彰显本学科的主体性？马克思主义新闻观作为"中国特色"的灵魂如何全面融通进入知识体系？这些问题的解决必须超越各种表层因素，从元问题出发并以其作为逻辑起点展开整个知识体系的构建。新闻传播学的一个重要特质就是关注"对话与沟通"及由此对"共识与秩序"的促成，进而推进人类文明和文化的理解与融合。在今天的社会语境下，对于新闻传播学的这一本质意义的认识是重建学科逻辑的关键。在当今的新兴技术革命中，新闻活动从职业语境走向社会化语境，立足于职业新闻活动的新闻学也必须实现根本性转换，将目光投向更广阔的人类传播实践，将新闻学建立在作为人之存在方式、与人之生活世界紧密相连的"新闻"基础之上，建立在新闻、人、事实和生活世界之间相互交错的深厚土壤中。

中国新闻传播学自主知识体系建设，必须要处理好中国特色与世界普遍意义的关系问题。中国的历史、中国的新闻传播实践赋予知识概念以特殊含义，如何将这种"中国特色"阐述清楚，是新闻传播学理论首先要解决的问题。"中国特色"强调对中国问题、中国历史传统和现实特征的观照，但这绝不是自我封闭的目光向内，而是要处理好中国经验与世界理论的关系。建构自主的知识体系应该是一个对话的过程。马克思主义基本原理同中国具体实际相结合、同中华优秀传统文化相结合的过程，是吸收、转化、融入的过程，从学术上讲，实际上是马克思主义与中国传统对话、与中国现实对话的过程。建构自主的知识体系应该关切、关怀人类共同的问题和命运，这就要以产出中国知识、提供全球方案、彰显世界意义为目的，在古今中西的十字路口展开对照和对话。换言之，我们构建自主的知识体系不是自说自话，而是要通过知识创新彰显中国贡献，使中国的新闻传播学屹立于世界学术之林，这是一个艰难而复杂的进程。如果以此为目标做战术层面进一步细分的话，自主知识体系的构建大体可以分为三个向度：

其一，能够与世界同行开展实质有效的深层对话。

这部分主要是指那些具有特别鲜明的中国特色、短期内难以达成共识的内容，比如中国新闻学，从概念到理论逻辑均与西方学术话语有着较大的差异和分歧。对于这部分内容，我们至少在短期内可以以能够开展实质有效的对话为目标，不一定能够达成共识，但至少应努力做到和而不同。这需要我们首先建立一套系统的、在学术上能够逻辑自洽的中国新闻学理论体系。作为中国新闻学的灵魂，马克思主义新闻观不能成为被表面尊崇实则割裂的"特区""飞地"，而应"脱虚向实"，真正贯穿本学科的知识图谱。这就需要将马列关于新闻传播的经典论述与中国共产党从其领导下的百年新闻事业中不断总结提炼的新闻理论相结合，与中国历史传统特别是优秀传统文化相结合。当前，特别要立足于马克思主义新闻观与新时代中国新闻传播事业，加强对习近平文化思想、习近平关于新闻舆论工作重要论述的系统性理论阐释，全面梳理互联网环境下新闻实践的基本理念、原则、方式方法，充实和完善新闻学的本体论、认识论、方法论，构建较为系统完整的知识地图。这既是中国新闻学理论链条的最新一环，也将实现理论创新的层级跨越。

其二，能够与世界同行开展实质有效的交流合作。

这部分主要是指那些与西方学术话语有相通之处、面临共同的问题和挑战的内容，比如一直面临着基础理论创新乏力的传播学，我们可以在实质有效的合作交流中共同发展，做出中国贡献，形成中国学派。要实现这一愿景，中国的传播学必须坚持问题导向，立足中国现实问题，开展基础理论研究和应用对策研究：一方面，扎根中国大地，形成具有中国特色、世界意义的原创性理论；另一方面，面向中国实践，形成一套有解释力的观念体系。从国家加强国际传播能力建设的重大使命任务出发，当前尤其要加强国际传播基础理论建设，尽快构建中国的国际传播理论体系，推动与国际同行的学术交流和对话，加强国际学术话语权。

其三，能够为世界同行做出实质有效的独特贡献。

这部分主要是指那些新兴领域或者中国具有独特资源的领域，我们与世界同行基本处于同一起跑线，甚至有些还有一定的先发可能，要把握历史主动、抓住难得的机遇期。当前中国社会正处于转型期，呈现出大量西方社会较少见到的现象，这给中国新闻传播学研究在理论建构上做出世界贡献提供了机会。同时，要利用好中国在新媒体方面的技术优势和实践优势，提早布局、快速产生重大成果，为未来传播的新时代实现中国新闻传播学科建设的"弯道超车"创造条件。比如，目前各种人工智能技术已被广泛运用到新闻领域乃至整个传媒产业，带来了智媒化发展的大趋向，我们需要通过跨学科的视野梳理智能传播的基本架构以及知识体系，并在此基础上深入探究智能传播中的焦点问题：智能化媒体应用趋势、规律与影响，人工智能时代的算法，智能环境中的人与人机关系等。

自主知识体系建设是新闻传播学科在新的历史阶段开展"双一流"建设的重要历史机遇。如果说第一轮"双一流"建设是在筑基与蓄力，那么从第二轮"双一流"建设开始，我们的重要任务就是真正开启面向全球场域、建设世界一流，全面提升学科的国际对话能力，实现从一般性国际交往到知识创造、从理论互动到以学科的力量介入全球行动、从场景型合作到平台构建的"转向和超越"。在走出建设中国特色、世界一流大学新路的过程中，自主知识体系建设将起到至关重要的赋能作用，通过知识创新实现中国经验与世界贡献的有机融通，为中国的新闻传播学科屹立于世界学术之林夯实基础。这当然不是一所学院所能胜任的事情，需要整个学科共同体的努力。2023年11月4日，中国人民大学新闻学院联合国内四十多所兄弟高校新闻传播学院共同发起成立"中国新闻传播学自主知识体系联盟"并发布倡议，希望以学科的集体力量和智慧推进这一重大行动，我们有理由期待未来更多高质量相关成果的推出。

新时代给新闻传播学科的发展赋予了无限动能与想象空间，这是我们的幸运，也是我们的责任。我们坚信，中国新闻传播学自主知识体系构建要锚定的基点，在于"以中国为根本，以世界为面向"，要充分了解、辩证看待世界，在广泛吸收人类文明优秀成果的基础上，回到本学科、本领域事业发展的历史和现状，回到中国的历史和优秀文化传统，以中国问题、中国现实为观照来构建自主知识体系，为推动中国更好地走向世界服务，为构建人类命运共同体做出贡献。

是为序。

2023 年 11 月 16 日
于中国人民大学明德新闻楼

写在前面的话

"新闻十论"的来龙去脉

"新闻十论"就要集纳成十卷本出版了，这对我来说，是对过去 20 多年来新闻学研究的一个主要总结，估计也是最重要的总结了。至于我关于其他领域一些问题的思考和研究，还得等待另外的机会进行总结。

"新闻十论"就要以新的"完整"的面貌与读者见面了，不再是过去的零散样式，想象到那像模像样的十卷，不仅感到欣慰，内心还有点兴奋和激动。对于一个研究者或思想者来说，能给社会、他人的最大贡献莫过于自己的著述了。这自然也是作为研究者、思想者精神生命中最具意义的部分。

关于"新闻十论"写作的来龙去脉，没有多少生动鲜活的故事，也没有什么摇摆不定的曲折起伏，就像一个研究者或思想者的生活一样，四季流转、朴素平淡。但毕竟是 20 多年才做成的一件事，总得给读者交代一下大致的过程和相关的情况。

当初写第一论《新闻事实论》时，我只是个"大龄"的博士研究生。1998 年 9 月，我 36 岁，来到中国人民大学新闻学院跟随童兵教授读博士，面试时就大致确定攻读博士期间主要研究"新闻事实"问题。

2001 年 10 月，新华出版社出版了我的博士学位论文《新闻事实论》。写作《新闻事实论》时，没想着要写那么多论，但出版后，就有了新的写作计划，当时只是想写"新闻三论"，即除了《新闻事实论》之外，再写《新闻价值论》和《新闻自由论》两论。

我的导师童兵先生在给《新闻事实论》写的序言中，做出了这样一个判断："'三部曲'搞成了，是对中国新闻传播学基础研究的一个贡献。"这大大鼓舞了我的士气，也增强了我做基础研究的信心。

写"十论"的想法产生于2001年年底，当时《新闻事实论》已经出版，我开始着手写《新闻价值论》了。写作过程中，我产生了一个想法，那就是能否在全国范围内找一些年富力强的学者，就新闻基础理论问题做个系列研究，三五年内撰写出版一批专著，为新闻理论研究做一些铺垫性的工作，也可以从根本上回击"新闻无学"的喧嚣。我当时博士毕业留到中国人民大学新闻学院任教不到一年，没有这样的组织号召能力，于是就把自己的想法告诉了童兵先生，渴望童先生通过自己的影响力组建一个团队来做这件事情（童先生当时担任国务院学位委员会新闻传播学学科评议组组长）。童先生说他先联系一下看看如何。大概过了半年多，童先生从上海来北京（童先生2001年年底从中国人民大学新闻学院调往复旦大学新闻学院工作）开会，我去看望先生，谈及前说组建写作团队一事，先生说找过一些人，但大都"面露难色"，此事不好做，随后话锋一转对我说："你若情愿，就一个人慢慢做吧。"我也没敢答应，此事就此搁浅了。

契机出现于2003年。当年，我出版了《新闻价值论》，《新闻自由论》两三万字的写作大纲也基本完成，想着再用两三年时间，写完《新闻自由论》，"三部曲"就结束了，然后再做其他问题的研究。记得是11月前后，有一天晚上快11点了（具体日子已经记不清了），有人给我家里打来电话，我拿起电话刚想问是谁，对方不紧不慢，"笑眯眯"地说（那语调、声气让人完全可以想象出来）："祝贺你，保军，你这个小老鼠掉到大米缸里啦，你的论文《新闻事实论》入围全国百篇优秀博士学位论文啦！"电话是方汉奇先生打来的。听到这样的好消息我当然高兴。老人家又鼓励了我几句，我表达了深深的感谢，并告诉方先生我自己会继续努力，好好做学问。

获得全国百篇优秀博士学位论文奖不仅名声听起来不错，而且还是件比较实惠的事情，可以申报特别科研资助基金。我申报了"新闻理论基础系列专论"研究的课题，承诺写三部专著——《新闻本体论》《新闻真实论》《新闻道德论》。这一下子等于自己把自己给逼上梁山了。但也正是从此开始，我正式规划"新闻十论"的写作。

"十论"具体写哪"十论"，其间有过精心筹划，也有过犹豫、选择和调整，现在的"十论"，与最初的设想还是不完全一致的，比如，《新闻自由论》转换成了《新闻精神论》，当初想写的《新闻文化论》也最终变成了《新闻观念论》，而想写的《新闻媒介论》最终没有写。但说老实话，转换、调整的根本原因是《新闻自由论》和《新闻文化论》太难写了，自己的积淀、功力远远不足，只好选择自己相对有能力驾驭的题目，那些难啃的硬骨头留给"铜牙铁齿"的硬汉们吧。

如果从1999年《新闻事实论》的写作算起，到2019年《新闻规律论》画上句号为止，"新闻十论"整整用了20年时间。这个时间，说长不长，说短不短，但它用去了我整个的中年时代。回头望去，就如我在《新闻规律论》后记中说的，二十多年过去了，我由青年、中年开始进入老年，黑发变成了"二毛"、白发，但当年的愿望也由头脑中的想象一步一步变成了摆在面前的文本，思想变成了可触可摸的感性事实，说实话，也是相当欣慰的。做了一件自己想做的事，并且在自己的能力、水平范围内做完了、做成了，也算给自己有个交代了。

不过，不管是起初设想的"三部曲"，还是最终写成的"十论"，这些著作只是对既往劳动心血的奖赏，一经面世，便是过去时了，对自己其实也就不那么重要了。至于这些著作对学术研究的意义和价值，对相关社会实践的作用和影响，就不是我自己能够评判的事情，只能留给他人和历史。我想做的是眼下与未来的新事情，继续自己的观察分析、读书思考、写作出版，争取对新闻学研究做出一些新的贡献。当然，我也会抽出一些时间，整理自己其他方面积累的一些文字，并争取出版面世的机会。

"新闻十论"能以十卷本聚合在一起的方式与读者见面，必须感谢中国人民大学。2018年4月，"新闻十论"以"当代中国新闻理论研究"课题方式，列入中国人民大学重大规划项目。有了项目资金的资助，出版也就可以变成现实了。

2019年，"新闻十论"的最后一论《新闻规律论》由中国人民大学出版社出版后，我便着手整理过往出版的"九论"——其中，《新闻事实论》于2001年由新华出版社出版，随后的《新闻价值论》（2003）、《新闻真实论》（2006）、《新闻活动论》（2006）、《新闻精神论》（2007）、《新闻本体论》（2008）、《新闻道德论》（2010）皆由中国人民大学出版社出版，2014年《新闻观念论》由复旦大学出版社出版，2016年《新闻主体论》由人民日报出版社出版。这些专著，除了新近出版的《新闻规律论》《新闻主体论》和《新闻观念论》，其他在市场上已经见不到了。有些朋友曾向我"索要"其中的一些书，我手头也没有。

尽管"十论"的结构方式、写作风格是统一的，大部分著作的篇幅差别不是很大，但有几本之间还是有一定差异的，比如作为博士学位论文的《新闻事实论》只有16万字左右，而2014年出版的《新闻观念论》超出70万字，面对这种情况，或增或减都是不大合适的，保留历史原貌可能是最好的办法。因而，这次集纳出版时，我并没有为了薄厚统一"好看"去做什么再加工的事情。顺其自然，薄就薄点，厚就厚些。

根据出版社编辑建议，"新闻十论"集纳出版之际，我专门撰写了《中国新闻学基础理论研究》，从一定意义上说，这本书是"十论"的"总论"，也是对"新闻十论"的总结。为了方便读者的阅读，我把原来分散在各单行本著作中的"前言"或"导论"集纳在一起，构成了该书的第二编。需要说明的是，有几本当初没有写类似"前言"或"导论"的文字，或者是写得过于简单，比如《新闻价值论》《新闻真实论》，为了形成一个比较完整的结构，我特意为这几本书补写了相当于"导论"的文字。由于是补写，就不可能回到当初的写作状态，但我尽可能以原来的文本为根据，去呈现原来著作的内容，类似于内容介绍，而不是站在现在的角度展开阐释。每一本书的"导论"，如果原来有题目，我就保留原来的，如果没有，我便从原作中找一句代表性的话作为题目；同时，为了阅读方便，我也特意提炼了各部分的小标题。总的来说，一个大原则就是尽可能完整保留原作的面貌，不用"后见"改变"前见"。

"总论"《中国新闻学基础理论研究》与"十论"合在一起，总字数超出 400 万字。

"新闻十论"在过往十几年中，得到了新闻学界的普遍肯定。一些学者撰写了评价文章，给予不少溢美之词；有些专著被一些新闻传播学院列为研究生、博士生必读书目或参考书目。"十论"中的多半著作获得了不同类型、层级的奖项，比如，《新闻事实论》获得了全国百篇优秀博士学位论文奖，《新闻价值论》《新闻活动论》《新闻道德论》《新闻观念论》分别获得了第四届、第五届、第六届、第八届中国高校人文社会科学研究优秀成果奖三等奖、二等奖、三等奖、一等奖，《新闻观念论》还获得了第七届吴玉章人文社会科学优秀奖，《新闻规律论》获得了北京市第十六届哲学社会科学优秀成果奖二等奖，《新闻精神论》《新闻规律论》等也曾获得中国人民大学优秀科研成果奖。但这些著作到底价值几何，获奖并不能完全说明问题，还是要交给未来的时间去说话。

伴随"新闻十论"的出版，我还撰写了数量不少的研究论文，这些论文大都是围绕"十论"主题的后续研究成果，可以说是相关主题研究的不断扩展和深化。如果借着本次出版机会把这些论文作为附录编辑在相关著作后面一起出版，也许有利于读者更好地了解我的研究进展情况，但这将使"新闻十论"显得过于庞大或"膨胀"，同时也会给编辑工作带来更多的繁重劳动。出于这些考虑，我放弃了编辑"附录"的想法，等将来有了机会，我再专门编辑出版相关研究论文。但这里需要稍微多说几句的是，"新闻十论"中的每一本著作都有其历史性，这也决定了它们对相关主题的研究成果不可能完全反映当下的实际情况。尽管"新闻十论"专注于基础问题，所得出的研究结论具有一定的稳定性和长久性，但对日新月异的新闻领域来说，这些著作中的一些见解、观点、看法还是需要补充、调整和修正的，我们需要根据新的现象、新的事实、新的发展做出持续的探索。新闻研究的本体对象在持续变化，新闻认识论、价值论、方法论等当然也要跟着变化。

由于"新闻十论"的写作前前后后长达约20年，每一本书的写作，都有当时的时代背景、环境特点，都是当时自己认识水平、思想水平和学术水平、表达水平的产物。因而，本次集纳出版时，出于对历史的尊重，也是对自己的尊重，更重要的是对读者的尊重，基本保持了每本书当年出版时的文字原貌。但在这次集纳出版时，按照中国人民大学出版社最新出版编辑规范的要求，调整、订正了注释方式以及参考文献的排列方式，对发现了的写作上或编辑上的个别明显问题，当然都做了必要的修正。

还需要特别说明的是，尽管"新闻十论"的每一论都是围绕某一个核心问题（范畴、概念、观念）展开论述，但这些核心问题之间有着内在的关系，自然也会存在共同的或交叉性的问题。因而，在论述过程中，一些内容就难免必要的重复。在"十论"集纳出版时，如果把这样的文字删掉，可能会影响相关论述的完整性。因此，为了使每一论都能自成体系、保持完整，我保留了各本著作出版时的原貌。

"新闻十论"不是一次性规划的作品，而是在研究、写作中逐步构想、形成的一个具有内在统一性的系列。"十论"中的每一论都是对一个新闻理论基础概念、基本观念的成体系的研究，完全可以独立成篇。而它们组合在一起，就初步形成了对新闻理论基础概念、基本观念的系统化研究。可以说，"新闻十论"为整体的新闻理论体系构建做出了初步的但确实重要的铺垫工作。

正是因为"新闻十论"不是先做整体策划，之后逐步写作，而是写了几本后才有的规划，因而，"十论"之间并没有形成明晰的先后或历史逻辑关系。但现在要集纳在一起出版，为了方便读者阅读，我把作为"总论"的《中国新闻学基础理论研究》一并纳入考虑，主要依据内容构成特点，将"总论"与"十论"分成几个单元，并按照内容之间大致的逻辑关系做了个排序：

(1)《中国新闻学基础理论研究》（总论）

(2)《新闻活动论》

(3)《新闻主体论》，《新闻本体论》《新闻事实论》

(4)《新闻精神论》《新闻道德论》《新闻观念论》，《新闻真实论》《新闻价值论》

(5)《新闻规律论》

这五个单元之间的关系，图示如下：

这五个单元之间的关系，可以大致这样理解：第一，《中国新闻学基础理论研究》是"新闻十论"提纲挈领的总介绍，具有统领的也是"导论"性质的地位与作用。第二，《新闻活动论》是"新闻十论"逻辑上的一个总纲，设定了"新闻十论"的宏观范围或问题领域。第三，新闻活动是人的活动，是人与人之间以交流新闻信息为主、为基础的活动，因而，人与新闻的关系问题是新闻活动的总关系，也是新闻学的总问题，这样，《新闻活动论》大致就可分为《新闻主体论》与《新闻事实论》《新闻本体论》两个单元：《新闻主体论》重点讨论的是新闻活动中的"人"的问题

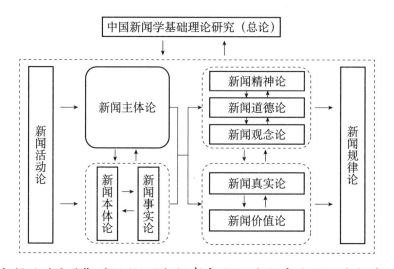

或"新闻活动主体"的问题；《新闻事实论》《新闻本体论》重点讨论的是"事实"问题、"新闻"问题，而"事实与新闻的关系问题"构成了新闻理论的基本问题。第四个单元可以看作第三单元的逻辑延伸：《新闻精神论》《新闻道德论》《新闻观念论》主要是关于"新闻活动主体""精神世界"的讨论，《新闻真实论》《新闻价值论》是在新闻认识论、新闻价值论视野中关于新闻与事实、新闻与主体价值关系的讨论。这两个小单元之间的关系，依然可以看作关于"人与新闻关系总问题"的进一步延伸。第五个单元是在规律层面上对新闻活动内在关系的揭示，也可以看作在前述各个单元基础上的总结。

需要再次说明的是，上面关于"新闻十论"逻辑关系的梳理，只是写作完成后对"十论"内在基本关系的一个反思性认识，并不是一开始的"顶层设计"。事实上，要建构比较完整的新闻基础理论研究大厦，不是这"十论"能够完成的，诸如关于新闻媒介、新闻语言（符号）、新闻技术、新闻制度、新闻文化等都需要以专论的方式展开系统深入的研究，这自然是一个长期的过程，也不是某一个人或几个人可以完成的任务，而是需要整个新闻学界展开持续的研究和探索。

致　谢

对于一个读书人、教书人、写书人来说，出版几本书是分内的事情，也是生命、生活过程的自然呈现，没有什么过多值得说的东西，但在自己的背后，却有许许多多要感谢的人，要感谢的单位，也有许许多多想说的事。这里不可能大篇幅展开叙说，但有些话还是要留下历史性文字的，一定要让它们成为美好的记忆。

读书、思考、研究、写作需要时间，需要安宁、清净，但自己有了时间，有了安宁、清净，有些人就得为你忙起来、跑起来。人们容易看到台前的人，很难看见幕后的人，但没有幕后人的辛劳，台前的人是表演不好的。

我从1998年读博开始，应该说正式步入了自己独立自主的思想探索、学术人生。经过几十年的慢慢前行，现在有一些被称作"成果"的文字放在那里。回头去看，这一路走来，在自己成长的道路上，需要感谢的人实在太多。我在已经出版的每一本著作的后记中，都有真真切切的记录，也一再表达了自己真诚的感谢，我愿在"新闻十论"出版之际，再次表达对他们的深深谢意。

感谢我的硕士生导师郭云鹏、赵馥洁、王陆元、伍步云诸位先生，是他们将我带进了学术的殿堂，让我初步懂得了学问的真谛、思想的珍贵，给我涂抹上了学术人生的底色。他们中有的已经驾鹤西去，但影响却深深留在了我的身上和心里。

感谢我的博士生导师童兵先生，是他指点我、引导我迈上了学术的台阶，开始了真正的攀登。如今他虽已年过八十，但依然与时俱进、笔耕不辍，活跃在中国新闻研究、新闻教育教学的前沿阵地，是我学习的榜样。感谢我的师母林涵教授，她敏锐智慧、性格耿直，无论在学术上还是在生活中都给我以特别的启示。导师和师母塑造了传奇式的"林中童话"，成为我们晚辈经常阅读、传说、交流的美好故事。

感谢我的博士后合作导师曹璐教授，她是那种充满母爱式的导师，温和宽容，不管是学术指导还是生活交流，总是一副慈祥的样子，让人感到放松和温暖。在跟从曹老师的学习过程中，我不仅得到了学术的滋养，也学到和体会到了一些如何与学生、与晚辈、与他人交往的真经。

感谢我的著作的出版者、编辑者，我的论文的审阅者、刊发者，是他们把我一步步扶上了学术的阶梯，帮助我不断向上攀爬，能够看到更高、更远的风景。感谢新华出版社的王纪林女士，中国人民大学出版社的司马兰女士、陈泽春女士、李学伟先生、王宏霞女士，复旦大学出版社的姜华先生，人民日报出版社的梁雪云女士，还有众多学术刊物的编辑们。他们中的一些人可能已经不在原出版单位工作了，但不管他们是退休了，还是另有高就，我都会一直记得他们，感谢他们。

感谢新闻传播学界的前辈学者刘建明教授、罗以澄教授、董广安教授、杨秀国教授、白贵教授……他们在我的学术道路上，以各种方式关注过我、帮助过我、提携过我，对我的学术工作、研究成果予以鼓励和肯定；感谢所有关心过我、帮助过我的同行朋友们，恕我不再一一列名。

感谢所有帮助过我、支持过我的朋友们。我要特别感谢樊九龄、朱达仁、李东升、栾肇东、党朝晖、郑瑜、杨武、李刚、刘吉发、任莉娟、贾玉峰……你们在我人生道路的一些关键节点上给予我不同方式的重要帮助，使我充满信心，克服了各种各样的困难，向着自己的目标前进。

感谢我所有的学生，包括我教过的中学生、本科生、研究生、博士生，是你们与我一起塑造、构建了我人生的主要场景，描绘了我人生的主要画面。与和你们一起成长相比，"新闻十论"不过是"副产品"，当然也是我与你们一起学习、共同进步的"正产品"。你们中的每个人，都以各自的方式在为社会服务的同时展开自己的生活、成就自己的人生，很多人都已成长为不同领域的佼佼者，这使我感到相当欣慰。你们中的一些人也常常与我联系、交谈，这使我获得了另一种特别美好的感受。

一个人的人生，不是一个人单独行走的过程，更不是独自默默绽开，而是所有相关者共同绘制、编织的结果。记得马克思说过这样的话，一个人的发展取决于和他直接或间接交往的其他一切人的发展。是的，我们是交往、交流中的存在，所有交往、交流中的人都是我们得以成长的不同助力者。在我们的人生道路上，会不断得到"贵人"相助，这是幸运的事、快乐的事、幸福的事。凡是以各种方式帮助过、支持过我的人，都会永远留在我美好的记忆之中，会成为我不时"念叨"的人……

感谢我的母校渭南师范学院（原来的渭南师专），我在那里读的是大专，学的是物理专业，但正是在那里，我阅读了大量的文学艺术作品和人文社会科学著作，奠定了后来成长的基础。

感谢我的母校西北政法大学（原来的西北政法学院），我在那里读的是硕士研究生，学的是哲学专业，方向是哲学认识论。正是在那里，我开始真正研读哲学史上、思想史上的一些经典著作，真正开始以学术的方式、独立自主的方式思考一些有意义、有价值的问题。

感谢我的母校中国人民大学，我在这里读的是博士研究生，学的是新闻学专业，专注于新闻基础理论研究，2001年毕业后留校任教。正是从步入中国人民大学新闻学院开始，我进入了新闻专业研究领域，开启了具有自身特点和风格的学术研究活动，并逐步形成了自己对研究领域比较系统成型的看法，"新闻十论"便是我在中国人民大学新闻学院20多年来学习、教学、科研工作成绩的重要组成部分。

感谢中国人民大学新闻学院的所有同事们，我们一起创造了一个学术环境宽松、人际关系和谐的学院，在这里我感到了难得的温暖和美好。20多年来，我得到了前辈老师们学术上的指点、扶持和提携，感谢甘惜分先生、方汉奇先生、郑兴东先生、何梓华先生……。20多年来，我在这里得到了更多老师在教学、科研、生活方面的关心和关照，感谢涂光晋老师、陈力丹老师、张征老师、倪宁老师、郭庆光老师、喻国明老师……。我还要特别感谢在我遇到特殊困难时安慰我帮助我的陈绚老师（她不幸英年早逝）、钟新老师、彭兰老师、赵永华老师、王润泽老师、赵云泽老师……

感谢我曾经工作过的陕西省耀县（今铜川市耀州区）柳林中学（它坐落在深山里，背靠大山，面临小河，如今它已不在了，变成了山中一座像模像样的宾馆），感谢我曾经工作过的西安市第六十六中学，感谢我曾经工作过的陕西日报社。在这些不同的地方、不同的工作岗位上，我能以不同的视野、不同的方式并在不同层次上经验中国社会、了解中国社会、理解中国社会。特别是在陕西日报社近八年的新闻工作中，我真正开始了解中国新闻、经验中国新闻、实践中国新闻、理解中国新闻，并初步思考和研究中国新闻。陕西日报社的工作经历，是我最终走上新闻研究之路的"动力源"。我看到的事实、我亲历的实践、我遇到的问题与困惑，促使我踏上了新闻研究的征程，从一个新闻一线的工作者转变成了一个新闻理论研究者。

在"新闻十论"出版之际，我要再次特别感谢我所在的中国人民大学，正是学校经费的支持，才使"新闻十论"以这样"风光"的形式与读者见面。在此，我要特意感谢中国人民大学科研处的侯新立老师，他不仅为"新闻十论"的出版协调各种关系，还对我如何安排"新闻十论"的结构提出了很好的建议。我要特别感谢我所在的新闻学院前任执行院长胡百精教授（现在为团中央书记处书记），现任院长周勇教授，主管科研工作的副院长王润泽教授。他们为了"新闻十论"的出版，专门与我商谈并在不同场合推介"新闻十论"以扩大它的影响，让我感到特别的欣慰。

我要特别感谢中国人民大学出版社，特别感谢人文分社，感谢人文分社的总编辑翟江虹女士，为了"新闻十论"的顺利出版，她上下左右协调各种关系，不辞劳苦、到处奔波，不厌其烦地回答我的各种问题，耐心细致地指导我如何按照相关规范修订、编辑书稿，组织编辑力量保证出版工作顺利进行。我要特别感谢"新闻十论"的责任编辑田淑香、李颜、汤慧芸、黄超、徐德霞、陈希。

我要特别感谢中国人民大学新闻学院十多位博士研究生，他们组成了一个工作团队，帮助我解决书稿编辑中的技术问题，他们是樊攀（他是这个博士生团队的组织者、协调者）、杜辉、王敏、刘泽溪、孙新、潘璐、张博、曾林浩、刘少白、余跃宏、李静、吴洁等，感谢他们帮助我调整、订正注释和参考文献的编排方式，感谢他们帮我查阅一些文献的新版表述，有些文献经斟酌还要保留旧版表述，这都是琐细繁杂、劳心费力又很费时的工作，要是没有他们的倾力相助，"新闻十论"的出版速度就会大大放慢。需要特别感谢的是我的博士生樊攀和刘泽溪两位，在校订书稿的过程中，他们随时都在帮助我解决遇到的各种技术问题。

"新闻十论"的出版，让我再次深切感受到一个学者的成长，一个研究者和思想者的学术成果的传播，绝不仅仅是一个学者、研究者、思想者自己可以单打独斗的事情，而是需要各种组织、机构的支持，需要个人的努力和别人的帮助。其实，所有的精神产品都不可能是某一个人独立的产品，而是一些组织、一些机构、一些人共同努力的结果。

最后，我要特别感谢自己的亲人们。感谢我的父母、岳父母，老人家们其实并不完全知道我整天为什么要读那么多书、要写那么多文字，但他们似乎都知道我在做"大事"。因而，每每与他们通话或见面时，总是要我做好自己的事，不要太挂念他们。天底下的父母，最爱的就是他们的孩子，孩子们好了，他们就觉得一切都好了。感谢我的兄弟姐妹，他们大都在父母身边或离得比较近，在赡养、关照父母的事情上付出了更多的辛劳。每次通电话，他们也总是让我放心，老人们有他们照顾。其实，我总感问心有愧，没有抽出更多的时间看望父母、陪伴父母。

对于她来说，"感谢"一词就过于轻淡了，即使给前面加上各种各样的修饰词，也增加不了任何分量。语言的能量其实太有限了，只能表达能表达的，却表达不了不能表达的，而那些不能表达的、难以表达的，才往往是最深沉的东西。

我从学物理转到学哲学，从学哲学转到学法律，再转到学新闻，这一转再转，需要读书，需要思考，需要时间，需要安静……我从这个学校的中学老师转成那个学校的中学老师，又从中学老师转成研究生，又从研究生转成新闻工作者，又从新闻工作者转成博士研究生，又从博士研究生转成大学教师，这一转再转，越来越需要时间，越来越需要读书、思考、写作，越来越需要更多比较安静的时间……

给我时间的，让我安心的，有许多人，但所有的其他人，都不能胜过她，所有的其他人，都不能代替她，因为所有的其他人，都不是她。她是唯一的。她就是那个平凡得不能再平凡、朴素得不能再朴素的人——我的爱人——成茹。不需要说她为我、为父母、为孩子、为兄弟姐妹、为亲朋好友、为我的老师、为我的学生做了什么，因为太多、太琐细、太婆婆妈妈，我说不完，更说不过来，但所有这一切却是我行走的背景，而没有背景又哪来的前景呢？谢谢你，成茹，辛苦了！

杨保军

2023 年 10 月 9 日

于北京世纪城

目 录

第四章　新闻的功能

第五章　新闻的创制

前　言

一

　　当代中国需要怎样的新闻观念，怎样的新闻业，在我看来，这是所有新闻理论研究中最为重大的问题，同样也是新闻实践呼唤的头等重要的问题。新闻在我们的社会（中国特色社会主义）中到底应该发挥怎样的作用，则是新闻观念的核心问题（新闻的功能观念是新闻观念极其重要的构成部分）。毕竟，新闻对社会、对主体来说，主要是手段性的存在，而不是目的性的存在。如何思考核心问题直接表现为方法论问题，但方法总是根基于一定的对象前提，方法总是针对确定问题的方法。而对前提问题的探索远远超出了新闻学的范畴，需要极为广阔的学术视野和胸怀，新闻学很难以自己独立的或者说是单独的力量回答新闻观念确立的根基问题、前提问题。但对新闻学自身来说，首先要弄清楚新闻现象或现象新闻的本体问题。新闻本体论可以从新闻学内部寻求新闻观念合理性、正当性、科学性的根源。因此，新闻本体论是高度关注新闻现实、社会现实的理论，而非为了纯粹本体论的理论。

　　本体论是一种追本溯源的理论诉求，它面对的是丰富多彩的现象，寻找的是统一的根源。统一根源在抽象意义上是唯一的、一般的，但在具体层面上是多样的、实在的。新闻本体在存在论意义上就是指新闻现象或者现象新闻的统一根源。新闻本体论则是通过认识论或者知识论的方式对新闻现象的统一根源做出时代性的解释，并且从价值论角度说明寻求、确立统一根源以及统一根源本身的价值和意义。新闻本体论本质上是关于新闻的一种哲学思考，借用德国文化哲学家恩斯特·卡西尔的一句话来说明新闻本体论的突出特点，也许是恰当的，他说："它（卡西尔指的是哲学，我们用来指新闻本体论——引者注）的出发点和它的工作前提体现在这种信念上：各种各样表面上四散开的射线都可以被聚拢来并且引向一个共同的焦点。"① 新闻本体就是新闻现象的焦点。

新闻是以事实或者事实信息为本体的，事实真相是唯一能够验证新闻是否真实的标准，本体就是最高的和最后的唯一标准，这是新闻本体论揭示新闻本体、阐释新闻一系列问题的根本所在，也是其最大的意义所在。我们只有把新闻的本体说清楚了，才能把新闻与其他看上去多少有点类似的东西区别开来。"新闻事业必须严守求真务实的原则，这是它有别于娱乐、宣传、小说或艺术的地方。娱乐以及它的'表亲'——'资讯娱乐'关注有趣的一面。宣传利用选择性的事实，甚至杜撰事实来达到说服和操纵的目的。小说和艺术则用创作来表达作者个人心目中的所谓'真相'。唯独新闻首要关注如何如实报道所发生的事情。"② 新闻的根在事实，呈现的仍然是事实，这就是新闻的精髓。

新闻本体论将通过对新闻本体与现象新闻（即对本体的呈现）的区分，清晰区别作为本体的新闻和作为现象的新闻。将本来就不是一个问题的问题区分开来，既是解决不同问题的前提，也一定有利于诸多问题的解

---

① 卡西尔. 人论 [M]. 甘阳，译. 上海：上海译文出版社，1985：281.

② 参见 KOVACH B, ROSENSTIEL T. The elements of journalism: what newspeople should know and the public should expect [M]. New York: Crown Publishers, 2001: 71. 引文译文由中国人民大学新闻学院张金玺博士提供。后文中出自该著的引文译文，都是由她提供的，特别感谢张金玺博士的无私帮助。

决。作为本体的新闻是一种纯粹的、客观的事实信息，它体现了新闻的内在本质；作为现象的新闻则是处于传收状态中的一种特殊信息，它不是纯粹的事实信息，而是以事实信息为基础、为主体的多种信息的统一体。尽管新闻的本体是客观存在的新闻事实，或者说是一定新闻事实包含的事实信息，又或者说是表征一定新闻事实的事实信息；但是，处于传播状态的新闻，作为对新闻本体的呈现，才是真正直接影响新闻收受者、影响交流中的社会运行的新闻。因此，对新闻的认识，只停留在新闻本体层面上是不够的，还难以真正把握新闻在其运行过程中的实际面目。因此，本体论，并不仅仅讨论本体本身。

新闻本体论更多的是在关系思维中考察新闻，而不仅仅是以还原思维的方式盯着新闻本身。新闻事实成为新闻本体，是在不同事实的比照中确定的；新闻的诸多属性是在传收关系、环境关系中获得的；新闻的诸多功能同样是在与社会、与主体的关系中显现的；新闻的内容和形式也是在各种要素、条件的相互作用中生成建构的。并且，所有这些关系都在历史地、情境性地变化着。这样的理解方式，能够使我们理解真实的新闻，理解不同历史和现实中的新闻。

二

以往对新闻是什么之所以长期争论不休，其中一个重要原因就是人们在不同新闻层次上定义新闻，把新闻本体等同于对本体的呈现，即有人用新闻概念指称新闻本体，有人则用新闻概念指称对新闻本体的呈现，并且对这种现象缺乏足够的自觉。因而，争论时断时续，但问题没有得到实质性解决，由此形成了五花八门的新闻定义。将新闻本体与对本体的呈现加以区分，就等于找到了问题的根源，这自然有利于人们理解新闻的本质和新闻的表现，也有利于我们在学术层面清晰认识和把握新闻的本质及其属性。在这样的前提下，即使人们仍然不能对新闻的定义达成高度的共识，也至少会在讨论过程中明白别人在说什么，自己在说什么。自说自话式的所谓争论，形不成真正的学术对话与交流，实质上是没有学术争论意义的，也无助于相关问题的解决。说老实话，我们为一些无谓的争论浪费了太多的时间和精力，付出了太多的代价。

新闻本体论的所有论述，都是基于对"本体"与"对本体呈现"的区分。新闻本体是客观的存在，是先于新闻呈现的存在，这是在存在论意义上对新闻本体的基本理解，也是基本的界定。对任何具体新闻传收活动来说，新闻本体是否得到呈现，尽管不影响新闻本体作为本体的存在，但却直接影响人们对新闻本体的认识。得不到呈现的新闻本体，人们并不知道它的存在，因此，在认识论意义上，我们可以说，新闻本体因新闻现象、新闻呈现而存在。新闻本体是客观的事实信息，新闻呈现（或者新闻现象，表现为传收中的新闻信息）的则是关于新闻本体的主观化信息，因此，二者之间具有性质差异性和信息内容的不对等性是必然的。这就像观念中的现实与直接的现实之间总是具有质的差异性一样。新闻实践中诸多问题的发生，正是根源于本体与现象的矛盾，正是根源于主体反映客体或者主体实际地改造客体的过程中。正是因为这样的差异，新闻才是中介化的产物；也正是因为必然的中介化，新闻对本体的呈现不仅仅是再现，更是一种难以避免的建构。新闻是在再现与建构中呈现事实图景的。

人类新闻活动有其自身的内在规定性，要求现象新闻呈现新闻本体是历史形成的新闻活动的基本使命或天职，这是既成的事实，是历史的逻辑，不是任何人的主观设想。因而，新闻本体与新闻现象的关系问题，是所有新闻理论问题和新闻实践问题的根基，本体与现象之间的关系蕴含着新闻活动中的各种矛盾关系。或者说，人们解决新闻活动中的诸多矛盾，在最终意义上，在新闻活动范围内，就是要处理好新闻本体与新闻现象之间的关系。当实际的新闻传播处理不好这对关系时，新闻传收便是失败的；当新闻理论不能清晰阐释这对矛盾时，新闻理论便是失职的。

看得出来，系统、全面、深入探析新闻本体自身特别是它与新闻现象的关系是新闻理论研究的基本任务之一，自觉建构"新闻本体论"因而也是必要的和必需的。新闻本体是唯一的，但关于新闻本体的理论、学说、观点、看法一定不是唯一的。新闻本体论的存在本身就是历史的，并且其表现是多样的。本书建构的新闻本体论，至多只是一家之言。当然，作为研究者，我期望自己的论述能够得到人们的批评指正，同时期望能够得到人们的普遍认可。

三

人们通常是在现象层面理解新闻的，因而常常把新闻等同于新闻报道。讨论新闻本体，正是以相应的新闻现象作为逻辑前提的，不然，关于新闻本体的讨论将变得毫无根据和意义。现象与本体在概念层面是互为前提的，在存在论意义上是共时态的，现象背后有本体，而没有现象的本体也是不可想象的。当人们设问新闻的本体是什么时，实际设问的就是现象新闻的根源是什么，现象新闻应该追求什么，这既可以针对每一条具体的新闻（报道）而言，也可以针对普遍意义上的新闻来说。每一条新闻（报道）都有自己的本体，因而，在最抽象、最普遍的意义上，新闻有其共同的、唯一的本体。新闻本体论着重于普遍意义上的新闻本体论述，现象层面的新闻阐述同样着眼于一般的新闻，而不是具体的某一种或某几种类型的新闻。因此，新闻本体论属于新闻哲学的有机构成部分，是在哲学层面上阐述新闻本体与新闻现象的基本关系。它所使用的方法更多是哲学的、逻辑的，而不是实证的、经验的，但却始终依赖于对现实，特别是新闻实际的观察和反思。事实上，人们对任何事物的认识和掌握，都离不开质的方法与量的方法的统一，自然也离不开批判的方法、解释的方法以及各种学科的特殊方式，差别在于不同的对象或者不同的目的，对方法有着不同侧重的具体要求。方法只能围绕人们思考、研究的问题旋转，而不是相反。将某一类方法或某一种方法神圣化、万能化都不是科学的态度。在任何问题上，人类既需要想象，也需要实证，既需要逻辑，也需要经验。哲学的、科学的、艺术的、常识的方法，是我们把握任何一个问题时原则上不可缺少的方法。

新闻本体是新闻现象的根基，它给新闻活动定下了旋转的轴承。如果连这根轴承都不要了，人们也就无法理解新闻为何物，新闻活动是怎样的活动。因此，任何新闻定义，都不可能离开事实信息这一根本。但是，人们在新闻交流活动中并不是仅仅限于新闻的本体信息范围，新闻本体只是新闻交流过程中的信息内核、硬核，在这内核、硬核的周围生长着各种各样的果肉，从而使新闻本体具有了丰富多彩的呈现方式，也使整个新闻活动具有了各种各样的意义、价值、影响和效应。并且，在现实中，人们往往会更多地受到果肉的"诱惑"，而不是果核的吸引。因此，新闻本体论不能只注视新闻本体，还应更多关注对本体的呈现——现象新闻。"透过现象看本质"这句老话，也是我们基本的致思方法。换个角度说，我们探析新闻本体的重要目的之一，是更透彻地把握新闻现象，把握现实中传播的新闻。我们只有很好地理解了现象，才能很好地理解本质。反过来说，我们只有真正理解了本质，才能透彻地理解现象。我不想说绕口令，但事实就是这样。

新闻本体规定了新闻自身的本质属性，但新闻本体一旦被呈现出来，便与各种社会现象、社会活动交融在一起，显现出多样化的新闻功能和作用。于是，处于传收状态中的新闻便具有了基于"本体属性"的新属性，我称其为"获得性属性"或者"非本体属性"（亦可称为"非本质属性"）。人们只有认识并把握了这两类属性，才能比较全面且深刻地理解现实中的新闻。在以往的讨论中，人们对这两类属性及其相互关系缺乏自觉而清醒的区别性认识，有些人将它们并列在一起，作为同类属性对待；有些人则只承认本体属性，不承认非本体属性的正当性。在新闻实践中，也往往表现出两种比较极端的现象：要么用非本体属性代替本体属性，造成喧宾夺主的现象，使新闻活动不再像新闻活动，降低甚至失去了新闻传收的特有价值和意义；要么走向极端的新闻理想主义（实际上变成了空想），脱离新闻传播实际，追求所谓的纯粹新闻，追求失去主体性的新闻，以为唯有这样的新闻才可以独行于天下。

实际上，新闻、新闻活动有其自身的内在规定性，但同时，新闻是产生于社会之中的，新闻传播是在社会环境中进行的、展开的。新闻本体、现象新闻都存在于现实的社会之中，不可能超越各种社会关系的羁绊。无论在理论上还是在实践中，只有至少观照到新闻的两类属性——本体属性和获得性属性，我们才能真正理解新闻、把握新闻。

四

追寻并确定新闻本体，实际上是在确定一种标准，为新闻传收行为确定一种标准。这就是新闻传播（报道）要逼近新闻本体，新闻收受要把握新闻本体。无论传播技术、传播方式如何变化，新闻传播的一些基本原则应该是稳定的。如果传播技术越来越影响人们对事实的真实把握，越来越不利于人们对事实世界的准确理解，这恐怕不是人类的新闻愿望。

人类在自己的历史演变或者成长过程中，创造了（自发与自觉创造相结合）新闻活动，其在漫长历史过程中形成的内在目的决定了人们在新闻行为中"应该"怎么做。事实上，任何人类应该如何的行为，都是实践的产物或要求，不是纯粹逻辑论证的结果。回答"是"与"应该"之间的根本逻辑乃是实践逻辑，而非理论逻辑。当然，可以通过理论逻辑描述和揭示实践逻辑的面貌。追寻新闻本体，在一定意义上就是追寻历史形成的新闻活动的本体性目的。这种目的既成为检验新闻传收活动的认识论标准，也成为评价新闻传收活动的价值论尺度。对此，人们当然会有不同的看法，我只是提出了自己的看法和论证。

新闻事实或表征新闻事实的事实信息是新闻的本体，传收事实信息是本体性的新闻活动。新闻本体是一种稳定的存在，在抽象意义上是一种不变的存在、绝对的存在，本体性新闻活动自然是新闻活动的基础和核心。本体性新闻活动的历史展开过程不是单一的、单线的，而是丰富多彩的、迂回曲折的；但一种活动之所以仍然是新闻活动，就是因为其有一个始终稳定的硬核——事实信息的传收活动。在历史能够创造、提供的各种条件或机缘中，新闻活动似乎经常不像新闻活动，本体性活动不是那么明显和强劲，这确实是事实。但这是可以理解的事实。人类的任何一种活动都有孕育、成长、成熟的过程，人们对一种活动的本性和天职也有一个认识的过程、自觉的过程、约定（规定）的过程，新闻活动在这样的历史过程中是一个不断向本体性活动回归的过程。在这一过程中，它甚至有可能表现得不像新闻活动，就像有些植物、动物在其生命的早期表现得根本不像其成熟期的模样那样。

新闻本体的存在，新闻本体性活动的存在，实质性地为新闻活动划定了一定的边界。当然，在新闻活动与其他活动之间，会存在一定范围的交叉领域或者模糊地带。向新闻本体靠近的基本活动诉求，既决定了新闻活动中的一系列基本原则，也决定了新闻活动的基本精神，在最直接的新闻现象层面上，则决定了新闻（报道）的基本信息功能。事实信息自身内涵的多样性和丰富性，以及人类新闻活动目的的非单一性，决定了在现象新闻领域，新闻除了基本功能之外，还具有不同的派生功能或者延伸功能。尽管在本体性的信息功能和诸多派生功能、延伸功能之间，存在着各种各样的复杂关系，需要仔细分析探讨，但可以肯定的是，它们共同构成了新闻的功能系统。

五

尽管这是一部在"新闻本体论"名义下撰写的著作，但事实上，它以较少的篇幅直接讨论新闻本体问题，而以较多的篇幅阐释论述作为显现、展示本体方式的新闻（报道）现象。本体是干涩的，显现是鲜活的；抽象的本体是唯一的，具体的显现是丰富的。现象世界是人们真正直接面对的世界，经验的世界，身在其中的世界。我们只有把现象新闻弄清楚，才能真正理解和把握实际生活中的新闻、社会实践中的新闻。其实，在基础理论研究中，我们往往过多地追求所谓的本质，而忘却或忽视了纷繁复杂、变幻莫测的现象。这从表面上看似乎是在深入研究问题，实际上则是把复杂的问题简单化了。因为真正复杂的是现象，而不是本体。本体是稳定的，但现象是变化的。本体内涵的丰富是通过现象呈现的，因而理解本体的途径主要是现象。新闻传收活动的现实与趋势呈现在千变万化的现象中。只有理解了现象，才能理解新闻传收真实的、实际的面目。我们应该明白，实际的新闻活动景象是主要的，是我们应该和必须关注的主要对象。本体、本质之类的东西，尽管是现象的根源，但要真正理解本体，现象却成了根源，离开现象去把握根源是不可想象的。

因此，源于新闻本体的新闻创制将是我们关注和讨论的重要问题。新闻创制过程，是紧紧围绕新闻本体展开的活动过程，但这一过程，并不是纯粹的或者单一的新闻活动过程，而是各种社会活动交融的过程，是各种社会力量博弈的过程。新闻活动并不是纯粹的新闻事实信息传收活动，而是与其他社会活动有着千丝万缕的联系，新闻创制是在社会塑造的整体环境中进行的、展开的。新闻传播追求独立，但不可能脱离各种社会关系，这一看上去极为简单的道理却是我们理解新闻创制活动的基础。新闻本体与新闻现象的关系，可以说正是在新闻创制过程中得到了最为集中和生动的展现。在各种因素的缠绕中，新闻不只是简单的镜像式的事实再现，同时还是各种力量关于新闻事实的建构。新闻景象或者新闻图景，不管是针对个别事实的，还是针对整个社会的，都是再现与建构共同作用的结果。单一的再现和单纯的建构解释都是不符合事实的。

尽管真实的事实世界只有一个，但每一种社会力量都希望塑造出自己期望人们看到的新闻符号世界。通过新闻传播展现的事实世界是选择性的世界，是经过传播主体取舍的世界、过滤的世界，同时也是其他新闻活动主体，比如新闻源主体、新闻控制主体、新闻收受主体选择取舍的世界。从总体上说，是整个社会文化选择的世界。因而，如前所说，尽管新闻本体是唯一的，不管是在抽象层面上，还是在具体层次上，但被呈现、表现出来的新闻现象却是多样的。这提醒人们，我们通过新闻媒介理解的世界不过是世界的一种，或者说是某种视野中的世界，而不是全部的世界；我们所能看到的具体事实大多是某一种视野中的事实，而不是事实的整个面目。当然，人们一直在期望看到一个真实、客观、全面的新闻符号世界、新闻事实世界、事实世界，这也正是我们进行学术研究的基本目的之一。但我们必须指出，通过新闻方式认识的世界、把握的世界，一定是新闻方式范围、视野内的世界，人们不可能无限制地超越这一基本界限。新闻把握到的事实面目，只能是新闻事实面目；新闻把握到的事实世界，只能是新闻事实世界。即使有了这样的限制，所把握的事实世界也不见得全面、真实和公正、客观。

六

新闻本体是什么，并不能从实践上决定新闻现象必然是什么，甚至难以决定新闻应该是什么。现象到底应该以何种方式呈现本体，是最具争议性和最可争议的问题。现象到底应该如何，是一个需要历史实践回答的问题，是需要结合各种环境条件才能回答的问题。"是"的问题属于科学问题，人们的答案往往是唯一的；但"应该"的问题则充满了价值评价，人们的答案常常是多元化的。更为复杂的是，人们对于"是"的回答，往往预先受到"应该"的左右。在许多情况下，人们是在有了"应该"的框架后，才开始对"是"进行选择。如此一来，"是"的东西可能被当作"不是"，而"不是"的东西被当作"是"，这样的历史现象、现实现象实在是太普遍了。事实上，"是"的东西和"应该"的东西经常搅和在一起，很难区分清楚。我们到底"应该"用什么样的新闻观念指导或者支配现实的新闻实践，遇到的难题也是如此。人们并不是不知道什么样的事实是新闻事实，但在如何对待和处理新闻事实的问题上，就很难统一甚至是大不一样。我们知道现实在用什么样的观念指导、支配新闻实践，这是"是"的问题，只要人们用心就可以看得清楚。但如何评析现实的"是"，人们的看法一定会有很大的不同。至于我们"应该"选择什么样的新闻观念指导、支配当今的新闻实践，那就更是仁者见仁，智者见智了，甚至会形成理论领域的激烈争论和斗争。

现实新闻传播应该以怎样的方式揭示新闻本体的面目，并不是一个纯粹的认识论问题，而是依赖于诸多的社会条件和主体因素，依赖于一定社会的价值诉求。新闻呈现自身的方式具有一定的独立性，但却没有绝对的独立性。新闻是一定社会主体以至整个人类把握世界、把握自身的一种特有方式，但也仅仅是把握世界和自身的众多方式中的一种。它的能量和作用都是有限的。新闻有自身的目的，但在更多时候往往只是一种工具性的存在。事实上，新闻传播是一种工具性的、手段性的活动，人们之间进行信息交流并不是最终的目的，而是为了实现更高目标。但手段如何，往往决定着目的的性质和结果。因此，萦绕在我头脑中的关于新闻本体问题背后的价值问题始终是难以抹去的，这也是我在前言就提出这个问题的重要原因。在人文社会科学领域，纯粹的认识论问题是存在的，但以纯粹的认识论姿态去解决问题几乎是不存在的。价值论问题都会转弯抹角地体现、渗透在我们对相关问题的研究之中。因此，新闻本体论的意义并不只是去寻求新闻的本原，界定新闻的本质，其更为重要的价值在于寻求新闻的根据，寻求新闻的标准和尺度。

我想说的是，在关于"应该如何"问题的讨论过程中，理论家们有着特别的影响和作用，因而也就有着特别的责任。这种责任不限于学术范围，而会扩展到整个社会。这无疑要求学者们在构建自己的理论、表达自己的理想时，必须谨慎、仔细、认真。

学问其实不只是个人的事情，真正的知识或真理在本质上不是私人的而是公共的。我相信这样的判断，"理论并不是'理论家'个人的事，理论承担着巨大的社会责任"[①]。事实上，任何人本来就是在与公共文本的互动中创造和提出自己的观点的，任何人不可能在脱离公共文本的环境中进行所谓的理论发明和创造。这也是人作为历史性存在的必然。任何有价值的学说、理论、观点和见解都不是单独的某个人的创造。个人的思想一

---

① 孙正聿. 崇高的位置 [M]. 长春：吉林人民出版社，2007：226.

旦成为某种公开的看法、观点、学说甚至理论，就必然会影响很多人，以至于整个社会。于是，学者的坦率、真诚，与其洞见、智慧一样重要。以坦率、真诚的态度表达真实的看法，应该成为学者们坚守的一条基本原则。当然，这也是社会应该创造、提供的基本环境。缺乏勇气表达真实看法的学者不再是传统意义上的知识分子，学术领域的多面人表演是一种可耻的行为，是缺乏担当社会责任良心的表现。

每当我们表达某种事物应该如何的看法时，我们实际上是在设立某种目标，确立某种标准，建构某种理想，为未来描绘某种蓝图。理论的魅力与价值很大程度上就在于它能够指导人们的实践活动，但这同时也表明理论创造充满了冒险。一旦指导实践的理论观念、实践观念出现了偏误，它造成的后果（恶果）是直接现实的，是人们不得不承受的，而不会再像纯粹的学术观念或理论观念那样，只是存在于人们的头脑之中。因此，在一定程度上为未来描绘蓝图的理论家们，必须担当起应有的学术责任、社会责任。而求实求是的过程实质上也很难超越价值评价的影响，即使我们想做到价值中立或者价值无涉，那也是相当困难的一件事情，这在人文社会科学范围内表现得尤为明显。

杨保军

2007 年 12 月 26 日

第一章　新闻本体与现象新闻

　　理智说道："颜色，甜和苦，那都是虚假的；而实实在在的，就只有原子与虚空而已。"感官则反驳说："你这个可怜的理智，难道你从我们这里取得了你的论据而又想要以此来击败我们吗？你的胜利，正就是你的失败。"

——德谟克里特

　　一个定义，这并非是一个枯燥的智力练习，而是严肃思考的真正基础。定义是取得任何进一步认识的基础，而要使定义有用，我们必须限定其含义。

——彼得·卡尔佛特

　　"什么是新闻"和"新闻的本质是什么"其实不是一个问题，而是具有内在关系的两个问题。前者设问的是新闻整体，是新闻传播现象中呈现出来的新闻是什么，其中内在地包含着新闻的本质内容；后者则直接设问新闻本体是什么，也即纯粹的新闻是什么。被呈现出来的新闻是处于传收状态的新闻，在现象意义上，凡是以新闻名义传收的任何类型的文本都可以称为新闻。对新闻本质的回答是比较稳定的，或者说新闻本体在抽象层次上是唯一的，即新闻本体是绝对的、不变的；而新闻是什么，则会伴随传播环境的变化而变化，即现象领域的新闻内涵与外延具有一定的不确定性和相对性。本章将在本体与现象两个层面上对新闻展开分析，从而比较彻底地厘清"新闻"的所指、新闻本体的所指。

一、新闻的现象描述

所谓新闻的现象描述，就是直接针对现实的人类新闻活动行为，对新闻传收的内容（对象）做出描述，暂时不考虑人们以往对新闻做出的各种界定。这样的描述将使人们直接看到什么是现实的新闻，即在现实的新闻传播现象中，人们把什么当作新闻。我们主要是以自己所处时代的背景和眼光来描述新闻，这必然是一种时代性的描述。但我们也将说明新闻边界不可避免的历史性，因为，新闻必定是历史性的信息传收现象，每个时代的人们，都会对新闻有一些特殊的理解。

（一）可区分的新闻现象

"新闻变得越来越不像新闻"，这是当今人们一种相当普遍的感觉。这种感觉说明，人们对什么是新闻有其既定的意识、观念、想象或者图式，这些既定的东西构成了他们衡量、评说当下新闻现象和新闻内容的标准或尺度。自然，这种感觉同时说明，当今的新闻传播现象与人们集体记忆中过去的新闻传播现象相比已经发生了很大的变化，呈现出了不同的景象。进一步说，这种感觉还意味着，现在的新闻传播、新闻现象，正在变得与其他信息传播现象难以区分。新闻，似乎正在失去自己的特征和个性，磨去自己的棱角和锐气。

这里的核心无疑是对"新闻"的理解。

如果我们暂时对以往所有的新闻定义、新闻描述（不管是学院派的定义还是实践派的界定）以"历史虚无主义"的态度和方式存而不论，并将它们统统悬置起来，仅从当下现实的新闻现象或新闻传播的经验事实出发来描述什么是新闻，或者说从人们实际上把什么当作新闻、认定为新闻出发来描述新闻，就会立即发现，要得出一个高度统一性的看法，做出具有高度共识的描述，实在是一件相当困难的事情。

在新闻传收现实中，人们并不是按照理论家们的定义去选择、认定、理解、对待新闻的，而是按照自己的需要和兴趣来接触、感知、选择、理解新闻的，这在现象上并不是充分理性的，而是相当随意的。这样的新闻，自然充满了因人而异的相对性，也充满了因时、因地而变的相对性。新闻的相对性甚至变成了新闻相对主义的烂泥，变成了绝对的相对主义，新闻在各种主义的名义下（精英主义、平民主义、草根主义等）塑造了一派"混乱"的局面，似乎只要有人愿意，任何一种信息都可以成为新闻，特别是似乎关于任何事实的信息都可以成为新闻。新闻，因而好像失去了统一的标准，没有了独立的内在规定性。这至少说明，如今，试图在各种信息传播现象中给新闻现象划定一个比较严格的、合理的、正当的界限是相当困难的，必须费一番很大的周折。

伴随着新闻传播业的迅猛演变或发展，到底什么是合理正当的新闻，什么是无理失当的"新闻"，如今越来越成为令人迷惑的问题。传统新闻价值观念（从新闻选择标准意义上去理解）受到了冲击，而新的价值观念还没有完整浮现，或者说表现得比较混乱。一些新闻职业或者专业工作者，面对新的传播景象，不是更加清晰自己要做什么、该做什么，而是变得更加恐慌茫然、不知所措，把握不准新闻专业工作的未来方向。各种新闻观念的相互矛盾、冲突和激荡（比如政治至上的传播观念，经济或者商业利益至上的传播观念，社会公众利益至上的传播观念；又如精英化传播观念，草根化、平民化传播观念，娱乐化传播观念；等等），使所谓的主流新闻观念与支流观念之间、主流新闻媒体与非主流媒体之间、新闻职业传播者与非职业传播者之间的区别不是越来越清晰，而是越来越模糊。在传统新闻传播业时代形成的比较清晰的界限正在隐隐退去，新的传播图景还无依稀可见的迹象。与前新闻业时代、新闻业时代相比，一个后新闻业时代似乎已经露出端倪。① 但"后新闻业时代"到底会怎样演变，实在是个说不清、道不明的大问题，人们只能做出一些猜测、想象和推理。历史有时是出乎意料的，并不都会掌控在人类手中。

那么，这些热闹非凡的现象，是否意味着新闻变得更加不可定义了？是否意味着新闻与非新闻是无法区别的？是否意味着新闻现象与一般信息传播现象没有了实质性的区别？是否意味着今日的新闻意识，又进入了一种新的新闻信息与其他信息混沌不分的状态②？是否意味着新闻学还未彻底摆脱"无学"的困境，又要面临失去其相对独立学科地位的厄运③？是否意味着在新的社会条件下、社会环境中，特别是在新的中国传播语境下

---

① 我把整个人类新闻传播现象历史性地划分为三个大的时代：前新闻业时代、新闻业时代和后新闻业时代。有兴趣的读者可参阅杨保军. 新闻理论教程 ［M］. 北京：中国人民大学出版社，2005：30 - 45。

② 我在《新闻理论教程》中，通过"新闻形态论"方式，对人类新闻意识的历史演变做过简单的阐释，认为"新闻信息与其他信息在人类传播史上有一个从混沌不分到相对分离、分立的过程，也有一个从分离、分立再到统一的共存的过程。"有兴趣的读者可参阅杨保军. 新闻理论教程 ［M］. 北京：中国人民大学出版社，2005：88 - 106。

③ 这并不是危言耸听，国内早有学者从新闻无学的"传统"战场上突围出来，进入了另一场更加"伟大"的战斗，他们要用传播学的航空母舰击碎新闻学这艘老帆船。当然，与此相对，有人也高举起"保卫新闻学"的战旗，维护新闻学的独立地位。人们发现，战斗双方的将帅可以说都是国内新闻学界的知名人士。参见郑保卫. 从"保卫新闻学"到"发展新闻学"：当前我国新闻学学科建设之我见 ［J］. 现代传播，2007（1）：1 - 4。其实，在我看来，这些战斗的意义并不大。学术争论毕竟不是战争，非有个你死我活的结果不可。更重要的是双方各自应该拿出令人信服的成果，这才是关键。有了独立的、公认的学术成果，学科的独立地位与有学无学的问题，也就一并解决了。当然，争论战斗的过程，也许就是创造成果的过程。

刚刚萌发的一些专业性意识，还应得到更多的考量？……

对于这一系列问题，我们的回答在总体上是否定的。

直观经验事实使我们看到，一些信息与新闻信息之间的界限确实比较模糊。一般事实信息、公关信息甚至广告信息的新闻化现象并不鲜见①，娱乐信息与新闻信息的"搅和"异常猖獗，谣言与新闻不时会并驾齐驱，人们在有意与无意中，正在抹平新闻信息与其他信息之间的界限。但这只是新闻传播实际中现象的一面。与此同时，我们也要看到另一面。在各种传播现象中，人们并不是把所有的媒介信息、人际传播的信息以及群体之间、组织之间传播的信息都当作新闻信息或称作新闻。这一现象直接说明，各种传播现象的历史演变，特别是新闻传播的历史发展，已经在人们心目中"积淀"了基本的新闻意识、新闻观念：新闻与非新闻是不同的；新闻是有自身规定性的；新闻与非新闻之间是有界限的，二者是可区分的。顺便可以指出，研究者们不过是把由传播历史积淀成的各种观念（包括新闻观念）比较理性地反映出来、揭示出来，表明人类对自身的信息传播活动进入了比较自觉的状态。这样的理论自觉与反思，会进一步确定一定活动的内在规定性，使不同活动之间的界限更加明晰。人们会不断清楚地意识到、认识到不同的信息传播具有各自的规定性和目的性。

广义的新闻也包括新闻言论或新闻意见，即新闻言论也是新闻现象的一种具体表现。新闻言论是针对新近或正在发生的有意义的事件、事实发表的言论，它与其他言论现象同样是可区分的。它必须是以新闻事实、事件为根据的，但意见毕竟是意见，因而在纯粹新闻的意义上，或者说在狭

---

① 我以为，在以事实信息为本的范围内，新闻信息与其他一些事实信息的区分有时是比较困难的。有些事实信息介于新闻信息与一般事实信息之间。这时，只是新闻性强不强的问题，有多少新闻性的问题。因此，我们可以这样说，有些事实信息是近乎绝对的新闻信息，而有些事实信息的新闻性则具有更强的相对性。对此，我在下文中还将论述。

义新闻的意义上，新闻言论本身并不是新闻，它不是关于新闻事实信息的传播。

新闻现象的可区分性，说明了新闻自身客观存在的独立性。只要我们能够确信新闻的独立性，就能够为它划定边界，从而进一步分析新闻现象背后的本质，追问新闻的本体。

（二）新闻的边界

新闻是可划界的，但做到划界也是困难的。

将新闻与非新闻区分开来，属于新闻划界问题。给新闻划界的直接表现就是定义新闻，"正是在边界这个地方，一个事物才能成为自身，同时与其他事实区分"①。这里，我们从现象新闻层面出发对新闻做出描述，因为人们感知到的首先是各种各样的现象新闻，处于传收状态中的新闻。需要说明的是，我们将以大众媒介传播的新闻作为主要考察对象，但得出的相关结论是可普遍推广的，即可以适用于通过人际方式、组织方式和融合方式传收的新闻，适用于各种各样的民间新闻。

在新闻学中，"新闻"是整个学科知识体系中最基本的概念之一。人们最热衷的，恐怕也是给新闻下定义，因为这是解决其他新闻问题的基础和前提。据复旦大学新闻学院教授童兵先生讲，"国人有好事者，曾经收集到三百多个新闻定义，国外更有人扬言，新闻定义在千种之上"②。这足以看出人们对于定义"新闻"的热情和兴趣。

"什么是新闻"或者"新闻是什么"这样的问题，之所以很难在人们

---

① 彭富春. 论无原则的批判 [J]. 武汉大学学报，2007（4）：438.
② 童兵. 理论新闻传播学导论 [M]. 北京：中国人民大学出版社，2000：24. 新闻定义虽多，但大致可以分为两种范式——学院派范式和经验派范式，四五种基本类型——事实型、报道型、信息型、手段工具型等。参见杨保军. 新闻理论教程 [M]. 北京：中国人民大学出版社，2005：88 - 106。

之间形成高度一致的看法，可能有许多原因。

　　首先，新闻传收是极其普遍的社会现象，人们都有自己的经验和感受，都可以对新闻是什么做出自己的判断。这样一来，虽然从表面上看，定义新闻是个常识性的问题，但实际上却变得混乱起来、复杂起来。常识确实是人们把握世界最基本的方式之一，但常识也往往是最容易出错的一种认识方式。不少研究者都深有感触地说过类似的话，越是普遍的、常见的、常用的、重要的概念和术语，越是难以清楚地界定，越是被混乱地甚至是随意地运用。①"新闻"大概正是这样一个概念，它既是日常用语又是学术概念，是一个常识化的学术概念，并且被人称为新闻学的"第一概念"。翻开新闻学大辞典，关于"新闻"一词的常用学术性解释就有六七种之多②，足以见得这个概念的多义性和复杂性。

　　其次，语言本身的复杂性造成定义的艰难性。从现象上看，定义就是用其他一些相关概念解释和说明被定义的概念，这自然就引入了一个或多个其他概念，因此，只有准确理解了定义一定概念的其他概念，被定义的概念在逻辑上才能得到比较清晰准确的理解。看得出，在逻辑上，这是一个无限的概念相互定义的过程。人们对一些概念的准确理解，在一定意义上确实依赖于诸多自明性的概念。谁若是想找到一个完美的、终极性的永恒定义看来是不大可能的。诚如有学者所说："任何概念的命名，一般都有欠完美之处，或许这是人类语言暴露出的不尽人意的遗憾，或许相关各概念之间本就有着千丝万缕的联系，尽力区分之后，却还是'剪不断，理还乱'。"③ 概念的清晰、准确是相对的，是在一定文本语境、社会语境中的清晰和准确，也只能在一定语境中获得自己的意义并发挥一定的说明、

---

　　① 英国学者彼得·卡尔佛特就说过："越重要的术语越可能被滥用。"参见卡尔佛特. 革命与反革命［M］. 张长东，等译. 长春：吉林人民出版社，2005：1。

　　② 甘惜分. 新闻学大辞典［M］. 郑州：河南人民出版社，1993：1-2.

　　③ 倪波，霍丹. 信息传播原理［M］. 北京：书目文献出版社，1996：4.

解释作用。① 这些现象也恰好说明了人类认识能力的有限性，以及语言描述、语言表达人类自身和其他对象的有限性。

在语言的运用过程中，人们确实遵循着诸多共同的规范（这是形成有效交流的重要基础和保障），然而，这并没有限制和彻底约束人们运用语言的主观性。我们看到，很多所谓的问题，不是源于实际讨论对象的复杂，而是源于描述反映对象之语言概念、范畴的混乱或者说学者们的"各自为政"。因而，清理问题有时便变成了清理语言（以至于一些学者认为，人类面临的很多难题不过是些语言问题）。如果人们在使用概念上达成一致，一些问题也就自然消除了。确实，关于新闻的不同理解和界定，常常表现为用同一概念指称不同的对象。这样，问题的要害便在于"新闻"概念到底应该指称什么样的对象（物）。这里不只是认识的问题，还有约定的问题。人们只有在一定的约定前提下，才能进一步追问相关的问题。但是，约定过程本身就是一个充满争议的过程，也是建构学术概念、学术范式的正当过程。因而，对任何概念、任何范畴的理解，特别是在人文社会科学范围内，只有相对的一致性，而很难达成绝对的共识，绝对共识不过是相对中的绝对。但是，无论如何，我们只有界定了新闻，才能进一步追问新闻的本体是什么、新闻的本质是什么。将新闻等同于新闻本体，可能减少了一个问题，但却增加了更多的难题。

有人认为，新闻传播、新闻研究发展到今天，仍然纠缠于"新闻是什么"这样的问题，实在没有多少意义。然而，在我看来，"新闻"对于新闻学，就像"法"对于法学，"美"对于美学等一样，是值得也是需要永远关注和讨论的基本问题。对这些最基本概念的界定并不是一个简单的概

---

① 法国著名社会学家布尔迪厄就曾提醒，只有通过将概念纳入一定的系统之中，才可能界定这些概念，而且设计任何概念都应旨在以系统的方式让它们在经验研究中发挥作用，在给各种概念下定义时，只能在这些概念所构成的理论系统中进行，而绝不能孤立地界定它们。参见许正林. 欧洲传播思想史［M］. 上海：上海三联书店，2005：559。

念定义问题，蕴藏在它们背后的是关于"法""美""新闻"等的观念问题。在这些定义的背后，隐藏着人们的法治观、审美观和新闻观。何况，即使是基本范畴，它们的内涵与外延，也会随着相应事物的发展变化而有所调整。① 概念是人类用来把握对象、反思自我的基本中介手段，但概念本身的用语更替和内涵变化，其最基本的根据是概念所反映、把握的对象自身的更新和演变，"概念的僵死性的根源是对存在物的不可改变性的迷信"②。概念的内涵可能是稳定的，但不是僵死的，对象变化的绝对性决定了概念变化的绝对性，这种变化并不都是形式，更多的是内涵，越是基本的概念越是这样。对于新问题、新现象、新事物，人们更多需要的是创造新概念。相对而言，对于老问题、旧现象、稳定的事物，当旧概念不能把握时，其便会退化或死亡。这时人们更多需要做的是不断更新、丰富概念的内涵和意义。③ 如果不主动改变，旧概念就会被撑破。这对于我们理解日新月异的新闻传播现象是尤为重要的。一系列新的概念会在人类新闻活动的实际变动过程中不断诞生，成为人们把握新现象、新变动的观念手段；而"新闻"概念本身，只有概念的符号或者语词形式是稳定的，而其内涵的变化是必然的。不断讨论新闻概念的实质是不断讨论变化的新闻实际。因此，从原则上说，没有什么概念是不值得讨论的。

现实一点看，如果我们抛开学院式的逻辑界定，让人们描述一下现实的新闻是什么，这恐怕并不是一件很容易的事情。如我们在上文中所描述的，随着当代新闻传播业的突飞猛进和传播技术的日新月异，新闻传播的

---

　① 当然，我们也会注意到这样的现象：越是基本的概念、基本的问题，其内涵、阐释越是稳定。

　② 张一兵. 无调式的辩证想象 [M]. 北京：三联书店，2001：124.

　③ 关于概念的普遍功用问题，吉林大学孙正聿教授从哲学层面上做了一段精当的论述。他说："人以概念的方式去描述、解释、反思人和世界及其相互关系，也以概念的方式去理解、规范、反思人的思想与行为，并以概念的方式构成人所要求的理想性的现实。人对世界的解释功能和人对自身的规范功能，均以概念的方式而获得其现实性。在这个意义上，人类的文明史也就是概念的变革、更新和发展的历史。"参见孙正聿. 崇高的位置 [M]. 长春：吉林人民出版社，2007：130。

整个格局都发生了变化，传统的格局已经被打破，但新的格局现在还没有成型。由于传播者的社会化、大众化，传播观念的变革与更新，新闻的边界到底在哪里，似乎变得越来越模糊，而不是越来越清晰。因此，传播环境的一次次变革，必然会引起人们对一些有意义的老问题、基本问题的一次次的新思考，这也是学术演化、发展、进步的基本方式。因此，我们需要做的不是放弃对新闻的定义和解释，而是应该在时代的水平上，在时代的平台上阐释新闻不断更新、丰富和变化的内涵，正如一位学者所说，"具体地理解和解释任何一个范畴或一种理论，都需要尽可能充分地考虑它所具有的多义性、隐喻性和历史性，从而达到对它的时代水平的统一性理解"①。新闻，作为一种历史性的存在，在历史的长河中不断更新着自己的内容和表现样式，我们只有不断观察、不断分析、不断前瞻，才有可能在时代的水平上把握它的基本内涵，达成时代水平上的共识。

我们首先从新闻传播现象出发对新闻做出界定，这主要是一种形式化的界定，目的是为进一步的新闻本体分析设定前提。英国学者彼得·卡尔佛特说得很好："一个定义，这并非是一个枯燥的智力练习，而是严肃思考的真正基础。定义是取得任何进一步认识的基础，而要使定义有用，我们必须限定其含义。"② 如果针对的是现实的新闻传收现象，如果仅仅先从外在形式上观察、直视人们的新闻传收行为，我们发现，人们把传播中的一些信息称为新闻（消息），也就是说人们把处于传播状态的一些信息称为新闻。这些信息的存在方式乃是一定的由各种符号系统构成的文本。就大众媒介而言，这种文本总是有其比较稳定的、固定的结构方式、媒介形态，人们称之为新闻报道或者新闻作品；就人际传播而言，这种文本的结构方式似乎是随意的，大多数属于口头叙事方式，但也是一种叙事文

① 孙正聿 . 崇高的位置 [M]. 长春：吉林人民出版社，2007：21.
② 卡尔佛特 . 革命与反革命 [M]. 张长东，等译 . 长春：吉林人民出版社，2005：6.

本。因而，总的来说，在新闻经验事实层面，人们是把一定的文本叫作新闻。这种文本总是包含着一定的事实信息，这种信息总是传播者欲告知的，同时也是收受者欲想知的。这样的文本就是新闻文本，它正是人们所认定的传收层面的新闻。因此，现象新闻指的就是传收状态中的新闻。

二、新闻本体或新闻本质

"新闻本体是什么"与"新闻的本质是什么"，在我看来，它们是一个问题的两种问法。本质回答的就是本体问题，本质问题是本体问题的核心。[①] 新闻本体追问的实质是纯粹的新闻是什么（纯粹新闻就是新闻的本质）。现象中的新闻是不纯粹的，是经过主体建构的新闻。而新闻本体追问的对象，则是在本体论意义上寻求新闻是什么。对新闻的本质是什么的回答直接表现为认识论问题，而不是价值论问题，但认识论意义上的回答，往往奠定了价值论意义上的"应该"。因此，即使在本体论问题上，事实上也脱离不了价值论的影响。

（一）新闻本体的形成途径

新闻本体是一种客观的存在，每一条新闻都有自己的本体，这一本体其实就是新闻的本源。在抽象意义上，所有新闻有着共同的本体（这也是新闻本体论在逻辑上能够成立的重要前提）。在新闻世界中，变化的是具体的新闻现象，而不是抽象的新闻本体。新闻本体是现象新闻的根源或者

---

① 一般说来，在哲学意义上，本体论包含两部分主要内容：一是关于一定对象的存在论，解释和说明一定对象的存在形态、存在方式；二是关于一定对象的本质论，主要解释和揭示一定对象的内在规定性，或者说对象的"所是"。

本源。那么，新闻本体概念是怎样形成的？人们凭借什么把某种事物称为新闻本体？对此，我们将从历史与逻辑两个方面加以阐释，以达到历史与逻辑的统一。

1. 历史途径

人类为什么需要新闻，新闻活动的实质是什么，这是事实性的问题。现有的研究已经说明，新闻活动是在人类历史的演变过程中自然而然形成的，同时也是根据人类生存与发展的需要而创造出来的一种社会性信息交流活动，新闻活动是信息交流需要的直接产物。这样的活动与人类同生，并且相伴人类永远。新闻信息需要，是人类生存发展过程中必然的、基本的需要之一。当然这不是说，人类从一开始就有新闻意识。新闻活动现象像人类的任何一种活动一样，在其最初的和随后相当长的历史时代，都是自在自然的现象。把一定的活动叫作什么样的活动，只有在人类具有了一定的分类意识和对一定的活动具有了相对比较明确的对象意识之后才是可能的。

对人类来说，不同的活动有着不同的作用，实现着人类的不同目的、不同追求，满足着人类的不同需要。人类各种活动的目的不是天定的，而是根源于人类的需要，是在漫长的、客观的历史活动过程中逐步形成、明晰、确定的。不同的人类活动方式具有不同的特殊根据，具有不同的特殊价值。中国哲学家孙正聿就高屋建瓴地写道："人类把握世界的任何一种基本方式——无论是常识的还是科学的，艺术的还是伦理的，宗教的还是哲学的——其存在的最终根据是什么？显然，它们之所以能够相互区别和各自独立地构成人类把握世界的各种'基本方式'，是因为它们对于构成人的世界具有不可或缺的独特价值，并且各自的独特价值是不可替代的。"[①]

---

① 孙正聿. 崇高的位置 [M]. 长春：吉林人民出版社，2007：4.

英国学者尼古拉斯·加汉姆也说，"不同的交流形式被赋予不同的人类意向或具有不同的功能"①。每一种活动方式都是人类把握世界的方式。这是一个历史的过程，是一个从不自觉到自觉、从自在到自为的过程，可以说，也是一定活动逐步专门化的过程。只有自在自然的某种活动达到一定的水平时，人们才有可能自觉到它的特征和特殊价值，才有可能以反思性的自觉意识、自觉行为去进一步塑造这种活动的方式，确立它相对独立的目标。

当然，并不是所有的人类活动内容和形式，都会直线式地延伸下来。事实上，有些活动演变到一定的历史时代，可能就会失去存在的基础和条件，因而会在人类历史的演变过程中慢慢淡出，或者以某种方式渗透、熔铸在其他一些能够延续下来的活动中。即使是存在下来的，得到不断更新、发展的人类活动内容和形式，也不会是一帆风顺的，总要经历风风雨雨，洗刷出不同历史时代的形象和面貌。在今天，从原则上说，我们已经不可能找到和人类久远过去完全一样的活动方式，更不要说完全相同的内容。人类自身就是历史性的存在，人类的所有活动形式、内容也必然是历史性的。

当一种活动的基本目的历史地形成之后，就意味着其有了比较明确的活动内容和活动方式。也正是在这样一个过程中，这种活动会逐步形成一定的基本原则、基本观念和基本规范。一种活动的基本范式、内在精神，同样也是在这样一个历史过程中形成的。一种活动与其他活动的相互关系，也是在历史的演变过程中一步一步形成的。一种活动相对比较独特的社会功能、社会价值，对人们的作用和影响，同样是在历史过程中逐步形成的、显现的，是人类的客观历史活动塑造了不同活动的样式。

---

① 加汉姆. 解放·传媒·现代性：关于传媒和社会理论的讨论 [M]. 李岚，译. 北京：新华出版社，2005：238.

被我们称为新闻活动的活动，是伴随人类而生、而演变、而发展的一种活动，它在历史演变过程中，一步一步确立了自己的主要活动内容和活动方式，逐渐明确了自己的活动对象。[1] 也就是说，当新闻活动演变到一定的历史阶段时，人类在整体上知道了、确定了要通过新闻活动做什么和为什么要这样做。可见，新闻意识、新闻观念的形成，是一个漫长的历史过程，经历了演变、发展的跌宕起伏。

生活在世界不同地区的人类，在具体的历史展开过程中，尽管有诸多共同的东西，但也塑造了不同的文化景象，创造了不同的文明路径。直到今天，不同文化、不同文明之间仍然具有不小的差异性，建构了文化的相对性。[2] 这既形成了人类交流发展的动力，也是造成人类矛盾冲突的重要根源。这些差异也突出地表现在新闻文化之中。人们看到，即使在当代人类社会，虽然人类对新闻传播的目的、功能、作用等，已经形成了一些共同的看法，但不同社会形态、不同社会制度下的新闻传播业、新闻传播，仍然具有相当不同的表现，甚至在一些根本问题上还持有不同的看法，存在不同的做法。

不可否认的是，对已经发展到职业化、专业化水平的新闻活动来说，其基本目的是十分明确的（尽管新闻活动的具体表现在不同社会具有一定的差异性），那就是监测环境、守望社会、服务大众，反映和报道人类所在的事实世界中有意义的最新变动情况，为社会公共利益服务，为社会公众服务，其他进一步的目的和追求，则必须以此目的为前提。如果否认新

① 对此，我们可以通过了解人类新闻活动史去把握具体的演变过程。有兴趣的读者可参阅陈力丹．世界新闻传播史［M］．2版．上海：上海交通大学出版社，2007；李彬．全球新闻传播史［M］．北京：清华大学出版社，2005；杨保军．新闻理论教程［M］．北京：中国人民大学出版社，2005（该著对人类新闻意识的演变过程有一定的思考，从宏观上阐述了人类新闻活动目的的形成过程）。

② "具体的文化总是属于一定主体的、处于特定时空中的历史的存在，因而有其相对性。"参见郭湛．文化的相对性与文化相对主义［J］．中国人民大学学报，2007（6）：4。

闻传播活动的这一基本目的，那么人们所进行的活动实质上就不再是新闻传播活动。

人类新闻活动史形成的这一基本新闻活动目的，说明了新闻活动的直接对象在起始的一头就是事实世界，就是一定的客观事实，目的就是把最新的、有意义的事实信息（新闻事实信息）反映报道给社会大众。这"起始的一头"，便是我们所说的新闻的本源，也就是新闻的本体。

可见，新闻本体就是客观事实，就是客观存在的新闻事实。进一步说，新闻传播活动以一种特殊的认识方式（新闻式认识方式）反映事实世界的面目，因而，新闻本体就是新闻事实所包含的事实信息，或者说新闻本体就是表征新闻事实的信息[①]。新闻不是把客观事实直接摆在人们面前，而是把能够反映和表征新闻事实的信息传递给人们。一言以蔽之，在事实论视野中，我们可以说新闻本体就是客观事实，就是新闻事实；在信息论视野中，我们可以说新闻本体就是事实信息。这两种解释是完全统一的、一致的，本质上是一回事。

关于新闻事实与表征新闻事实之事实信息之间的关系，或者说关于新闻本体的"事实论"解释与"信息论"解释二者之间的关系，可以做这样的进一步理解：第一，从本质上看，事实论与信息论是统一的。信息是自然界、人类社会和人本身所固有的，信息必须以质料为载体，并凭借一定的能量。信息尽管不能被归结为物质系统中的质料和能量，但它不能脱离质料和能量而存在。因此，从本源意义上说，信息一定是客观事物、客观事实的信息，客观事物、客观事实一定是通过一定的信息，表现着自己的存在。第二，事实论是更根本的解释。事实是客观的，表征事实的是它所

---

① 认识一定的事实或对象，就是通过各种方式获取该事实自身包含的信息，也就是说，事实包含的信息表征了其自身的现象，同时也反映了事实的本质。对此感兴趣的读者可参阅"信息认识论"方面的著作。

发送出来的信息。"客观存在的新闻事实是新闻信息所依附并赖以生发出的物质原体……新闻传播的信息来源于新闻事实，没有事实就没有新闻"①，即新闻信息在本源上总是依存于新闻事实。其实，对物质的依存性是所有信息的基本特性之一，"信息不能是某种超越物质的东西，它归根结底还是一种物质的属性"②。"任何信息总是产生、传达在事实之后……从本质上说，（信息）是附丽于事实的，离开了事实，信息就失去了意义。"③ 因此，没有事实，信息就无从谈起。"信息不是事物的本身，而是事物发出的消息、指令、数据、信号等所包含的内容。"④ 因此，事实相对信息是更根本的存在，更具有本源的意义。第三，信息论解释具有更直接的意义，而且信息论解释更能说明新闻由本源态向传播态转化的内在机制。我们知道，新闻传播、报道的是表征客观事实的信息。信息可以与产生它的新闻事实分离开来。⑤ 人们正是通过对事实信息的把握来认识事实本身的。表征事实的信息是人们直接把握到的东西，事实所"散发"出的信息或人们通过一定手段从事实中获取的信息，是人们认识事实的必然中介。因此，处于传播形态的新闻，正是对事实所"散发"出的客观信息的人工化，因而表征事实的自然信息成为事实本源到传播态新闻的中介。⑥ 显然，我们把事实信息认定为新闻本体，并不是主观上的任意想象，而是人类新闻活动历史的逻辑结果。

---

① 李元授. 新闻信息概论［M］. 武汉：武汉大学出版社，1994：25.

② 苗东升. 系统科学辩证法［M］. 济南：山东教育出版社，1998：64.

③ 张国良. 传播学原理［M］. 上海：复旦大学出版社，1995：85.

④ 倪波，霍丹. 信息传播原理［M］. 北京：书目文献出版社，1996：4-5.

⑤ 可与所表征的客体分离是信息的突出特征。顺便指出，信息是永存的，信息是可以识别的，信息是可以加工整理的，信息是可以转换的，信息是可以贮存的，信息是可以浓缩的，信息是可以传递的，信息是可以再生的，信息是可以共享的。参见倪波，霍丹. 信息传播原理［M］. 北京：书目文献出版社，1996：4-5。

⑥ 有兴趣的读者可参阅杨保军. 新闻理论教程［M］. 北京：中国人民大学出版社，2005：91-93。

　　由于新闻事实与表征它的信息具有如上所说的内在关系，因此，本书把它们都认定为新闻本体，但这并不是说新闻本体是二元论式的存在。新闻本体是一元的，我们可以用事实论和信息论两种方式去解释，因为这样做能够使我们更好地理解新闻本体，理解从新闻本体到现象新闻的转换机制。

2. 逻辑途径

　　所谓逻辑途径，就是以纯粹逻辑分析的方式，说明新闻本体是什么。当然，这种分析所依赖的逻辑前提，必须是一个真实的事实判断或者事实性的陈述；不然，我们得出的结论虽然可能是合乎逻辑的，但在事实上是不成立的。果真如此，我们的分析就变成了纯粹的逻辑游戏。

　　我们先从总的宏观层面上加以分析。新闻传播实践活动为我们提供的事实是：新闻传播活动首先是一种认识活动，它最突出的个性特征就是真实、客观、全面、及时地把新近或正在发生的有意义的事实（这样的事实被称为新闻事实）反映、再现给社会大众。任何偏离这一特征的活动，本质上都不属于新闻活动。即使有些活动是在新闻传播的名义下进行的，但如果不符合这样的基本特征，我们也只能说它是虚假的新闻活动，或真实的其他什么活动。可以顺便指出的是：新闻活动虽然具有其他活动的一些功能，但并不能因此而把新闻活动等同于其他活动；否则，新闻传播活动将失去它独立存在的意义和价值。

　　新闻传播活动的历史，在一定意义上，就是回归自身本性的一个过程。只有当新闻传播活动回归自身的本性，新闻媒介才能真正成为社会公器，为整个社会的公共利益服务①。即使在网络传播的时代大背景下，如

---

　　① 这里，我可以从新闻本性的角度，对中华人民共和国成立以来的新闻事业加以简短评论。改革开放前，由于我们的新闻事业的主要目的和功能是宣传党和政府的路线、方针、政策，其主要是党和政府的耳目喉舌，而非满足广大人民群众知情权的社会公器。改革开放以来，我国新闻事业是回归新闻业本性的一个过程，也是新闻回归自身本性的一个过程，是一个新闻业和新闻越来越像新闻传播业、越来越像新闻的过程。新闻业开始发挥自己应有的社会功能和作用。

果通过不同网络技术手段传播的所谓新闻信息，实际上是不合新闻本性的信息，那它就只能危害真正意义上的新闻传播，而不会促进新闻传播的健康发展。技术发展改变着新闻传播方式，改变着媒介形态，也改变着新闻传播观念，特别是新闻价值观念，但新闻活动作为新闻活动是有其自身内在规定性的，同样，新闻传播、新闻都有其自身的内在规定性。如果我们连它们特有的内在规定性都不承认，如果什么样的信息交流活动都可以被称为新闻活动，那么新闻活动的历史存在也就完结了。因而，新闻活动的本性或者说内在规定性，是一个很值得深入研究的课题。

依据前面的论述，从新闻传播者的角度说，我们把新闻认识形成的结果称为"新闻"，其表现为新闻报道或者新闻作品、新闻文本。因而，所谓新闻本体，追问的就是作为新闻认识结果的新闻根源于什么。新闻根源在存在论意义上就是新闻本体。本体作为认识对象，是一种客观存在。这种存在并不必然是物质性的存在，也就是说，精神性事实同样可以作为新闻报道的对象。[①]

认识的结果根源于认识对象与认识主体的相互作用，因此，认识结果包含的信息内容在逻辑上并不纯粹是关于认识对象的纯粹信息，但新闻认识关于对象的主观内容只能根源于对象的客观内容，即根源于新闻事实的内容，或者说只能根源于表征新闻事实的事实信息。因此，新闻认识真实性、正确性的唯一检验标准是认识对象自身的客观内容，而不是任何别的事物。新闻认识的客观对象正是新闻本身的源头，或者说就是新闻本体。可见，如同上面的历史分析一样，在事实论视野中，新闻本体就是客观存在的新闻事实，而在信息论视野中，则是客观存在的表征新闻事实的事实信息。

---

① 关于精神性事实以及新闻事实的分类研究，可参阅杨保军. 新闻事实论［M］. 北京：新华出版社，2001：26-47。

就具体的一则新闻报道而言，我们可以对其本体做出这样的逻辑分析。新闻文本（新闻报道或者新闻作品）是由一定语言符号和非语言符号构成的信息文本，这样的文本可能包含着多种类型的信息。所谓探求具体新闻文本的本质或本体，就是要回答这样一个问题：包含在新闻文本中的什么信息是纯粹的新闻信息？进而设问：纯粹的新闻信息根源于什么？这个"什么"就是新闻本体。可见，新闻文本和新闻的本质不能等同，即"新闻是什么"与"新闻的本质（新闻本体）是什么"，是两个有紧密内在关系的问题，但不是同一个问题。

通过对新闻文本信息构成的分析，人们已经发现，新闻文本中的信息并不都是新闻信息，即并不都是反映新闻事实的事实信息。因此，新闻文本中的哪些信息属于新闻信息，哪些信息不属于新闻信息，需要专门的分析（我们将在第三章对新闻的信息构成进行专门的解剖。）。

同宏观分析的逻辑一样，新闻文本中的新闻信息只能来源于新闻事实，或者说只能来源于表征新闻事实的事实信息。依据本源就是本体的逻辑，可以说，任何一个具体的新闻文本，都有其自身的本体，这个本体就是它所反映的事实对象或者事实信息。因此，在总的抽象意义上说，新闻的本体就是新闻事实，就是表征新闻事实的事实信息。

新闻言论是一种特殊的新闻传播现象，那么，新闻言论的本体是什么呢？在我看来，它像狭义的新闻[①]一样，其本体也是客观存在的事实、新闻事实。离开新闻事实的言论首先不是、不属于新闻言论或者新闻评论，不能归属于新闻传播现象的范畴。

新闻言论直接表现为一种意见、看法、观点、评说，它仍然属于新闻

---

① 狭义的新闻，是指对新闻事实的反映和报道，属于比较纯粹的新闻范围；广义的新闻，既包括狭义的新闻，还包括通过对新闻事实、事件进行评论而形成的新闻意见。因此，一般所说的新闻传播方式，是指新闻报道和新闻言论（新闻评论、新闻意见）。

认识方式的一种具体表现形式，是新闻言论者表达对相关新闻事实、事件的认识和价值评价的一种方式。因此，判断和检验认识是否正确、评价是否合理的最终标准只能是新闻事实及其产生或造成的实际结果（作用和影响）。新闻事实包含的事实信息是所有新闻意见的根基和出发点。只有尊重事实、符合事实的新闻意见，才是准确的、合理的新闻意见。意见和评价的直接表现形式是主观的，但它们的根基是客观的，它们的本源——新闻事实或表征新闻事实的事实信息——是客观的。

（二）本体所指与本体特征

通过上面历史的、逻辑的分析，我们已经得出一个十分明确的结论：新闻本体就是新闻事实或者表征新闻事实的事实信息，这两种表述本质上是统一的。那么，这样的事实或者事实信息具有什么样的特征呢？这里，我们将主要以客观性的新闻事实为对象，对新闻本体的特征做出简要的分析。

新闻本体的第一特征是其存在的客观性或实在性。新闻本体是事实性的存在，是一种实际情况，是事实世界中发生的特殊变动的过程或结果。新闻本体的客观性，是指它的存在是一种独立于主观意识的存在。新闻的客观性正是由新闻本体的客观性从根本上决定的。新闻本体相对新闻文本（报道）的独立性和先在性，说明了新闻本体是自在的存在，并不受制于新闻报道，即并不受制于现象新闻的表现。也就是说，不管人们是否反映报道、如何反映报道新闻本体，它仍然是它自身。正因为这样，新闻本体才能够成为检验新闻真实性的唯一标准和最终标准。

但是，需要我们注意的是，这只是存在论或者本体论意义上的推定，这种推定依赖于认识论的经验，即本体论意义上的结论，恰好是认识推理的结果，离开认识论谈论本体论、存在论是不可想象的。在实际的新闻传播活动中，凡是不能进入新闻认识视野中的新闻事实只能是潜在的新闻事实，而没有进入现实新闻传播中的新闻事实信息（每一具体的新闻事实都是一个具体的新闻本体），对现实的新闻传播来说是没有意义的。但这并不是说在客观世界中发生的新闻事实本身是没有意义的。一定的事实，一旦发生，总有其自身的客观影响和作用。至于它能否发挥新闻的影响和作用，则依赖于新闻传播这个中介。新闻事实的客观影响和新闻事实作为新闻报道内容形成的传播影响，是两个不同的概念，尽管它们之间有着显然的关系。

还有，由于新闻本体的客观性或实在性只有在主观视野中才能得到呈现，因此，在现象新闻层面，新闻本体很难完全超越新闻传播主体主观建构的影响，很难完全超越新闻传播主体各种主体因素的影响，也很难超越新闻媒介自身诸多因素的影响，以及新闻媒介背后、新闻传播者背后各种社会力量、各种社会因素的影响。一定社会中的新闻传播整体景象，一定超越不了该社会能够提供的各种物质条件和精神条件。新闻传播，作为一种信息活动、意识活动、精神交往活动，尤其不能超越一定社会主流意识形态的制约。新闻收受主体能够看到的、理解的新闻本体，必然是认识论意义上的、存在于新闻文本中的主观化了的新闻本体，必然是新闻传播主体视野中和一定新闻媒介视野中的新闻本体，而不是直接的存在论意义上的新闻本体（关于新闻的建构性，我们将在第五章"新闻的创制"中进行专门论述）。

新闻本体的第二特征是其在抽象意义上的唯一性、绝对性和普遍性。所谓抽象意义，是指抛开对所有具体现象新闻实在本体的考虑，只在纯粹逻辑形式上看新闻本体是什么，然后再看这样的新闻本体具有什么样的特征。唯一性，是说只有一个本体；绝对性，是指唯一性的不变性和永恒性；普遍性，是指唯一性适用于任何一种新闻传播现象。

每一具体的现象新闻，都有自己的特定具体本体。因此，在具体表现上，新闻本体一定是多样的，各自相异的，丰富多彩的。然而，如果我们在思维中抽去它们相异的、丰富多彩的具体内容，只留下纯粹的逻辑形式，就能发现这个逻辑形式（表现为一定的概念或范畴）是唯一的。事实上，经过上面的历史分析与逻辑分析，我们已经知道，抽象的新闻本体就是新闻事实或者表征新闻事实的事实信息。因此，新闻本体的唯一性、绝对性和普遍性，指的就是不管在什么条件下，新闻事实并且只有新闻事实或者表征新闻事实的事实信息才能成为新闻的本体。显然，这种唯一性指的就是客观性上的唯一性。

本体的唯一性，既奠定了所有新闻传播的基本出发点，也规定了现象新闻的再现范围——不能随意超越新闻本体的客观约束。正是新闻本体的唯一性特征，决定了新闻追求的直接目标是唯一的：真实再现新闻本体自身的面目。新闻传播的其他目标追求，如果不是奠基于这一基本目标，则其正当性就是值得怀疑的。离开新闻本体的所谓新闻传播，原则上都是不正当的。

然而，这种抽象意义上的唯一性，并没有对现实新闻传播的对象内容做出绝对性的、具体的规定。现实中的新闻传播，到底会把什么样的事实当作具体的新闻事实，只能在历史环境中做出具体的规定，也只能在历史环境中做出具体的解释。人们以什么样的事实作为新闻本体，关键在于人们以谁作为获取事实信息的主体，满足的是谁的信息需要。以什么为本的关键是以谁为主。以社会公共利益为本，就是以社会大众为主。果然如此，新闻在原则上就应该以适应和实现社会公众利益的方式去呈现所有与社会公众利益相关的新闻事实。因此，新闻本体在新闻实践中的具体确定并不是简单的存在论问题，也不是单纯的认识论问题，而是还有一个十分重要的方面，那就是深层次的价值关怀问题。因此，新闻本体论，不等于新闻存在论，不是找到什么样的事实是新闻事实、什么样的信息是新闻信息就完结了。如果没有认识论上的反思性认识，没有价值论角度的主体关怀，新闻本体论是不能建构起来的。

新闻本体的第三特征是其具有的"非常性"，它是显示新闻本体之所以是新闻本体的主要的、突出的个性特征。

一种事实能够成为新闻本体，必然具有与其他事实相区别的个性特点。在既有的新闻理论中，人们通过新闻价值要素学说描述和反映这种个性特征①，它实质上说明了衡量事实成为新闻事实的标准，即将一般事实与新闻事实加以区分的划界"指标"，或者说事实要成为新闻本体的诸多条件。我们可以顺便说明，人们之所以把新闻价值要素学说看作新闻价值理论的核心或基础，甚至是新闻价值理论的全部②，就是因为要素学说从理论上设定了新闻传播活动的范围，提供了新闻选择的标准和尺度。这从存在论或本体论的角度看，则等于是限定了新闻本体的界限或范围，说明了在事实世界中只有部分事实才能被认定为新闻事实，充当具体的新闻本体。

我们这里运用一个概念——非常性——来描述和反映新闻本体的个性特征。非常性是一个总的描述或者概括，具有丰富的具体内涵。我在自己的博士学位论文《新闻事实论》中，从新闻事实的表现方式上对"非常"做过这样的解释："非常"有两方面的基本含义。一为"凸现"或"突

---

① 新闻价值要素学说认为，事实要成为新闻事实，必须具备（并不必然同时具备）五个要素或五种属性：时新性、显著性、重要性、接近性、趣味性。也有概括为时新性、显著性、相关性、趣味性四个要素的。还有概括为相关性、有用性、趣味性三个要素的。有兴趣的读者可参阅杨保军《新闻理论教程》第五章的相关内容，以及美国密苏里新闻学院写作组撰写出版的《新闻报道与写作》（英文第八版）第一章中的相关内容。我在《新闻事实论》中，通过名为"四态"论的方式，对新闻事实做出了界定。所谓"四态"，指的是现实态的存在方式、非常态的表现方式、激发态的信息结构方式和多元态的价值构成方式。参见杨保军. 新闻事实论［M］. 北京：新华出版社，2001：12-21。

② 我本人并不赞同这样的看法，有兴趣了解我的新闻价值观点的读者，可参阅杨保军. 新闻价值论［M］. 北京：中国人民大学出版社，2003。

出"，意指某一事物、事实的产生、出现很特殊、不同寻常，是从"正常"或"平常"状态背景中经过一定量变或突变跃迁凸现出来的"精英"或"恶棍"。二为"反常"，指突然的变故、异常的表现，就是一反常态、不正常，极其偏离人们的日常生活经验和正常思想的事件。① 这些在表现方式上具有"非常性"的事实，在内容上也是具有"非常性"的，它们能够激发人们普遍的兴趣，引起人们的普遍关注，带给人们新鲜的、未知的信息。事物的常态变化与发展，往往产生不出具有新意的信息，只有发生非常态的变动，才能提供新鲜的内容。

需要注意的是，随着整个社会环境的变化、新闻传播的演变，传统的新闻价值观念已经发生一定的变革，"非常才是新闻"的观念正在受到"平常即新闻"的挑战和冲击。我个人以为，不能过分夸大新的新闻价值观念的影响。新闻内容的草根化、平民化，只是意味着新闻事实选择的"扁平化"，并不完全意味着传统新闻价值观念的式微。到底什么样的事实才能成为新闻事实？在这一问题上，传统的观念并没有受到根本的冲击，只是其内涵得到了进一步的丰富，外延得到了一定程度的扩展。并且，在我看来，新的新闻价值观念并不都是好的观念、值得倡导的观念。一些所谓的草根化、平民化新闻，不过是为公众提供了一些无聊的、茶余饭后的谈资，往往转移了人们对真正与自己利益相关的重要事情的关注。我们对新现象的态度，不能一味跟风赞扬，而是要不断反思和批判，这样才能使新闻传播健康地发展。

三、新闻本体与新闻呈现的关系

在分别论述了新闻本体与新闻现象之后，接下来的问题自然就是二者

---

① 参见杨保军. 新闻事实论［M］. 北京：新华出版社，2001：12-21。

之间的关系问题。从传播者角度看，他们需要处理的最基本的矛盾就是新闻本体与新闻呈现之间的矛盾，他们需要完成的最基本的任务就是把新闻本体转换为传播态的新闻。由于这一矛盾的解决和处理质量、水平，在一定意义上影响着整个新闻传播的效果，因此，从原则上厘清二者之间的关系至关重要。事实上，关于二者关系的说明已经渗透在上面的阐释中，下面只是进一步做集中的、条分缕析的解释。

（一）本源与表现

新闻本体是新闻的根源、本源，新闻是新闻本体的表现。已经成为新闻学常识的"事实在先，新闻在后""新闻是对事实的反映""有什么样的事实，就有什么样的新闻"等判断，讲的正是新闻本体与新闻呈现之间的基本关系。在新闻传播的一个完整过程中，从本源到再现，再到收受，是一个必然的客观过程，哪个环节都不可缺少。① 若缺少某一个环节，就不是完整的新闻传播，而是有缺陷的传播，或者是"半传播"②。

然而，本源只是本源，并不能完全决定传播态新闻的表现方式。本源具有自身相对新闻的先在性和外在性，这是一种自然性的先在性和外在性；同样，表现本体、再现本体的新闻一旦产生，也就获得了自身的相对独立性，不受新闻本体的直接约束。这就是说，新闻本体与新闻呈现是可以各自分离存在的。在普遍性上，人们面对的主要不是新闻本体事实，而是呈现出来的现象新闻。因此，一般来说，作为客观事实的本体对人们的

---

① 我曾经针对新闻传播的完整过程，提出一个可以称为"新闻形态"说的观点，对新闻在新闻传收过程中的形态演变进行了描述和说明：新闻的本原态——新闻事实；新闻的传播态——新闻文本（报道）；新闻的收受态——理解了的新闻文本。这三种状态就像固态的冰（本原态）、流动的水（传播态）、蒸发的汽（收受态）一样。有兴趣的读者可参阅杨保军. 新闻理论教程［M］. 北京：中国人民大学出版社，2005：62-87。

② 关于"半传播"，可参阅清华大学新闻与传播学院刘建明教授《当代新闻学原理》中的相关论述（刘建明. 当代新闻学原理［M］. 北京：清华大学出版社，2003.）。

影响是较小的，而作为事实呈现而存在的新闻对人们的影响倒是巨大的。作为新闻本源，事实可以成为历史遗迹；作为对事实的呈现，新闻将会成为历史记忆。

人们知道，在新闻呈现与新闻本体之间，总是有一定的主体作为中介，因而新闻呈现中的主观性、建构性就是不可避免的，呈现与本体之间的错位和不一致也是必然的。在新闻传播者的面前，作为新闻本体的新闻事实或者事实信息，表现出更多的被动性而不是主动性。说得极端一点，新闻本体是"死"的存在，新闻传播者则是"活"的主体。可能正是因为这样，人们发现，同一本体，在不同的传播主体视野中会呈现出不同的面貌，甚至是相去甚远或者对立的形象。现象新闻因而成为一种主体性的产物，具有了强烈的主体性。

呈现新闻本体的新闻传播主体是主动的、积极的，具有主观能动性，并且在新闻传播过程中应该充分发挥主观能动性。但人们应该注意，主体的主观能动性有良性的，也有恶性的。良性的主观能动性，有利于新闻本体真实面目的呈现，从而使人们能够通过现象新闻了解新闻本体的本来面目；而恶性的主观能动性，则有可能扭曲新闻本体的真实面目，误导人们对新闻本体的想象和把握。那些"合理想象"的新闻，推理猜想的新闻，道听途说的新闻，往往都是在充分发挥主观能动性名义下堂而皇之出笼的新闻。

从本体到呈现的中介性，需要各种各样的中介物。只要有中介物的介入，本体的面目就不可避免地要受到某种"修饰"。新闻本体的面貌在表现过程中，会受到各种技术手段的"修剪"，会受到各种语言符号和非语言符号的"包装打扮"，当然也难以逃脱各种意识形态的"化装"，各种利益谋求的"扭曲"。在国际新闻传播中，则更是充满了各种信仰、信念、主义、利益等的"干涉"。所有这些，都呼唤传播者和收受者自觉维护新闻传播的内在本性。

总而言之，一方面，新闻事实或表征新闻事实的新闻信息，作为新闻的本体，具有相对现象新闻的"本源性"（先在性、外在性）；另一方面，现象新闻具有相对新闻本体的"超越性"。传播收受中的新闻，是传收主体"超越"事实约束限制的主观结果，是传收者用主体尺度把握新闻事实客观尺度的结果。因此，新闻对于新闻本体的"超越"结果可能是双重的。如果两种尺度达到了完全统一，也就达到了新闻的理想状态——完全真实；如果两种尺度达不到完全统一，新闻的真实性就只能停留在一定的量度范围；如果两种尺度达不到统一，新闻就与自身的本体相背离，滑向失实甚至虚假。两种尺度在认识论意义上的统一，是新闻传收的基本目标；而达到价值论意义上的统一，即不仅主体尺度符合了客观尺度，而且客观事实包含的信息也满足了传播需要和收受需要（达到了这两种需要，就可以说新闻传播活动满足和实现了社会需要），那么，新闻传收活动就达到了比较理想的境界。我在前言中所说的新闻本体不是纯粹的新闻存在论，也不是纯粹的新闻认识论，而是存在论、认识论与价值论的统一，正是从理论上对这种境界的描述。

但是，如前所论，作为根源、本源的新闻本体，为现象层面的表现设定了最基本的范围和标准，传播者并不是可以任意而为的，新闻本体也不是可以随意打扮的。任何在内容上超越新闻本体的新闻，都必然会承担一定的认识风险和道义风险。新闻有自己的本性，社会有自身的规范，人类有基本的价值，不会肆意妄为。

（二）唯一与多样

新闻本体既是具体的存在，又是抽象的存在。说它是具体的存在，是指每一条具体的新闻，都有自己的具体本体——具体的事实信息；说它是抽象的存在，是指任何新闻的本体都是事实信息。因此，仅就新闻本体是事实信息这一点来说，我们可以说本体是唯一的——只是"事实信息"，不是其他信息。抽象本体的具体化，必然是现象新闻的多样化。我们对这种唯一与多样的具体关系，可以做出如下的阐述。

本体是一，现象是多。

具体新闻本体是一，新闻报道是多。这就是说，新闻事实或者事实信息是唯一的，但对它的呈现可能是多样的。不同的新闻媒介、新闻传播者可以针对同一新闻事实做出不同的新闻报道。不同的新闻媒介、新闻传播者可以从不同的角度、不同的侧面、不同的层次，对同一事实展开报道，这些报道既展现了不同新闻传播者的新闻眼光，也一定反映着他们不同的新闻观念、不同的新闻传播立场与倾向。新闻相对确定事实的多样性，恰好以新闻方式反映了社会的复杂性、认识的差异性，以及各种利益关系之间的一致性和矛盾性。

针对同一事实本体形成的新闻呈现的多样性，并不是现象层面的混乱，而是为社会大众立体化了解和把握一定的新闻事实提供了机会和可能。新闻媒介或者新闻传播者正是通过它们或者他们之间自觉的或者不自觉的相互作用（既有相互合作配合，又有相互竞争和冲突），使新闻事实的面貌得到了比较完整的呈现，这属于不同媒介之间的"有机运动"。人们在一种新闻眼光中只能看到事实的一种景象，而在多种眼光中就有可能看到比较完整的事实景象。因此，一个自由的新闻传播环境才能为人们提供完整了解事实真相的可能。同样，只有自由的竞争环境，才能真正显示出不同新闻媒介、不同新闻传播者的品性和水准。高质量的新闻和高水平的媒体一样，是自由竞争的结果，而不是政治权威或者其他什么权威分封的产物。信赖是通过媒体的传播行为塑造的。在众多媒体中，人们到底会信任哪些媒体？选择哪些媒体？我以为，不用担心人们的智力和品德，他们一定会选择那些拥有社会良知、社会责任的媒体。媒体之间的无序竞争，只能说明还没有实现真正的新闻自由，而不是新闻自由的泛滥。

针对同一事实形成的新闻的多样性，表面上看，似乎意味着新闻报道可以采取"无政府主义"的态度和方法，其实，恰好相反，因为我们不能忘记，在其背后还有一条：新闻本体的唯一性。正是新闻本体的唯一性，才使人们可以对不同新闻报道做出好坏优劣的比较和判断。新闻本体为新闻提供了最为根本的标准，这是一条客观标准。如果我们连事实信息的客观性、事实的客观性都不承认，那我们将失去讨论问题的基础，新闻传播因而也将变成为所欲为的信息塑造行为。

新闻是以事实或者事实信息为本体的，事实真相是唯一能够验证新闻是否真实的标准，本体就是最高的和最后的唯一标准，这是新闻本体论揭示新闻本体、阐释新闻一系列问题的根本所在、最大的意义所在。我们只有把新闻的本体说明了，才能把新闻与其他看上去多少有点类似的东西区别开来。"新闻事业必须严守求真务实的原则，这是它有别于娱乐、宣传、小说或艺术的地方。娱乐以及它的'表亲'——'资讯娱乐'关注有趣的一面。宣传利用选择性的事实，甚至杜撰事实来达到说服和操纵的目的。小说和艺术则用创作来表达作者个人心目中的所谓'真相'。唯独新闻首要关注如何如实报道所发生的事情。"[①] 新闻的根在事实，呈现的仍然是事实，这就是新闻的精髓。

当然，有人会对新闻本体的可知性提出怀疑，最终则会对人的认识能力提出怀疑，这是人们早已熟悉的认识论上的怀疑主义。在怀疑主义者的心目中，新闻事实并不存在一个本来面目，存在的只是认识到的面目、主体呈现出来的面目。这样一来，新闻报道便成了新闻作者主观建构的结

---

① 参见 KOVACH B，ROSENSTIEL T. The elements of journalism：what newspeople should know and the public should expect［M］. New York：Crown Publishers，2001。

果，新闻事实的"模样"是由新闻作者创造的，而不是对事实本身的反映和再现。新闻在一定意义上确实是主体建构的结果，但不能随意建构主体。任何一种活动总是存在着自己的边界，超越边界，其将失去自身的本性和特征。人们只有把事实信息认定为新闻本体，新闻才是新闻。不然，新闻就不再是自身，而是成为别的事物。这是一种超越一切对新闻本质具体认识的逻辑设定。凡是超越了事实信息的信息，就不能被称为新闻，也不是、不应该是新闻。

我们深知，应对新闻建构论和应对认识怀疑论具有同样的难度。但这是必须做出回答的问题。近些年来，建构主义在新闻界大有泛滥的趋势，一些人过分夸大新闻符号世界的虚拟性，过分夸张信息环境的虚拟性，似乎整个新闻界都在为人们塑造虚假的世界。但这既不符合经验事实，在逻辑上也是难以成立的。从事实上说，人们对媒介的依赖程度不是降低了，而是升高了，人们对事实世界最新变动的了解和把握，主要诉求于新闻媒介，特别是公信力比较高的媒介。从逻辑上说，如果人们已经认为他们从新闻媒介上获取的信息是不可靠的，那他们就会逐步拒绝接触媒介，这样，所有的媒介就应该逐步走向灭亡；然而，人们看到的事实却不是这样。一些学者在某些思潮的影响下，过度夸大新闻的建构性，宣扬悲观的论调，是不符合经验事实和逻辑论证的。新闻创制过程确实也是建构的过程，但建构并不等于虚假，建构是新闻认识和其他认识都有的现象。只要我们弄清楚新闻是如何建构的，就能够应对建构中出现的一些问题。

新闻呈现的多样性，不仅仅有主体的原因和根据，更有本体的原因和根据。新闻本体是客观发生的、存在的新闻事实，或者说是表征事实的事实信息，但事实本身的结构和表现有时也是丰富的、复杂的。不同的新闻作者会与新闻事实建构起不同的、具体的认识关系，这就从客观上决定了认识结果上的多样性、侧重上的差异性以及报道结果上的多样性和差异性。这是认识活动中非常正常的，也是必然的现象。因此，把这种报道结果上的多样性、差异性说成新闻事实本身不可知，新闻本体本身不可知，显然是没有理解"知"本身的丰富性。不可否认，认识主体的各种素质，一定会影响新闻报道结果的恰当性、合理性、准确性，但这恐怕不能成为新闻本体不可知的根据。从经验事实层面看，人们在相当程度上和在很大范围内，正是通过新闻报道来了解事实世界的最新变动的。

我以为，问题的实质在于，新闻认识世界的方式是有限的，它对事实世界的反映范围是有限的，它的真实性、全面性、客观性、公正性等也是有限的，它对事实世界的把握是新闻式的，水平和层次都是新闻式的水平和层次。我们只有理解和把握了这种有限性[①]，才能真正懂得新闻的意义和价值。如果首先把新闻认识的能力夸张到不恰当的地步，然后再用新闻认识的结果去和自己的期望相对照，这样得出的结论自然是令人失望的。

(三) 不变与万变

本体是不变的，现象则是万变的，但万变不离其宗。在不变与万变之间，有两种具体的关系需要加以解释。

本体是不变的，指的是新闻本体具有唯一性、绝对性、永恒性和普遍性（参见上文）。这个不变的本体就是新闻事实或者表征新闻事实的事实信息。不变的本体是抽象意义上的本体，是形式化的逻辑存在，它不以媒介形态的变化而变化，也不以传播方式的变化而变化。如果这个抽象的本体变成了或者转换成了其他本体，那么新闻将失去自身的内在规定性，同

---

① 关于新闻真实的有限性和其他特性，有兴趣的读者可参阅杨保军. 新闻真实论 [M]. 北京：中国人民大学出版社，2006：98-152。

样，新闻传播也将失去自身的内在规定性。而这种内在规定性的失去或者偏移，必将影响整个新闻传播业的价值取向，影响新闻传播业各种应当功能和应当目的的实现。本体从根源上规定着一定事物的基本目的。

本体自身又是万变的，这是在具体层面对本体特性的描述。本体自身在具体层面的万变性，决定了新闻现象的万变性，决定了新闻现象的丰富多彩，决定了新闻自身的日日常新。这样的变化不仅构成了具体新闻内容的演变史，也在一定意义上反映了人类历史的变化，反映了人类信息交往内容、交往方式的变化，反映了人类精神交往内容、交往方式的变化。

新闻的新鲜性，正是通过具体新闻本体的千变万化展现出来的。这是新闻和新闻传播的必然，是任何一种主观力量、主观意志都不能阻挡的。人们只能遮蔽一些具体的新闻事实，但永远无法遮蔽整个事实世界。事实世界的变化，比起人们对它的反映来说，才是更根本的东西。如果人们无视事实世界的最新变动，以自己的狭隘利益取舍事实，那么最终受到惩罚的不是事实世界，而是人类自己。正像如果人们无视自然的运行法则，一意孤行，蹂躏自然，最终受到惩罚的必然是人类自己一样。

在历史的、现实的新闻活动中，在具体层面上，新闻本体与新闻现象一样，总是不断变化的、不断更新的。本体本身也是历史的，如果不能认识到这一点，对本体的理解就只能停留在抽象的层面上，而新闻报道针对的始终是现实的、具体的本体，不是抽象的本体。就某一具体的新闻本体而言，在一般情况下，针对它形成的新闻也是多样的（见上文）。当面对比较重要的、复杂的新闻事件、新闻事实时，不同的媒介、不同的记者往往会做出侧重点有所差别的报道，从中体现和反映不同媒体、不同传播者的风格，体现和反映不同媒体、不同传播者的眼光、见识、倾向和立场。这可以说是另一种意义上的不变与万变关系（万变在这里更多的是比喻意义，准确的表达应该是多变）。显然，这种不变与多变之间的关系，虽然反映了新闻本体本身可能的复杂性，但更多的是反映了新闻传播主体的复杂性，反映了不同新闻传播主体之间关系的复杂性，反映了不同传播主体所代表的不同利益主体（集团）之间各种关系的复杂性。关于这些"复杂性"，不是这里能够讨论清楚的，我们将在后面一些章节中进行必要的说明和解释。

第二章　新闻的属性

报纸和现代城市一样，都不完全是理性的产物；没有人曾刻意要将它变成今天的模式，纵使不同时代的许多人都曾试图去控制它，将它塑造成自己心中的理想模式，但新闻还是不断以自己变幻莫测的方式去发展、演变。

——帕克

纵观古今沧桑，横看不同文化，人们彼此交换的各种新闻都很类似。

——米切尔·斯蒂芬斯[①]

任何事物都是通过自身的属性、特征来表现和展示自己的。属性就是事物本质的体现，本质在认识论上就是对事物主要属性的一种凝结和概括。因此，如果认清了一个对象的属性及各种属性之间的主要关系，也就

[①] 米切尔·斯蒂芬斯（Mitchell Stephens），美国新闻史学家，著有《新闻的历史》和《图像之兴和文字之衰》等作品。

实质性地把握了这一对象。在我们的论述中，新闻指称的是处于传播状态的新闻文本（报道），因而讨论新闻的属性，直接意义上就是分析新闻文本的属性。揭示文本属性方法的多样性，将决定我们对新闻认识的丰富性和深入程度。但我们的分析不可能是没有选择的，选择的标准是紧紧围绕本体论的核心问题。

一、新闻的本体属性

新闻的本体（或者直接说新闻本体）是新闻事实或者表征它的事实信息。如果从信息论角度讨论新闻的本体属性，实质上就是讨论新闻事实信息的属性。作为一种特殊事实信息的新闻，在内容和形式上有其自身的属性。只要新闻存在，就不可能没有这样的属性；只要是新闻，就必须具备这样的属性。我们把这样的属性界定为新闻的本体属性或者本质属性，即决定一种信息之所以是新闻信息的属性（是其所是的属性），才能称得上是新闻的本体属性，可简称为"本性"。

（一）本体属性的根源与特征

毫无疑问，本体属性的根源只能是本体本身，也就是新闻事实或者新闻事实信息本身，"本性总是以某物为中心得到归属的，必须有一个自身，才谈得上本性、自然"①。因而，新闻本体属性是新闻本体固有的客观属性。正是这样的属性，在客观上或者说在实在论意义上，界分了新闻事实与一般事实、新闻信息与一般信息的范围，从而使人们在以新闻眼光观察、审视事实世界时，能够看到新闻事实与一般事实、新闻信

---

① 陈嘉映. 哲学 科学 常识 [M]. 北京：东方出版社，2007：189.

息与一般信息之间的差异和区别。也就是说，新闻本体属性在客观的认识论功能意义上，可以充当区分或者衡量新闻事实与一般事实、新闻信息与一般信息的标准。并且，由于这是本体意义上的标准，因而也是一种根本性的标准、规律性的标准、终极性的标准。当然，我们不会否认此标准的历史性和主体性，即这样的标准在新闻实践中是历史性地表现的，同时在实际运用过程中也会受到新闻活动主体各种主观因素的影响。

具体而论，不管是从事实论角度还是从信息论角度来理解新闻本体，新闻本体属性的根源都是一致的。从事实论角度看，"新闻事实"的属性显然是新闻性和事实性；从信息论角度看，"新闻事实信息"也内在地包含着信息的事实性和信息的新闻性这样两项非常重要的内容。因此，如果我们选择从信息论这一角度来寻求新闻本体的属性，那么其根源一是信息的属性，二是对信息所做的限定——"新闻事实"信息的属性[①]。本体属性根源的确定，为我们设定了分析本体属性构成的基本范围和基本角度。也就是说，我们应该在事实性和新闻性范围内讨论新闻的本体属性，对此，我们将在下文中展开具体的分析。

讨论新闻本体属性的特征，就是把新闻"本体属性"本身作为分析对象，看它作为一种或一类属性（与非本体或者非本质属性相比）具有什么样的特征。这实际上是在进一步回答："本体属性到底是一种或一类什么样的属性"？它对我们理解新闻事实（新闻信息）、新闻、新闻传播、新闻活动现象等到底有什么样的作用和影响？只有对类似这样的问题做出合理的、比较有说服力的阐释，才能从根本上说明讨论新闻本体问题的价值，或者说，才能说明新闻本体论存在的意义。

---

① 我们这里之所以从信息论这一角度来解释、讨论新闻的本体属性，是因为信息论解释具有更强的直接性。参见前文的相关解释。

　　作为一种客观属性，本体属性是固有的或者自在的①，也就是说，本体属性具有固有性和自在性，是一种原始、原生的属性。固有性和自在性，主要是说，新闻本体属性是可以脱离任何主观意志的属性，是可以脱离传播关系或者说超越传播关系的属性，是一种实在性的属性。但要注意的是，这不是说，离开人的认识，我们还可以知道这样的属性。事实上，我们关于事物的任何描述和判断，也就是我们关于任何事物的"知"，都是认识的结果。人类只能在自己对世界"知"的范围内谈论世界。谈论不知是不可想象的。对于任何不知，人类只能说不知。从哲学角度看，我们在讨论新闻本体属性时，不能离开存在论，更不能离开认识论，而是要追求存在论和认识论的统一，也只能在统一的意义上进行讨论。事实上，"所有实在论都既做出了关于独立于意识之外的世界存在的判定，又做出了关于外部世界的可知性的陈述，因而同时是本体论和认识论的立场"②。人类对世界的谈论，首先是以人类存在和人类认识发生为前提的，"因为如果某个东西不以任何一种方式为任何一个人所意识到，却又被断言为存在的，那么这个东西就只能被看作本体主义的假设或神秘主义的虚构"③。世界本身是混沌的，是人类对世界的属性加以区分，进行了不同的描述和说明；是人类在自身的所谓文明进化过程中，将与自然的交往不断改造为社会化的活动，从而以人类的心智和眼光对事物的属性做出了不同的认定和指称，并在这一过程中塑造或创造出不断成型的各种活动和相关活动领

----

　　① 说一种属性是固有的、自在的，也就是不可再问根源的，或者按照人类的现有智慧和知识是无法进一步回答的。比如，说运动是物质世界固有的属性，就无法再去追问为什么是固有的。人们可以解释运动的原因是事物内部构成要素的相互作用，但不能进一步解释原因的原因，即无法解释为什么有相互作用的存在。在哲学史上，所谓的唯心主义者，是通过上帝、神来解释最终的或者第一的原因，同时把上帝或者神的动因归结为"自动"；唯物主义者则直接把动因归结为固有，也就是物质世界的"自动"。因此，在我看来，两种哲学主义在这一问题上，在逻辑上，其实很难被实质性地加以区分。

　　② 肖峰. 哲学视域中的技术 [M]. 北京：人民出版社，2007：77.

　　③ 倪梁康. 意识的向度：以胡塞尔为轴心的现象学问题研究 [M]. 北京：北京大学出版社，2007：2.

域。传播活动、新闻传收活动很有可能是人类最早创造的和不得不创造（自然而然）的基本活动方式。因此，什么样的事实值得关注、什么样的信息值得传播，也许是人类最古老的范畴化思维之一，尽管他们根本没有什么今天所说的新闻意识。但在逻辑推断上，我们可以说，新闻本体意识也许应该是新闻意识中最早萌发的一种意识（尽管并不能自觉）。我们今天所说的新闻信息，对人类来说，是生命性的需要、本能性的需要，因而必然是伴随生命的诞生而产生的。人类对世界的关注，首先是对那些与自己的生命、生存有关的事物的关注，对周围环境的关注。

作为一种能够区分自我与他者的属性，或者说能够区分此物与彼物的属性，本体属性规定着事物自身的面目和所是。如果本体属性是漂移不定的，不断变换的，那事物本身也就失去了自己的稳定身份，这样的属性也就不能成为本体属性。因此，从原则上讲，本体属性具有绝对性或者不变性的特征。在抽象意义上，事物的本体属性是永恒的、绝对的。一旦一个事物的本体属性消失了，它本身便不再是自身，我们从认识论上也就无从界定它是什么。当我们说某事物已经发生了质变，大概就是这个意思。正因为一些事物在本体属性上是相同的、相似的，人们才能把它们归于同一类事物。人能被称为人类，就是因为构成类的所有个体在最一般的意义上具有基本相同的生理、心理和社会属性。在事实世界中，正是因为一些事实具有类似的被我们在新闻认识论意义上称为"新闻性"或者"新闻价值属性"的客观属性①，我们才能把这样一些事实统一称为"新闻事实"。当然，这是具有高度新闻意识之后的命名。新闻意识本身有一个孕育、诞生的漫长过程。我们现在的解释当然是一种反思性的事后解释。

从上面的论述逻辑中可以发现，人们关于"什么是新闻"的回答之所

---

① 对事物属性的命名，尽管首先根源于事物自身，但"命"怎样的"名"是与主体活动目的相关的。至于是怎样的一种相关性，不是我们这里所要讨论的问题。

以不同，最关键的问题就在于对新闻本体属性认定上的不同。把什么样的事实当作新闻事实，在最终意义上乃是把什么样的属性当作新闻的本体属性。新闻本体属性，说到底，就是对新闻事实、新闻信息、新闻的一种本质规定性。因此，到底什么是事实性、什么是新闻性，并不是很好回答的问题，也很难形成绝对性的统一答案。人们只能在历史过程中做出历史性的回答①，人们只能在不同的环境中做出符合环境特征的回答。历史性和社会性决定了人们对新闻本体属性的理解是具体的，是有一定相对性的，但不是相对主义，因为有一个统一的绝对性的逻辑前提：事实性和新闻性。人们只能在事实性和新闻性的逻辑前提下对其内涵做出具有一定差异性的阐释。只有在对事实性和新闻性的具体阐释中，我们才能真实地发现人们的新闻本体观、新闻价值观以及相关的其他新闻观念，它们共同构成了一定新闻活动主体新闻观的实质性内容。新闻观念的变革，最终仍然要回归到对新闻本体属性认定的变化上。

在实际的新闻传播活动中，对什么是新闻本体的回答，往往会受到以"谁"为新闻活动主体的影响。在我看来，在本体论、认识论、价值论相统一的意义上，以"谁"为新闻活动的主体，将在实践层面决定"以什么"为实际的新闻本体。如果以社会大众为新闻活动主体，就必然会以他们的生活为本，以他们的实际为本，而他们的实际、他们的生活，永远是事实本体的所在地，是新闻事实最主要的发生地、发源地。如果以其他主体为新闻活动主体，或者服务的主要对象，就会必然把他们关注的事实当作新闻事实。因此，在新闻本体论的背后，深藏着新闻价值论或者一般社会价值论的影响。只有透彻地理解这一点，才能真正理解现实的新闻传播景象，理论与现实的碰撞才会产生真正的理论问题。当理论与现实不统一

---

①　在明确的新闻意识诞生之前，这种回答还是不自觉的、本能性的，人类只有具有了相对比较明确的新闻意识，才会自觉探讨本体属性及其相关事项的含义。

时，既不要轻易否定理论，也不要轻易批判现实，它们之间的矛盾也许才是真正的困境所在，真正的问题所在。这样的困境与问题，不仅考验着理论，同时也考验着实践。因此，所有的本体论，特别是社会活动的本体论，背后都隐藏着各自的价值论。

不同的新闻传播主体都可能承认事实或者事实信息是新闻本体，但在事实的具体选择上，即把什么样的新闻事实当作可以报道的新闻事实，却有很大的差异。因此，即使在理论上持有共同的新闻本体论，也不一定在实践上贯彻共同的新闻价值论或新闻选择论。任何新闻传播者都不可能把一定社会范围内的所有新闻事实全部呈现出来，选择是必然的。在新闻名义下可以做出不同的选择。选择的实质是需要的选择、利益的选择，最根本的是对需要主体或利益主体的选择。因此，新闻本体论与新闻主体论是紧密相关的问题，需要做进一步的深入研究。

（二）本体属性的基本构成

新闻本体是一种特殊的事实信息，因而，所谓本体属性的构成，就是分析作为新闻本体的事实信息本身有哪些属性。新闻本体——新闻事实信息——的现实存在方式原则上只有两种状态：一是自在的未传播状态（自然状态的事实信息），即未被传播主体认识反映从而还没有进入传收的客观状态；二是进入传播状态的新闻，即新闻本体（本原）经过传播主体的认识反映后进入了传收状态（非自然的或者说是符号化了的事实信息，这时新闻本体是以主观状态存在的）。下面，我们将针对新闻本体的两种存在状态分别讨论其属性的构成。①

1. 客观实在状态中新闻本体属性的构成

处于未传状态的新闻本体，是一种具有实在性的存在，是一种客观事

---

① 在以往的理论研究中，没有这样的严格区分。人们主要是针对传播状态的新闻分析新闻的属性。显然，这种分析缺乏足够的新闻本体意识。

实，是一种自然存在的事实信息①，可以说还是潜在的新闻。我们对这种状态中新闻本体属性构成的分析，参照的恰好是转化成传播状态的新闻本体，也就是说，我们是在与处于传播状态的新闻本体（已经被传播者主观化）的比照中，分析处于未传状态新闻本体的属性的。这样能够使人们对新闻本体处于不同状态的属性有一个更为明确的认识。需要说明的一点是，人们通常是在未传状态的意义上理解新闻本体的，因而，也是在这种状态中讨论新闻本体属性的。这就是说，人们通常只在存在论意义上讨论本体问题，而不在认识论意义上讨论本体问题，这是符合传统的本体论理解的。但在我看来，这是片面的，我们只有在存在论与认识论相统一的意义上，才能真正理解本体的内涵。并且，更为重要的是，只有在认识论意义上展开对新闻本体的讨论，存在论意义上的本体阐释才是有意义的。存在论是为认识论奠定根基的，但新闻本体只有通过具体新闻的本源形式才能实际地被人们所把握。也就是说，抽象的本体是通过具体的新闻本源来体现自己的，因此，新闻本体的属性在传播态中才能得到更加真切的理解。

当一件事实被认定为新闻事实，一条信息被认定为新闻事实信息时，它具备的条件是什么，这种条件其实就是新闻本体的基本属性。如前所述，把事实世界中的一些事实认定为新闻事实，把信息世界中的一些事实信息认定为新闻事实信息，这是人类新闻活动的历史实践结论。人类正是通过对自身的新闻活动历史的反思，才自觉地确认了事实成为新闻事实、信息成为新闻信息的一般条件。人类并不是从一开始就知道什么是新闻事实，什么不是新闻事实，什么应该是新闻事实，什么不应该成为新闻事实。可以说，这些意识、观念都是新近几百年来的产物、历史的产物。将某些类

---

① 这种自然性是相对传播主体而言的自然性或者准确点说是自在性，因为客观存在的新闻事实、新闻事实信息，大多数是人的活动的产物，属于非自然的信息。不要把这里的自然等同于常识意义上的自然，或者科学意义上的自然界。这里的自然强调的是未被传播者"干涉"的自在的新闻事实或新闻事实信息。

型的事实、事实信息，归类为新闻事实、新闻事实信息，是一个历史过程。也就是说，人类的新闻意识，是在新闻活动实践的历史过程中逐步确立的。

我在这里想说明的是：新闻实践史决定了新闻认识史。我们不能凭借纯粹的逻辑分析，认定什么样的事实是新闻事实；相反，是人类的新闻实践史，首先对事实世界进行了范畴化，把一些类型的事实、一些类型的信息实际上作为新闻事实和新闻信息。我们只能以此为前提和基础，对新闻本体的所指和属性做出进一步的理论分析。也就是说，我们首先以经验事实为基础，然后才能进行理论逻辑的梳理；我们以新闻传播的实际为根基，然后从理论上进一步做出某种理想化的限制。而经过逻辑梳理后的描述，使人们能够形成比较明确的看法。进一步说，什么是新闻本体，原则上并不纯粹是学术研究的结果，而是新闻实践史的产物。学术研究不过是对新闻实践历史结果的反映和认定，是对新闻实践历史做出的学术描述和反映，当然也少不了逻辑的推演和分析。这就是我们分析新闻本体属性的方法论原则。下面则是我们在这一方法论原则下得出的基本结论。①

---

① 我在《新闻事实论》中，从本体论、认识论与价值论相统一的角度，对新闻事实的特征做了"四态说"的描述：一是存在方式的现实态。新闻事实在时间存在方式上是"现时"的，是现在时态的存在；在空间上是"现在"的，是人们在现时存在的空间中可以直接经验的存在；新闻事实总是"现识"的，只有现时发现、认识的事实才能被称为新闻事实；新闻事实是"现实"的，是实实在在的客观存在，不是艺术的想象物，是"现时"和"现在"的统一，是在"现识"中发现、认识的现实存在。二是表现方式上的非常态。"非常"有两方面的基本含义：一为"凸现"或"突出"，意指某一事物、事实的产生、出现很特殊、不同寻常，是从"正常"或"平常"状态背景中经过一定量变或突变跃迁凸现出来的"精英"或"恶棍"。二为"反常"，指突然的变故、异常的表现，就是一反常态、不正常，极其偏离人们的日常生活经验和理想的事件。三是信息个性上的激发态。激发态的含义主要有两点：其一，对新闻事实来说，其所含的信息随时都有扩散、辐射的可能，处于一种信息"饱和"状态、高势状态，与平常事物所含的信息形成一种落差，从客观上说具有传播的必然性；其二，处于信息"激发态"的新闻事实，能够激起人们的兴趣，能够对人们产生强烈的引力效应，对人们的注意力形成一种凝聚和收敛的作用。四是价值特征上的多元态。能为人们提供"认知价值"的事实才会成为新闻事实；能够激发人们"兴趣"的事实才会成为新闻事实；在具有认知价值、兴趣价值的基础上，新闻事实还应提供一种"义"的价值，它是"有用"（认知价值）和"有趣"（兴趣价值）的统一，使人们在接收事实信息之后，不光知道世界发生了什么、出现了怎样的最新变动，不只感到好奇有趣，得到了情感或心理的满足，而且能够在感知、体验的基础上，分析、判断、体悟出一定的道理。参见杨保军. 新闻事实论 [M]. 北京：新华出版社，2001：2-25。

第一，实在性。实在性是对新闻本体存在状态、存在形式特征的描述。新闻本体是客观存在的事实，或者客观存在的表征事实的信息，因此，实在性——实际存在着——是其最基本的属性，是所有其他属性存在的基础。实在性属性，标志着作为新闻本体的事实或者信息，是相对传播者的外在性和先在性存在，具有自己的独立性。新闻本体的外在性，从根本上设定了新闻真实标准的唯一性和客观性；新闻本体的先在性，从客观上规定了合理的新闻报道逻辑，必然是"事实在先，新闻在后"的逻辑，凡是违背这一客观逻辑的新闻，其正当性和真实性都是值得怀疑的。有人认为新闻事实的存在状态（主要是时态）有三种：曾在的事实、现在的事实、将在的事实，新闻就是对这三种不同时态事实的报道。这一认识是模糊的，需要清理。新闻只能是对新近或正在发生的事实的报道。没有事实，就没有新闻，也不应该有新闻（报道）。新闻是关于未来可能事实的预告性报道，报道的是预告行为本身，预告行为本身是已经或正在发生的事实。预告的内容并不是现实的事实，只是可能的事实。可能的事实就不是事实。因此，将新闻界定在过去和现在事实时态是没有错的，并且在逻辑上是完整的。这样的界定并没有反对关于未来可能事实的预告性报道。预告行为之所以能够成为新闻事实，正是因为它预告的内容本身具有新闻价值属性，但这样的事实还是主观性的事实、逻辑性的事实，不是客观事实。对于预告性报道，证实它的真实与否，是看是否确实发生了相关的预告行为。至于预告的内容能否成为事实，那是新闻本身不能解决的问题，只有将来的事实才能证明。但我们也要理解，在常识层面上，说新闻报道包括对未来可能事实的报道，也是说得通的，人们也能理解预告性新闻的实质。

实在性说明新闻内容是一种客观存在，不是传播者的主观创造；实在性说明，新闻本体的存在，不以传播者是否报道为转移，报道不报道，都不影响新闻本体的存在^①；实在性还说明，新闻本体从原则上会永恒存在，但存在的形式会在时间的流变中发生变化。这就意味着，具体的新闻本体总是存在着转变为现象新闻的机会或者机缘。人们看到，发生在过去的一些事实，在今天被发现之后，会迅速转化成为新闻事实，这其中最主要的原因是事实本身包含着成为新闻事实的要素或者属性，在被发现后得到了呈现的机会。实在性从根本上说明，为什么今天的新闻会成为明天的历史，因为新闻本体作为实在的事实或表征事实的信息，是一种事实性的存在，是实际上发生的情况，而这正是任何历史最基本的追溯。新闻是用事实表明事实自身的，是所谓"根据事实来描写事实"，而不是"根据**希望**来描写事实"^②；同样，历史首先也是用实在的事实来铺垫自己的道路，而不是根据自由的想象塑造历史的景象。如果没有基本的经验事实史，也就没有思想的历史，更谈不上哲学意义上的反思性历史。历史学家们有可能用不同的事实去描述历史的面貌，但如果历史学家们用自己的想象去描述历史面貌，那就只能是历史小说，如此描述出来的历史，也只能是小说化的历史。那种过分夸大历史主观性的倾向，把历史描述为历史学家眼中的历史、历史学家建构的历史的观念，在方法论上是值得警惕的，它在一定意义上摧毁了历史的事实根基，是对人类历史认识基本能力的怀疑，对我们如何确立新闻本体观念也是有影响的。历史事实是不可改变的，可改变的是人们对历史事实的看法。

第二，新鲜性。新鲜性的核心是对本体内容特点的描述。具体来说，新闻本体的新鲜性，主要包含两方面的基本含义：一是指客观事实或者客

---

① 但要注意，新闻报道可能会影响作为本体的事实的变化和发展。事实上，新闻报道的目的，在许多情况下，不只是向人们说明发生了什么样的事实，而是为了改变现实事实的状态。如果新闻报道只具有认识论意义的功能，不能产生实践论意义的作用，那么人们对新闻的热情恐怕会大大降低，新闻本身的价值也会大打折扣。

② 马克思恩格斯全集：第1卷 [M]. 北京：人民出版社，1956：191.

观信息发生、产生时间的新近性或正在性，即相对一定社会主体所在的实际时间的新近性或正在性；二是指在时间新近性或正在性基础上事实内容（也就是表征事实的信息）本身的首发性、首创性或者第一性、首次性，核心是指事实内容或者事实信息是一定社会主体想知、应知而又不知的。简单来说，所谓新鲜性，就是指新闻本体在时间上相对一定社会主体所在的实际时间的新近性（可以称为"时新性"）或正在性，以及内容上的前所未有。下面，我们对这两方面的内涵做出进一步的阐释。

时间上的新近性或正在性，是一件事实能够成为新闻事实、一种信息能够成为新闻信息的时间根据，是一种本体性的条件。事实或者信息发生、产生的时间，离现在时间越近或与现在时间重合（正在发生的事实），既是事实或者相应的信息能够成为新闻事实、新闻事实信息的重要时间前提，也是时间"新近性"最基本的含义。时间是客观的，是任何事物存在的条件或者存在方式。时间的新近或正在是客观的，时间是有方向的，是可计量的。因而，事实是否是新近或正在发生的、信息是否是新近或正在产生的，是有客观标准的。需要说明的一点是：新近或正在的时间属性，只是事实成为新闻事实的时间根据，至于事实能否得到及时的或实时的报道，还要依赖其他众多的条件。因此，我们这里谈论的仅仅是事实成为新闻事实的时间根据、时间条件，与新闻事实能否变成实际的新闻报道没有直接的关系。新近或正在发生的事实，如果得到报道，就成为现实的新闻；如果未得到报道，那么即使事实具有新闻价值，也只能是潜在的新闻。

我们也应该注意到时间的文化意义和社会意义，即对人类来说，时间不仅仅是一种自然性的存在，更是一种文化存在、社会存在。因而，在新闻现象中，时间上的新近性或者时新性，必须在历史中理解，必须在一定的历史文化环境中理解，更需要在一定的传播环境、传播条件下解释。对于时间的新近性，虽然我们可以在抽象意义上做出统一的内涵解释，但对具体的历史文化条件、文化环境、传播环境、传播条件来说，新近性实际的、具体的意义是有所差别的。人们是在传收交流中使用这一概念的。比如，在不同的历史条件下，人类使用的传播媒介是不一样的，而不同媒介形态在传播过程中要求的及时性是有差别的，因而不同媒介形态对时新性的界定范围也是有差别的，这已经是常识，没有必要多说。

在新近性或者时新性问题上，有一个问题需要加以特别的说明和解释，那就是有一些事实并不是新近发生的，而是被新近发现的发生在很久以前的事实，它们对今天来说，已经变成了历史事实或者说过去了相当一段时间的事实，但却可以成为新闻事实、新闻信息。我们以为，"发现行为"本身就是一种特殊的新闻事实，它是新近发生的，而历史事实构成了发现的内容、发现的对象，构成了整体（完整）新闻事实的一部分（整体事实是发现行为事实加上发现的对象事实，对象事实就是我们所说的过去的事实、历史事实）。历史事实的遮蔽性、隐在性存在，在认识发现中突然变成了敞开性的、显在的存在，呈现在人们的面前，这在一定意义上，特别是在认识论意义上，就是新近发生的事实。因而，就一定的历史事实成为新闻事实的内在机制来说，认识、发现行为是极其重要的，没有发现，就没有新闻的诞生。我们甚至可以说，当下的新闻事实正是通过现在的认识发现生成的，即具体的新闻本体是新生的，所有的历史过程不过是孕育当下新闻事实的过程。因此，只有理解了新闻活动本质上是一种特殊的认识活动，才能理解为什么历史事实会变成或被当作新闻报道的对象。

新鲜性主要是针对时间上新近或正在发生的事实的内容特征而言的，是从内容上对新闻本体属性的一种描述和认定。在时间根据上能够成为新闻事实的事实是无限多的。依据运动的绝对性原理，这个世界上每时每刻发生的一切变动结果从理论上说都是新的，最起码是相对新的。为了从这无限多的新的事实中把新闻事实之新与一般事实之新区别开来，就需要对新闻事实的新提出特别的要求，这特别的要求正是新鲜性的基本内涵。事实在内容上具有怎样的新鲜性，才是新闻意义上的新鲜性，我们很难对其做出统一的、超历史的、超时代的回答。也就是说，对内容新鲜性的内涵进行解释时，必须坚持历史主义的基本观点和方法。

其一，从普遍意义上说，内容的新鲜性是指内容的首发性或者首创性，即在一定范围内第一次出现的事实、产生的信息，这是事实、信息能够成为一定范围内新闻事实、新闻信息的重要条件。"新意就来源于对常态的改变。具有首创性、新异性的新闻事件是对常态的挑战"，"所改变的常态的时空跨度越大、稳定性越高，新闻的新意就越强烈"。[①] 从抽象意义上说，首发性或者首次性，是构成任何事实新鲜性、信息新鲜性的前提条件。当人们用首发性来描述一件事实的新鲜性时，实际上是说在一定的时空范围内，没有出现过、发生过类似的事情。但是，由于任何事实都是具体的，原则上都是首发性的，正如天下没有两片相同的树叶一样，世间也不会发生两件完全相同的事情。因此，对首发性还需做出进一步的解释。有些事情的首发性具有绝对性，即它在一定时空范围内与以往发生的所有事实都不一样，都有根本的质的区别，这样的首发性，也就具有了绝对性的新鲜性；有些事实的首发性，则具有更多的相对性，即它在一定时空范围内与以往发生的有些事实或很多事实具有相似性，没有根本的质的区别，这样的首发性，也就没有多少新闻意义上的新鲜性。如果一件事实与以往发生的事实高度相似，它的首发性的意义就会降低。因而，事实首发性的强度，是在它与以往事实的比较中产生的。首发性是构成新闻事实的一个条件，但不是绝对条件。一些类似的事实恰好因为重复出现、反复

---

① 郑兴东，陈仁凤，蔡雯.报纸编辑学教程［M］.北京：中国人民大学出版社，2001：62.

出现而成为新闻事实。昨天一个人在某一地段出了车祸是新闻，今天又有一个人在同一地段出了车祸，这不但没有降低新闻性，反而强化了新闻性。但这时创造新闻性的主要因素不是首发性，而是重复性，这时的新鲜性表现在"重复"的新鲜性上。

其二，内容的新鲜性，不仅指性质上的新鲜，以与陈旧形成对比，还包含着新鲜度或者新鲜量级、新鲜层级之间的差别。也就是说，并不是所有新鲜的事实、新鲜的信息都可以成为新闻事实、新闻信息，成为新闻本体。那么，新鲜度要达到什么样的量级，一件事实才能成为新闻事实，一条信息才能成为新闻信息，才能成为具体层次上的新闻本体？我以为，这个问题在纯粹的本体论、认识论范围内是很难得到解决的，必须有价值论的渗透和进入。事实上，人们也无法为新鲜性确定具体的量化指标，只能做一些定性的判断。

新鲜性的质的规定性在一定条件下（比如在一定的时空范围内）是可以通过首发性来衡量的，但新鲜性的量度是不能仅仅通过首发性来衡量的。也就是说，新鲜与否既有绝对的标准，也有相对的量度。这也说明，新闻本体的界限是绝对性和相对性的统一。新闻价值要素学说描述的重要性、显著性、接近性、趣味性等[①]，在定性的意义上反映了事实成为新闻事实、信息成为新闻信息的诸多条件。这些所谓的新闻价值属性也是事实的客观属性，是事实本体性的属性，但既然是价值属性，也就必然是需要在与社会主体新闻需要的关系中被界定的属性。正因如此，对这些属性内涵的解释既有稳定的一面，也有变动的一面，并且，稳定的内容也是通过变动的解释体现的。人们对这些属性内涵的解释，只能是历史性的解释，只能是在一定社会环境、文化环境、传播环境下的具体主体的解释。新鲜

---

① 关于新闻价值要素学说及其他相关新闻价值理论，有兴趣的读者可参阅杨保军．新闻价值论 [M]．北京：中国人民大学出版社，2003。

性显然是绝对性和相对性的统一，新闻本体属性的这一特点，从根本上决定了新闻必然也是相对性与绝对性的统一。

用新闻学的眼光或者范畴化方式，我们可以把事实世界区分为一般事实和新闻事实两大类，新闻事实是事实世界的一部分。需要进一步说明的是，在新闻事实范围内，有些事实属于典型的新闻事实，这就是说有些事实具备较为完备的新闻价值属性或者新闻性。而相对典型性的新闻事实来说，有些新闻事实的新闻价值属性则不明显或者不强，我们可以称之为非典型性新闻事实。简单来说，不同的新闻事实，尽管都是新闻事实，在属性特征上具有诸多的"家族相似性"，但它们具有不同的典型性。典型性越明显，新闻性越强；典型性越不明显，新闻性越弱。因此，在新闻事实与非新闻事实之间，其实是有一个交叉或模糊的区域的[①]。新闻事实的新闻性，其实是有一个层级差别的，在新闻事实范围内，普通的新闻事实，与典型性的新闻事实，有着不同的递属关系。正因为如此，有时我们很难绝对地将一些新闻事实与一般事实区分开来，也就是说，在新闻事实与非新闻事实之间，很难划出绝对的界限，二者之间确实存在一个相对比较模糊的交叉地带。

首发性和一定的新鲜度，其实都在表明这样一点，即新鲜性的核心是事实信息具有能够为人们提供从前不知道的信息的客观属性，从主体角度讲，就是一定主体对被称作具有新鲜性的事实具有未知性，因此，从新闻认识论的意义上说，未知性是新鲜性的主要内涵。因而，一般来说，以新

---

① 认知语义学中的"原型理论"，对我们理解新闻事实的典型性与非典型性及其之间的关系具有一般的方法论意义。该理论认为，范畴内部的各个成员，依据它们具有这个范畴所有特性的多寡，而具有不同的典型性。原型是范畴内最典型的成员，其他成员则有的典型性显著，有的具有非典型性，处于范畴的边缘位置。范畴内部的各个成员被家族相似性联系在一起。家族相似性意味着在一个集合中，所有成员都由一个相互交叉的相似性网络联结在一起。范畴的边界是模糊的，相邻范畴互相重叠、互相渗透。参见李福印.语义学概论［M］.北京：北京大学出版社，2006：231。

闻活动主体，特别是收受主体的未知、欲知和应知为参照，当新近或正在发生的事实信息对人们来说是未知的、欲知的和应知的，能够为人们提供新的信息或新的情况时，才能说事实的内容是新鲜的，这样的事实才是新闻事实。

2. 传播状态中新闻本体属性的构成

处于传播状态的新闻本体信息——事实信息，是已经被传播主体主观化并且通过一定符号系统编码化了的信息。这样的事实信息，就其作为事实信息的性质来说，是主观化的、符号化的、文本化的事实信息；就其内容的最基本的规定性来说，是对客观（本源）本体信息的反映和陈述，因而是（应该是）真实的①，即传播状态中的本体信息与本源状态中的事实信息内容是一致的。如果本源状态的本体信息的真实性可以被称为"本真"的话，那么，传播状态事实信息的真实性就可以被称为"再现真实"（它是一种主观真实，属于认识论意义上的真实）。传播状态与本源状态的最大区别就是"传播"。得到传播的新闻事实信息，获得了传播方式上的诸多特点，也就是说，传播行为会赋予本体信息一些新的属性。下面，我们就来具体分析、阐释传播状态中新闻本体的属性及其构成情况。

首先，本体信息的真实性构成了传播状态新闻本体最重要的属性。传播状态的新闻本体原则上是对客观状态新闻本体的"翻版"或"再现"，它要力求保持新闻本源面貌的真相，这种与客观新闻本体的符合性或者逻辑内容上的等同性，就是我们所说的真实性。正是这种对二者之间符合性

---

① 我们之所以有根据说处于传播状态的新闻本体信息是真实的，应该是真实的，是因为这仍然不是一个纯粹的逻辑问题，而是人类新闻实践史的问题。作为人类信息活动之一的新闻现象，在其历史演变过程中，形成了特定的基本目的，建构了特定的基本原则。其中，真实反映客观本体（本源事实）的实际面貌、揭示本体事实的真相，便是新闻历史实践形成的最基本的原则之一（这就是我们今天强调的、全球化的新闻传播的第一原则——真实性原则）。对新闻信息交流来说，如果放弃这样的原则，就意味着放弃新闻信息交流本身，否认新闻活动特有的意义和价值。

的追求从根本上保证了新闻传播之所以是新闻传播的个性特征。人们已经烂熟于心的"真实是新闻的生命"的"格言"，反映的正是这一属性。当然，我们必须指出，传播状态新闻本体信息的真实，与本源状态新闻本体信息的真实是不能完全等同的，本源状态新闻本体信息的真实是一种自在的真实、完全的真实，而传播状态新闻本体信息的真实是一种主观真实，这两种真实之间显然是有性质差异的。在认识论意义上，传播状态本体信息的真实有其自身的特征，并不是与本源本体的绝对符合，而是经过主体中介化的真实。我在专著《新闻真实论》中从不同角度出发对新闻真实的特征做了比较深入细致的分析[①]，这里不再赘述。

其次，本体信息的及时性构成了传播状态新闻本体的另一重要属性。这里所说的及时性，是指传播状态的新闻本体信息是对本源状态的本体信息的快速再现，即从客观新闻事实的发生到关于该事实的认识、反映、再现，是一个非常短暂的过程。与我们前面关于"新近性"内涵的解释相似，这里所说的及时性，同样需要进行历史性的理解。到底传播的速度快到何种程度才能称为快，从本源态到传播态的时间距离短到何种程度才能称为快，都需要根据历史条件做出具体的解释。我们既要把及时性放置在一定历史时代提供的传播环境中进行具体的解释，还要根据不同时代媒介的形态特点、不同的技术支持对及时性做出解释。只有这样，人们才能真实理解及时性的内涵和意义。

及时性标示的不是单纯的新闻传播速度的变化，这只是现象；实质上，它标示着人类物质交往方式、精神交往方式、信息交往方式的变化，标示着不同文明时代的更替与变化，标示着生命意义的变化。快、及时，

---

① 在《新闻真实论》中，我把新闻真实——指的就是关于本体信息的真实——的特征概括为这样几个方面：新闻真实是事实性真实；新闻真实是过程性真实；新闻真实是有限度的真实；新闻真实是即时而公开的真实。除此之外，我还从不同媒介形态的差异性出发，分析了新闻真实的特点。参见杨保军. 新闻真实论 [M]. 北京：中国人民大学出版社，2006：98-152。

不仅加快了信息流量，也加快了精神观念的更新，加快了人的生命的更新。人类的生命节奏、生活节奏在不断地变化，人们越来越被快速更新的各种信息（其中当然包括新闻信息）"搅和"得不知所措：跟上时代，就是时代的螺丝钉，跟不上时代，就成为时代的弃儿，但这两种状态也许都不是真正的人的状态，而又是人们不得不接受的状态。在人的生命节奏与人所创造出的工具的节奏之间，矛盾变得越来越突出。人作为本质上的精神动物，正在日益强大的信息洪流中改变着生存和生活方式。

及时性既是本体信息进入传播状态的属性特征，也是保证本体信息新鲜性的方法途径。如前所述，内容新鲜是事实成为新闻事实、信息成为新闻信息的内在保证，而本源状态的新鲜，只有具备了传播状态及时性的保障，才能成为真正的现象世界的新闻；不然，本源的新鲜将被历史冰箱封闭起来，或是等待成为现象新闻的机缘，或是成为永远消融不了的冰块。可见，及时性作为新闻本体信息处于传播状态的属性，对于新闻成为新闻就像真实性一样，同样具有生命性的意义（事实上，人们通常把及时性称为新闻的"第二生命"），而且它是本源态与传播态之间转换的时间机制、时间"闸门"。可以说，在客观存在的新闻事实、新闻信息能否转换成传播中的新闻这一过程中，客观上最重要的守门人是"时间老人"。生命首先是通过时间划界的，及时性更能体现出"生命"的比喻性含义。

再次，本体信息的公开性构成了传播状态新闻本体的又一重要属性。本源状态的本体事实、本体信息，一般来说，总是处于一定的相对比较狭小的时空范围内，它对社会、人群、个人、自然的可能影响，是直接的某种现实效应。但是，其一旦被转换成传播状态的信息存在、符号存在，成为新闻，就会立即像空气一样，在原则上成为一种无限时空范围的自由存在、自由信息，迅速获得了公开性的属性和特点。传播中的新闻，正是在公开性中获得了自己的公共性特征，正是在公开性中获得了自身特有的信息力量，正是在公开性中获得了自由传播、自由收受的机会。这一切，同样是人类新闻实践史赋予的。人类之所以最终赋予新闻以公开传播的方式，就是因为人类认识到公开方式是人类自己最大的受益方式。只有尽可能多的人了解了事实世界的最新变化，人类或者一定范围的人类共同体才能比较有效地解决他们面对的各种难题。本体信息的公开，既为人们平等接触和获取相关信息提供了机会，也为民主权利的实现提供了信息上的基础和可能。同时，本体信息的公开，使人们获得了信息安全的可能，有了更多的、更及时的机会来把握自己的命运。

最后，在收受环节获得的内在属性（用一个什么样的概念来描述这种内在属性，也是有待进一步研究的问题）。如果把新闻传播作为一个完整的传收过程来考察，我们能够发现，新闻本体的形象首先存在于传播者的心中，然后以新闻文本方式呈现在人们面前。如果从收受角度来考察，就会发现：在传播状态中，作为新闻本体的事实信息获得了新的存在方式——理解性的存在、心灵性的存在或者心理性的存在，这实质上是一种主观性的知识性存在。

一旦收受者解读了外在于自身的新闻文本（新闻报道），新闻事实信息就可能被收受者接收、接受，它便进入了收受者的大脑，成为其信息库中的有机构成部分，成为一种广义上的知识。事实信息一旦成为收受者认可的、相信的信息，就可以说在其心目中被转化成了一种"信以为真"的知识，具有了内在于主体的属性，它可以用来指导收受者后继的言行活动。所有关于新闻传播效果的研究，都是建立在这样的事实基础上的。

被理解了的新闻才是被赋予意义的新闻，只有到达收受者的新闻才能真正成为有效的信息，任何半途而废的新闻（传而不收的新闻）都是意义相当有限的新闻。本体信息的意义和价值最终实现于收受环节。也正是在这一环节，本体信息最终可能会以多种多样的意义"落脚""沉淀"于收受者独有的信息世界中。因此，本体信息在收受者心目中、思维中的理解状态对新闻传播而言是至关重要的。至于收受者在收受新闻信息的过程中到底是怎样重新建构新闻的，我们将在后面的相关章节中进行专门的讨论。

二、新闻的获得性属性

作为新闻本体的事实信息一旦经过传播者的认识、反映、再现进入传播状态，就转换成了传播态的新闻，进入各种各样的传播收受关系中。在不同的传收关系中，新闻将在本体属性的基础上获得或凸现一些新的属性。我们将这样的属性称为获得性属性。[①] 理解获得性属性，是理解现实新闻的基础。或者说，只有理解和把握了新闻的获得性属性，才能真正理解现实的新闻传播。这里需要预先说明的一点是，在获得性属性的讨论中，我们是把传播态的新闻作为整体对待的，而不是仅仅把本体信息端拿出来进行讨论，即我们的讨论对象是新闻，不只是新闻文本中的事实信息。

（一）获得性属性的根源

传播态新闻首先是对新闻本体的反映和再现，而新闻认识活动总是开

---

① 如果我们把本体属性叫作新闻的第一属性，就可以把获得性属性叫作第二属性。事实上，在试图说明和阐释新闻的属性时，洛克关于物体两种属性的逻辑分析方法启发了我。在哲学家洛克看来，物体的形状、体积、数量、运动和组织是物体的第一性质，而物体借其第一性质的不同变化而产生的、能在我们感官上产生色声香味等感觉的各种能力被称为第二性质。在洛克看来，第一性质不仅仅是物体第一性的、原始的性质，它实实在在乃是物体的本质，而第二性质事实上不过是由这种实在本质所决定的、表现于外的外部特性。参见钟宇人，余丽嫦. 西方著名哲学家评传：第3卷［M］. 济南：山东人民出版社，1984：40 - 41。获得性属性是否是一个合理的、准确的概念，是仍然需要进一步讨论的问题，但我用它来描述的事实是存在的，因而这一概念并不是臆想。

展于一定的社会环境（传播环境）中，会受到整个环境和环境因素的各种作用和影响。因此，传播态新闻的属性，既根源于新闻本体，根源于新闻传播与收受活动中的核心主体的需要——传播主体的传播需要和收受主体的收受需要，也离不开它与传播环境的各种关系。可以说，新闻的获得性属性是多种因素相互作用的结果。从理论逻辑上看，有什么样的新闻关系①，新闻就会获得什么样的属性。在有些关系中，新闻可能主要不再被当作新闻看，而是被当作其他形式的精神产品。

在具体分析获得性属性的根源前，首先需要对获得性属性本身做出解释。我们所说的新闻的"获得性属性"，是指新闻具有的纯粹事实信息属性以外的一类属性。纯粹事实信息属性，就是我们前面讨论的新闻本体属性，它可以说是新闻在纯粹的新闻关系中获得的属性。但在实际的新闻传收状态中，人们并不总是把新闻当作纯粹的新闻文本（即纯粹的事实信息文本）来看待，也就是说，在实际的新闻传收活动中，新闻活动主体与新闻之间的关系并不总是纯粹的新闻关系，新闻活动主体往往会在新闻的名义下把新闻文本当作其他信息文本使用。正是基于这样的事实，我们把新闻在非纯粹的新闻关系中具有的属性称为新闻的获得性属性。这就是说，如果把新闻当作纯粹的新闻事实信息，新闻就只有纯粹的本体属性；如果新闻同时实际上是或者被当作其他类型的文本，比如政治宣传文本、获取经济利益或者商业利益的文本、文化文本、知识文本、教育文本、娱乐文本等，那就意味着新闻文本在这些非纯粹的新闻关系中具有了政治属性、商品属性、文化属性、知识属性、教育属性、娱乐属性等。由于这些属性是新闻在各种可能的传收关系中显现出来的，是在各种可能的传收关系中

---

① 这里所说的新闻关系，是指在新闻传收过程中，新闻与各种社会系统以及主体的需要建立的可能关系。我们可以把新闻关系区分为纯粹的新闻关系和准新闻关系。纯粹的新闻关系，就是把新闻仅仅当作新闻、当作事实信息的关系；所谓准新闻关系，即非纯粹的新闻关系，或者说，在新闻的名义下，并不把新闻主要当作新闻而建立的各种传收关系。

获得确认的，所以我们姑且把这些属性称为新闻的获得性属性。下面，我们对获得性属性的主要根源再做进一步的分析。

第一，获得性属性根源于新闻本体自身的属性。如前所述，新闻本体实际上是一类特殊的事实（事实论解释）或者是一类特殊的事实信息（信息论解释），它所具有的那种或者那些相对一般事实、一般信息而言的"特殊性"或者"非常性"，正是我们所说的新闻本体的本体属性或者本质属性，属于我们上文所说的纯粹的新闻属性。但是，当我们将新闻事实或新闻事实信息看作（实际上也是）"一般"事实或者"一般"信息时，也就是不把它作为其他事实的"异类"看待时，它就具有一般事实或者一般信息的各种可能属性。这些属性在新闻眼光中往往被有意遮蔽、忽略或者视而不见，但它们在事实上却是现实地存在着的；这些属性在各种可能关系中就会发挥各种可能的功能作用。这些可能属性正是新闻本体转换成为传播状态中的新闻后，能够获得各种功能性属性的根源。比如，新闻本体作为事实信息，其本身就含有广义上的知识性，因此，一旦被转换成为新闻文本，我们就可以说，任何新闻文本在传收关系中都会获得知识属性，只要人们收受新闻，人们就能"知道"更多的事情。一件事实，往往包含着多样化的具体信息，因而，在客观上可以生成不同的传播关系，在主观解释中则完全有可能形成多义性，也就是说，本体事实信息，一旦转换成为传收关系中的新闻，实际上就可能不再是纯粹的新闻文本，同时还是或被当作其他性质、类别的信息文本。文本中所包含的信息实际上在被当作新闻信息的同时又被当作政治信息、经济信息、文化信息或者其他性质的信息（具体被当作什么信息，一是要看事实或事实信息本身的特点，二是要看传播者或其他新闻活动主体的目的），这时，它作为新闻也就获得了新闻本体属性之外的政治属性、宣传属性、意识形态属性、经济属性、文化属性等。

看得出，凡是获得性属性，都有一定的本体和本体属性根源，没有任何本体和本体属性根源的获得性属性是不存在的，即一种属性在被称作新闻的获得性属性前，它所依赖的事实或事实信息必须首先是新闻事实或新闻事实信息。获得性属性不可凭空产生。如果没有某种潜在的本体属性，那么不管是传播主体还是收受主体，或者其他什么类型的主体，都会失去建构某种现实新闻关系的可能，因而，也就无法使新闻显示出现实的获得性属性。这说明，并不存在纯粹的、完全超越或脱离新闻本体属性的获得性属性，即获得性属性并非纯粹的主体赋予行为。但我们也不能否认，在现实的新闻活动中，确实存在着新闻活动主体（不仅仅是新闻传播主体）凭空附加在新闻事实上的属性。因而，在最普遍的意义上，我们可以说，新闻的本体属性和获得性属性在客观上是一体化的、不可彻底分离的，它们之间的区别是在不同新闻关系或准新闻关系中的区别。我们的分析，只是从根源上说明了新闻为什么会具有各种非新闻的属性，也等于说明了新闻为什么能够发挥非新闻的作用。

第二，获得性属性根源于各种新闻传收关系。新闻为什么会具有本体属性之外的属性，除了新闻本体具有其他视野中的其他客观属性外，另一个重要原因就是各种传收关系塑造了新闻的获得性属性。可以说，新闻的获得性属性是传播主体和收受主体根据自身需要（表现为"传播需要"和"收受需要"）以及新闻本体一些潜在客观属性建构的结果。当然，我们同样不能忽视其他新闻活动主体，比如新闻源主体、新闻控制主体塑造新闻获得性属性的作用。也正是在这样的意义上，我们把这些可能的属性称为新闻的获得性属性，即它是在与主体的各种互动关系中获得的。在实际的新闻传播活动中，新闻活动主体把新闻当作什么，它就会获得什么样的属性。由于新闻活动主体往往不会把新闻当作某种单一的信息产品，特别是不会当作单纯的新闻信息产品，于是，新闻能够同时具有多样的获得性属性，也就能够发挥多样的作用。

首先，从新闻传播主体角度看，其进行新闻传播的目的大都不是单一的，而是多元的、多向度①的。新闻，在新闻传播主体眼中，并不只是纯粹的事实信息，并不只会具有一般的信息告知功能，这些只是最基本的东西。在传播者的视野中，新闻可以用来实现更多的目的，发挥更多的功能，新闻可以与传播者的各种传播需要建立起丰富的关系，传播者总是要通过新闻做点新闻以外的事情。新闻可以充当实现传播者及其所代表的利益集团的政治利益、经济利益、文化利益等（这其中自然包含着社会公共利益的成分，甚至会以公共利益为核心）的工具，新闻在谋求和实现这些利益的过程中，不再是为了新闻自身的目的，而是发挥了工具和手段的作用，也正是在这样的过程中，新闻获得了新的属性。事实上，新闻的直接目的、直接功能往往是次要的，反倒是其间接目的和间接功能是更为根本的，也就是说，新闻实现的主要是一种工具性价值（对此，第四章还会有较为详尽的论述）。新闻信息往往是外壳，传播者试图实现的政治追求、经济追求、文化追求等才是真正的内核；新闻直接呈现的信息不过是对事实的一种描述，描述背后的某种意图指向才是传播者的真实目标。在传播者的心目中，他们自己的意图信息常常比事实信息重要得多。一般情况下，传播者不会选择背离自己意图的事实信息进行传播，而在不得已的情况下，传播者则会充分运用"高超"的传播艺术。从经验事实出发，可以说，传播者的传播需要将决定新闻能够获得什么样的突出属性。将新闻置于怎样的传播情景、媒介语境之中，置于怎样的传播关系、社会语境之中，都是传播者相对自由可为的事情，这是一个传播者赋予新闻以特殊价

---

① 所谓向度，从主体角度而言，就是态度、倾向或立场，实质上是指主体的认识取向和价值取向。主体的立场将决定其观察事物或具体行为的基本方向。主体的行为总是有向度的。无立场只是想象中的向度，其本身也是一种向度。

值、特殊意义的过程（这样的过程在不同的传播者之间当然有巧妙和拙劣的不同表现）。在这一赋予价值、赋予意义的过程中（当然不是纯粹的赋予，总是要依赖于一定的事实属性或内容），新闻也就获得了新的属性，或者说，新闻具有的某种非新闻性的潜在属性得到了现实化，某种不怎么重要的属性有可能得到凸显，而某些决定事实所是的属性，则有可能被传播者有意淡化或干脆遮蔽掩盖起来。当然，我们不会否认传播者把新闻当作纯粹新闻的事实。如果从职业的应然角度说，职业新闻传播者首先应该把新闻当作新闻，而不是把新闻当作实现其他目的的手段，新闻首先应该为新闻而存在、而传播；职业新闻传播者首先应该"让新闻事实说话"，而不是"用新闻事实说话"。但这些都是美好的理想，都是应该如此，真要成为基本的事实，还是很遥远的事情。把新闻当作新闻，让人们自己去选择、去分析、去判断，只是一种境界，社会还没有创造出这样的整体环境和条件。在今天的现实中，职业新闻传播者更多是在扮演引导者的角色，他们会不断赋予所选择的新闻、传播的新闻以意义，使人们在新闻以外寻求更多的意义，因而，传播者的社会责任和职业良心，也就显得更加重要。

新闻传播媒体、新闻传播主体本身的多样性，决定了同一新闻在不同的新闻传播主体那里，可能会获得不同的属性，至少有可能获得不同侧重的属性——有些传播主体更看重某些新闻的政治性，有些则可能更看重商品性，如此等等。也就是说，面对同样的新闻，不同的传播主体会根据自身的传播目的，对其进行不同的处理，有时甚至会出现对立的传播处理。在所有这些过程中，新闻在不同的传播主体那里，获得了既可能相同的属性，也可能不同的属性。实际上，媒体之间的合作、竞争和斗争，体现在处理新闻的手段上，往往正是通过赋予新闻以不同属性的方式进行的。同样，人们在这一过程中，也能够看清楚不同传播主体的真实面目。比如，面对同一人为灾难事件，有些新闻媒体充分报道救灾行为，有些新闻媒体充分揭露灾难的后果和原因，有些新闻媒体则可能注意事件各个方面的平衡，这些不同的报道方式，赋予新闻的价值、意义或者说属性是不同的，体现了不同新闻媒体的传播立场和意图。当传播者把新闻当作什么的时候，也就是把自己当作什么的时候，这二者是统一的。直接点说就是：当新闻传播者把新闻当作新闻时，他首先是职业新闻传播者；当新闻传播者把新闻当作宣传信息时，他首先是新闻宣传者；当新闻传播者把新闻当作获取经济利益的商品时，他首先是媒介商人……新闻在新闻传播者那里被赋予获得性属性的过程，也就是新闻被不断化装的过程，这种化装如果过分，也就变成了新闻不断异化自身本质的过程。

其次，从收受主体角度看，收受者可以在收受过程中与新闻（表现为新闻报道或者新闻文本）建立起丰富多彩的关系，收受者可以把新闻文本实际上当作各种可能性质、各种可能属性的文本，而不只是当作新闻性质的、新闻属性的文本。当然，这同样依赖于新闻文本本身具有的客观属性，收受者并不能凭空赋予新闻文本以某种属性（但可以夸张、放大，可以凸显，也可以反其道而行之）。新闻收受者既可以按照自己的新闻需要选择新闻文本，也可以按照自己的需要开掘、解释新闻文本（这里暂且不考虑解释的合理性问题）。而按照自身需要解释新闻文本的过程，在一定意义上，就是赋予一定新闻文本以特定属性的过程，或者准确点说，就是在新闻文本与收受者相互作用过程中，使新闻获得一定属性、凸显一定属性的过程，是新闻文本一些潜在属性现实化的过程。如果提升到一般层次上说，那就是，新闻可以在收受关系中、收受过程中获得一些属性、凸显一些属性。当这一切都在新闻的名义下进行时，将新闻所具有的、在收受情景中获得的本质属性之外的属性叫作获得性属性显然是恰当的。

与传播媒体、传播主体一样，收受主体本身也是多样性的活动主体，主要表现为具体需要的多样性、多层次性和个性特征的多样性。这些特征决定了同一新闻文本在不同收受主体那里，可能会表现出、显现出不同的属性特征。也就是说，同样的新闻，在不同收受主体的理解中，表现出来的属性多少、属性强弱是不一样的。人们知道，新闻只能在具体的收受过程中获得自己有意义的存在，那些不被接收的新闻、没有进入理解过程的新闻是无意义的存在，"是存在着的无"。而所谓有意义的存在，无非是说新闻在收受过程中在收受者面前"展现"了自己的属性，这样的展现过程是由收受者的解读和理解行为"打开"的。由于新闻本体信息是新闻的本质所在，其包含的事实信息也是通过新闻符号直接呈现的，因而是收受者可以直接获取的；但新闻事实信息之外的意义，则必须依赖收受者的心智和情意。新闻文本并不会有意地自己展现自己的所有可能意义，收受者以怎样的方式打开它，在很大程度上决定着新闻文本对他意味着什么。正像所有优秀的精神作品只有在思维丰富的大脑面前才是内容丰富的一样，任何优秀的新闻作品，也只有遇到了充实的心灵，它的内容才会表现出丰厚与充盈。因此，从新闻（文本）角度看，其在与收受主体的相互作用过程中，产生了、显现了、获得了一些属性，这些属性因而被称为新闻的获得性属性。

最后，新闻源主体是新闻信息资源的拥有者[①]，在具体的新闻传播过程中，从主体方面看，处于第一环节。新闻源主体在事实上往往直接参与了新闻的传播过程，最先塑造了新闻事实的形象。新闻源主体以怎样的态度和方式处理新闻信息，对新闻在传收中显现出怎样的属性特征具有一定的基础性影响。因此，我们也把新闻源主体与新闻事实的关系问题，放在传播态新闻的角度加以简要讨论。这样在逻辑上会更周全一些，对我们理解新闻获得性属性的主体来源也更全面一些。

---

① 关于新闻源主体本身的论述，可参阅杨保军. 简论新闻源主体［J］. 国际新闻界，2006（6）：41-45。

新闻源主体在新闻传播的源头上，可以按照不同的需要对新闻事实进行"包装"和"剪裁"（这里我们只讲新闻源主体可能的事实行为，不对其行为做价值评价）。而对事实或者事实信息的"包装"和"剪裁"，显然就是塑造和改变事实或事实信息属性特征的行为。如此行为，结果必然是凸显、强化甚或放大了事实的一些属性，同时，也免不了遮蔽、弱化、掩盖事实的另外一些客观属性。这是一个以主观意愿改变客观事实的过程，至少是一个改造的过程。也正是因为如此，我们可以把新闻事实或新闻事实信息在这种状况下所具有的属性，称为获得性属性。这样，处于中介地位的新闻传播者，在把新闻事实转化成新闻时，实际上就在一定程度上充当了实现新闻源主体目的或需要的工具。[①] 因而，新闻实际凸显的很可能并不是新闻事实的新闻性，而是新闻源主体想要凸显的非新闻属性，甚至是其赋予新闻事实的某种属性，这实际上也是典型的新闻建构行为（关于新闻源主体的新闻建构行为，可参阅第五章相关论述）。

第三，获得性属性根源于传播环境提供的条件和机遇。一则具体的新闻，在传收过程中到底会获得哪些具体的属性，以什么样的方式表现出不同的属性，除了受到上述所分析的各种新闻活动主体因素的影响外，还与新闻在怎样的情景中传收密切相关。任何新闻事实总是产生于特定的环境之中，与一定的环境有着天然的联系。但新闻事实的发生充满了偶然因素，并不都是必然的，一件事情能够恰好遇到什么样的具体传收环境同样充满了偶然性，尽管在一定时期所有事实遇到的大环境是相似的。因此，一则新闻到底能够成为怎样的新闻，能够产生多大的影响和作用，在新闻的名义下主要以什么样的真实面目（是以新闻为主的面目，还是新闻名义

---

① 但这种情况并不必然，因为职业新闻传播者并不会只按照新闻源主体提供的信息去报道新闻。职业新闻传播者的职责之一，恰好就是对任何新闻源主体提供的信息进行确证。他们要以新闻专业化的眼光、技能和职业精神面对所有新闻，面对所有新闻信息提供者。因此，职业新闻传播者常常会根据事实的真实面目，纠正新闻源主体提供的信息内容，以职业要求呈现新闻事实的形象。

下的其他面目）呈现在人们的面前，与它所处的实时环境是紧密相关的。在新闻与环境之间，新闻创造环境，但环境也在造就新闻，不少新闻只是因环境而存在。

　　顺便可以指出的是，在传收环境与新闻活动主体之间，由于新闻事实的发生具有天然的偶然性（但新闻事实并不都是偶然的、预料之外的），因此新闻活动主体一方面可以主动利用环境条件，赋予或强化新闻的一些属性；但另一方面只能适应环境的客观特征，维持新闻事实的原状。尽管新闻活动主体在传播环境面前是主动的，但其行为必然要受到环境的客观约束和限制，并不能主观任意而为。总之，新闻的获得性属性是在环境与主体的共同作用下获得的。

　　新闻传播总是展开于一定的媒介环境、社会环境之中，传播主体、收受主体的传送、收受行为不可能完全超越传播环境的各种影响[①]；新闻源主体、新闻控制主体的新闻行为，同样只能在一定的传收环境中进行。从原则上说，任何新闻包含的信息和意义，只能在一定的传播环境中得到相对固化或者比较确定的解读。环境就是语境，是一种文化环境、意义环境。事实信息本身不会随环境变化而改变，一旦发生，是什么就是什么，这正是本体信息或者说本体属性的特点；但是，事实信息的意义是会随环境或语境的变化而变化的，人们可以在不同的环境中对事实信息做出不同的解释，即使在同一环境中，不同的主体也会对同样的事实信息做出不同的解释。可见，新闻可以在不同主体那里获得不同的属性，这除了主体自身的原因，还有传播环境的根源。进一步说，新闻活动主体常常是利用传播环境的特点来赋予或强化某些属性的。

　　传播环境在客观上设定了新闻的宏观意义范围和解释边界，超越传播

---

① 关于新闻传播环境问题，有兴趣的读者可参阅杨保军. 新闻理论教程［M］. 北京：中国人民大学出版社，2005：389 - 404。

环境的意义赋予很难实质性地产生作用。有些新闻只能在特定传播环境中产生特定的传播效应，环境信息构成了新闻信息的有机组成部分（关于新闻的信息构成问题，我们将在下一章进行专门分析），正是一定的传播环境，使一些新闻报道（新闻文本）获得了情境性的特殊属性，能够产生出一些特殊的功能作用。这时，我们可以说，是媒介语境、社会语境赋予特定新闻以特定的意义和属性，新闻作品是从环境中获得和凸显某些属性的。新闻（传播）的时机性，新闻（传播）的时效性，从根本上说，是由新闻所处的传播环境特征决定的，或者说是对环境条件的某种适应或利用。如果错失某种传播情景，那么一些新闻也将失去获得或凸显某些属性的机会。如果我们做进一步的分析，就会发现，事实信息本身是不需要什么时机性的（时机性与及时性不是同一概念），新闻事实信息内在诉求的时间原则是唯一的——快，"快"才能成为"新"闻；新闻活动主体（特别是新闻传播主体）之所以特别重视新闻传播的时机性，目的是通过对传播时间的驾驭求得预期的传播效果（追求时效），而这个预期效果往往正好是直接新闻效应①以外的效果，比如政治效果、道德教化效果、知识传播效果等。但对我们来说，这里更重要的问题是，所谓对传播时间的驾驭，实质上是对传播环境、收受环境的认识和利用，"见机行事"或"抓住时机"的核心，就是要认识和发现传收环境的特征，在环境条件恰到好处时进行传播，也就是要让新闻能够最大限度地获取环境信息资源，"享受"环境赋予的属性。

（二）获得性属性的构成

新闻的获得性属性是在各种传播关系中获得的、现实化的，获得性属

---

① 所谓直接新闻效应，指的是新闻的直接功能，即告知人们发生了什么事实的功能。参见第四章相关论述。

性本质上是关系属性。由于新闻传播关系是丰富的、多样的，因此，新闻具有的获得性属性必然也是丰富的、多样的。在新闻传播与各种社会活动构成的诸多或简单或复杂的（传播）关系中，从大的方面和人们通常讨论的问题看，比较重要的关系有新闻传播与政治活动的关系、与经济活动的关系、与文化活动的关系、与社会舆论活动的关系。[1] 一般说来，这些关系之间本身也有密切的关系，但我们这里主要是在各种关系相对区分的意义上进行讨论。在这几种活动关系中，新闻的获得属性可以简单称为政治属性、商品属性、文化属性和舆论属性，这些属性名称已经在学界得到了普遍认可和使用。

1. 新闻的政治属性

政治主要是围绕国家政治权力（政权）展开的活动，也是管理国家的活动，我们也主要是在这一意义上理解政治的含义。新闻的政治属性，是指新闻在新闻传播中充当了政治权力进行政治活动工具的属性，也就是说，新闻成了服务政治权力的信息工具。在新闻传播与政治活动之间，新闻传播常常处于从属的地位、被决定的地位，尽管它对政治本身具有一定的、有时甚至是强大的反作用。[2] 当新闻受制于政治时，新闻不再只是也不主要是告知事实信息的载体，而是承载着政治目的、政治意图，具有强烈的政治属性。新闻文本这时主要不是新闻文本，而变成了实质上的政治宣传品，成了负载政治意图、政治观念的"新闻"文本。一般情况下，新

---

① 新闻活动自身"监测环境、守望社会"的基本特点和功能，决定了它与社会生活各个领域、各个方面有着十分天然的广泛联系。这本身就是我所说的"新闻关系论"应该讨论的重要内容，也是新闻理论研究的重要领域（我在有关论文和著作中反复强调，新闻关系论，是今后中国新闻研究的核心领域），但限于篇幅，我们只在通常认为的几种重要关系中论述新闻的获得性属性，对于新闻的知识属性、道德教化属性、娱乐属性等，就不一一阐释了。

② 我原则上同意这样的判断，"在大众传媒与政治之间，深刻的关联与内在的相互制约和牵制体现在政治对传媒的决定性作用以及传媒对政治必然存在的反作用上"。参见刘华蓉. 大众传媒与政治 [M]. 北京：北京大学出版社，2001：9。

闻媒体、新闻传播者的政治立场和政治倾向，正是通过新闻所包含的政治属性得到体现和传扬的。

新闻的本质是事实信息，新闻传播的本体性活动（应该）是传播事实信息的活动。这是人们从理论逻辑的抽象性或者理想性出发，对新闻传播活动本质做出的认定。然而，在现实世界中，新闻传播活动到底是一种什么样的活动，定义却不是如此纯粹。新闻活动的本性应该是唯一的，但它在历史的展开过程中、在现实的具体表现过程中，却是多样的，会出现变异；新闻活动的历史性展开过程，在一定意义上说，就是不断向其本性或本体活动回归的过程。当新闻活动真实地成为本体性的活动时，也就意味着新闻活动真实地达到了新闻传播的自由境界，成为真正相对独立的新闻信息传播活动。

我们可以根据经验事实肯定的是，新闻活动不是单一目的、单一向度的活动，而是多维度的活动。如前所述，新闻活动主体在承认新闻本性的同时，常常会赋予新闻事实或新闻信息其他一些属性，会以新闻的名义使新闻变得不像新闻，而是更像他们想要的某种形象。当新闻在传播过程中成为新闻活动主体实现政治目的、政治意图的手段时，新闻自身便获得了政治属性、政治意义，新闻文本（作品）很可能就会变成政治鼓动的"发动机"、政治教育学习的一类"蓝本"、政治组织的观念性"经纬线"，而不只是获取事实信息的载体。事实信息成为次要的内容，蕴含其中的或者明确表达的政治观念才是主要的。极端的表现则是，新闻活动主体选取的事实不再是按照新闻价值标准选取的新闻事实，而是按照政治标准选取的有利于传扬政治意图、政治观念的事实。当然，怀有政治意图的新闻活动主体会努力选取既有新闻价值又有政治宣传价值的事实，以便更符合新闻传播的名义。对这样的新闻报道来说，新闻就变成了纯粹的名义，找到的所谓新闻事实不过是支撑政治意图、政治观念的架子。在这样的新闻传播中，新闻的本性已被淹没，获得性属性占据了主导性地位。

新闻本身有可能是纯粹的政治信息，政治领域是新闻传播者关注的核心领域之一——政治新闻，始终是新闻传收的重要内容；但新闻，包括政治新闻，本身不是政治工具，而是具有新闻价值的事实信息。然而，"新闻工作""新闻宣传工作"实际上在把新闻作为政治工具来运用，或者更准确地说，政治活动是可以把新闻当作政治过程的工具来使用的。① 历史上、现实中的"媒体政治化"和"政治媒介化"现象②，都要通过新闻作为最终的"化"的工具和手段，才能落到实处。政治斗争中的"笔杆子"，作为批判的武器，始终是政治家们、政治利益集团们特别看中的"软力量"，而这样的软力量，在新闻活动中，最终也要落实到具体的一篇篇新闻报道上。果然如是，新闻便在政治活动的风风雨雨中被赋予了实实在在的政治属性。当人类在技术进步的推动下进入信息时代后，任何政治力量，都会毫不迟疑地更加看重媒介平台，看重各种媒介形态、各种传播方式的新闻传播。政治家、政治活动者，时时刻刻都在试图把一切可以利用的手段作为自己活动的渠道和工具，新闻舞台则常常充当着政治活动的前沿阵地。

新闻被赋予政治属性是普遍的事实，这是因为活动于现实社会的新闻媒介组织，都拥有公开的或者比较隐蔽的政治立场和政治倾向，它们总要通过自己的主要工作手段——新闻报道和新闻评论——表达自己的政治观念和政治态度。因而，赋予新闻以政治性是新闻媒体及其传播者的必然行

---

① 这种运用的合理性，要通过历史尺度去评价，要通过合规律性与合目的性相统一的标准去评价。但这样的评价标准具体是什么，特别是怎样去评价政治活动对新闻的驾驭和运用，这本身就是一个难题，需要通过专门的著述进行讨论。

② 媒体政治化，就是媒体成为一种事实上的或者实质上的政治组织机构；政治媒介化，就是政治活动要通过媒介手段来实现，要通过媒介舞台来表演。参见杨保军.新闻理论教程［M］.北京：中国人民大学出版社，2005：310-312。

为，是一种自觉的、非强迫性的行为。也就是说，新闻在传播过程中，获得政治属性是普遍的现象，不是偶然的事实。有些新闻人、媒介人遮遮掩掩、羞羞答答，不愿意承认媒体的政治性或者政治色彩，想在政治上做个"和事佬"或"不倒翁"，其实是害怕其他利益（比如经济利益）的损失，因此，睁着眼睛说瞎话也是他们惯用的死皮赖脸的方法。其实，新闻媒介与新闻有无政治属性，谁也没有身处新闻与政治关系旋涡中的新闻人、媒介人心里那么明白。有些新闻人确实不想让自己的新闻媒介、新闻报道沾染上政治压力下的政治属性，可一旦生存运行在有着政治语境的环境中，媒介及其新闻就很难超越和逃脱政治的濡染。也就是说，这不是媒介愿意不愿意的问题，而是客观上不可避免的问题。记得恩格斯针对有人提出"报纸要与政治绝缘"的主张时，曾经讲过这样一段话："绝对放弃政治是不可能的；因为主张放弃政治的一切报纸都在从事政治。问题只在于怎样从事政治和从事什么样的政治。"① 新闻媒体可以追求政治上的独立性，但不可能脱离政治；新闻媒体可以离政治远一些或者近一些，但彻底与一切政治划清界限是不大可能的。新闻媒体在一定意义上就是政治性的存在物。一些新闻媒体追求政治上的独立性，不过是不愿意受自身以外的其他政治力量的左右和干涉，但这并不等于自己没有政治主张和政治追求。新闻媒体不是不要政治，而是不要别人的政治，坚持自己的政治，以自己的政治理念独立报道和评判世间的事情。这大概是所有新闻媒体和新闻人的理想追求。但在现实社会中，不管在哪个社会，这都是极其艰难的事情。但有理想，就有目标，就有希望。相对的独立，特别是政治上的相对独立，是新闻媒体和新闻人能够相对独立发挥社会作用的必要条件。新闻史上的诸多著名报人都非常明确地表达过这样的立场，比如张季鸾说"立志

---

① 马克思恩格斯文集：第3卷［M］．北京：人民出版社，2009：224．

要当好一个新闻记者，以文章报国。我认为，做记者的人最好要超然于党派之外"①，又如成舍我认为，只有"真正超然"，"代表最大多数人民说话的报纸，才能充分发挥舆论权威"，"我们认为超然的可贵，就因它能正视事实，自由思想，自由判断，而无任何党派私怨加以障碍"②。美国的一位新闻人表达得更加明确，"同时做一个诚实的记者和忠于一种理想是有可能的。但是，既要做诚实的记者又要忠于一个人、一个政党或一个派系却不可能……要忠于某人、某政党或某党派，就意味着你心目中的首要责任不是向你的受众讲述事实。这是向谁效忠的基本冲突"③。

　　真正愿意和敢于维护社会公共利益的媒体，必然要通过新闻手段对权力组织和权力拥有者的行为进行监督报道，必然会通过媒介的言论平台参与社会的政治活动和政治文明建设。以政治上价值中立、价值无涉的态度和方法介入社会生活是难以想象的；媒体必然会讲政治，关键是讲什么样的政治和怎样讲政治；新闻不可能在总体上彻底抹掉政治的色彩、没有政治性的属性。恰好相反，新闻媒体或者整个大众媒体，是政治文明建设过程中极其重要的力量。在现代文明社会，特别是在如今这样高度发达的传媒时代，新闻的政治性不是在减弱，而是在不断地强化，"大众传媒是现代社会公民行使自身权利、对公共事务进行理性和批判性审视的平台"④。至于新闻媒体在政治上到底应该以怎样的角色出现，比如是以独立的政治力量出现，还是以依附其他政治力量或者与其他政治力量合作的方式出现，我以为不是简单的理论设想的问题，而是需要以不同的社会环境、文

① 傅国涌.文人的底气：百年中国言论史剪影 [M].昆明：云南人民出版社，2007：56.
② 同①69.
③ KOVACH B, ROSENSTIEL T. The elements of journalism: what newspeople should know and the public should expect [M]. New York: Crown Publishers, 2001: 96.
④ 展江，张金玺，等.新闻舆论监督与全球政治文明：一种公民社会的进路 [M].北京：社会科学文献出版社，2007：2.

化传统、新闻文化特点以及社会发展的内在需要等为基础，去仔细考察和研究。但这是一个非常重大的课题，不是我们这里可以说明白的。

就现实来看，新闻的政治性，在不同社会制度下，有着十分不同的表现方式。比如，在社会主义中国，新闻的政治性是公然的，新闻媒介就是政府和政党的耳目喉舌，是政府和政党的意识形态工具、思想宣传工具，是组织舆论、制造舆论和引导舆论的工具。因此，新闻媒介及其新闻的政治性是没有遮掩的、公开的。讲政治、坚持党性是所有新闻媒介必须坚守的准则，甚至可以说是新闻报道（宣传）的第一准则、最高准则。这种政治性准则，被要求在原则上必须体现在、贯彻在每一篇新闻报道之中，贯彻落实在所有的新闻版面中、新闻节目中。于是，在新闻与宣传之间，官方和学者们一起创造了一个"一举两得"的巧妙概念——新闻宣传。显然，在新闻与宣传之间，新闻是工具性的，宣传是目的性的。这一概念以其特有的语义说明了我国新闻传播的"政治新闻化"和"新闻政治化"特征。[①]"可以说，在新闻与宣传两种重要功能的实现中进行传播，是当代中国新闻业的突出特征之一。"[②]

新闻工作者在"政治新闻化"和"新闻政治化"过程中，也在一定程度上模糊了自己作为职业人员、专业工作者的角色特征，他们既是监测环境、守望社会的新闻职业人，同时又是充当党和政府耳目喉舌的调查者和宣传者，可以说是"新闻人"和"宣传人"两种典型角色的"二元"性存

[①] 所谓"政治新闻化"，就是说政治活动要通过新闻传播来体现，政治活动的主要内容，要转换成新闻报道的内容。所谓"新闻政治化"，就是说新闻报道在原则上被赋予政治意义，新闻报道要在原则上为党和政府的工作服务；宣传党和政府的路线、方针、政策是所有新闻媒体、新闻工作者的基本职责和首要任务。"政治新闻化"和"新闻政治化"，本质上是一回事，就是新闻与政治不分家，新闻要始终围绕政治来宣传，并且要无条件地接受政治权力的领导和支配。有位学者这样写道："中国共产党和中国政府总是赋予新闻传播一定的宣传重任，新闻工作者也总是忠诚地肩负着宣传的使命。"参见童兵. 比较新闻传播学 [M]. 北京：中国人民大学出版社，2002：116。这一说法既符合客观事实，同时也说明了政治与新闻的这种"二化"式关系。

[②] 杨保军. 新闻理论教程 [M]. 北京：中国人民大学出版社，2005：319.

在。在新的市场经济环境下，还有一些新闻工作者干脆把自己看作雇佣工人或者新闻"打工者"，新闻职业理想、职业要求对他们来说，是比较遥远的东西；他们对政治也不大关心，他们关注的是如何完成领导分配的各种任务，如何拿到比较多的经济收入。可以说，伴随着中国社会的整体转型，新闻行业也在整体转型，新闻工作者的从业观念同样处于转型之中。新闻的各种属性都在以不同方式影响着新闻工作者的从业态度和从业观念。

在更为宏观的层面上，政治性塑造着中国新闻的整体图景。政治性不是一句空话，不是"空头政治"，而是要落到实处的。落到实处的核心表现，就是要求新闻必须是符合政治要求的新闻、政治上正确的新闻。因此，新闻图景必然是政治上正确的图景。不符合政治要求的新闻，是不可能得到好的传播机会的。这样的政治性要求，是通过对新闻传播内容、新闻传播方式的管理控制实现的。从这一意义上说，新闻图景是政治建构的结果（参见第五章相关内容），新闻图景就是政治图景的另一种呈现方式。

在西方（这里主要指西方发达的资本主义国家），新闻与政治的关系是十分紧密的，新闻传播与政治权力运作的关系也是十分紧密的。新闻的政治性，在西方世界，有着特殊的表现方式；在不同的国家，更是有着丰富多彩的具体表现样式。但在整个西方社会，有一个基本理念是大致相同的，这就是，新闻媒体是立法、行政、司法这三权之外的"第四权"。比如，美国的媒体"既是以赢利为目标的商业企业，又是在国家政治生活中扮演着特殊角色的'第四权'"①。这种"第四权"的地位，既决定着新闻媒体在政治生活、社会生活中的地位，也决定着新闻呈现自身的原则和方式。

---

① 赵心树. 选举的困境：民选制度及宪政改革批判 [M]. 成都：四川人民出版社，2003：428.

在媒体、新闻人与政治权力的关系上，在新闻、新闻传播与政治权力的关系上，西方世界已经在历史的演进过程中，在新闻业的发展过程中，形成了稳定的原则和观念。其最基本的观念，就是媒体与新闻传播"独立"于政府权力，"独立"于任何党派权力，"独立"于任何利益集团。这和新闻媒体在当下中国的表现是根本不同的。如上所说，在我国，新闻媒体是政府和政党的耳目喉舌，属国家直接所有；新闻工作者是党和政府的新闻宣传工作者。"美国的新闻工作者普遍认为，新闻媒体和新闻从业人员应该努力独立于任何政府机关、政党、团体、阶级、群体或利益集团。在独立的立场上，新闻报道要努力做到平衡，以尽可能全面地传播事实信息，尽可能地反映各主要政党、团体、阶级、群体及利益集团的声音。"①因此，每当遇到重大的政治事件、政治活动时，西方新闻媒体自认为会以比较理性的、冷静的方式，客观平衡地报道事实，而不是急于表达自己的政治信念，公开支持某一政治力量。

需要人们注意的是，不能把西方社会中新闻的政治性表现理想化，不能简单地把观念完全等同于现实。事实上，在常态新闻传播中，尽管新闻的政治性表现不是非常明显，新闻媒体、新闻人也总是极力否认自身的阶级性、党派性或者利益集团性，甚至对媒体的党派性表现出极度的鄙视，他们常常念叨历史上那"黑暗的政党报刊时代"是多么的黑暗和多么的无耻。然而，一旦遇到利益集团之间关键利益的斗争，新闻媒体、新闻人的政治面目往往就会公然表露，新闻的政治色彩也就明目张胆了。当然，在西方，我们看到的景象也是丰富多彩、五花八门的，一些媒介新闻的政治属性是公然叫嚣性质的，一些媒介新闻的政治属性则是雾里看花、若隐若现的。这一方面说明了媒介本身政治性的强弱，另一方面也说明了不同媒

---

① 赵心树. 选举的困境：民选制度及宪政改革批判 [M]. 成都：四川人民出版社，2003：429.

介之间显示各自政治性的艺术水平的高低。有些媒介甚至不会为政治利益去牺牲自身的商业利益。因此，新闻的政治性在西方表现得似乎更加"成熟"和"老道"。即使在国际政治斗争中，别国的媒介新闻已经开始大喊大叫、焦躁不安了，它们也往往表现出一副沉着冷静、不急不躁的"专业"神气，但其政治倾向却是固定的。

2. 新闻的商品属性

新闻的商品属性，在经济学意义上是不难理解的，就是指新闻是可以用来买卖的一种人类劳动产品。商品属性，既是对一定产品具有价值和交换价值的描述，也是对相关生产目的、生产关系的一种反映。

新闻具有商品属性，是新闻作为商品在新闻传播者和新闻收受者之间形成的现实的买卖关系中获得的（至于新闻背后的其他交换或买卖关系，我们这里不做讨论）。如果没有买卖关系的存在，那么新闻就将失去商品属性，其作为商品的功能就无法实现。因此，并不是所有的新闻都有商品属性，并不是在任何情况下，新闻都具有商品属性，因为并不是所有的新闻信息都是为买卖关系生产的，也不是所有的新闻都是在商品性的交换中实现消费的。只有进入新闻消费市场的新闻才能获得商品属性，这也是我们把新闻的商品属性界定为获得性属性的主要根据。因而，把商品属性说成新闻的本体属性或本质属性，是值得商榷的。

需要立即说明的是，把新闻当作商品，也就意味着把新闻的收受者看成顾客。然而，新闻传播者和收受者之间的关系不是简单的商业上的买卖关系。新闻收受者以金钱获取新闻，并不是目的，只是一种简单的手段。他们通过金钱与新闻传播者建立起来的关系，并不是目的性的关系。他们之间的真正关系，应该是通过新闻信息建立起来的关系，是在传播者对收受者忠诚和收受者对传播者信任的基础上建立起来的关系。因此，即使新闻是商品，新闻具有商品性，它也只能是一种非常特殊的商品。

新闻是相伴人类永恒存在的，但新闻的商品属性并非如此。新闻的商品属性只能是历史性的获得性属性，只能是在一定传收情境中获得的属性，而非永恒性的新闻本性。这是历史事实，不是逻辑论证。我们不能把市场经济下新闻的属性或者买卖关系中新闻作为交换物所显示出的商品属性，普及泛化到人类所有的社会形态、所有的社会情境中去。新闻的商品属性，主要表现在我所说的与"民间新闻"相对存在的"职业新闻"或者说是制度化、组织化新闻身上。① 因此，我们这里所讨论的新闻的商品性，针对的属性"归属者"自然是职业新闻生产者为满足社会大众新闻需求而创制生产的新闻。

职业化或最初的准职业化新闻的出现，是新闻获得商品属性的基础。人们知道，近代新闻传播业的孕育和产生，是建立在诸多社会条件之上的。② 同时有关研究也说明，近代新闻传播业的诞生，主要不是政治需要的结果，而是整个社会商品经济孕育、发展的结果，是商品经济引发的规模化信息需求推动的结果。因此，新闻具有商品属性，从近代新闻传播业诞生的过程来看，是与生俱来的。③ 新闻，在新闻传播业的起步阶段，相当于信息商贩生产出来的信息商品，是在交换中进入消费的，也是在交换中促成新的生产的。新闻业在西方社会的成长环境，是不断走向成熟的市场经济环境，因此，新闻的商品性似乎是天经地义的，也是一贯性的，尽管经历过政党报纸的曲折，但总体上不存在理解的难度。可是，这样的商

---

① 民间新闻，既不是直接为新闻买卖生产的，实际上也不存在买卖或者说市场交换行为，因而，民间新闻在一般意义上是没有商品属性的。关于"民间新闻""职业新闻"的内涵，我们将在第三章相关部分做专门的解释。

② 参见陈力丹. 世界新闻传播史［M］. 2 版. 上海：上海交通大学出版社，2007：12. 我在《新闻理论教程》中对这些条件进行了简要的梳理，有兴趣的读者可参阅杨保军. 新闻理论教程［M］. 北京：中国人民大学出版社，2005：254 - 255.

③ 这大概是一些人把商品属性说成新闻本性的原因之一。果真如此，这里本身就有了边界条件：一是职业新闻，不包括民间新闻；二是市场经济或者商品经济的环境，而不是任何社会经济环境。

品属性，也使一些问题被遮蔽了、被模糊了，比如，容易使人把商品属性看作新闻的永恒本性、天然属性，看成所有新闻的本质属性。但如上所说，事实并非如此。

新闻具有商品属性，在中国新闻传播史上也是客观事实，谁也否认不了。但对当代中国来说，正是商品经济或者市场经济在整个社会经济领域的普遍实行，才使新闻成为名副其实的商品，从而获得了名正言顺的商品属性。① 我们现在理解新闻商品属性的背景是：新闻传播业在整体上已经成为一种信息产业，成为整个国家经济领域中的支柱性产业——传媒产业——的一部分；新闻媒体也像其他非新闻类的传媒机构一样，已经成为事实上的企业，具有了一般企业的基本属性②；新闻传播成了一种特殊的信息产品生产方式，新闻收受也成了人们对一种特殊的信息产品（精神产品）的消费方式。新闻生产与消费都在一定程度上受到市场经济规律的支配。新闻的商品属性在今天来说，既是普遍的事实，也得到了人们的普遍认可，不再是有激烈争议的问题。

简单点说，当人们把"新闻"作为赚钱的一种"中介物"时，它便获得了商品属性。现在的新闻传播活动，在整体上是一种产业化的行为。新闻媒体也像其他的一般产业组织、机构一样，也在为社会生产着特殊的精神产品——新闻。生产新闻的人，不仅仅是给人们提供新闻信息，他们还

---

① 即使在计划经济条件下，新闻产品也是通过买卖的方式才成为消费对象的，也就是说，在计划经济环境中，新闻伴随新闻媒介事实上也获得了商品属性。人们之所以说在计划经济条件下新闻没有获得真正的商品属性，是因为新闻媒介本身并不是通过新闻市场生存发展、优胜劣汰的，并不是通过市场经济机制经营运作的，而是通过计划经济的资源配置方式运行的。

② 当然同时具有意识形态的特殊性以及其他一些属性，而且新闻媒体作为组织或机构实体，不只是经济实体，也是其他性质的多元实体。参见杨保军. 新闻理论教程 [M]. 北京：中国人民大学出版社，2005：261-262. 有一种现象值得注意，那就是人们越来越重视新闻传播业的政治属性、商业属性、文化属性等，但恰恰没有对新闻传播业的专业属性给予足够的重视，也就是说人们对新闻本性所要求的新闻的独立性没有给予足够的重视。长此以往，新闻传播业独特的社会价值、社会功能将被大大忽略。

要通过获取一定利润的方式来维持新闻传播业的持续运行，新闻于是不得不以商品的面目出现。当市场经济、技术理性、大众文化以"三位一体"的方式，成为20世纪后半叶以来人类社会的整体景象时，新闻成为商品也进入了极度普遍化的境地。在这样的背景下，一些媒体宣称它们只为商业利益而存在，也是可以理解的。20多年前的中国新闻界还在争论新闻是不是商品，有无商品属性，今天再来争论，似乎就成了笑话。当然，对于新闻应该不应该成为商品，成为一种怎样的商品，一贯好于和善于争论的人们是会一直争论下去的。至于这种争论有无实际意义，一下子还很难回答，但它至少可以帮助人们发现不少问题。

在市场经济不断发展、市场经济体制不断走向成熟的过程中，新闻的商品属性会越来越强，也就是说，新闻媒体的生存和发展会越来越依赖于新闻市场自身的变化，即越来越依赖于受众新闻信息需求的变化。在这样的宏观背景下，不同性质、类别、层次的新闻媒介有可能出现新的分化，面临不同的前途和命运。因而，分门别类地研究不同（新闻）媒介的生存发展方式，对当前中国新闻界来说，是很有意义的课题。市场经济特有的"金钱面前，一律平等"的本性，使得新闻生产者和新闻消费者不会再像过去那样，把新闻媒介神圣化，把新闻传播者神圣化，把媒介上刊播的信息文本神圣化，而是将其当作普通的信息产品生产者和普通的消费对象。因而，正是在如此实际的生活方式中、生产关系中，新闻获得了它在所有人面前一样的商品属性。如今，"商品经济渗透到社会生活的一切方面，力图按照商品的形象来改造整个世界"①，精神世界、精神产品同样无法逃脱这样的逻辑。新闻商品化在商品经济时代是必然的，新闻不可能不涂染商品经济的色彩。新闻在以市场经济为基础的社会中，具有商品性是自

---

① 杨魁森．物化的时代：论商品经济的基本特征 [J]．吉林大学社会科学学报，1999（4）：5．

然的也是必然的事情。新闻在市场经济中的基本生存方式、发挥作用的方式就是新闻的商品身份或者商品形象。新闻的商品性，是新闻能够成为现代社会中公共产品的重要条件。新闻商品，是一种特殊的公共产品，尽管它实际上仍然不能成为平等消费的公共产品，但提供了平等消费的可能机会。如果某种产品仅仅是产品，那它往往就只是部分人的特有使用对象，这其中自然包含着特权。新闻，只有在它成为商品的时候，才是所有社会成员的消费对象，从而使新闻权利成为人们的普遍权利。现在看来，新闻活动作为一种社会现象、社会活动，已经成为市场经济条件下人们生存、生活方式的重要一面。新闻商品越来越成为人们日常生活的消费对象。实际上，只有当人们能够消费他所处社会环境为他提供的精神商品时，他才属于他所处的社会。一个不能消费其所处社会精神产品的人，也不属于这个社会。当人们不能正常消费一定社会的新闻时，他是难以真正理解这个社会的变动、变革的。消费是需要的表现，需要则是一个人特征和本性的表现。

　　在市场经济背景下，新闻获得了商品属性，这就意味着新闻生产过程要以市场机制为基础和主导来配置各种相关的社会资源，要根据新闻市场的供需关系进行新闻信息的采集、选择和加工制作。如此一来，市场经济体制具有的正效应（好的一面或者优势的一面）会体现在新闻传收活动中，同时，市场经济体制具有的负效应（不好的一面或者劣势的一面）也会体现在新闻传收活动中。这两种效应，再加上那些一时还难以分辨清楚到底是什么效应的效应，已经充分地"展现"在了现实的新闻活动中。因而，对于新闻的商品属性，已经不是承认不承认的问题，而是如何对待的问题。承认新闻的商品属性，就意味着新闻作为精神产品尽管具有特殊性，但它仍然必须接受市场的考验，接受商品经济的考验。这种属性意味着，从表面上看，尽管新闻是新闻媒体、新闻传播者自主而自由的产品，但其实际上不得不屈从于、受制于构成市场经济体系一部分的新闻市场自发形成的客观调配机制。

　　市场经济有它的经济规则，同时也有它的法制规则和道德规则，新闻的商品属性，只能在这些规则的共同规范中发挥作用。然而，新闻的商品属性，在我看来，已经是十分"张狂"，最突出的表现就是市场——直接说就是金钱、资本——对新闻的支配和奴役，法律和道德则受到了各种各样的冲击和挑战。人们发现，许多新闻媒体、新闻不再围绕自身的本性转，而是围绕"孔方兄"那无形而又有形的"方孔"在转。掌握新闻命运的不再是人，而是一种客观的力量，一种被称为市场规律的客观力量。因此，看起来十分自主的新闻传播，其实在一定程度上是被驱遣的，传播者更多的时候是在按照市场的客观意志来运用自己的主观意志，根据市场的选择来调整自己的新闻选择。但谁都知道，市场并不总是天然地选择最好的商品，自由竞争胜出的并不总是优秀者，这在精神生产领域也是不争的事实。新闻的商品性一旦走向商品化、市场化，新闻的基本目标就有可能走向其反面，新闻就有可能异化其自身，围绕新闻而活动的人就可能成为金钱的奴隶。因此，也许我们不十分清楚这是为什么，但从结果上看，市场经济体制并不会为人们自然生产出真实、客观的新闻图景。以为仅仅通过充分运用新闻的商品属性就可以使新闻传播实现为社会公众利益服务的目的，这样的想法实在是太天真了。说普遍点，那些试图通过单一的神秘的（看不见的）或者非神秘的（看得见的）力量、机制来解决人类社会生活中哪怕是一个狭小领域的全部问题的想法，都是妄想。人以及人的任何创造物，不可能从本质上屈从于某种单一的力量。经验事实告诉人们，人性是丰富的，人的创造物同样不是单一属性的，它总是体现着人性的色彩。市场规律支配下的人类生活相对整个人类历史活动而言必定是短暂的；市场规律是自由资本的生产规律，不可能成为永恒的规律；同样，市场经济体制下的生活方式，不可能成为人们永恒的生活方式。市场原则不会成为支配新闻生产、新闻图景建构的永恒力量。因此，建构一种什么样的新闻生产体制，特别是新闻资产的所有制形式（这是所有问题的根本），仍然是困扰我国新闻改革的核心问题和难题。坚持传统、墨守成规行不通，西体中用同样行不通，我们必须探索新的路径。

作为商品，作为一种媒介商品，新闻自然与一般的物质产品、生活用品有所不同，具有自身的特殊性。新闻像其他精神产品、精神性商品一样，对消费者的思想意识、精神文化生活、社会舆论等，都能够产生一定的甚至是深刻而广泛的影响和作用。新闻传播内容本身特有的真实和新鲜，传播方式特有的公开和及时，使作为商品的新闻，不仅能够真实地满足人们的新闻信息需求，还能够通过人们对新闻的理解性消费，再生产出特殊的社会效应。新闻消费改变的不仅仅是新闻收受者，也在改变消费者所处的社会环境，特别是信息环境和精神环境。物质消费的结果，可以形象地比喻为，在人们"吸收"之后，留下的是垃圾，除少量可以回收再生产、再利用外，其他的只会污染环境。但精神消费不同，消费过程就是新的精神生产过程，这新的生产就是消费的结果；至于什么是被吸收的精华，什么是被过滤掉的糟粕，则是很难辨别区分的，它不可能像物质产品那样对消费者具有大致相似的统一结果。因而，新闻作为一种特殊的精神商品，在现实的新闻活动中，将会不断产生出困扰人们的问题。

3. 新闻的舆论属性

新闻是一种事实信息，这是它的本性；但新闻事实一旦变成新闻，它便不仅仅是事实信息了（关于新闻的信息构成，我们在下一章会进行专门分析）。不管是在传播者心中，还是在其他新闻活动者的眼里，在纯粹新闻关系之外的其他各种关系中，新闻都至少成了某种意见或某种意见的基础。一些事实只要报道了，包含的事实信息传播了，被人们收受了，就意味着某种意见被表达了，甚至是形成了，这就意味着新闻获得了意见属性、舆论属性。事实信息中蕴含着意见信息，事实信息可以延伸、派生出意见信息，这是新闻具有舆论属性的本体性根据。

至于广义新闻范畴内的新闻评论（各种新闻评论表达的意见可以统称为"新闻意见"），"意见"就是它的本体，它是直接的意见表达，是直接的舆论，它的本性就是舆论性，表达者的目的也是追求某种舆论的形成和舆论的引导。在新闻意见中，事实信息只是必不可少的基础和由头，当然，也在一定程度上反映着新闻意见的特征（新闻意见必须基于新闻事实或者新闻现象）。新闻评论的要害与核心、灵魂与旗帜，乃是它的判断——认知判断和价值判断。而最为"要命"的意见，就是价值判断，它不仅包含着理智，也包裹着情感、意志和信念。理智体现着评判者卓识与智慧的程度，情感、意志、信念则公示了评判者的态度和精神，反映了评判者的责任和追求。由于新闻意见不是我们这里所讨论的主要对象，因此，我们只做这样一个简单的说明，以示它与新闻舆论属性的区别。

各类社会活动主体，特别是被新闻报道直接反映的或者涉及的主体，之所以特别关注新闻，不仅仅是因为新闻事实信息本身，更主要的原因恐怕是新闻在传播过程中所获得的舆论属性。新闻机构除了被称为信息中心、新闻中心之外，也被称为舆论机构、意见中心、思想中心，这不仅仅是因为它通过新闻评论、新闻意见的方式直接发表看法，制造和引导舆论，还因为它以持续的新闻报道不断地塑造舆论图景、营造舆论氛围、实施舆论引导，其中所依赖的便是新闻的舆论属性。新闻报道不仅影响着人们当前话语谈论的事实内容（谈论什么），也在影响着人们谈论相关事实内容的态度和方式（怎样谈论），后者比起前者来可能更为深刻和持久。谈论什么是容易变化的，它随事实世界的变化而变化；怎样谈论却往往容易模式化、刻板化，因为人们的思维模式、价值观念总有一定的稳定性，不会随时变化。

　　新闻的舆论属性，在现代社会，直接标志着一个社会政治文明的程度。当新闻传媒可以通过大量的、不间断的新闻事实信息的传播，呈现（实质上就是揭露）一个社会中以政治权力为主的各种强势力量的不端和丑恶时，它就足以表明这个社会新闻自由的水平。有了新闻自由，并不必然意味着政治文明，但没有这样的自由，政治文明一定是不健康的。新闻自由是其他政治自由的基本前提，新闻自由在一切基本自由权利中处于优先的地位。因而，新闻的舆论属性和功能能够发挥到什么样的程度，对一个现代文明国家来说，是时时刻刻都要落到实处的问题。从这个意义上说，政治改革的进展情况，是可以通过新闻改革的进程进行衡量的。新闻的开放程度、自由程度，决定着人们的知情范围和知情质量，真正的知情乃是民主政治、民主社会最基础的条件，自由和民主是互为条件的，这是再朴素不过的道理。"无论是回顾 300 年的历史，还是 3 000 年的历史，要把新闻与社会割裂开来是不可能的，要把新闻与民主社会割裂开来更是天方夜谭。"① 因此，新闻，能否具有真实的舆论属性，对新闻传播来说，仍是需要人们认真对待的问题。

　　国内新闻界通常把通过新闻手段（包括新闻报道和新闻言论）所做的监督，称为新闻监督或（新闻）舆论监督。我们如果暂且不考虑通过新闻意见的直接监督批评方式，那么就可以说，这一通常理解恰好说明了新闻的舆论属性，即当人们把新闻当作监督的手段时，新闻便获得了舆论属性。在事实信息基础上，新闻能够转换成实质性的意见表达。报道了一定的新闻事实，也就等于表达了一定的意见。因此，只有新闻报道具有足够的自由性，真正的新闻舆论监督才能形成和实现。并且，在我看来，就新

---

　　① KOVACH B，ROSENSTIEL T. The elements of journalism：what newspeople should know and the public should expect ［M］. New York：Crown Publishers，2001：23.

闻舆论来说，新闻报道要比新闻评论（意见）的作用更基础、更根本；事实的力量必定是直接的、客观的，是坚实的、不可变更的，而意见的力量则包含着更多的主观性，人们对它的公正性有着天然的怀疑。因而，报道自由——实质上就是新闻自由的核心体现——将决定新闻舆论性的功能发挥。从整体上说，新闻舆论属性的强弱、功能大小，直接受到新闻自由程度的制约。如果没有真实的新闻自由，就没有真实的新闻舆论，自然也就没有真实的新闻舆论监督。

新闻的舆论属性主要是在传播过程获得的，特别是在新闻收受者对新闻的解读、理解中获得的、现实化的。事实本身就蕴含着意见、意味着意见，并且是最有力的、刚性的意见，即所谓的"事实胜于雄辩"。但事实毕竟是产生意见的基础，并不直接就是意见，更不直接就是舆论性的意见。从事实信息到意见表达，特别是到舆论性意见的形成，还存在着客观的转化机制。新闻事实的意见性是潜在的，只有在阅读、理解过程中，它才可能成为明了的、实在的意见。可见，新闻事实信息能够产生什么样的意见，取决于新闻文本的建构和受众的理解，当然也不能离开整体的传收环境。因而，同一事实报道完全可能产生出不同的意见。当新闻在特定的传播情景中，能够迅速激发起大致相同的规模性意见时，才能形成新闻舆论，形成新闻舆论场、舆论圈或者舆论波，从而对新闻报道的事件中涉及的相关主体形成舆论压力（另一方面，则可能是舆论赞扬）。一般说来，在及时、公开的新闻传播中，一些新闻报道，特别是批评揭露性的新闻报道，能够引起人们的普遍关注，形成比较广泛的、规模化的、集中的关于某一事实、事件、人物、现象等的议论，从而形成非一般意义上的意见的舆论（舆论是具有一定规模的意见）。这既是新闻舆论属性的特性所在，也是新闻能够发挥特殊的舆论监督功能的根源所在。正如有学者总结的那样，"大众传媒在第一时间以文字和图像的形式进行海量的客观报道，力求使权力的运作置于众目睽睽之下，使其透明化、阳光化。这是一种看似隐性、实则常规的舆论监督形式。在廉洁程度高的国家，这种报道最为常见"①。从这一简要的分析中，我们也可以看出，人们为什么把新闻舆论监督看成公众监督的一种形式，看成一种直接的民主形式，新闻报道只有在作为社会大众或社会公众的收受者的解读、理解过程中，才可能形成规模性的意见——舆论，进而产生舆论态势、舆论压力。如果新闻报道不能引发规模化意见的形成，则新闻舆论监督要么疲软无力，要么根本就实现不了。进一步说，新闻媒体、新闻传播者，只有真正抓住广大人民群众关心的事情，真正抓住与公共利益密切相关的事情，才能实现有效的新闻舆论监督，使新闻的舆论属性得到充分的发挥。

4. 新闻的文化属性

新闻本质上是一种事实信息，但所有新闻都是产生于一定文化环境中的事实信息；每一则具体的新闻报道，总是关涉到某一具体领域的文化现象，或者诸多社会领域的文化现象。新闻事实与事实世界的这种天然关系，新闻报道与相关领域的这种固有勾连，使得任何新闻事实和新闻在原则上不再是孤立的事实、孤立的新闻，它们总是濡染着"来源地、出生地"的气息。因此，在新闻的传收过程中，人们不仅仅是把新闻当作纯粹的孤立的事实信息，也会把它当作一类特殊的文化信息。当人们把新闻当作一般的或者特殊的精神文化作品解读、理解时，它便获得了文化属性，或者说其潜在的文化属性现实化了。在一些特定的条件下，人们完全有可能把新闻文本主要不是当作新闻文本来对待，而是当作一种特定的文化文本来对待；也就是说，人们收受新闻的目的，主要不是仅仅想知道发生了

---

① 除了客观报道形式外，舆论监督的另外两种主要形式是：大众传媒以文字评论和漫画的形式，针对权力滥用导致的腐败所做的抨击和谴责；大众传媒以特殊的新闻文体和节目类型——调查性报道——深入揭露重要腐败案例和现象。参见展江，张金玺，等. 新闻舆论监督与全球政治文明：一种公民社会的进路 [M]. 北京：社会科学文献出版社，2007：22。

什么，而是想透过相关新闻进一步了解相关文化领域的状态和变化趋势。

新闻文化属性的内涵是丰富的，同时也是比较模糊的。丰富性是说，人类社会就是一个文化世界，是由不同层次文化构成的一个文化世界，新闻事实产生于、发生在各种文化生活、文化领域之中，从而在传收过程中，新闻能够表现出多样的具体文化属性；模糊性是说，也许正是这样的丰富性，使得我们很难确切界定新闻的文化属性到底指一种什么样的属性。在一定意义上，似乎新闻的所有属性，都能被称为新闻的文化属性。但这样的界定显然没有多少学术意义，也很难揭示出新闻文化属性的实质。在直接性上，新闻是人类再现、陈述、呈现事实世界的一种特殊方式，是人类监测环境、守望社会的一种特殊认识方式，它不同于人类把握世界的其他方式；它是一种手段性的存在、中介性的工具，是纽带和桥梁性的文化活动方式；它在漫长历史演变过程中形成的目的，就是反映事实世界的有意义的最新变动情况。因此，我们可以把新闻的文化属性界定为：新闻在传收过程中获得的能够呈现各种文化现象的属性。而新闻文化自身作为一种文化现象，正是在呈现其他文化现象的过程中塑造自身独立的、特有的文化现象、文化图景的。新闻文化是媒介文化的一部分，是中介性的文化。

新闻在传收中能够获得特有的文化属性，这使我们有足够的理由把新闻文本看作文化文本、文化载体，"新闻文化不仅是人类文化的有机组成部分，更是文化的文化，是文化的中介，是所有其他文化得以传播的重要渠道"[①]。说新闻文化是文化的文化，是说新闻文化是其他文化的产物，是对其他文化现象的新闻式呈现，是各种文化得以传播的一类文化载体，各种文化现象都可以负载在体现新闻文化的核心即新闻作品上。当然，这

---

① 杨保军. 新闻活动论［M］. 北京：中国人民大学出版社，2006：60.

并不是否认新闻文化自身的相对独立性和特殊性；新闻文化是所有文化的眼睛，始终扮演着文化环境守望者的角色，也可以促进其他文化的变化。

在现代社会，新闻主要是通过大众媒介、以职业新闻或者组织化的新闻形式传播的（这里不讨论民间新闻问题），新闻（应该）关注和反映的主要是与社会大众普遍利益相关的事实，新闻文本在整体上也是以社会大众能够普遍理解的水平创制的，因而，新闻在传播过程中获得了大众化的存在方式，新闻也成了一类大众化的精神产品，新闻文化也在这样的过程中把自身主要塑造成了一种大众文化的样式或形象。因此，新闻（文本），作为一类精神产品，在其历史的形成中获得了大众文化产品的属性是不难理解的。当人类的新闻交流还主要是以民间新闻方式展开时，新闻文化主要是一种民间文化的样式，新闻文化的民间性为新闻在大众传播环境中成为大众文化提供了坚实的基础。因此，新闻的道路是大众的道路，不是精英的道路；新闻主要是以普通大众能够理解的方式，把事实世界中有意义的变动信息及时准确地告知大众。大众是能够不断提升自身素养的主体，今天的大众的理解水平可能不亚于昨天的一些精英。但新闻的大众性是稳定的特征，这与新闻的目的和方式、与新闻的文化属性是相匹配的。

具有文化属性的新闻，不仅能够直接呈现新闻事实的形象，也在时时刻刻反映和呈现着事实发生环境的文化景象。政治新闻，呈现的不仅仅是政治领域发生的新闻事实，也是一定社会以至于整个人类的政治生态和政治文化的面目；经济新闻，呈现的不仅仅是经济领域发生的新闻事实，也是一定社会经济制度的变革、生产方式的变化、经济观念的转变；文化新闻，呈现的不仅仅是各个文化领域不时出现的新闻事实，也是一定社会文化生活、文化景象、文化价值观念等的大致面貌和变化图景……我们可以得出这样的判断：新闻呈现的不只是一定社会以至于整个人类社会最新变动的事实景象或事实图景，同时也是一定社会以至于整个人类社会最新变动的文化景象或文化图景。新闻，不仅通过自己的本性——事实信息属性——塑造着新闻文化的图景，同时也在以自己的方式，通过从新闻传收过程中获得的文化属性，再现和塑造着其他文化领域的大致图景。这样一来，新闻文本就不再只是新闻文本，也能够实质性地成为政治文本、经济文本、（狭义）文化文本等。因而，人们有时把新闻文本当作历史文本，有时当作审美性文本，也就是很好理解的事情了，对此，我们没有必要再做解释。

新闻的文化属性提醒我们，人们之间（包括各个层次的人与人或主体之间）的新闻传收、新闻交流，不是仅仅限于新闻事实信息的交流、表层的交流，也可能是一种文化交流、精神交流、深层次的交流。[①] 这样的交流，可以跨地域、跨国界，更为实质的则是跨心理和跨文化。也许，在这些"跨"性交流中，特别是跨国性的新闻交流中，新闻的意义已经不是那么强烈了，尽管它是必不可少的基础和中介，而文化交流的意义才是真正的目的。新闻活动编织的不只是新闻事实信息之网，更重要的是在编织人们之间进行相互交流的文化之网、精神之网，新闻的文化属性因而具有特殊的意义和价值。

三、两类属性间的关系

我们关于新闻本体属性与新闻获得性属性的区分，虽是理论逻辑上的

---

① 关于新闻活动的本质，我在《新闻活动论》中做过这样的说明："新闻活动是人类认识生存发展环境的手段，新闻活动是人类之间实现信息交流的手段，但我以为，更为重要的是，新闻活动是人类用来建构共同精神家园的手段，新闻活动是人类用来建立精神关系、实现精神交往的手段。精神交往是新闻认识、新闻交流的结果，这是对新闻活动更深层次的理解。"参见杨保军. 新闻活动论[M]. 北京：中国人民大学出版社，2006：59。

区分，但确有客观逻辑上的根据。新闻的本体属性与获得性属性共存于新闻之中，它们的地位、功能、作用是有所不同的。新闻依赖于本体属性而成为新闻，新闻依赖于获得性属性而成为具有更大价值的新闻。获得性属性对本体属性的僭越，将使新闻在现实性上不再是新闻。新闻面目的扭曲，就两类属性之间的关系来看，往往是获得性属性功能的过度发挥导致的。

（一）性质定位与功能定位的不同

在本体属性与获得性属性之间，最重要也最基本的关系是：本体属性是确定新闻之所以是新闻的属性，属于定性、定质的属性；获得性属性是划定新闻可能实际功能范围的属性，主要属于功能性属性。也就是说，本体属性从根本上规定着某类本体是什么样的、什么性质的本体，即本体属性具有定性的功能；而获得性属性从根本上说，属于功能性属性。但这并不是说，新闻的本体属性不具有功能属性的特征，事实上，任何一种事物的属性，都有其功能性的意义。信息功能就是新闻本体属性最基本的、直接的功能，属于新闻的本体性功能（关于新闻的功能问题，我们将在第四章进行专门讨论）。这里，我们只是在两种属性的差别意义上讲，本体属性是"定性"的，获得性属性是"定能"的。更明确一点说就是：新闻的本体属性，不仅具有确定新闻基本功能或者本体功能是什么的作用，更主要的是具有确定新闻之所以是新闻的作用；而获得性属性只具有确定新闻会产生什么样功能的作用，在定性问题上，至多有时能确定新闻属于哪类具体新闻。

本体属性在逻辑上不关注具体的事实信息、事实内容是什么，它关注的是新闻事实信息、新闻事实内容是否真实和新鲜，是否属于新闻意义上的事实或者信息。本体属性对所有新闻都是存在的，并且是必须具备的，是新闻能够成为新闻的不可或缺的根据；但获得性属性的存在或现实化，不仅依赖于具体新闻自身的特点，还依赖于一定新闻所处的传收状态和传收环境。说直接一点，并不是所有的新闻都会在传收过程中获取政治属性、舆论属性等获得性属性，但任何新闻都必须具有真实性、新鲜性等本体属性（真实性、新鲜性等是新闻事实性的具体表现）。决定新闻成为新闻的是新闻的本体属性，而决定新闻成为怎样具体面貌的新闻则在很大程度上要看新闻的获得性属性。新闻在传收过程中表现出来的实际面貌，并不完全就是新闻所根源的事实的面貌，事实面貌属于本真面貌，这一面貌在传和收的过程中都会有所变形，新闻在传收过程中会生成一些新的不同于本体属性的属性。因而，如果我们设想自己能够以独立的眼光观察审视现实中传播的新闻，就会发现，新闻的真实形象是由本体属性和获得性属性共同构建的。

正当的新闻就在于它与新闻的普遍本性的一致性。人们能够把新闻与非新闻区别开来的唯一的、最终的标准，只能是新闻的本性，而不是新闻的获得性属性。这个本性既是抽象的，又是具体的。抽象的意义在于，人们只能通过理性能力理解和把握新闻的共同的本质属性；具体的意义在于，每一条具体的新闻都根源于自身的事实性，即新闻的本性。本体属性可以直接定义新闻，但获得性属性不能直接定义新闻。人们可以用内容的真实、新鲜等去规定某一事实信息是新闻信息，某一文本是新闻文本；但人们不可能用内容的政治性或潜在的商品性、舆论性、文化性等去规定某一事实信息就是新闻信息，某一文本就是新闻文本。获得性属性可以在一定程度上反映具体新闻事实特别是具体新闻的个性特征。比如，对有些新闻，人们更容易将其放在一定的政治关系中去理解，而对有些新闻，人们则更容易将其放在知识关系中去理解，因而，前者就会显示出更强的政治功能（在新闻传播中获得了更强的政治属性），而后者则具有更强的知识功能（在新闻传播中获得了更强的知识属性）。但人们之所以能够把新闻放在类别不同或者侧重不同的具体关系中去理解，最重要的客观根据是新闻事实本身的新闻属性和非新闻属性，而且，逻辑上可以分开的这两类属性在客观上往往是合一的、不可分割的。真实、新鲜本身是抽象的、一般的，只有具体政治事件的真实和新鲜、具体经济现象的真实和新鲜、具体社会事实的真实和新鲜等，才是具体的、直接可把握的。因此，尽管在一般意义上，新闻是由本体属性界定的，但在具体传收情景中，新闻实质上是由本体属性和获得性属性共同界定的、塑造的。

获得性属性是新闻在各种传收关系中表现出来的属性特征。在传播实践中，新闻总是存在于不可避免的多种传播关系之中，因此，一般情况下，新闻都具有多种获得性属性。不同获得性属性之间并不是相互分离的、相互无关的，而是有着密切的关系，它们共同反映着新闻内涵的丰富性和复杂性，预示着新闻功能作用的多样性，同时也揭示了新闻传收活动的丰富性和复杂性。一则新闻能够在传收活动中获得什么样的属性，它就能够显示出什么样的功能作用；获得性属性的多少，决定着新闻功能向度或者类别的多少；获得性属性本身的强弱，决定着新闻不同功能的大小。

从纯粹的理论逻辑上说，新闻的获得性属性是无边界的，即一则新闻可以被放置在任何一种传收关系中、任何一种环境中。然而，新闻有其自身的规定性，新闻成为新闻是有边界的。尽管任何传播者都无法限制收受者如何理解新闻，也无法限制收受者把新闻当作什么，但作为专业新闻媒体、职业新闻传播者，其并没有随意利用新闻的正当权利。新闻就是新闻。新闻能够获得怎样的属性、被赋予怎样的属性应该是有边界的。也就是说，任何具体的新闻，其功能范围都是有边界的；超越一定的功能范围，就有可能扭曲新闻的面貌。新闻的本体属性设定了新闻的边界，一则具体新闻的本体内容设定了新闻获得性属性的潜在范围。如果新闻活动者——不管是哪类新闻活动者——凭借自己的主观意愿和目的，随意赋予新闻以某种属性，就等于给事实附加它所没有的内容，这显然是背离新闻活动的基本精神的。

（二）现实与潜在的差别

相比较而言，本体属性是现实的，获得性属性是潜在的。新闻的本体属性可以在传播过程中得到自然的显现，但获得性属性却需要主体的主动建构才能得到显现，获得性属性是在新闻传收过程中生成的、现实化的，是与一定的传播环境契合后生成的。本体属性需要的只是呈现，但获得性属性的现实化却需要主体对新闻事实或新闻的开掘。

本体属性揭示和反映的是新闻事实性、新鲜性的一面，但对具体新闻来说，支撑本体属性的事实内容是不同的，因而，不同具体新闻在现实的传收过程中能够获取怎样的获得性属性，如前所说，首先是与具体新闻所反映的新闻事实的内容特征高度相关的。但是，新闻事实内容的具体特征并不会自然而然地表现为新闻的属性，新闻内容到底会表现为怎样的功能效应，是取决于其与传收主体，与传播环境、社会环境的相互作用的。也就是说，新闻的内容特征，只是构成了新闻能够成为具有何种属性新闻的客观倾向，还不是现实的属性。其要成为现实属性，得有一个现实化的过程。现实化过程的完成，便意味着新闻得到了某种获得性属性。这一由潜在到现实的过程，既是新闻活动主体塑造新闻、建构新闻的过程，也是新闻产生传播效应的过程。比如，当人们理解了一条新闻的指导意义时，这一方面意味着新闻获得了意见性、舆论性、指导性属性，另一方面则说明新闻发挥了其传播信息和引导思想的作用。看来，不同新闻实现获得性属性的基本途径是相同的、相似的，都有一个从潜在到现实的过程，但能够得到怎样的获得性属性是有差异的。

原初状态中新闻本体属性的现实性与获得性属性的潜在性的关系说明，新闻的本性是稳定的、绝对的，而新闻的获得性属性是情境性的，具有很强的相对性和一定的偶然性，只有在特定的传收关系、传播环境中，新闻才能显示出或者获得特有的获得性属性。因此，同一新闻事实，经过不同新闻媒体、不同新闻传播主体的处理，会显示出不同的获得性属性；同样，同一新闻报道，在不同收受主体那里，会显示出不同的获得性属性。对同一条新闻来说，其具有的获得性属性从原则上说一定不是单一的，而是多样的。对一条确定的新闻来说，在相对确定的传播环境中，它所具有的获得性属性在一定的主体面前也是确定的。对一条确定的新闻来说，它具有的某些获得性属性是主要的，而其他一些获得性属性是次要的，甚至是无足轻重的。

从原则上说，所有的新闻总是能够使一些潜在的属性转化成为现实的获得性属性，但有些新闻确实很难获取获得性属性，这大致有两方面的原因：一是有些新闻事实本身比较孤立，内容比较单一，和其他事实的关系比较松散，人们容易把它看成独立的新闻事实信息；二是有些"乏味"的新闻无人解读，处于"半传播"状态①，这样的新闻，仅仅是存在论意义上的新闻，而不是认识论意义上的新闻，它们不可能在收受活动中生成获得性属性。可见，获得性属性本身由可能到现实的转化，最为关键的仍然是新闻自身的质量，当然也离不开新闻传播主体对传播环境的认识和对传播时机的准确把握。新闻的时效性，从获得性属性的角度看，就是新闻传播主体通过对传播时间的驾驭，使收受主体能够在更多的或更少的关系中

---

① 所谓"半传播"状态的新闻，是指只传无收的新闻。在实际的新闻传播中，人们经常会发现，一些新闻只是传播者完成了传送的任务，收受者并没有接收。这种传而不收、传而不通的新闻，属于无效新闻。

理解新闻，从而达到新闻传播主体的预期目的。当然，传播者的预期目的并不都是正当的，即他们在赋予新闻以某种属性、凸显新闻某种属性的过程中，其行为未必都是正当的、合理的。

获得性属性的潜在性、传收过程的生成性，使新闻在传播过程中的作用或结果具有了多种可能性和一定程度的不可预测性。[1] 一些新闻传播者常常不理解自己传播出去的新闻为什么没有取得预期的传播效果，甚至恰恰相反。获得性属性的生成性或潜在性，对此可以做出很好的解释。新闻在传播者和收受者那里可以获得不同的获得性属性，在传播者那里属于经济新闻的新闻，完全有可能在收受者那里成为充满政治性的新闻，收受者能够在收受解读中赋予新闻以他所理解的属性。传播者对收受者的理解方式和理解结果尽管可以进行一定的设定和引导，却不可绝对限制和驾驭。因而，新闻传播的效果到底会是什么，并不是完全以媒体和传播者的意图为转移的。新闻到底能够成为怎样的新闻，不是传播主体可以单一建构的，而是由新闻活动主体共同建构的，特别离不开、超越不了收受主体的建构（相关内容参见第五章）。因此，传播主体对收受主体的任何新闻引导、舆论引导，效果都是有限的，不能无限夸大引导的作用。认识这一点，对已经习惯于夸大引导作用的我国新闻媒体、职业新闻工作者来说，是相当重要的、有意义的事情。

我们在上文中已经说过，获得性属性并不是凭空而来的，总是有一定的本体属性根源，只是有些作为事实本体属性的属性，并不属于新闻本体属性，但这些属性会在一定的情境中、在新闻传收过程中获得凸显的机会，从而使新闻显示出本体形象之外的面貌。获得性属性的潜在性，为新

---

[1] 正是基于对这种不可预测性的担心，新闻控制主体往往倾向于限制对一些所谓敏感新闻事实的报道。然而，这种限制在当今传播环境中不过是自欺欺人。正确的、合理的做法是，尽快充分报道相关事实，使人们能够比较真实、客观、全面地了解相关信息。人们越是能够全面、真实地了解事实，就越是能够减少赋予新闻以某种不当属性的可能性。人们减少了猜测，也就等于多了一份信任。

闻事实信息资源的开发提供了充分的根据。所谓对新闻事实信息资源的开发，其实就是通过对本体信息的充分利用，使新闻在传收过程中尽可能获得更多的获得性属性。本体属性反映的主要是事实信息，获得性属性反映的更多的是意义信息。事实信息规定着事实本身的面貌，意义信息则关涉到新闻事实以外的事物，即新闻事实对其他事物意味着什么。人们一旦在这样的意味中对待新闻，新闻便超越了事实信息，在某种新的关系中获得了新的属性。信息资源的开发，实质上就是在寻找这样的关系、这样的意味，以便新闻能够产生更大的传播效应。

（三）区分两类属性的意义

如上所述，新闻的本体属性和获得性属性是两类客观存在的有差异性的属性，因此从学理上加以区分自然有其学术意义，这能够帮助人们对新闻的本质认识得更加清晰。但人们更为关注的问题可能是：区分这两类属性的实践价值在哪里？有无必要对这两类属性加以区分？结合学术与实践的双重考虑，我们下面对区分两类属性的意义加以简要说明。

本体属性与获得性属性的区分，使人们对新闻的本性有了非常明确的认识，对新闻本身的特征认识也更加清晰，不再把新闻本身和新闻在传播过程中获得的功能性属性、功能性表现混淆在一起。我们通过对本体属性和获得性属性的区分与解释，也能够帮助人们进一步理解新闻客观性与新闻主观性的根源。支撑本体属性的新闻事实内容是客观的，但新闻活动者在主观化新闻事实信息的过程中，在赋予新闻某种属性的过程中，却难以避免自身的主观性。新闻的主观性集中表现在新闻获得性属性的实现过程中。凸显新闻某种潜在属性的过程，赋予新闻某种属性的过程，正是新闻活动主体（特别是传播主体和收受主体）将自身某种意图、意愿赋予新闻的过程，至少是从新闻中寻求实现自身意图由头的过程，是把新闻当作实现自身特定目的、利益的工具的过程。将新闻工具化、手段化，很可能导致偏离新闻的本位，唯其他目的而利用新闻。

本体属性与获得性属性的区分，进一步明确了新闻传播的基本任务，那就是新闻传播首先要呈现新闻事实的本性，呈现新闻事实信息，新闻传播的轴心是新闻的本性。新闻属性的根本是它的事实性，而不是其他获得性属性。任何被获得性属性左右的新闻，都将模糊甚至歪曲自身的事实面目。在现代民主、法治社会中，新闻媒介、职业新闻传播者"监测环境，守望社会"的基本责任，为社会公共利益服务的基本目标，主要是通过对新闻事实本性的呈现实现的，而不是通过赋予新闻以诸多获得性属性的方式实现的。新闻的公正与正义，首先体现在其能够客观呈现新闻事实的本性，而不是对获得性属性的张扬上。新闻传播对整个社会生活的作用方式，应该与新闻的本性相一致，只有这样，新闻传播才能成为推动社会发展的独特方式和特有力量。这意味着，新闻传播必须坚持自身特有的规范和精神。在西方新闻文化传统中，为了保证新闻的独立性，形成了新闻专业性的理念和操作方法，但常常受到政治权力、商业力量的干扰。在我看来，新闻要想保证自己的本性，新闻媒介与职业新闻传播者就必须拥有相对独立的品格，尽管独立的品格并不是唯一的保障条件。

本体属性与获得性属性的区分，使人们能够比较清晰地理解现实新闻传播中不同传播原则的根源和相互关系。也就是说，两类不同新闻属性诉求的新闻传播原则是有差别的①甚至是对立的。本体属性诉求的新闻传播原则是确保事实本来面目的原则，它要求传播主体应该坚持存在论、认识论上的事实原则或真实原则，保持价值论上的公正或正义原则，以及实现

---

① 事实上，两类不同属性对所有新闻活动主体——不只是新闻传播主体——都有着不同的诉求。但最典型的是体现在新闻传播主体的传播活动中。

公正的中立原则①，并坚守传播方法上的及时原则和公开原则②。但对获
得性属性来说，其诉求的传播原则恐怕在本质上很难归属于新闻传播原
则，而只能说是别的什么原则。当新闻传播者（无论什么形态的新闻传播
者）主要把新闻当作政治权力的工具时，其所坚持的传播原则只能是政治
至上的原则；当新闻传播者主要把新闻当作赚钱的工具时，其所坚持的原
则只能是经济利益至上的原则，突出表现为市场原则，迎合受众需求的传
播原则。③ 在现实的新闻传播中，就事实而言，新闻传播主体遵循的并不
是单纯的某种或某类原则，而是在多种或多类原则之间寻求一定的平衡。
新闻传播者是在把新闻做得像新闻的同时，追求其他目的的实现。因此，
实际发生的新闻传播，特别是职业化、制度化的新闻传播，绝对不是纯粹
的新闻信息传播，而是在传播新闻的同时，充满了各种意图信息、利益信
息的传播。比如，在我国，新闻传播者一直在努力平衡以真实原则为代表
的本体性原则与以党性原则为核心的获得性原则之间的关系；而在当今发
达国家，新闻传播者面临的主要难题和困境是如何处理新闻本体性原则与
商业利益原则之间的关系（这一点在中国也越来越突出）。至于这些原则
在新闻传播中的具体关系，那就更为复杂多变了。但从新闻传播的理想性

---

① 这里所说的价值中立原则，并不是说传播主体在新闻传播中没有价值追求和价值立场，而是
指传播主体在报道新闻的过程中必须对事实保持价值中立，即传播主体不以自己的价值偏好有意改变
事实的面目。价值中立，不是要求传播主体在善恶之间保持中立，传播主体当然应该站在善的一边，
绝对不能站在恶的一边。价值中立所要求的是，在再现、陈述善或恶以及所有其他新闻事实时，传播
主体是中立的，即传播主体不改变善恶事实的面目。传播主体既不因为自己面对的是善的事实、善的
人而夸大善，也不因为面对的是恶的事实或恶的人而夸大恶。中立，表现出来的是传播主体以理性、
冷静、客观的姿态与方法将事实完整、准确地呈现出来，这样才符合专业工作者的基本要求。我认为
这样的判断是准确的、合理的，即"新闻的首要原则——中立地追求真相"，这也是"新闻和其他传
播形式的根本区别"。参见 KOVACH B, ROSENSTIEL T. The elements of journalism: what news-
people should know and the public should expect [M]. New York: Crown Publishers, 2001: 42。
② 关于新闻本性诉求的新闻传播原则，我概括为事实原则、价值原则和方法原则三大类，有兴
趣的读者可参阅杨保军《新闻理论教程》和《新闻活动论》中的相关论述。
③ 关于受众需要的性质与合理性问题，有兴趣的读者可参阅杨保军. 需要与想要：受众需要标
准解析 [M]. 当代传播，2007（5）。

上说，遵循新闻本体属性诉求的本体性原则，应该是恒定的目标，对任何其他传播原则的运用，首先不能背离新闻传播的本体性原则。遗憾的是，在实际的新闻传播中，情况往往恰好相反，如何呈现新闻的面目，常常被非新闻的目的、非新闻的传播原则所左右。看来，回归新闻本性，回归新闻传播本体性原则的基本要求，依然是新闻传播努力的方向和长期的任务。

本体属性与获得性属性的区分，能够帮助人们充分理解新闻传播在现实中的各种表现，理解新闻本身的复杂性和多变性。从一定意义上说，新闻获取获得性属性的过程，既是丰富新闻自身内涵的过程，充分呈现和扩张新闻外延的过程，但同时也是新闻自身可能发生异化的过程，即新闻变得不再像新闻甚至不再是新闻的过程。比如，新闻有可能变成纯粹的宣传文本、广告文本、公关文本、娱乐文本，甚至是文学文本，等等。在这一过程中，新闻的基本功能、直接功能被弱化、淡化，而其派生功能、延伸功能则得到了强化、显化。当传播主体把新闻不再当作新闻，而是当作实现其他传播目的的纯粹手段时，新闻的本体属性就被遮蔽了，这时新闻传播便只剩下了可怜的名义。在新闻名义下传播非新闻的内容（这在新闻界并不是什么新鲜事），是一种极端的赋予事实信息以获得性属性的过程——给非新闻赋予新闻的属性，新闻便成为假性新闻、准新闻。这当然是不正当的做法，损害了新闻传播的基本形象。

需要注意的是，在正常情况下，如果不重视新闻的获得性属性，新闻就可能变成"瘪三"；如果新闻没有了获得性属性所表现出来的功能，新闻的价值也就大大降低了。人们不会把获知事实信息当作收受新闻的终极性目的，也就是说，获取新闻的目的在于运用新闻，把新闻信息当作工具和手段，而工具与手段的价值往往体现在新闻获得性属性的功能化过程中。因此，如何保持新闻本性与获得性属性之间的正当关系，把握好二者之间的度，既是值得研究的问题，也是新闻实践中比较难把握的问题。而我们把新闻属性分为本体属性和获得性属性这两类，正好为人们思考这样的问题奠定了逻辑基础、设定了考虑问题的前提。

四、新闻的价值属性

上面关于新闻不同属性的阐释，主要是在存在论和认识论意义上的分析。下面，我们把新闻作为价值客体，将其置于特定的价值关系中——主要是在新闻（文本）与收受主体的新闻价值关系中——来揭示它的一般价值属性。所谓新闻的一般价值属性，是说我们这里不考虑、不讨论新闻与相关主体在特定价值关系——比如政治价值关系、经济价值关系、知识价值关系等——中所显示出来的价值属性，而是超越所有特定的价值关系，在共同的、抽象的价值关系中解释新闻的价值属性。这样，能使人们在一般层面上进一步认识新闻的属性，特别是从收受者的角度把握新闻的价值属性。因为，新闻的意义，不管是什么层面上的，最终总是要通过收受者的收受来实现，而收受者的收受行为总是包含着一定的价值目的、价值追求，总要和新闻建立一定的价值关系。

在新闻传播活动中，传播主体面对的价值客体主要是新闻事实，而收受主体面对的主要是传播主体创制、建构的新闻文本。由于文本是对事实的反映，所以它们具有内在的同一性。因而，在理论的抽象层面上，新闻事实与反映它的新闻（文本）具有的新闻价值属性理应是一致的。但新闻文本毕竟与新闻事实有质的差别，一是客观事实，二是主观化的产物。新闻事实是被认识、反映和报道的客观对象，而新闻文本是认识、反映的结果，是以符号形式存在的新闻事实。因此，新闻毫无疑问具有自己特殊的价值属性，我们也应该在理论上对其做出不同于新闻事实之价值属性（要素）的概括。①

（一）传播时间的及时性

新闻文本既是客观存在的新闻事实信息的载体，也是新闻事实潜在新闻价值的载体。因此，传播于媒介通道中的新闻文本有无新闻价值，首要的一条是看它是否及时地再现了新闻事实。当然，这里是以新闻文本真实再现新闻事实为前提的，不然就谈不上新闻的价值。及时性，不仅从时间角度规定了新闻成为新闻的条件，也从时间要素上规定了新闻文本的新闻价值属性。这就是说，及时性，使文本成为新闻文本，从而使文本具有的属性能被正当地称为新闻的价值属性。

新闻价值属性的及时性，是由新闻事实价值属性的时新性所决定的。新闻事实的新闻价值就是通过时新性来体现的，通过时新性而引发的，而体现在时新性中的潜在价值要得到实现，必须依赖于新闻传播的及时性。传播的及时性是保证事实时新性的根本手段。新闻事实的新闻价值只有在新闻文本的及时性中才能得到有效的延续和传递。事实内容的新鲜，只有通过传播方式的及时才能在收受者那里得到保障，从而，新鲜也才能对收受者产生新鲜的价值。世界上最早的一份日报是 1660 年创刊于德国的《莱比锡新闻》（*Leipzig Zeitung*）。zeitung 一词在德语中意为"新闻"，它比英语的"新闻"（news）一词出现得要早，据说 zeitung 系由旅行一词转化而来，最初是指商人、旅客等传播的消息，15 世纪以后才演化为

---

① 关于新闻事实的价值属性，新闻理论界已经形成了比较一致的看法，这就是新闻价值要素学说。对此，我在《新闻理论教程》一书中做了比较系统的阐释。有兴趣的读者可参阅杨保军. 新闻理论教程［M］. 北京：中国人民大学出版社，2005。关于新闻（文本）的价值属性，人们还没有形成统一的概括。我在《新闻价值论》中，首次对这一问题进行了论述，提出了自己的看法。本书下面关于新闻（文本）价值属性的分析，便主要建立在《新闻价值论》的相关论述之上。有兴趣的读者可参阅杨保军. 新闻价值论［M］. 北京：中国人民大学出版社，2003：117 - 169。

新闻，即所谓"在时间上绝对新颖的"。由此可见，时间性从一开始，就被当作新闻价值的首要因素。[①]

及时性，作为新闻的价值属性，其内涵主要包括两个方面：一是快速性。快速的基本意义是指，新闻对事实再现得越快，它的新闻价值就有可能越大。快是新闻传播的内在要求，快从传播方法上确保了新闻文本对于收受主体的新。快从价值追求上就是尽可能满足人们对自己周围环境变化的即时了解，因为人类新闻传播的目的，从总体上说正在于使自己能够随时把握自己的命运，把握住当下。只有当下才是最具现实性的存在，当下连接着过去和未来。一句话，快就是价值，时间就是价值。当"快"体现在每一具体的新闻文本上时，就是指在尽可能短的时间内，利用文本将新闻事实的内容传播出去。二是时机性或时宜性。再现新闻事实的"及时性"是个内涵十分丰富的概念。一般来说，新闻事实的发生时间对于新闻活动主体而言是不可控制的，即"时新性"是不可控制的。这种不可控制性，也即意外性，正是产生新闻事实的一种内在机制。如果一切都在预料中，也就没有真正意义上的新闻事实了。但再现和传播新闻事实信息的"时间性"，在直接意义上是由传播主体决定的，是可以控制的。为了确保新闻事实的时新性，传播主体必须实现新闻传播的及时性。但是，新闻传播活动是社会主体有目的、有利益追求、有价值取向的活动，一旦有了这些必然因素的影响和作用，及时性就不只是一个简单的快慢问题了。传播主体会采取各种各样的办法来协调时新性与及时性之间的关系，新闻的及时性实质上是在合规律性与合目的性的统一中确定的。在确定及时性的过程中，传播主体往往会从目的性出发最终去决定"及时性"的具体含义。这种从目的性出发的决定，有时是合理的，有时则是不合理的。但不管合

---

① 李彬 . 全球新闻传播史 [M]. 北京：清华大学出版社，2005：80.

理与否，都产生了"时效""时宜""时机"等一系列的概念，即传播之"时"的快慢选择，要由传播主体追求的传播"效果目标"或价值目标来确定。于是，在现实的新闻传播活动中，时机、时宜等成了及时性的真切含义。新闻报道活动中的所谓"新闻、旧闻、不闻"艺术，其实是通过对时间的驾驭求取传播效果的艺术。因而，从价值论的角度看，特别是从传播主体的立场出发，及时性的实质是时效性。新闻传播的快慢，体现的乃是传播主体的新闻价值意图和追求。在传播的时间问题上、快慢问题上，不同新闻活动主体（包括新闻源主体、新闻传播主体、新闻收受主体、新闻控制主体）的诉求是不一样的，因而，及时性是造成不同新闻活动主体之间矛盾冲突的一个重要根源，或者更为准确地说，不同新闻活动主体的不同新闻价值诉求，造成了他们对新闻传播时间的不同处置方式。

（二）新闻内容的针对性

新闻有无价值以及价值大小，对以社会公众利益为目标的新闻传播来说，在最终意义上，关键要看它能否满足收受主体的新闻需求。新闻文本在其满足收受主体合理新闻需求中所显示出的属性就是它的价值属性。这些属性首先体现在文本的内容上，而新闻文本的内容正是对客观存在的新闻事实的再现、陈述和某种可能的表达，因而事实所具有的新闻价值属性也必然会反映在新闻文本之中，即人们通常所说的新闻事实的时新性、重要性、显著性、接近性、趣味性等，也是新闻文本内容具有的新闻价值属性。从一般意义上说，一个新闻文本具有这些价值属性的多少和强弱，决定着它新闻价值的总体质量。

新闻文本是通过新闻语言符号和非语言符号结构而成的整体，它以完整的面目面对收受主体，以统一的价值属性——将新闻事实的不同价值属性统一凝结在新闻之中的方式——面对收受主体，我们可以把这种统一性的价值属性界定为新闻相对收受主体新闻需要的针对性或对象性。因而，针对性或者对象性凝结了新闻文本对于收受主体的所有价值属性，新闻文本对于收受主体的新闻价值正是在这种针对性中实现的。对新闻收受者来说，他们主要是在这样的针对性中评价新闻质量高低的。

具体来说，只有新闻是针对收受主体欲知、未知、应知而选择的、创制的，才意味着新闻文本对收受主体来说，是一种对象性的存在，是一种具有新闻价值的存在；缺乏这种针对性或对象性，意味着新闻文本所包含的内容，对收受主体来说是空泛的、一般的、可有可无的东西，是一种外在性的存在，或者说新闻文本成了传播主体"自娱自乐"的对象，只是传播主体传送出去的信息，而不是收受主体根据需要接受了的信息。因此，凡是真正的新闻文本，其内容必然具有新闻价值属性上的针对性，其可能的存在方式必然是对象性的。进一步说，只有内容上具有针对性的新闻文本，才能成为有效的传播文本，才能使新闻事实的潜在价值"寻找"到归宿，产生实际的新闻价值效应。新闻事实具有的潜在新闻价值，要想转化成为现实的新闻价值，必须以具有针对性的新闻文本为桥梁。

在与不同收受主体的新闻价值关系中，新闻内容的针对性或对象性具有不同的表现。内容的针对性越广泛，意味着某一文本拥有的收受主体越多，因而新闻文本的价值实现量越大；内容的针对性越强，意味着某一文本拥有能够满足收受主体新闻需求的素质越好，因而新闻文本的价值质量越高；广泛而强烈的针对性，则意味着新闻文本既具有满足收受主体新闻需要的普遍性，又具备实现高质量新闻价值需求的好素质。任何一家新闻媒介总是希望本媒介传播的新闻，对自己确定的目标受众具有广泛而强烈的针对性；同样，对任何一个职业新闻传播者来说，也总是希望自己报道的新闻具有广泛而强烈的针对性。

面对信息时代的新闻传播实际，新闻价值属性上的针对性，不仅仅是

"大众"新闻传播模式追求的目标，更是通过大众传播媒介进行"分众"或"小众"传播、"个众"传播、"融合"传播的根本所在。"目标收受者""有效收受者"等概念的广泛使用，反映的正是新闻传播的"针对性"或对象性，而这种针对性最终必然要落脚到具体新闻报道的针对性上。如果从新闻角度看，可以说几乎每一则新闻都有潜在的收受者，即每一则新闻都是有针对性的新闻，都有机会使自身的价值现实化，成为收受者的新闻需要对象。但传播者设定的针对性，毕竟是潜在的，只有新闻得到了收受者的认可，潜在性才能现实化，新闻的价值才能得到最终的实现。

作为新闻收受者的社会大众，是多样性的、多层次的存在，不同人有着不同的新闻需求。新闻媒介、新闻传播者很难准确把握他们的具体需要。收受者事实上是不确定的、模糊性的存在。因而，新闻的内容应该是多样化的、分众化的、多层次的，只有这样，收受者才能寻找到对象性的新闻。对具体的新闻媒介来讲，即使设定了目标受众，仍然不可能十分准确地把握他们多样化、多层次的新闻需要，精英分子需要的并不都是精英阶层的新闻，平民百姓也总想知道与自己命运相关的国家大事。针对性的落实是一件很难的事情。针对性或对象性概念，从价值论的角度，从新闻需要的角度，从新闻内容的角度，揭示了新闻活动的关键所在。一家媒体，只有显示出自身的内容个性、风格个性，才能获得收受者的主动选择，成为受众青睐的对象性存在。

新闻价值属性的针对性，很好地反映了新闻文本作为价值客体绝对性与相对性的关系。绝对性的意义在于只要一个新闻文本具有针对性，就必然包含着新闻价值要素，总能满足某些收受主体的新闻需求；相对性的意义本身就蕴含在针对性中，说某一事物具有针对性，言下之意就是说它对其他一些对象不具有针对性。当我们说新闻文本具有价值属性上的针对性时，就已经说明，任何新闻文本对于不同的收受主体具有不同的新闻价值。

（三）呈现方式的亲和性

新闻传播价值的实现，以新闻传播的有效进行为前提。所谓有效，就是传播主体的传播目的在收受主体身上得到了预期的反应，取得了期望的效果。一种传播只有致效，才能算作真正的传播。实现新闻传播的有效性，除了需要建构和及时传播在内容上具有针对性的新闻文本外，对新闻文本再现新闻事实的方式、具体传播新闻的方式也有特别的要求。这种要求就是新闻文本与传播新闻文本的方式必须具有与收受主体的"亲和性"①。这种亲和性大致包含以下几个要点：

首先，新闻文本必须按照新闻传播的要求去构建，按照新闻的本性要求去呈现事实，按照新闻写作的规律去再现事实，按照新闻的文体和新闻的语体要求去再现事实。任何一种文本的个性特征，既取决于它所再现的对象的特征，也要受一定领域已经形成的文本范式和传统等因素的约束，更要适应新时代产生的新的合理的要求，而最根本的是要受某种传播目的的约束。尽管新闻文本的语词、语句表达方式，文本结构方式，包含着一个时代、一个时期，一个民族、一个国家，一个新闻机构的新闻价值取向和再现新闻事实世界的历史特征与个性特点，但有一点应该是基本稳定的——新闻文本再现的是新闻事实，基本目的是揭示事实的实际情况或者真相。因而，新闻再现方式本质上不是文学表现的方式，新闻再现方式也不是理论论述的方式。记者既不是作家，也不是理论家，记者就是再现新闻事实的专家。收受主体期望从传播主体那里得到的首先是事实信息，而不是审美享受，不是理论智慧。因此，与收受主体具有亲和性的新闻文

---

① 如何传播新闻，会在很大程度上影响新闻本身与收受者的关系，因此，在讨论呈现方式的亲和性时，有必要把传送新闻的方式这一要素加进去。我以往的相关论述中没有明确包含这一方面的内容。

本，必须按照新闻传播规律的要求去建构，这一条应该是永恒性的规则。同样，在将新闻传送给收受主体的过程中，不能以任何方式改变新闻的内在要求。这些都是实现新闻呈现方式亲和性的前提。

其次，亲和性是指新闻在呈现事实内容的文本方式上、传送方式上，容易被收受主体理解，采用了收受主体喜闻乐见的方式。尽管不同收受主体的素质会有一定的差别，所处的新闻传播环境也会有所不同，从而使他们对"喜闻乐见"有不同的要求，但对面向大众的新闻传播来说，与收受主体的亲和性最突出的表现包括两大方面：其一，文本本身的通俗易懂，简明生动。早在 1948 年，新华社就曾专门发文指出："我们一切发表的文字必须以最大多数的读者能够完全明了为原则。"① 美国新闻学者 D. W. 米勒说："新闻报道必须写得从大学校长到文化程度很低、智力有限的一切读者都容易理解。"② 只有具备这样特点的新闻文本，才能真正赢得广大收受主体的亲近，形成利于新闻价值充分实现的亲和关系。其二，新闻文本传送方式与收受主体收受习惯、收受节奏的基本一致。新闻的编排方式和传送周期，如果比较符合大多数目标收受主体的习惯和节奏，就可以说传播方式具有亲和性。

最后，亲和性是指新闻文本与文本的传送方式要与收受主体在心理上能够形成某种契合，达到息息相通的境界。在新闻文本的创制过程中，传播主体必须认真细致地研究收受主体的收受心理，包括他们的认知心理、情感心理、审美心理等，只有把握他们的接收心理，理解他们的思维方式、价值态度，新闻传播才会有实质性的针对性，新闻文本才能具有真正的亲和性。如果新闻的传送方式符合大多数收受主体的收受习惯，如果新闻的传送能够及时获取收受主体的反馈信息，与收受主体形成有效的交流

---

① 李元授，白丁. 新闻语言学 [M]. 北京：新华出版社，2001：28.
② 同①.

互动，就能增加新闻的亲和性。

再现新闻事实方式的亲和性，是新闻文本重要的价值属性。新闻文本能否与收受主体形成亲和关系，直接影响着新闻价值的实现质量。只有具有亲和性的文本，才能使新闻传播由"传播"达到"传通"；只有具有亲和性的文本，才能使新闻传播由"感知层次"达到"理解层次"；只有具有亲和性的文本，才能使新闻传播达到传播主体与收受主体之间的信息"交流"与"分享"。

新闻写作为什么要针对不同的内容、不同的传播对象，采取不同的语言形式、文本结构形式，新闻写作为什么要根据时代的变化，不断探索新的呈现新闻事实的方式，其中最为重要的原因，就是寻求收受主体乐于接受、易于接受的新闻呈现方式，建立一种亲和性的关系。收受主体与新闻文本之间的关系，反映的其实是传播主体和收受主体之间的关系。传播主体和收受主体之间能否建立起亲和的、相互信任（特别是收受主体对传播主体的信任）的关系，是新闻价值能否实现的重要条件。

传播、再现时间的及时性，新闻内容的针对性，呈现方式的亲和性，构成了新闻文本基本的价值属性。及时性从时间上界定了新闻文本最明显的价值特征；针对性从内容上规定了新闻文本实际的有效性；亲和性则从方式上建立起新闻文本能被收受主体接受的通道，也为新闻文本价值的现实化开辟了途径。具备及时性、针对性和亲和性的新闻文本，必然是能够实现有效传播的"有效文本"，不具备这些价值属性的文本自然不能称作新闻文本，对新闻传播来说只能叫作"无效文本"。

第三章　新闻的信息构成

报道事实是报纸唯一存在的原因。

——拉尔夫·普利策

理解语言的真正信息，必须洞悉发出信息时的社会环境。

——陈原

新闻的现实表现是具体的报道或者说是具体的新闻文本。[①] 因而，我们可以以新闻文本为对象，分析新闻的信息构成，并对每类信息的成因做出适当的分析，从而进一步透视新闻传播的多种意图及其实际追求。如此的文本信息构成分析，将能够比较充分地说明现实传播中的新闻是什么。这对于传播者创制新闻、收受者收受新闻都有重要的参考价值。为了便于叙述，我们主要以印刷新闻文本为参照进行分析。

---

① 这里所说的新闻或者新闻文本，包括一切形式的新闻文本，而不只是大众媒介形态的新闻文本。因此，本章关于新闻信息构成的分析，适用于所有传播状态的新闻。

一、未传态新闻的信息构成

所谓未传态或者潜在新闻的信息构成，简单讲，就是指还未通过特定媒介进入传播状态、传播语境中的新闻文本①的信息构成，这时的新闻文本是独立的，还没有与传播语境形成相互关系。这种状态中的新闻文本，其信息构成主要是由新闻作者（主要是记者、稿件编辑或准传播者）构建的，表现为文本语言的语义信息和文本自身的语境信息。从普遍性上看，处于未传状态的新闻文本信息，主要由以下三类信息构成。

（一）事态信息

人类新闻活动演变到今天，历史赋予新闻传播活动最基本的职责是：真实、客观、全面、公正、快速、公开地反映报道新闻事实的真实面目、真实状态、实际情况，以帮助人们尽快了解自己生存、生活、发展于其中的事实世界的最新的有意义的变动状况。② 因此，任何新闻文本最基本、最直接的内容就是有关最新事实、事件等的符号陈述或再现（这样的事

---

① 　对直接的人际新闻传播模式来说，这样的新闻文本就是我们所说的腹稿；而对有些非直接的（间接的）人际新闻传播模式和非人际（通过大众媒介）新闻传播来说，这样的新闻文本大致就是新闻稿件或准新闻稿件。所谓直接的人际传播模式，是指人与人之间所进行的面对面的新闻传收活动；所谓非直接的传播模式，是指通过一定中介物进行的传收活动。有兴趣的读者可参阅黄旦.新闻传播学：修订版［M］. 2 版. 杭州：杭州大学出版社，1997：26-32。我们在讨论过程中，为了方便，主要以通过大众媒介进行的新闻传播为对象，以大众媒介将要负载的和负载的新闻文本为主要对象。

② 　注意，这只是基本职责，并不是新闻传播的所有职责。基本职责在我看来有两个方面的主要含义：第一，新闻传播必须首先完成的职责，任何没有完成这一职责的新闻传播不能称为新闻传播，没有完成这一职责的媒体不能称为新闻媒体，没有完成这一职责的新闻人不能称为新闻专业人员；第二，其他任何职责的完成与实现，必须以这一职责的完成为前提、为基础，不然，就是喧宾夺主，就有可能把新闻活动变成非新闻活动。顺便说一句，淡化基本职责，强化其他职责，是我国很多新闻媒体新闻传播中的普遍现象。人们之所以把一些新闻媒体叫作宣传媒体，而不叫作新闻媒体，正是因为它们在种种原因下忘记甚至放弃了自己的基本职责。

实、事件在新闻学中被称为新闻事实或者新闻事件，我们可统一称之为新闻事实），最基本的信息就是关于新闻事实背景、前景状态的信息，或者说是关于新闻事实变化状态、存在状态的信息，我们把这样的信息统一称为"事态信息"或者事实信息。

在此需要特别强调的一点是，不管以什么样的方式（比如人际传播、组织传播、群体传播或大众传播方式）进行新闻传播，只要是能被称为新闻传播的活动，不管其新闻文本的具体类型（比如文字文本、声音文本、图像文本，或者是不同语言符号的融合、整合文本）是什么，它的信息构成必然以事实信息为基本的、主要的内容，不然，就失去了新闻传播的意义。这里的关键问题是：新闻传播、新闻文本有其自身的内在规定性①，并不是任何文本或者说包含一定事实信息的文本都可以被轻易地称为新闻文本。

如果要做进一步的细究，还可以对新闻文本包含的事实信息本身进行构成分析。这种分析有赖于对客观存在的新闻事实信息的考察，在根源处，则有赖于对新闻事实结构的考察。我在《新闻事实论》（新华出版社，2001年版）和《新闻活动论》（中国人民大学出版社，2006年版）等著作中，从事实要素与要素关系，事项（事实部分、事实环节、事实片段等）与事项关系，以及要素与事项之间的关系等方面对新闻事实的结构做过比

---

① 我在《新闻事实论》中曾经从四个方面分析了新闻文本的特征：对象特征——感性实存；内容特征——明晰确定；解读期待——事实信息；解读诉求——理性认识。参见杨保军.新闻事实论[M].北京：新华出版社，2001：117-121。这是通过新闻的完整传收过程去分析新闻文本特征的，现在看来，这种思考问题的方法有一定的偏差，角度过于分散。讨论新闻文本的特征，必须从新闻文本本身的形式、内容出发。后来，我在几本著作中又对新闻文本的特征进行了分析，做出了新的概括，认为在一般意义上，新闻文本有这样一些基本特征，即文本结构的简单性、文本语境的低度性、文本语义的封闭性、文本语言的明确性，并指出这些特征是以新闻文本内容的真实性、新鲜性为前提的。有兴趣的读者可参阅杨保军《新闻理论教程》（杨保军.新闻理论教程[M].北京：中国人民大学出版社，2005.）和《新闻活动论》（杨保军.新闻活动论[M].北京：中国人民大学出版社，2006.）中的相关论述。

较细致的解剖。对事实信息本身进行构成分析，对职业新闻工作者或者期望进行新闻传送的人来说，有着特别的意义。因为，新闻传送是门选择的艺术（下文还会论及），选择的前提当然是认识选择对象，懂得被选信息的构成方式，理解不同信息在整个事实信息构成中的主次作用，明白不同信息对于一定事实的意义和地位。如此，才有可能把真正有价值的信息选择出来、传送出去。实际上，只有真正把握了客观事实的逻辑结构、信息结构，才有可能在新闻文本中比较准确地反映或再现新闻事实的真实面貌，进而实现新闻传播的基本职责。

新闻文本原则上是一种叙事文本，它是叙述、再现真实事实、真实事件的文本。任何一个具体的新闻文本都是由一系列明确的事实判断语句（或者呈现事实实际景象的一系列画面）构成的，每一个句子（或者声音、画面等）都有确定的、具体的事实所指，都有自己的事实根基。凡是没有事实所指的句子原则上都不是新闻语句。[①] 一则新闻或一个新闻文本中，如果包含着没有具体事实要素所指、没有具体事项所指的句子，即新闻报道语言没有任何事实根据时，就会出现"语言悬空"的现象。语言悬空是捏造与想象的产物与表现。而一旦出现语言悬空，一则新闻就必然包含着某些虚假失实的成分，新闻文本就必然包含着某些虚假失实的所谓新闻信息。[②] 进一步说，所有的事实判断句的有机联系，不仅反映了一件新闻事实的具体要素、事项，也反映了它们之间的关系，从而构成了一个完整的新闻文本，反映了一件新闻事实的整体面貌。

---

① 新闻作品中非事实陈述性的句子，也必须在一定的语境中陈述一定的事实，否则，也可以看作没有事实指称的语句。

② 顺便说一句，新闻文本的叙事特点，为我们通过新闻文本分析新闻报道的真实性，提供了最为直接简单的方法。任何新闻作者，不管是否专业人员，在完成自己的新闻文本时，都应当检视构成文本的语句有无悬空现象，一旦出现"悬空"，新闻的真实性就值得怀疑。当然，要确证新闻报道的真实性，必须有一套系统的方法。有兴趣的读者，可参阅杨保军. 新闻真实论 [M]. 北京：中国人民大学出版社，2006。

新闻写作必须严格地以事实为依据，如马克思所说，应当"根据事实来描写事实"，而不是"根据**希望**来描写事实"①。美国报人约瑟夫·普利策的儿子拉尔夫·普利策在一次报告中说："新闻报道中的准确性对于约瑟夫·普利策来说就如同宗教信仰，他极其渴望得到准确信息，他所想得到的是具体的特定的事实，他喜欢直接从事实中得出结论。这种对准确事实的热望自然使他极力提倡坚持事实的准确性""报道事实是报纸唯一存在的原因"。② 以这样的原则和要求写出的新闻作品，创制的新闻文本，就是首先要"让事实说话"，把事实本身真实地、准确地呈现出来，其中包含的当然是事实信息、事态信息，可以说，新闻文本是一种事实性的文本。

人们参与新闻活动的普通经验与新闻学的专门研究已经证明，新闻文本包含的事实信息，与相应新闻事实、新闻事件本身包含、拥有的客观事实信息之间是有差异的，不会在逻辑结构上和内容上完全契合。因而，若想对新闻文本中事实信息的面目有一个准确的理解和把握，就有必要对文本信息与相应的新闻事实本身所包含的信息之间的关系加以分析。

把握上述二者差异性的前提是，新闻文本中的事实信息是对新闻事实所包含的客观事实信息的主观认识、反映和符号再现，而新闻事实包含的事实信息是一种自在性的存在、本体性的存在、先于再现的信息，它不以传播者（任何人）是否报道为转移。③ 因而，从性质上说，文本中的事实

①　马克思恩格斯全集：第1卷 [M]. 北京：人民出版社，1956：191.
②　刘建明，等. 西方媒介批评史 [M]. 福州：福建人民出版社，2007：154.
③　这里需要注意的问题是，当我们说新闻事实或者其包含的事实信息不以是否报道为转移时，只是说事实信息一旦产生，便有了自身的规定性，有了自身的客观性和外在于任何主体的特性，而不是说新闻报道不会影响相关新闻事实的变化。事实上，某一新闻事实、新闻事件一旦被报道，其后继的演变往往会受到新闻报道的深刻影响，甚至，一旦新闻媒体、新闻传播者介入正在发生的新闻事实、新闻事件，事实、事件的演变方式就会发生一定程度甚至是很大程度的变化。这既是一种干涉效应、互动效应，也是新闻传播作用社会最基本的方式。另外，如我们在前面两章的相关论述中所说，不被任何人发现、反映、报道的新闻事实，仅仅是本体论意义上的新闻事实，是人们根据既有认识经验推断的、必有的一种客观存在，从新闻角度看，是一种无意义的存在。新闻事实，只有转化成新闻报道的内容，它作为新闻的现实性才能得到实现。

信息是主观的，而新闻事实包含的事实信息是客观的。主观反映客观的过程，是产生二者之间诸多差异性的总根源。当然，导致二者差异的原因不限于主客体范围，还有诸多中介因素、环境因素的影响和作用。那么，具体一点讲，二者之间的差异有哪些主要表现呢？造成差异性的主要原因又是什么呢？

主观与客观之间的差异，在此的核心其实就是新闻真实问题。差异性的表现无非是主观反映、再现的结果与客观事实信息的符合性及其符合程度问题。不同的符合程度表现着二者之间的具体差异。新闻传播的内在要求是追求二者之间的绝对符合或者完全符合，但在新闻实践中，这只是理想诉求的目标和境界，不可能完美地实现。其中的原因也不难理解。

新闻文本是对新闻事实的选择性反映和再现，这是客观事实，不是主观臆断，也是我们寻求上述二者差异性原因的客观前提。

新闻文本包含的事态信息，如果排除所有可能的虚假信息，那么确实属于新闻事实包含的事实信息，但已经是传播者针对新闻事实信息选择的结果。选择就是按照一定标准尺度取舍对象的过程，是对被选对象过滤的过程。作为首先为社会公众提供新闻信息服务的职业新闻工作者[①]，其选择过程不是选择者凭借主观意志任意处理、过滤被选对象的过程，而是有一个超越选择者自身爱好、情感、利益等的基本标准。也就是说，选择者是按照一定标准进行事实信息选择的（简称新闻选择），这些标准通常包

---

① 新闻媒介、职业新闻工作者为受众提供的不只是信息，还有意见，不仅是事实信息，还有价值信息。新闻媒介、职业新闻工作者不仅要让事实说话，还要会用事实说话，为事实说话。可参阅杨保军. 新闻精神论［M］. 北京：中国人民大学出版社，2007。喻国明教授也明确表达过这样的观点，他说："一个媒介工作者面临社会要完成两个职能，一个是他为社会提供事实判断，即所传达的事实是否客观、是否全面、是否准确和平衡；另一个是他为社会提供价值判断，为人们提供一种有影响力的解读、解惑和一种控制对策的帮助。"参见喻国明，张小争. 传媒竞争力：产业价值链案例与模式［M］. 北京：华夏出版社，2005：6。

括规律性标准和规范性标准两大类。[①] 但事实的另一面是，新闻选择不可能完全超越选择者的认知图式、价值模式、心灵状态的影响，不可能彻底超越传播者及其所属新闻媒体、利益群体所持新闻观念、价值取向、利益追求的限制，当然也离不开新闻传播环境的影响和作用。离开对这些影响和限制的考虑，很难理解真实的新闻传播景象。所有的选择从原则上说，都是有意图的选择，有目的的选择，而离开意图、目的的选择也就不是选择了。新闻文本中的事态信息，是选择的结果，新闻真实是选择的真实。新闻文本包含的事实信息，尽管属于事实信息，但它有时并不是对客观事实逻辑的真切反映，而是新闻作者主观建构的结果。新闻文本包含的事实信息尽管确实是新闻事实本身拥有的信息，但也可能是新闻作者愿意看到的和可能看到的那部分事实信息。有人说新闻学就是新闻选择学，大概就是因为看透了新闻传播的这种实质。

可以看出，新闻选择过程[②]，在总体上必然受制于选择者的认识论素质，同时也特别受制于选择者的价值论素质。所有环境因素的影响都要通过对这两种素质的渗透、改变去实现。

通过上面的分析，我们试图说明的是，尽管事态信息是构成新闻文本信息中最基本的、最主要的信息，但相对其反映、再现的客观新闻事实信息来说，或者说相对具体的新闻本体来说，文本中的事态信息是有限的、不完满的。这就从根本上决定了新闻收受者通过新闻媒介（新闻文本）对相关新闻事实的了解一定是有限的、基本的甚至是轮廓性的。新闻文本对

---

① 关于一般意义上的新闻选择标准，我概括为三类：一是规律性标准，包括新闻价值标准、传播技术标准；二是规范性标准，包括合法性标准、合德性标准、合政策性标准、合纪律性标准；三是其他标准，诸如受众需求标准、政治宣传标准等。参见杨保军. 新闻理论教程［M］. 北京：中国人民大学出版社，2005：107-142。

② 新闻选择本身有广义和狭义之分：广义的新闻选择不仅包括传播者在传播活动中的各种选择行为，也包括收受者在收受活动中的各种选择行为；狭义的新闻选择仅指传播者的选择活动，甚至仅指对新闻事实或者新闻事实信息的选择。

任何事实的反映和再现都不可能事无巨细、面面俱到，也无须如此。新闻只能以自己的方式反映和再现事实对象。这是理解现实新闻传播现象应有的基本观念之一。而从更加普遍的意义上说，人们通过新闻媒介把握到的事实世界是相当有限的。新闻真实是有限的真实，是新闻传播范围内的真实，是传播者价值取向下的真实，是传播者认识能力范围内的真实，是一定社会传播环境能够允许和接受的真实。[①] 新闻传播力求通过自己的方式反映整个事实世界的真实面貌，至少是反映和再现最新的、有意义的事实变动情况，但这在我看来只是美好的愿望，不可能得到理想的实现。

新闻文本中的事态信息与客观发生的新闻事实包含的事实信息之间始终存在着、发生着主观逻辑与客观逻辑之间的矛盾和冲突，尽管追求二者的一致也始终是新闻活动的基本目标。这正如我在《新闻理论教程》前言中所说："新闻式的事实认知、社会认知，不过是人类把握世界的一种方式，学习新闻的人、从事新闻传播的人、收受新闻信息的人，都必须充分认识到新闻实质上简化了这个世界，我们应该在更广阔的视界里认识这个世界、感受这个世界。"[②] 试图通过新闻文本把握整个事实面目的人，甚至整个事实世界的人，实在是把新闻的作用估计得太高了，而这是当今世界一个普遍的"毛病"。人们对新闻的依赖度到底有多高，还缺乏真正的研究成果。仅就经验而论，学者们对新闻传播的社会作用的估计偏高了，人们似乎总习惯于夸大自己的作用，或者自己所关注的事物对他人和社会的作用。

（二）情态信息

情态，顾名思义，指人的情感态度。对待一定对象的情感态度，表现、表达的是人对一定对象物的价值倾向。情态信息就是情感态度表达、

---

① 关于新闻真实性的诸多特点，有兴趣的读者可参阅杨保军. 新闻真实论 [M]. 北京：中国人民大学出版社，2006：43-97。

② 杨保军. 新闻理论教程 [M]. 北京：中国人民大学出版社，2005：5.

表现过程中透露出来的信息，或者说是表达、表现主体情感态度的信息，它本质上属于价值评价信息，反映了一定主体对待一定对象的热爱或者憎恨、赞赏或者贬斥、同情或者冷漠，等等。作为构成新闻文本信息之一种的情态信息，是指新闻文本包含的表现、表达人类情感的信息。

新闻文本包含的情态信息往往是双重的：一是客观存在的新闻事实本身包含的情态信息被新闻作者反映、再现在相应的新闻文本之中。显然，这样的情态信息，实质上是事态信息的有机构成部分，是事态信息的一类或者一部分。新闻事实特别是社会性新闻事实本身就是人类活动的产物，其中必然包含着创造（制造）新闻事实的各色人等（可以称为新闻事件当事人或者介入者）的喜怒哀乐、丰富情感，这使新闻事实本身具备了不同的情感色彩，包含着情态信息。新闻作者要准确、真实地反映、再现新闻事实的客观面貌，其创制的新闻文本中自然也包含这样的情态信息。二是新闻作者在新闻文本中表达的属于自己的情态信息。新闻作者在面对一定新闻事实、再现一定新闻事实时，不是麻木不仁的木头人，冷若冰霜的机器人，而是具有各种情感、情绪、情味的社会人，是有血有肉的社会人，会受到整个新闻事实或者事实中相关信息的激发，结果是，新闻作者会在自觉与不自觉之中，在新闻文本中表现、表达出自己一定的情感态度，"这种情感态度为传播内容染上了特定的情感色彩"①。显然，这样的情态信息不是客观存在的新闻事实本身具有的信息，而是新闻作者自身的情感信息②。

---

① 郑兴东.受众心理与传媒引导［M］.北京：新华出版社，1999：165.
② 关于新闻作者自身情感信息在新闻文本中的存在，已经属于新闻学中的常识问题，无须我在此占用大量篇幅举例证明。顺便说一句，现在一些所谓的案例研究、经验研究，在没有举例必要的情况下，仍然要装模作样地举一大堆例子，列一大堆表格，以示研究的科学性。我以为这是地地道道的滥竽充数。缺乏原始性的数据，基本上是无意义的数据，随意获取的数据则更是背离科学的骗人把戏。新闻学研究中的这类现象，在所谓批判传统经验性、反思性、思辨性研究的口号下愈演愈烈，值得学者们注意，我们不能走向另一个极端。科学方法是综合的、融合的，而非单一的。企图用某一种方法、某一种思维把握一定的对象，正像企图用新闻认识达到对整个事实世界的认识一样可笑。

　　作为事态信息有机构成部分的情态信息，在新闻文本中的存在一般说来是明确再现的，但作为新闻作者自身情感态度之反映的情态信息在新闻文本中的存在就不一定总是明确的、直接可见的。也就是说，新闻作者的情态信息是以或强或弱、或明或暗的方式存在于新闻文本之中的。并且，这种情态信息有时是作者有意表现、表达的，是通过比较高超的写作艺术、再现手段体现在新闻文本之中的；有时则是无意表现、表达的，是情感态度的一种自然流露。但不管怎样，虽然这种情感色彩有时看不见、摸不着，但新闻收受者在阅读、视听、理解新闻时总能够在文本语境中感觉得到。

　　作为一种事实性现象，我们通过对新闻文本的分析发现，作为事态信息的情态信息与作为新闻作者自己情感表现、表达的情态信息，二者在新闻文本的情感方向上并不总是一致的，即事实中灌注的情态信息与传播者表达的情态信息在感情色彩上有可能是一致的，也有可能是不一致的。比如，新闻事实中的人物可能对一定的事物是赞赏的，而新闻作者对其却是贬斥的；新闻事实当事人表达、表现出来的情感，既可能激发新闻作者的同情，也可能引起新闻作者的厌恶。当两种情态信息的情感方向一致时，文本包含的情态信息就会得到整体性的强化；当两种情态信息的情感方向不一致时，就会形成情态信息冲突的现象，造成一种情感矛盾，形成一定的情感紧张或情感张力。对于这种现象，人们在一些电视新闻的现场采访报道中看得更加清楚。但不管是一致还是不一致，都必然会对收受者的信息理解造成一定的影响，起到某种情感引导作用，或者说是情感激发或者抑制作用。"以情动人"不仅是文学现象，也是新闻写作（报道）中的普遍现象，是一种客观的事实性存在。

　　需要特别加以说明的是，作为新闻文本信息构成分类意义上的情态信息，指的是新闻作者（传播者）在新闻文本中表达的情态信息。传播者在新闻文本中表达的情态信息，既是其对新闻事实中人与事的感情倾向，也构成了新闻文本的价值倾向，反映了传播者对新闻事实中相关人员和事情本身的价值评价。情态信息在文本中的存在不像事态信息那么确定、清晰，而是常常渗透在字里行间，弥漫在文本之中，以一种整体性的气息存在着，既给文本营造了一种情态的气氛（语境），也给收受者塑造了一种理解文本的情绪环境。

现在，我们可以说广义的情态信息包括事态信息中的情态信息和新闻传播者表达的情态信息，而狭义的情态信息仅指后者。我们下面的讨论主要围绕传播者的情态信息而展开。

情态信息是一个相当棘手的问题，也是人们之间争议比较大的问题，涉及新闻报道本身的客观与公正问题，以至于整个新闻传播的价值取向问题。但对于情态信息在新闻报道中普遍存在这一事实，人们都是承认的。新闻传播作为人类的一种信息传播活动，包含着强烈的目的性和意向性，因而新闻文本中情态信息的存在是客观的，是不可根本剔除的。这也是被无数经验事实和专门性的科学研究所证明了的。英国学者雷蒙·威廉斯说："传播（communications）与广告（advertising）是属社会实用（socially applied）——绝非中性、不带色彩（neutral）——的领域。"[①] 情态信息就是典型的非中性的、带有色彩的信息。情态信息在新闻文本中的事实性存在，是我们做出进一步论述的基础。

传播者对事实包含的情态信息的反映，是新闻传播内在规律性的要求，是确保新闻真实客观性、全面性的必然要求；而传播者对自己情感倾向的表现、表达，则更多是为了感染引导收受者，让他们在情感的体验和认同中接受新闻文本中的有关信息，进而实现新闻文本的传播价值取向。因此，情态信息是明确的传者本位信息，是传播者为了实现自身传播意图

---

① 威廉斯. 关键词：文化与社会的词汇 [M]. 刘建基，译. 北京：三联书店，2005：23.

而附加在新闻事实信息之上的主体性信息、主观性信息，是一种目的性和引导性比较明显甚至强烈的信息。情态信息引导着受众理解新闻文本的方向，直接目标是实现新闻传播者的传播需要，但并不意味着与收受者的收受需要必然冲突或矛盾。一些新闻报道之所以能够赢得收受者的赞赏，其中一个重要的原因，就是新闻作者表达了收受者赞同的感情信息。当然，相反的情况也存在，比如，一些收受者认为有的新闻报道情感偏向了不应该偏向的一方，反映的正是这种情况。

传播者表达情态信息的方法是丰富多彩的，但大致可以分为两个基本方面[1]：一是通过对新闻事实的选择；二是通过对再现事实方式的选择，特别是对再现事实的语言符号（包括非语言符号）的选择。新闻作者会通过这两种基本手段剪裁新闻事实，用自己的情感筛选新闻事实信息，渗透新闻事实信息，使新闻报道、新闻文本濡染上作者的情感色彩或者情感气息。

如上所言，情态信息在新闻文本（报道）中的存在是一种客观现象、事实性存在，并且是难以完全避免甚至是不可避免的本体性现象。然而，人们对情态信息在新闻文本中存在的合理性有着不同的看法，这也是诸多争论的焦点。如果新闻作者在新闻文本中对自己情感的表达原则上是合理的行为，那就意味着应该提倡这样的新闻报道方式，或者至少是不应该反对；相反，如果新闻作者在新闻文本中对自己情感的表达原则上是不合理的行为，那就意味着不应该提倡这样的报道方式。面对同一现象，新闻传播者到底应该向哪个方向努力，这是需要做出明确回答的问题。[2]

---

[1] 此处只是在传播者个体的层面上说明情态信息的表达方法，不包括媒介的情感表达。媒介情感除了会通过传播者个体途径表达外，还会通过媒介具有的特殊方法去表达。对此，后文还将专门论述。

[2] 有人以为，既然新闻报道中的情态信息是难以避免的，讨论其"是否应该"的问题实在是多余。其实，这种看法是有问题的。一种现象能否彻底消除和人们应该不应该去努力减少它是两个问题。一种目标如果是合理的，并且通过努力是可以接近的，那么人们就应该努力去实现它，即使有可能永远达不到目标。就像社会公平永远都不可能完美地实现，但通过人们的努力，一定社会总是可以变得比较公平，因此，追求公平、正义应该成为一个社会的基本目标，应该成为人们努力的方向。

回答这一问题的根据，必须回归到新闻传播的目的性，回到新闻的本性。新闻传播到底要做什么，应该做什么，是回答上述问题时的前提性问题，也就是说，新闻的目的是判断情态信息是否合理的基本根据或标准。从理论逻辑上说，如果情态信息的存在有利于新闻（报道）目的的实现，它的存在就是合理的；相反，如果情态信息的存在不利于新闻（报道）目的的实现，它的存在就是不合理的。因此，这里的难题又归结为对新闻目的的分析。

如前所述，新闻的本性是一种事实信息，因而，新闻报道内在的规律性要求就是尽可能真实、完整地呈现、再现事实信息，这正是新闻的基本目的所在，也是人类新闻活动历史地形成的对新闻的基本诉求。那么，现在的问题就是：新闻文本是包含情态信息时有利于新闻目的的实现，还是不包含情态信息时有利于新闻目的的实现。我们首先对此进行一番逻辑分析[1]，然后再给出我们的倾向性结论。

在认识论意义上，新闻活动是一种以新闻方式认识世界的活动。当然，需要立即指出的是，新闻活动在事实上不仅仅是纯粹的认识活动，它还可能是具有其他目的的活动。并且，在特定的社会条件下，它作为非认识性活动的功能作用有可能被充分地甚至是不正当地发挥，但无论如何，新闻活动的非认识论目的总是要以新闻（哪怕是假新闻）的面目出现。同样需要立即说明的是，认识事实世界的最新变动，特别是那些有意义的变动情况，既是新闻活动的基本活动方式，也是新闻活动的基本目的和职责。如果不认可这样一个基本前提，新闻活动就不能再被称为或认定为新闻活动[2]，我们所做的讨论便是无意义的。

---

① 只是一种逻辑分析，当然在逻辑分析的背后，依托的是收受经验。因而，我们得出的结论的合理性可能是有限的。如果有人能对这一问题进行经验方法的研究，结论也许会更可靠一些。

② 一种活动总是以其特有的活动内容和活动方式与其他活动区别开来。

新闻是对新闻事实的反映和报道，因而包含在新闻文本中的信息，逻辑上"应该"是单一的新闻事实信息。如果新闻文本包含了非新闻事实信息的其他信息，那一定是新闻作者附加在新闻事实信息之上的主体性信息、主观性信息。在逻辑上，这些信息在新闻文本中的存在显然是不正当的，缺乏存在的理由，因为它们的出现和存在背离了新闻传播原则的内在要求，背离了新闻传播的内在目的性要求。

另外，按照一般的文本收受经验，如果构成文本的信息类别是单一的，那么人们就容易准确把握单一信息的内涵和实际所指，如果文本信息是由多种不同类别的信息构成的，那么人们就比较难以明确把握不同的信息内涵和实际所指，因为不同类别的信息之间会形成相互的干扰，需要进行一定的分辨。这就意味着，如果在反映新闻事实信息的新闻文本中，加入新闻作者的情态信息或者其他信息，则无疑等于增加了新闻文本的信息构成类别，从而使新闻文本的信息结构复杂化了。按照文本解读的常理，这将不利于人们（收受者）对新闻事实信息的清晰把握。[①] 果真如此，则有害于新闻传播目的、新闻目的的实现。因而，保持新闻文本内容的"单一性"和"纯洁性"是正当的、应该的，至少是新闻作者应该努力的方向。

因此，从新闻传播的直接目的出发，或者从新闻传播的真实性、客观性、公正性要求出发，传播者在做新闻报道时，原则上应该把反映新闻事实信息作为唯一的目标，自觉避免在新闻文本中表达自己的感情，至少要对自己的情感表达加以自觉的限制，以确保事实信息不受其他信息的干扰，保证新闻收受者对新闻信息的准确理解。这就是我们的倾向性看法。

---

① 系统论知识也告诉人们，简单系统容易认知，复杂系统难以把握。构成系统的要素越多，一般说来系统越复杂。由单一新闻事实信息构成的新闻文本与由事实信息和情态信息共同构成的新闻文本相比，前者是相对比较简单的信息系统，后者则是相对比较复杂的信息系统。

对许多新闻作者来说，尽管情感表达很难避免，但需要反复强调的是，新闻报道毕竟是新闻报道，它首先要按照新闻传播的规律进行，让新闻事实说话，首先应该坚守求实为本的科学精神。[①] 新闻传播首先要完成自身的基本职责，实现自身的首要目的。在新闻事实、新闻事实关涉到的各种人物面前，新闻传播者要尽可能保持清醒和冷静，以确保对事实的客观观察、了解、记录和报道。新闻作者可以也应该满怀热情地投入采访和写作，但要用理性、理智面对新闻事实，更要以一种类似科学的精神面对新闻事实，不能轻易用自己的感情过滤新闻信息。新闻作者的基本职责是说明新闻事实是什么，而不是表达自己的感情是什么。采访、写作充满感情和满篇都充满了自己的感情是两回事。理智与情感对任何人来说，都是共时态的存在，"如果只是用理智去压抑情感，人岂不成了冰冷的逻辑？如果只是用感情去代替理智，人又岂不成了燃烧的情感？"[②] 但在面对具体行为、具体活动时，情感和理智的地位作用不是等量齐观的，谁驾驭谁的关系是客观存在的。需要理智驾驭情感时就必须这样做，相反，也一样。在采访、写作时，可以充满激情，记得马克思就说过"激情、热情是人强烈追求自己的对象的本质力量"[③]；但在呈现事实面目时，绝对不能用情感去"燃烧"事实，使事实变得面目全非，这样，就会燃烧掉新闻本体，燃烧掉新闻的根，也会燃烧掉新闻的目的。

人们注意到，一些新闻文本对报道对象（当事人）不客观、不公正的描述，往往不是因为新闻作者不明白新闻事实是什么，不是因为其对新闻事实本身的了解、把握不周全或不准确，而是因为新闻作者用自己的感情之筛对新闻信息做了不公正或者不正当的过滤，感情之眼遮蔽了理智之

① 关于新闻报道中"求实为本的科学精神"，可参阅杨保军. 新闻精神论 [M]. 北京：中国人民大学出版社，2007：49-106。
② 孙正聿. 探索真善美 [M]. 长春：吉林人民出版社，2007：170.
③ 马克思恩格斯文集：第1卷 [M]. 北京：人民出版社，2009：211.

眼。一些新闻报道对相关当事人的不当道德批评、道德审判，对当事人的各种不当指责等，可以说主要是由于新闻作者不能很好驾驭自己的情感。

但是，如我们上文所言，新闻文本中的情态信息是本体性的存在，只要新闻作者去说明、报道一个事件、一个事实、一个人物，就不可避免地会渗透、表现自己的情感，总是会或多或少地用自己的情感剪刀剪裁新闻信息。因而，实际一点讲，用什么样的态度、什么样的方式在新闻文本中表达作者的情感，也许才是真正的问题，也是理论上和实践中真正的难题。

事实上，如何在新闻文本中"适度"表达传播者自己的情感态度，是个相当复杂的问题。但我们总是可以提出一些应该遵守的基本原则。在我看来，职业化的、专业化的新闻作者在自己的新闻传播意识系统中必须确立一些基本的观念①，形成一些基本的认知。首先，要充分自觉到新闻报道中情态信息的不可避免性，自己也不会例外。自觉到这一点的目的，当然在于时刻提醒自己要有意识地减少情态信息对新闻报道的负面影响。其次，充分认识到情态信息与事实信息之间的关系。情态信息属于自己的主观信息，不是事实信息的有机构成部分，它在新闻文本中的存在，往往会影响收受者对事实的准确把握。因此，如果传播者在新闻文本中表达的情态信息影响了收受者对新闻事实真实面目的了解，这种表达毫无疑问是不适当的。再次，这也许是一种不得已的让步，即在不影响客观再现新闻事

---

① 对非职业化的、非专业化的新闻作者（大量地存在着）来说，这些原则尽管也是正当的，但并不能将其作为一种职业或者专业观念去要求他们。但了解新闻传播的基本原则，具有基本的新闻素养、媒介素养，是我们这个时代——信息时代，传媒时代——对所有人提出的新的基本要求。非职业化的大众性新闻传播者，他们以新闻名义传播的信息，本质上只能看作某种类型的意见。组织化的专业新闻媒体只能把这样的新闻看作新闻信息源，不能直接把他们生产的新闻信息、新闻报道当作真正的新闻报道。至于新闻收受者如何看待非职业化的新闻报道，那是另一回事情。组织媒体与个媒体在新闻信息方面的竞争在高度发达的信息时代是必然的。因此，如何使人们更相信组织媒体，而不是更相信个媒体传播，本身就是组织媒体和职业新闻工作者面对的一个严肃问题。

实的前提下，在不误导收受者对新闻文本理解的前提下，渗透一定的情感信息，在传播实际中是可以接受的。但这一原则实在不好把握，因此，新闻报道总是要求新闻作者力求以价值中立的态度去对待新闻事实、反映新闻事实。新闻作者在报道新闻事实的过程中总是有倾向的、有立场的，因而报道的结果总有可能是片面的。但正因为人们能够十分明确地意识、自觉到这种可能，并且人们也能十分明确地知道应该公正地报道事实，所以，新闻作者应该努力想办法去避免片面性。美国芝加哥电视台资深主持人卡罗尔·马林有一个很好的比喻，他说："当你与家人坐在一起过感恩节的时候，你们之间开始了一次常见的家庭争论，不管争论的内容是关于政治、种族、宗教还是性别的。你要记住，你是从你坐的椅子和你所处的桌子一边来看待这场争论的。这就会限制你的观点，因为在这种情况下，你只是站在你的立场上发言……新闻工作者就是要离开桌子，试图看到全貌。"① 这个比喻说明了新闻作者应该如何做。最后，在不严格的新闻报道方式中（严格的新闻方式就是消息报道），表达作者情感的自由度可以大一些。这是新闻传播历史塑造的传统，已经成为人们约定俗成的习惯。

在新闻传播实践中，在事关情态信息的问题上，还有一个非常值得关注的问题，那就是"媒介（媒体）情感"与传播者"个体情感"的关系问题。

媒介机构或媒介组织，不管是在政治上还是在经济上，都不是价值中立的机构或组织，而是一定的利益团体。作为组织性主体，它拥有自己的立场和传播价值取向。媒介组织并不是某种纯粹的事实信息传播机构，它往往是意见表达、交流的平台，某种思想中心、舆论制造者，甚至是意识形态部门。它不仅会让新闻事实说话，也会用新闻事实说话，为新闻事实

---

① KOVACH B, ROSENSTIEL T. The elements of journalism：what newspeople should know and the public should expect［M］. New York：Crown Publishers, 2001：91.

说话。因而，它像个体新闻传播主体一样，在面对具体的新闻事实、事件或者当事者时，也有自己的情感态度。这种情感态度，总要通过媒体所创制的媒介表现、表达出来，并且常常是通过新闻报道表达出来，体现为比较强烈而明显的"媒介情感"。媒介情感是普遍的客观存在。只要有媒介存在，有媒介传播存在，媒介情感的存在与表现就是必然的。没有情感的媒介是死亡的媒介。

我们这里所说的媒介情感，不是指一般的媒介情感，而主要是指新闻媒介对一定新闻事实、新闻事件的情感态度。同样，个体情感，如上所述，主要是指新闻传播者个体对所报道的新闻事实、事件的情感态度。情感态度的实质总是指向新闻事实、新闻事件中关涉到的一定的个人或者一定的群体，或者是新闻事实、事件背后的相关人群或个人。

新闻媒介的新闻报道，尽管总是把真实作为第一原则，但事实上新闻报道也总是一种选择的艺术，建构新闻符号世界的艺术，其中自然反映了新闻媒介的新闻传播意图，反映了新闻媒介的眼界。但这并不是说新闻媒体可以任意而为。实际上，新闻媒体的新闻行为会受到各种内外条件的制约和影响，只是我们这里暂时不考虑这一方面的问题。一定的新闻媒体，在新闻文本进入传播状态后，必然会通过新闻媒介表现、表达自己的情感，这其中的具体方式、方法，或明或暗，或高明或拙劣，可以说丰富多彩、五花八门（下文对此还有比较细致的论述），目的则在于引导新闻收受者获取媒介传播的新闻信息和其他信息，认同媒体的传播意图和价值取向。

对传播者个体来说，他在创制新闻稿件阶段，就已经把自己的情态信息渗透、表达在新闻文本之中了。在创制新闻文本的过程中，新闻作者会意识到自身情感与媒介情感的关系问题，就要开始处理自身情感与媒介情感的关系问题，以便自己的新闻文本能被媒介组织认同，能够顺利进入传播状态，成为收受者的收受对象。因此，如何处理两种情感的关系，是任何传播者个体必须面对的常态问题。

媒介情感与个体情感的关系问题，实质上反映的是新闻传播主体中"高位主体"与"本位主体"的情感取向关系。[①] 媒介组织的代表是媒介所有者，媒介情感总要反映媒介主人或者说媒介所有者的情感，当然也要反映为媒介提供新闻信息的本位主体的情感。媒介所有者会更多从自己的经济利益、政治利益等出发表达情感，而本位主体很可能更多的是从新闻专业性的追求出发去表达自己的情感（尽管这种表达似乎和专业性的要求有一定的背离）。这两种情态信息之间的关系，直接表现为具体新闻文本所包含的情态信息与整体媒介的情态信息之间的关系。进一步说，其则表现为个体新闻传播者与其所属编辑部的关系。[②]

一般来说，面对确定的新闻事实，传播者个体既有自己独有的情感，也代表着所属媒介的情感，这两种情感通常是融合的、一致的。高位主体与本位主体更多的时候是"合作者"或"一家人"，在绝大多数情况下，他们总是能够自觉地协调他们之间的利益关系，相对收受主体来说，他们实质上构成了共同的传播主体。在这种情况下，新闻作者个体渗透在新闻文本中的情态信息，会通过媒介途径（经过编辑）得到进一步的强化，从而形成情态信息的双重化效应。

但这两种情感并不总会一致，有时也可能是分离的、冲突的。高位主

[①] 关于高位主体与本位主体的含义及其相互关系，有兴趣的读者可参阅杨保军《新闻活动论》（杨保军. 新闻活动论［M］. 北京：中国人民大学出版社，2006.）中的相关论述。在这里需要进一步说明的是，在我看来，职业化的、专业化的新闻工作者，只应该是那些拥有合法新闻记者工作证的人员，这也可以说是最为狭义上的新闻传播者。广义上的新闻传播者，是指新闻传媒组织或机构中的工作人员，人们通常用"新闻从业人员"这样的概念去描述。而如果我们问"谁"是新闻传播者，则回答可以是"所有人"。因此，新闻传播者的实质所指，也像其他概念一样，只能通过特定的语境加以限定。职业化和非职业化的新闻传播者，是通过社会分工确定的。

[②] 这里暗含了一个前提，就是编辑部总是要把握高位主体的传播价值取向，否则，编辑部就不能正常运行。直接表现则是，媒介所有者会按照自己的意志调整、撤换总编辑。

体与本位主体尽管构成了共同的、实质上的传播主体，但他们毕竟在新闻传播的组织结构中处于不同的地位、不同的层次，在新闻传播过程中扮演着不同的角色，拥有着不同的话语权力，从事着不同的具体活动，发挥着不同的作用，在存在方式上具有各自相对的独立性，是相对独立的利益主体。因而，新闻作者个体认为值得同情的对象，媒介组织可能认为并不值得同情。在这种情形下，个体情感与媒介情感之间就出现了相互背离的现象。其结果在大多数情况下是个体对组织的"屈服"，个体情感对媒介情感的让步，或者是新闻文本包含的情态信息在媒介传播中受到弱化处理。

（三）意态信息

如果从分析的角度看，那么客观存在的新闻事实信息本身是由直接的事象信息①和可能的情感信息构成的（参见上文论述），这些信息一般情况下是显在的，可以直接感知的，因而，易于为新闻作者所认识和反映。但新闻事实往往还包含着某种客观的意义性信息。某件事情一旦发生，总有其客观的意义，这样的意义信息不是主观的，而是蕴含在事实信息之中，蕴含在新闻事实与一定事物的客观关系之中。这样的意义信息属于新闻事实固有的意态性信息。它是看不见、摸不着的东西，难以直接观察，但人们可以通过理智思维去认识它，反映它。一些事实是否值得作为新闻对象去报道，往往要看这种意义的大小。当人们把"重要性"等作为事实成为新闻事实的属性时，这实际揭示的问题乃是一定事实与相关事物的关系问题。如果一定事实的发生对周围其他事物的影响很大或较大，则这样的事实就一定很重要。这种客观关系正好反映了一定事实作为新闻事实的

---

① 所谓事象信息，就是一定事实直接表现出来的信息，主体可以通过感觉器官直接感受到的事实信息，也可以说是事实的现象信息。事实或事物，总是通过直接的事象信息表征自己的存在和实际的状况。主体对任何事实、事物的认知，原则上总是从对事象信息的认知开始的。

意义。因此，新闻事实包含的意态信息无疑也是新闻报道应该反映的重要对象。除此之外，我们还会发现，一定事实的事象信息、情态信息，其中总是包含一些潜在的道理，尽管某种道理的现实化离不开人们的认识和感知，并且不同的主体会有不同的认识和感知（大概正因为这一点，人们觉得事实蕴含的潜在道理，只不过是主体的纯粹创造），但在我看来，这种潜在道理作为事象信息、情态信息之属性是客观存在的，最起码，它是激发人们思考的客观源头。

我们这里所说的意态信息，不是上面所说的属于新闻事实信息构成部分的意态信息，而是指新闻传播者在新闻文本中表达的个人对于报道对象的主观意见和看法，或者说是指传播主体在新闻文本中表达的对新闻事实的意见和看法。它像我们前面讨论的传播者的情态信息一样，属于纯粹的主观信息，不属于客观的新闻事实信息。

传播者的意见与看法，既可能是对新闻事实的认知性看法或"合理想象"，也可能是对新闻事实的价值性评价。（从性质上说，这一侧面的意态信息与前面讨论的情态信息没有实质性的区别。区别在于情态信息是一种非理性更强的价值表达，而意态信息是一种理智性更强的表达。）比如，一些新闻作者往往在新闻文本中，既说明自己对所报道的新闻事实产生原因的猜测、过程的推理，同时又对新闻事实实际可能产生的社会影响做出自己的判断，对新闻事实的"好坏"表达自己的评价。

通过对新闻文本的内容分析，我们可以发现：新闻作者在新闻文本中的意态信息表达有时是直接的，有时是间接的；有时是直白的，有时是隐蔽的；有时是缓和的，有时是强烈的。并且，认知性信息与评价性信息往往是互相渗透的，一体化的，一些"高明"的写作，常常把意态信息，像情态信息一样，通过言外之意、弦外之音，笼罩在文本之中，弥漫在字里行间。

意态信息的存在是客观的，同时也是难以避免的、必然的。任何人只能用自己的眼睛去观察世界，不可能真正用别人的眼睛去看世界，更不可能用上帝的眼睛去看世界。每个人都以完整的自己去观察世界、认识世界，都在用自己的个人心理、价值模式、认识图式去感受对象、把握对象。能够彻底超越自我的人就不再是他自己，不再是人。因此，试图彻底剔除新闻文本中的主观信息、意态信息是不可能的事情，这是不得不承认的事实性现象。人们对绝对客观、绝对真实、绝对全面、绝对公正等报道观念的一再怀疑和批判，正是因为看到了这样的客观事实。当然，立即需要说明的是，造成我们这里所说的意态信息存在的原因是极其复杂多样的，而不仅仅是传播者的原因。

经过上面的阐述，我们已经明白，像情态信息现象一样，新闻报道中的意态信息现象也是客观的，甚至是不可避免的本体性现象。那么，如何对待这种现象？作为专业化、职业化的新闻工作者，应该怎样在新闻报道中对待意态信息？什么样的态度才是合理的，才是符合专业规范、专业精神要求的？

回答这些问题的逻辑与回答关于情态信息现象的逻辑是一致的，我们不再重复，只给出我们的倾向性结论。

显然，问题的关键是如何对待传播者在新闻文本中表达意见或者看法这种实际上极为普遍的现象。对此，人们像面对情态信息一样，同样有着不同的观点。最为典型的看法有两种：一种是，传播者应该自觉地在新闻报道中表达自己的看法，以实现对收受者的信息引导、思想引导、舆论引导，直至行为引导。这种看法的根据是收受者由于各种原因①，很难像传播者那样了解新闻事实，了解新闻事实的意义和影响，因此，传播者有必

---

① 我把各种原因做了分析，大致可以归结为这样几种：（1）收受者作为大众性存在，比起传播者来说是无知的，缺乏足够的辨别是非对错、合理与否的能力；（2）收受者所处环境是有限的，所知信息是有限的，他们很难判断一些事件的意义和价值，需要传播者的指点和引导；（3）收受者是有偏见的，他们各持己见，如果不加以意见引导，很难维护正常的意见秩序，不利于统一思想、统一行动。

要、有责任（同时收受者也有愿望、有需要）发表自己的意见和看法[①]。另一种是，传播者在明知不可完全避免在新闻报道中表达意见的情况下，应该做的是自觉地尽最大努力减少甚至祛除意见表达，以保持新闻信息本身的"纯净"，做到新闻是新闻，意见是意见，不能有意把新闻（事实信息）和传播者的意见信息混在一起，使收受者很难分清楚什么是事实、什么是意见。这是新闻报道原则的基本要求，是职业新闻传播者必须坚守的底线。如果传播者要表达对有关新闻事实、新闻事件的看法，可以在言论阵地表达，而不能将其放在新闻之中（这也是传统客观原则、客观观念的基本要求）。

相对上述两种观点而言，我的看法也许折中一些，但不是折中主义，我自以为是实事求是。

如上所述，意态信息一方面是指传播者在新闻文本中明确表达的意见和看法，另一方面是指蕴藏在新闻事实中的意义信息和潜在道理。只有前一方面属于我们所定义的意态信息，后一方面，即新闻事实本身的意义、包含的道理（能够直接或者间接说明的道理），是事实本身具有的客观属性，是事态信息的隐蔽部分，原则上可以归属于事态信息。但我们也注意到，传播者往往正是针对后一方面来发表自己的意见的，正是针对后一方面的信息来对相关新闻报道进行一些意义扩展、价值延伸的。这就是说，传播者主观意见的表达，始终离不开事实的客观意义。但这只是针对一般情况而言，在实际的新闻传播中，一些媒体、一些传播主体，也会根本不

[①] 对此，学者们的看法并不一致。有人认为，传播者应该自觉地、有意地在新闻作品中表达自己的看法和意见，这样有利于收受者对新闻的理解。比如，中国传媒大学的朱羽君教授就说："现代观念要求新闻报道是主客观的辩证统一，即主观努力求得对事实的尽可能客观公正的报道，同时将主观的见解作为一种客观存在体现在报道中，为观众迅速地提供一个完整的认识系统，使观众在事实和见解的同步接收中，开拓自己判断的思路，增强判断的依据，提高信息的价值，同时获得一种交流的愉悦。"参见朱羽君. 电视新闻评论的发展趋势 [J]. 现代传播，1999（4）：44。

顾事实的客观意义，尽情倾诉自己的意见。这种极端的做法，已经大大偏离了新闻意见的范围，变成了歇斯底里式的宣传行为，显然有悖新闻传播的基本原则。

传播者如何在新闻中表达自己对事实的看法？我以为，一般的做法是，传播者在认识到新闻事实意义的情况下，只要真实地再现了事实信息，实事求是地再现了事实的客观逻辑，抓准了再现事实的时机，那些客观的意义信息、潜在的无形的道理，就会体现在新闻文本之中，体现在新闻文本与传播环境的契合之中。在大多数情况下，新闻作者或者新闻媒介没有太多必要站出来，自作聪明一番，给人们画蛇添足地解释说明一番，而是应该留给收受者去做不同的品味，因为传播者一旦对事实包含的意态信息进行了发掘和评说，它就变成了传播者自己的意态信息，自然会干扰人们对事实信息的独立理解。我相信，把信息火把交给收受者，他们就能发现和找到自己的出路。大众愚昧，是因为统治者没有把大众应该知道的告诉大众，而不是因为他们不能理解与他们利益相关的信息的意义和价值。同样，大众无知，是因为媒介还没有把大众应该知道的足够多的信息传送给大众，而不是因为大众不能理解与社会利益、与公共利益、与自身利益相关的信息的意义和价值。

更为重要的是，传播者一旦在新闻中发表自己的意见，在一定意义上就是对收受者的蔑视，损害了收受者获知事实真相的权利，损害了至少是影响了收受者独立判断事物的机会和权利。正如英国一位小说家所言，面对各种文本，如书籍、绘画作品和电视节目等，一个真正的民主社会，它的民众应该拥有自己对文本的解读权，如果这些文本是社团或者别人告诉你应该怎么解读、怎么思考，那你就不是真正生活在民主社会。[①]一些人

① 刘建明，等．西方媒介批评史［M］．福州：福建人民出版社，2007：254.

不大理解新闻传播为什么要坚持"事实是事实，意见是意见"的客观报道原理，其实，这不仅是简单的报道方法问题，也是基本的报道观念、新闻理念问题，在其背后蕴含的乃是民主意识，是对每一个收受者"知"的权利、独立判断权利的尊重问题，也是新闻文化的根基性问题之一。并不是每个人都有机会在新闻中发表意见，但每个人都应该有机会了解事实真相、事实本身。

需要做出让步的是，在现实社会中，不同人群之间的差别是客观的，社会分工是客观的，作为在一定程度上代表公共利益的新闻媒介，作为以监测环境、守望社会为基本社会职责的职业新闻工作者，他们确实比其他社会大众拥有更多的新鲜信息，具有更好的基础对相关新闻事实的意义做出判断，因而，即使在新闻中，进行一些信息引导也无可厚非。问题是，传播者需要自觉到自己的意见总会对一些人把握和理解事实本身的独立信息形成影响，这种影响的性质到底是什么，是不可完全预测的，因此，需要谨慎对待新闻中的意见表达问题。

还要说明的是，我们所说的恰好是理想的境界，因为在实际的新闻传播活动中，很难发现只代表公共利益、社会利益的媒体。任何媒体总是拥有自身的特殊利益，这种特殊利益又总要通过一定的新闻手段来实现，也就是说，媒体必然要通过媒介、通过新闻来表达意见，表达有利于自身利益的意见。这样的意见实际上就是一种偏见。期望有一种可以满足任何利益主体的意见是不可能的。我们只能期望各种利益主体都能获得表达意见的机会，并且是尽可能相对平等的机会。这恐怕是人们真正应该努力去做的事情，也是更根本的事情。当然，对职业化、专业化的传播主体来说，则应该坚守自己的职业原则，遵循新闻传播的基本要求。

像存在媒介情感现象一样，在新闻报道中也存在着明显的媒介意见现象。媒介意见其实就是媒介态度和媒介评论，直接表现为媒介对一定新闻事实的认知判断和价值判断，其中包含的乃是一定新闻媒体及其所代表的利益群体对各种社会现象、社会问题、社会利益等的意见和看法。媒介意见往往被人们看成媒介的旗帜和灵魂，因为媒介意见反映了媒介的明确倾向和立场，标志着一家媒体的基本传播价值取向。

媒介意见表达的渠道、方法多种多样。对任何一种媒介形态来说，可以利用一切媒介可以利用的方式表达自己的意见，而不只是通过言论和新闻。人们通常把媒介意见分为两类：一类是"有形意见"，即通过新闻评论公开发表的意见；另一类是"无形意见"，即通过新闻报道、通过"用事实说话"的方式表达的意见。我们这里讨论的媒介意见，属于后一种类型。在这种形式类别的意见表达中，媒介通常是通过对新闻的整体策划、对新闻的整体选择、对新闻的整体编排甚至是制造新闻的方式来实现言论表达的。当然，这些方式的最终实现还要依赖个体新闻工作者的业务行为。也就是说，在一定意义上，媒介工作者是媒介意见表达的手段和工具，新闻传播者是媒介意见表达的实现者。实际上，作为组织主体的新闻媒介与作为个人主体的职业新闻工作者之间，存在着相当复杂的关系，需要专门的研究。

那么，媒介意见到底是谁的意见？媒介观点到底是谁的观点？按照我们对媒体人事组织结构或者传播主体构成的分析[①]，媒介意见，实质上就是媒介资产所有者和管理者的意见，属于我们所说的高位主体的意见。这就是说，一家新闻媒体，在需要表达重要意见或者不得不对有关新闻事件发表意见时，最终的决策者是媒介所有者，而不是别的什么主体，高位主体会按照自己的标准去表达媒介意见。因此，媒介意见与个体传播者新闻

---

① 在《新闻活动论》第三章关于新闻活动主体构成的分析中，我把新闻传播主体分为"高位主体"和"本位主体"。有兴趣的读者，可参阅杨保军. 新闻活动论［M］. 北京：中国人民大学出版社，2006：177－252。

意见之间的关系，就转换成为高位主体意见与本位主体意见之间的关系，揭示的就是高位主体与本位主体之间的关系。①

像媒介情感与个体情感的关系一样，在媒介意见与个体意见之间，也存在着一致与分歧、融合与冲突的种种关系。

首先，从总体上说，媒介意见是总意见，传播者个体的意见属于分意见，总意见往往需要通过具体的个体新闻意见来实现。媒介意见表达的是媒介的总的传播态度和取向，它为各种个体意见的表达确定了总调或者基调，而个体意见则是具体编排和演绎总调、基调的分调。在实际新闻报道活动中，个体传播者总是要按照媒介方针、编辑方针去指导自己的业务行为。因此，在一般情况下或者说在常态情况下，高位主体与本位主体的意见是一致的，他们既是意见共同体，也是实际利益上的共同体。本位主体只有在与高位主体的传播取向基本相同时，才能被高位主体所接纳，这是最基本的社会事实。

其次，在一些情况下，个体意见与媒介意见之间也会出现分歧和冲突。人们知道，媒介所有者兴办媒体的目的是多元的，不是单一的，并不只是要为公共利益服务，为社会大众服务，他们有时甚至会把公共利益置于不重要的地位，而把自己的商业利益或者其他利益置于至上的地位。② 所谓的为社会大众服务，也不过是媒介实现自身经济利益或者其他利益的中介手段，大众不过是充当特殊意义上的媒介产品、媒介商品而已。这样的价值取向，对那些有着强烈社会责任感和新闻职业、专业意识的新闻工作者来说是不可能接受的，因此，在新闻事实的选择上，在对相关新闻事件的评判上，就很有可能出现媒介意见与个体意见之间的分歧和冲突。一

---

① 关于这两类主体之间的关系，我在《新闻活动论》第三章，做了初步解释。有兴趣的读者，可参阅杨保军. 新闻活动论 [M]. 北京：中国人民大学出版社，2006：177－252。

② 事实上，这样的媒体比比皆是，新闻媒介正在成为、有些已经成为政治势力和商业势力的奴仆，新闻业的独立性在全球范围内受到商业大潮的冲击，变成了一些商业巨头实现商业利益的工具。

些新闻人宁可丢掉自己的"饭碗",也不愿意丢掉自己的职业良心。这样的事件在中外新闻史上、现实中,也不是什么新鲜的事情。看得出,意见分歧和冲突,不过是利益分歧与冲突的话语表现,话语权力背后隐藏的永远是某种物质利益上的权力。谁拥有媒体,谁就拥有最终的意见权力。

在中国传播语境下,情况会更加特殊,需要做一些单独的分析。由于新闻媒体主要属国家所有,因此,所谓媒介意见往往就是政府的意见、执政党的意见(对各级各类党政机关媒体来说,这一点是不言自明的)。而所谓媒介意见与个体意见的分歧与冲突,往往表现为两种情况:其一是具体媒体与政府、政党在一些问题上的意见差别,实际上还表现为传播主体与控制主体之间意见的差别(在我国,新闻传播主体往往与新闻控制主体是一体化的);其二是传播者个体意见与政府、政党意见的差别。一旦上升到新闻工作者个人与政府之间、政党之间的意见差别,问题似乎就十分严重。其实,这是很正常的现象,它是由我们国家的新闻制度所决定的。再说,任何公民都可以有自己对相关新闻事件的独立看法,与政府、政党的意见不一致并没有什么大惊小怪的,而是民主社会必然的现象,也是应有的现象。任何媒体、新闻工作者或其他个人,在原则上都有独立判断、评价各种社会现象、社会事件的权利。

最后,媒介意见与个体意见之间的常态关系是一种互动关系,但也常常是不平等的互动关系。互动是说媒介意见与个体意见之间首先有一种互生的关系。个体传播者通过新闻表达意见,往往是根据媒介意见去选择新闻,选择报道新闻的角度和方式,即把媒介意见作为个体意见的来源。反过来,媒介也会根据个体传播者的新闻发现、意见倾向,确立一定时期或者在一定新闻事件上媒介意见的生长点。在意见互生关系中,双方都是主动的,也基本上处于平等的关系中。但在媒介意见与个体意见的互动中,双方有时是互相抑制的关系,即媒介会阻止传播者个体倾向或者意见的表达，或者传播者个体不愿意通过自己的新闻文本表达和体现媒介的意见。在这种情况下，通常是个体服从媒介，并且是不得不服从的一种关系，因而是一种不平等的关系。

（四）"三态"信息的关系

新闻文本的信息是由事态信息、情态信息、意态信息共同构成的，这是一个普遍的判断，是对新闻文本信息构成的一般性描述。任何一个新闻传播者都是以带有一定价值模式、认知图式、情感态度和报道范式的方式去再现一定新闻事件、事实的，他能够自觉地去避免一些主观因素对真实、客观再现事实的不良影响，但要做到纯粹的客观是不可能的。没有情态、意态的认知活动不再是人类的认知活动，没有主观的客观同样是不可理解的。客观主义、自然主义、有闻必录在新闻传播中实质上是不可能的，因而客观主义、自然主义、有闻必录之类只是对一些极端传播价值取向的描述。"三态"信息在新闻文本中的共时存在是一种客观事实现象，这是我们讨论三者关系的前提。

我们关于事实信息、情态信息、意态信息的分类，是理论逻辑上的划分，在实际存在的新闻文本中，这些不同类别的信息尽管客观地存在着，但常常是浑然一体、难以区分地存在着，主要表现为事实信息的形象。[①]在新闻文本中，事实信息是通过文本语言语义直接显现的，情态信息和意态信息，作为传播者的主观信息，更是紧密地融合在一起，灌注在整个文

---

① 如果仔细划分，新闻文本包含的信息可能还有其他类别，比如，一些优秀的新闻作品，还可能营造出一定的审美信息，人们甚至可以把新闻作品当作审美对象。新闻作品的审美信息，往往是一种贯通式的、渗透式的存在，是作品内容、作品形式以及收受效果的和谐统一，或者说"体现在新闻的新、真、善以及形式美的有机结合几个方面"。参见邓利平. 审美视野中的新闻传播［M］. 北京：新华出版社，2002：29-54. 我之所以没有把审美信息当作单独的类别进行讨论，是因为在我看来，审美信息其实包含在我所讨论的三种信息之中，它本质上属于一种情感性信息。

本的语境之中（字里行间，画面之中，语调声音之中，或者立体化的全能语言符号的编织之中），弥漫在整个新闻叙述之中、再现之中，可以说是一种语境性的信息。越是被人们称为"高明"的新闻报道，作者越是有意将不同的信息熔铸在一起，使人难以区分。因此，通常情况下，在客观表现上，新闻的信息构成不是像我们上面分析的那样分门别类地、直观地存在着，而是一体化地存在着。我们将其在逻辑上加以清晰分类，是为了让大家看得清楚，自然也有利于对它们之间各种关系的分析。当然，我们必须说明，情态信息、意态信息并不都是通过语境信息体现的，有些情态信息、意态信息也是直接表达的。

对新闻文本来说，最基本的信息是事态信息，也应该是事态信息，这是由新闻的本性决定的，是由新闻传播的基本目的决定的。具有新闻价值的事态信息是一个文本能够成为新闻文本的根本条件，事态信息就是我们一再强调的新闻文本的本体。因此，拥有足够的事态信息是新闻文本得以构成的前提，只有情态信息或意态信息或二者皆具的文本难以独立成为新闻文本。因此，在我看来，新闻评论从严格意义上说，不是新闻文本，而是一定主体（主要是新闻传播主体）对新闻事实表达感情、发表意见的一种方式，属于意图性信息。新闻评论只能被看作宽泛意义上的新闻体裁。从理论的理想性上说，或者从新闻传播的内在规律上说，新闻文本所包含的信息，就应该是纯粹的、单一的关于新闻事实的事态信息，不应包含其他类别的信息。然而，情态信息和意态信息在新闻再现中的不可避免性，使我们必须面对现实，但无论如何，事态信息至少应该是也必须是新闻文本信息的核心成分。如果不能保证这一点，新闻文本就不再是新闻文本，新闻传播也就不再是新闻传播。这也是三种信息之间应有的最基本的关系。在我看来，新闻界正在模糊三态信息的关系，而不是注意区分它们的不同。这对新闻传播来说并不是好事，当新闻媒介成了变了花样的意见媒介，新闻媒介也就失去了存在的意义和价值基础。新闻媒介无疑也是意见平台，是社会公众进行意见交流的平台，但恐怕正是因为新闻媒介已经通过其他手段（比如新闻评论、理论宣传等）实现了意见交流，新闻报道才应该变得更加纯粹一些，如此，人们才有更多的机会和可能了解周围环境最新变动的真相。

在现实表现中，"三态"信息在不同新闻文本的具体信息构成中是有所不同的。有些新闻文本往往是相对比较单纯的事实报道，其信息构成可以说是相对比较单纯的事态信息，人们所谓的"纯新闻"大致就属于这一类；有些新闻文本在充分反映新闻事实的基础上，传播主体还会以或明或暗、或强或弱的方式在其中表达自己对一定新闻事实、事件、现象、人物等的情感和意见，比如我国新闻体裁中的通讯、述评和西方新闻体裁中的特稿等，这类文本往往是明显的"三态"信息俱全的新闻文本。人们在新闻实践的历史过程中，在不同的文化环境和新闻传统中，形成了一些不同的新闻表现形式，以及相应的一些约定俗成的规则，这当然需要尊重。但是，当人们对新闻的本性和特点认识得越来越清楚后，就应该按照新闻的本性去再现新闻事实，不然，新闻就会越来越不像新闻，新闻传播也可能越来越偏离新闻规律的轨道。习惯是顽固的，但习惯并不都是优良的。新闻传播应该回归新闻的本质要求，回归新闻本体。当前，在政治势力，特别是商业势力的影响下，新闻传播不是向它理想的境界迈进，而是离新闻理想的境界越来越远。伴随着人类整体知识水平的提高，按理说人们相对独立的新闻理解能力应该越来越强，然而，新闻媒体、新闻传播者却把人们看得越来越无知，以一副精神领袖、精英群体的面目对待社会大众，念念不忘谆谆教导。其实，这只是表面现象，媒体实质上是在为自己的利益说话，为自己背后的各种势力说话，至于新闻到底是什么，已经无足轻重了。

如果我们把情态信息、意态信息合称为意图信息或者倾向信息，那么在事态信息与意图信息之间，还有一种可能更为微妙也更为根本的关系。从传播者角度看，他往往把意图信息看得比事态信息更重要（但并不总是如此，而且对不同的媒介、不同的传播者情况也会有所不同），事态信息常常被当作意图信息得以实现的中介手段，被一些传播者奉为新闻传播规律、新闻报道原则的所谓"用事实说话""用新闻事实说话""表达无形意见""将自己的舌头藏起来"等，反映的正好就是这种关系。意图信息是传播者进行新闻传播的价值底牌、深层追求，事态信息不过是一种直接表现。套用语言学中的一个判断，我们可以说，意图信息是新闻文本的深层结构，事态信息是新闻文本的表层结构。并且，对传播者来说，深层结构是稳定的，是一种语言，事态信息是不断变换的，是一种话语或者言语，传播者可以通过不同的表层结构方式（即通过对不同新闻事实的呈现或叙述），表达同一或者相似的深层结构，表达同样或者相似的意图信息。从新闻收受者的角度观察分析，我们发现，意图信息实质上成了引导收受者解读、接受事态信息的信息，成了新闻文本中的一种"元信息"，意图信息对事态信息产生了定位、定性的功能作用，发挥了对事实信息的某种说明与解释作用。新闻中的情感因素（情态信息）对收受者的收受结果有着相当大的影响，有人通过对电视新闻的研究表明，"新闻的轰动效果和戏剧的多项表现手法是密切相关的，新闻情感含量的高低、画面的刺激程度与记者利用戏剧的对比、冲突、困境等手法一起左右观众对新闻的兴趣、注意力和记忆"[①]。其实，根据人们的收受经验，如果接受了新闻中传播者表达的情感，也就等于接受、认可了新闻中再现的、建构的事态信息、意态信息。情态信息往往有着特别的"感化"功能和"引导"作用。理智

---

① 鲁曙明，洪浚浩. 传播学［M］. 北京：中国人民大学出版社，2007：259.

在情感面前往往是软弱无力的。从另一方面说，正是因为明白这一点，我们才不赞成传播者自觉有意地表达情感，因为这既有可能改变事态信息的味道，又有可能"腐蚀"人们对事态信息的准确解读。

在事态信息与意图信息如此关系的背后，暗含的不仅仅是精英主义的新闻传播观念（传播主体常常自视为信息精英、知识精英、意见精英），更重要的是体现了新闻传播者的传播需要和利益追求。意图信息与事态信息之间的这种关系，不仅表现在具体的新闻文本中，更突出地表现在整体的媒介文本的层次上，成为一种媒体文化、媒介文化现象。因此，长期接触一定媒介的新闻收受者，就能够比较明确地感受到它的传播价值倾向或者传播意图，它是在用自己的意图信息编织着不同的、千变万化的事实信息。如果再做一点提升，从更加宏观的层面上理解某一国家对内、对外的新闻传播，那么我们对事态信息与意图信息之间的这种关系就会看得更加清楚。一定社会范围内的新闻传播，总是保持着、实现着主流政治意识形态、商业意识形态、文化意识形态等的意图，新闻报道的几乎所有新闻事实信息甚至包括其他各种类别的信息，不过是宏观的、总的意图信息得以体现的手段，也就是说，意图信息不再是简单的意图信息，而是发挥着某种标准信息的作用。意图信息在宏观层面上，转化成了选择事实信息的原则、尺度和标准，用来衡量、过滤事实信息，新闻选择中各种规范性标准发挥的正是这样的作用，而新闻报道中的所谓政治宣传标准、经济或者商业利益标准、主观或者长官意志标准，更是赤裸裸的表现。^① 在国际新闻传播中，意图信息与事实信息之间的这种关系，可以说近乎昭然若揭了。各个国家对对方国家事实信息的选择，无不是为了某种具体的传播意图或者总的传播意图。人们看到的表面现象是，各国的媒体都在新闻传播原则

---

① 关于新闻报道中的政治宣传标准、经济或者商业利益标准、主观或者长官意志标准，可参阅杨保军. 新闻活动论 [M]. 北京：中国人民大学出版社，2006：221-225。

的名义下，客观报道着其他国家的相关事实，然而，只要人们把在新闻名义下报道的一系新闻事实信息组合起来，加以比较细致的观察，就会立即发现，这些所谓的事实信息，是用某种意图信息的针线缝合起来的，用意图信息将事实信息编织成了一定的信息秩序，看上去煞有介事，冠冕堂皇。然而，不管不同国家之间是友好关系还是敌对关系，或者是其他什么样的关系，人们看到的是，它们之间进行的不是甚至根本不是所谓的新闻信息交流，而是意图信息的交流或者较量。新闻、新闻事实信息，不过是它们真实意图的遮羞布，是用来进行意图信息交流、较量的手段。只要一定时期的意图信息是稳定的，事实信息的选择方式、传播方式就是稳定的；当传播的意图信息发生了变化，事实信息的选择方式、传播方式也就会发生变化。

二、传播态新闻的信息构成

处于传播状态的新闻文本，才是人们真正面对的新闻文本，因此，对传播态新闻文本信息的构成分析，更具有现实意义。处于传播状态的新闻文本，除了我们在上文中分析的那些信息构成成分外，必然会受到传播语境或者是收受语境的影响。传播中的新闻文本主要处在两种基本语境之中：一是由它与其他作品及相关信息载体构成的媒介语境；二是由一定社会政治、经济、技术、文化、心理等构成的宏观的传播语境和收受语境，也可以称作社会语境。媒介语境与社会语境赋予传播态新闻作品一种重要的"语境信息"。如果没有这种语境信息，单一的新闻作品是不可能存在的①，新闻的收受者也难以准确理解某一具体作品的各种本体信息。因

---

① 即使是人际间的新闻传播，也总是发生在一定的媒介语境和社会语境当中。我们这里主要针对大众传播中的新闻文本进行语境信息分析。

此，在一定意义上，我们可以说语境信息也是新闻作品信息的有机构成成分，或者说，传播态的新闻作品从各种媒介语境和传播语境中"分享"了语境信息。需要预先说明的是，语境信息对任何新闻文本来说，都是潜在的信息构成部分，它能否成为新闻文本现实的信息构成部分，还需要一定的中介化或者现实化的条件和过程。

（一）媒介语境信息

媒介就是承载一定信息符号的物质实体，它是传播活动的中介或中介物，既可以是天然的，也可以是人工的。凡是负载新闻信息符号的物质实体都可以叫作新闻传播媒介，这是根据信息内容的特点对媒介的定性描述。媒介承载的信息文本都是按照一定的编辑思想编排建构的，文本间的相互关系生成了媒介语境，生成了每一文本的存在环境；而不同媒介之间既构成了所谓的媒介生态，也构成了文本间相互作用的生态环境。下面，我们将主要在这两种意义上讨论、分析新闻文本获取的媒介语境信息。

首先，媒介语境是指一个具体新闻文本在确定的媒介上所处的语境，或者说是在确定的媒介上所处的传播（传送）语境，这种语境大致是由版面语境（对非印刷媒介来说，我们可以用不同的具体概念进行描述）和文本互动形成的文本关系语境构成的，一定的新闻文本（其他文本也类似）会从这些语境中获得或者失去一些信息，强化或者弱化自身本来拥有的一些信息。传播者和收受者在传播、收受新闻的过程中，面对的文本都是媒介语境中的文本，而非简单的孤立存在的文本。收受者是在媒介语境中选择新闻文本的，是在不知不觉或在自觉中从一定的媒介语境中选择新闻对象的。媒介语境构成了传播和收受的双重语境，既体现了传播者的意图，也发挥着引导收受者的功能。

报纸上的一篇文字或者图片新闻作品，在处于传播态时，总要与其他一些新闻作品一起被安排在一定的版面上，并且自然要统一在整份报纸中，而每篇作品所"分享"的具体的版面语言信息是不一样的（版面语言创造的就是版面语境）。因此，收受者在阅读、理解、接受过程中，会自觉不自觉地以不同的态度和方式对待不同的新闻。按照一般的经验（以中国的报纸编排为例），收受者会更重视版序在先的新闻作品，在同一版面上，收受者会更注重区序更强的新闻作品，在同一区序，会更注意编排较强势的新闻作品。显然，媒介语境本身成了新闻文本信息的有机组成要素，既表达了传播主体对一定新闻作品的评价与定位，也引导、影响了收受者的收受阅读行为。① 在报纸版面上，不同的作品之间（不只是新闻文本之间），还会形成文本之间的互动关系，形成一定的"版面场"，实质上就是一个"版面信息场"，所有的文本都会在版面场里获得或者失去一些信息。版面语言塑造的版面语境，文本互动形成的文本互动语境，都会使文本获得或者失去一些信息，强化或者弱化一些自身的信息成分。显然，这与新闻文本处于稿件状态（未进入传播状态）的信息构成是不完全一样的。未传态的新闻文本（稿件）缺少的正是与一定媒介语境的关系。

　　表现在报纸版面上的这种语境信息，文本互动构成的语境信息，对其他媒介形态来说，也是存在的，其作用方式也是相似的。在网络新闻传播中，网页设计实质上具有与报纸版面设计同样的功能，排在前面的新闻标题、不同色彩的新闻标题、不停闪动的新闻标题、配发图片的新闻标题、拥有"只言片语"式导读的新闻标题等，就是编辑首先推荐给浏览者的新闻，也是浏览者容易注意到的新闻，"推荐"（信息辐射）与"注意"（信息吸引）的信息，就是语境信息，所有的新闻在对比中分享了语境信息。

---

　　① 版面最重要的功能之一就是评价功能、导向功能，它以特殊的版面语言方式表现着媒体对相关新闻报道的立场、态度和感情，当然也反映了媒体对相关新闻事件的立场、态度和意见。关于报纸版面功能的系统论述，有兴趣的读者可参阅蔡雯. 新闻编辑学 [M]. 北京：中国人民大学出版社，2006：411-415。

不同的新闻文本，通过不同的链接，构成超文本结构，而不同的新闻文本，在网络上的链接深度、宽度，往往有着巨大的区别，更不要说通过搜索方式建构的近乎无限扩展性的文本，可以发现，不同的新闻文本之间会显示出巨大的差异。如果我们再考虑到网络中的各种具体传播手段，则可以想象（有时也难以想象），一些新闻文本有着庞大的文本网络，形成了巨型的文本互动语境。处于页面设计编排中的新闻，处于超级链接和其他文本互动形式中的新闻，就是处于网络语境中的新闻，它与没有进入网络新闻传播状态的新闻是大不一样的，它从网络传播语境中获得的附加信息有时是滚雪球式的、极度膨胀性的。至于网络传播语境赋予新闻文本的信息，到底会在传播中产生什么性质的效应，那是另一个问题，而且，我们很难做出总体性的一般描述，具体问题具体分析也许才是有意义的。可以肯定的是，新闻文本（其他信息文本也一样）一旦进入网络传播状态，必然会受到网络语境的影响和作用。

在广播、电视新闻报道中，新闻的频道（频率）安排、栏目安排、新闻播出的总体时间安排、滚动播出时间安排，新闻的时间排序、时间长短，新闻播出的先后安排，等等，同样会赋予不同新闻以不同的定位，不同新闻会使编辑部得到不同的评价信息。新闻文本的编排方式，比如，哪些稿件编在一起，哪些稿件分散开来，都在媒介中营造着一定的文本互动语境、播发语境。即使在播发环节，新闻主持人、播报者的各种语言、非语言符号（体态语言、表情语言等）的驾驭技巧与运用方式，也在营造着新闻文本传播状态、接收状态的环境，也在为新闻文本创造着一种特殊的传播与收受语境，新闻文本也会在这些可以统称为媒介语境的语境中获得一定的信息、失去（被遮蔽）某些信息，强化或者弱化原有的一些信息。广播电视媒介（包括网络媒介）的现场新闻报道方式，则有更多的语境因素进入新闻文本。新闻文本不单单是记者的描述，也不单单是记者与被采访对象的话语结构、声音或者画面等的传递与呈现，凡是进入传播现场的因素和相关的因素都构成了文本的语境信息。新闻报道、新闻文本是由直接的语言、画面、文字等语义信息和现场语境、语用语境等信息共同构成的。①

其次，在更加宏观、宽泛的意义上，媒介语境是指一个具体新闻文本所处的媒介生态环境或媒介传播、收受环境。新闻并不是孤立地存在于某一媒介、某一类媒介形态之中，也不是只存在于一定地域范围内的媒介中。从一般意义上说，一定的新闻总是以共时态的方式，刊播于不同媒介之上，这是当今媒介竞争、新闻竞争的重要表现形式之一，也是导致新闻同质化的重要原因之一。② 新闻在不同媒介上的共时态传播（但不能把共时态做绝对理解，不同媒介往往会采取不同的方式处理相同的新闻），创造了新闻文本特殊的传播收受语境，使一些新闻文本处于不同媒介的互动之中，处于不同媒介新闻文本的互动之中，形成了相关新闻文本在传收中的某种共时态效应，从而也使新闻文本有可能获得或者失去（遮蔽）一些信息，强化或者弱化自身原有的一些信息（原有信息，指新闻文本处于未传播状态时具有的信息），具有了不同于未传状态的新的信息构成方式。

---

① 不同媒介形态新闻文本传播状态的语境信息构成问题是一个相当复杂而专门的问题，需要单独分析研究。我甚至认为，可以创建一门相对独立的学问——新闻语境学，将其作为应用新闻学的一个重要方向。

② 这里所说的"一般意义"，是有实质含义的。并不是所有的新闻事实，都能够引起一定社会范围内所有媒介的共同关注，因此，我们只限于讨论那些能够激发一定社会范围内新闻媒介共同关注的新闻事实。只有这样的新闻事实、新闻事件，才有可能在一定社会范围内的媒介上形成基本的共时态的报道现象，从而创造出不同媒介之间的互动态势，形成关于同一事实、同一事件不同新闻文本之间的互动态势，进而营造出特殊的关于某一事实、事件的报道语境、收受语境，相关的新闻文本也在这样的语境中获得了它不同于未传播状态时的信息构成方式。可以进一步加以说明的是，对有些新闻事件来说，参与报道的新闻媒介多一些，对有些新闻事件来说，参与报道的新闻媒介会少一些，这主要是由新闻事件本身的属性决定的，同时也是由不同新闻媒介的定位所决定的。另外，共时态并不是严格意义上的同时，只要大致在同一时期内的报道，就可以算作共时态的报道。

新闻事实，特别是重要的或具有社会共同兴趣的新闻事实，比如，一些发生在政治领域、经济领域、社会生活领域中影响范围广泛的新闻事件，一些发生在自然界的与社会大众生活密切相关的新闻事件（特别是规模较大的灾难性事件），常常会同时在一定社会范围内不同的新闻媒介上得到大致相同也有可能完全不同的报道。不同新闻媒介的相同报道或者不同报道，会造成媒介之间关于事件报道的互相强化或者弱化态势，而新闻报道（新闻文本）在这样的媒介相互作用中，在媒介生态环境中会"赢得"新的信息状态。比如，在这种情况下，某一新闻媒介的收受者，就有可能受到其他新闻媒介相关报道的影响，其他新闻媒介提供的相关报道有可能成为其收受过程中的重要参照信息，正是在这种参照关系中（不同媒介的相关报道构成了文本之间的互相参照关系），新闻作品获得了某种共享的"关系信息"，它实质上成了收受者面对的作品信息的一部分。显然，这样的"关系信息"是在不同媒介的新闻文本间的互动关系中生成的，属于媒介生物之间相互作用创造的一种语境信息。不同新闻媒介新闻文本之间的互动，使处于互动中的所有新闻文本在原则上都改变了自己原有的信息构成方式。如果相关新闻事件在不同媒介上出现冲突报道，那么对相关媒介的目标受众来说，就有可能处于信息焦虑状态，这种焦虑状态的直接产生原因就在于新闻文本之间的互动。一些人的媒介转移行为（所谓媒介转移行为，就是从一家媒介的受众转变为另一家媒介的受众），也正是在这种互动情形下进行的。不同媒介新闻文本之间的互动，实质上形成了一个"新闻场"，这既是一个新闻传播场，也是一个新闻收受场，同时还是新闻舆论场。新闻场形成之后，就会对传播者的报道行为、收受者的媒介接触行为，包括控制者的控制行为等，造成实实在在的影响。在新闻传播界，媒介之间的相互参照行为是极为普遍的现象，而遇到比较重要的新闻，与自身利益关联度比较高的新闻，收受者也往往会参照多家媒介来获取相关的信息。总而言之，一般新闻场或者针对某一特殊新闻事件的新闻场一旦形成，其作用和影响的范围和对象，就不限于新闻领域，不限于传播者、收受者、控制者等，而是整个社会领域。

由媒介生态生成的媒介语境，由不同媒介新闻文本相互作用生成的媒介语境，其语境范围的大小，或者说"新闻场域"的大小，首先取决于新闻事件的属性，当然，在最基本的条件上，取决于新闻媒介整体的发展状态，取决于一定社会范围以至整个人类新闻传播业的整体发展状态。当整个人类或者一定社会范围内还没有电子媒介的时候，那就根本不存在印刷媒介形态与电子媒介形态之间的互动，而今天，无论电子媒介多么发达，仍然把印刷媒介作为极为重要的新闻信息资源，好多电子媒介的新闻，不过是对印刷新闻及时的二次传播。同时，我们也看到，印刷媒介也不断地从电子媒介，特别是网络媒介中获取相关的新闻信息资源。媒介之间的互动、不同媒介形态之间的互动，是这个时代的特点，不同媒介之间、媒介形态之间正在走向各种形式的融合，创造着新的共同的传播语境和收受语境。新闻文本在这样的传播状态、传播格局中，会更多分享新闻场的信息，分享由新闻文本互动关系创造出的关系信息。

关于一定新闻事件报道的媒介语境构成，有时可能限于比较狭小的空间范围，有时则发生于相对比较广泛的社会范围，有些新闻事件，则有可能在媒介的报道中，创造出全球范围的媒介互动和文本互动关系，从而使新闻文本的信息构成产生一些奇妙的变化。在传播技术高度发达的今天，全球传播已经是轻而易举的事情，世界各国，特别是各种类型的世界大国、强国，都在想方设法利用媒介之间的互动、新闻文本之间的互动，创造有利于自己国家利益、民族利益的信息环境、舆论环境、意识形态环境、文化环境。在国内新闻传播中，这种现象更是司空见惯，人们几乎时时都可看到，我国新闻界经常采取多家媒体之间的联动、联合报道，甚至是全国性的、不同媒介形态之间的联动、联合报道，最典型的表现是，所有参与相关报道的新闻媒介，同时刊播大致相同甚至完全一样的新闻文本，最起码在形式上营造出强大的"信息轰炸"态势，目的在于创造出强大的媒介语境信息，使新闻文本获得特别的价值信息附加值，以引起人们的高度关注。然而，我们必须指出的是，这样的做法，往往是媒体的一厢情愿，或者是控制主体的一厢情愿，因为，媒介互动形成的语境信息、关系信息，对有关新闻文本的信息构成并不总是加强作用，有时还有遮蔽作用、弱化作用。何况，媒介生态关系创造的语境信息、文本互动创造的语境信息，是否能够取得预期的传播效果，还要看新闻传播所处的社会语境，社会语境同样会赋予新闻文本以一定的信息（下文将对此进行专门的讨论）。更为重要的是，媒介互动、文本互动所创造出来的媒介语境信息，能否产生和发挥传播者预期的效应，还要取决于新闻收受者自身认知语境的构成质量。另外，当媒介之间的互动、新闻文本之间的互动不是自然形成的而是人为造成的，内容又千篇一律的时候，其本质上并不能为收受者提供更多的新鲜信息。如此的文本互动，造成的结果基本上是信息收受疲劳，使收受者产生信息厌恶的情绪，甚至出现逆反心理。在我国，新闻报道中类似媒介互动、文本互动的建构行为，已经变成一种常态的报道方式，失去了创造性和新鲜性，因而常常成为媒体和新闻传播者"自娱自乐"的现象，成为为了互动而互动，为了规模而规模的新闻报道行为，规模化的新闻报道战役往往形不成规模化的信息传播、规模化的收受效应。其中的深层原因是，一些媒体、一些传播者，把宣传当成了新闻，试图利用新闻手段达到宣传的目的，却又背离了新闻报道自身的特点和规律。

需要加以说明的是，尽管从原则上说，所有新闻文本都可以在媒介语境中获得相关的语境信息，但对有些新闻文本来说，这样的语境信息可以忽略不计，也就是说，在实际中，并不是所有的新闻作品都可"分享"由媒介生态环境生成的关系信息，常态的新闻作品是很少获得甚至没有获得上述所说的关系信息的。但另一方面，一些并不起眼的报道，只要通过一定的媒介语境信息，就会显示出特有的传播价值。媒介语境信息实质上是传播者所塑造的信息，自然离不开社会文化语境，相当于新闻文本本身信息构成中的情态信息或意态信息。传播态新闻文本从媒介语境（特别是狭义的媒介语境）中分享的语境信息，就是媒介情态、意态信息，是传播者情态、意态的直接或者间接体现。顺便说一句，关于不同新闻媒介在新闻报道中的互动现象，关于新闻文本间的互动现象，在学界总体上还缺乏研究，而我以为这是一个相当重要的课题，需要引起我们的重视。

（二）社会语境信息

任何信息传播都是在一定的社会语境中展开的。处于传播态的新闻文本，必然要"分享"其所处的社会语境的信息，新闻文本的内容、意义也只能在一定的社会背景、社会文化语境中得到理解。新闻媒介组织、新闻传播者只能在其所在的社会语境中用其所处社会语境提供的基本观念系统、解释系统、技术系统、语言符号系统等去创制新闻文本，用其所在社会语境提供的一般文化观念、新闻文化观念、新闻传播原则等去创制新闻文本。只有在一定的社会语境中，新闻作品才能获得某种由本体信息延伸而来的信息，或者说，社会语境赋予了新闻作品某种潜在的信息，并使其成为作品信息可能的一部分。人们只能在一定的社会语境中创制新闻，也只能在一定的社会语境中收受、理解新闻。社会语境是比较难定义的一个对象，但我们可以对它做出一定的描述和解释。

社会语境本身就是一个相当复杂的问题，它是任何说话者、听话者

"说话"和"听话"的意义环境、文化环境、信息环境，是说话、听话时面对的诸多社会条件，是传播活动、收受活动依赖的、不可超越的政治、经济、文化等背景环境、背景语境。"社会文化背景语境（也就是我所说的社会语境——引者注）是言语交际的人文背景，这种背景具有历时性，是与交际双方有关的人物关系（主要是谈话双方之外的）、交际语言所涉及的历史社会情况，包括社会关系、时代的特征、人文知识等诸多因素的综合。""社会背景语境是指一定历史时期的政治思想、政治制度、经济生活、道德观念、文化教育等因素所形成的语境。"① 有人说得更加简明，社会语境就是"语言运用的社会文化环境"②。因此，语境本身是一种比喻性的描述，从传播角度看，实质是指信息、意见、观念等各种传收活动的社会环境、社会情境。社会语境的实际状况如何，对信息、意见等传收活动会构成相当的影响，因而，社会语境概念也反映了一定社会信息、观念传收的自由程度。

社会语境有其自身的诸多特点。社会语境是一种弥漫性的客观存在，但并不是人们可以直接看得见、摸得着的存在物，而是一种观念性的存在、精神性的存在，是一种气息和氛围。人们可以在不同程度上感受到它的存在，在观念上认识它的特点和变化。人们常说某段时间政治空气比较紧张，风声比较紧，说话环境不是非常宽松，或者说某段时间说话氛围比较自由，没有必要有太多顾忌，如此等等说法，描述的其实就是自己对社会语境的某种感受和判断（此处侧重的是对政治话语环境的描述）。整体的社会语境是由各种具体社会领域语境构成的一种综合语境，政治领域有政治语境、经济领域有经济语境、技术领域有技术语境、文化领域有文化语境、社会心理领域有社会心理语境等，它们是社会语境最基本的组构成

---

① 周明强. 现代汉语实用语境学［M］. 杭州：浙江大学出版社，2005：8，121.
② 鲁苓. 语言 言语 交往［M］. 北京：社会科学文献出版社，2004：120.

分。因此，社会语境为一定的信息、意见、观念、学说、理论等，提供了从各个社会向度进行解释的背景，当然也为各种社会活动、社会行为、社会现象等提供了解释的语意背景，可见，社会语境本质上是一个意义环境，它对进入自己环境的任何信息都会做出某种解释，赋予某种意义。同样一条信息，同样一件事实，在不同的社会语境下，人们会阐释出不同的社会意义。大致相同的信息、相同的事件，在不同的社会语境下，其客观社会效应可能会有很大的差别。人们常说，要在合适的时间、合适的地方，说合适的话、做合适的事情，这讲的其实就是一定对象与其环境的关系匹配问题，提醒人们在讲话、做事时，必须注意社会环境提供的条件，对信息、言论行为而言，当然就是要特别注意社会语境。一个不太了解社会背景语境的语用者，不管是作为传播者，还是作为收受者，都很难达到自己的目的，诚如有学者指出的那样："背景语境是隐藏在言语背后的语境，语用者只有在对语言所涉及的背景有较为深刻的把握时，才能透过语言的表面，深谙语言的深层意义。如果对背景语境一无所知，他就只能浮光掠影地理解语言的表层意义了。"① 社会语境是活的东西，既有其相对稳定的一面，也有其变幻莫测的一面，是一种历史性的存在。对新闻传播来说，面对的社会语境可以说是随时变化的。这其实也是社会语境最难认识、把握的特点。新闻传播讲究时效性，并不是简单的越快越好，而是要通过对传播时机的驾驭，求得传播者预期的最佳效果。这里的关键仍然是对社会语境的准确把握。只有传播的信息与社会语境具有较高的契合性，才能产生预期的传播效应。如上所说，社会语境是由诸多社会子系统、各种社会因素共同决定的，因而，它们的变化也会引起社会语境的变化。怎样的信息、言论行为，才能适应社会语境的当下状态，把握起来确实是一

---

① 周明强. 现代汉语实用语境学 [M]. 杭州：浙江大学出版社，2005：8.

件比较困难的事情。所谓传播的艺术问题，在很大程度上就是处理传播本身与社会语境的关系。

就新闻活动来说，传播者是在一定的社会语境中创制新闻文本的，因此，文本天然地带有社会语境信息，新闻语境本身就是社会语境的一部分，文本信息与社会语境信息是一体化的存在。不管主体是否愿意，其在一定社会语境中创制的新闻文本都无法脱离社会语境、无法超越社会语境的信息濡染。新闻活动本身，也在建构着社会语境，并且是建构社会语境的主要手段之一。新闻传播活动——主要是报道新闻、发表意见的活动，总是日夜不停地营造着一定社会范围的最新信息环境、言论环境、舆论环境。新闻活动之外的言论者，也总是把新闻信息、新闻意见作为他们开展言论活动的重要参照，他们通过对媒介信息、媒介言论的分析，感觉、判断社会语境的变化。因此，就新闻报道来说，它所处的社会语境在一定程度上，也是由它自己创造出来的。当然，社会语境作为一种本质上的精神存在，乃是对社会存在的反映，社会语境从根本上说，还是由一定社会的政治制度、经济制度决定的，新的传播技术手段也在相当大的程度上影响着社会语境的建构。

新闻传播者只有巧妙利用社会语境，才能取得预期的新闻传播效果，使有关新闻报道产生比较大的社会效应。新闻传播效果、效应，总是要求一定的环境条件、语境氛围。什么时候报道什么，不报道什么，多报道什么，少报道什么，对任何传播者来说，不仅取决于新闻事件的偶然性（当然，新闻事件本身的发生是任何新闻报道的前提），也取决于新闻传播者对报道内容的选择，还取决于新闻传播者对传播语境、社会语境的敏感和把握，取决于传播者对传播语境、传播气候的认识和理解。传播者的"新闻鼻"不只是用来嗅新闻的，也是用来嗅语境的。在一定意义上，新闻是由语境决定的，而不是相反。一件事实能否成为新闻，能够成为多大的新闻，取决于它当时所处的社会语境。社会语境在一定程度上决定着新闻价值的大小，决定着新闻意义的解释。因此，语境选择不仅是新闻选择的重要组成部分，也是衡量传播者新闻选择水平的重要方面和基本尺度。[①] 对新闻传播社会语境的选择，完全有可能使小新闻发挥大新闻的效应，相反，也有可能使大事件产生不了什么大的传播效应。人们经常发现，一些对外传播的新闻，总是在一些特别的情况下进行，这就是在利用当时的国际社会语境、舆论环境。至于那些制造新闻、策划新闻的人，则总是在寻求特定的、"良好"的社会语境。

传播者对传播时机的驾驭和利用，对传播时效的渴望和追求，在一定意义上，就是对社会语境提供的信息的充分利用。一定的社会语境，往往使一些新闻获得了特殊的意义。新闻在社会语境中获得的信息，会使新闻如虎添翼，飞行天下。比如，只有在反腐倡廉的社会语境中，一篇客观报道某官员任免升迁的新闻，才会被人们做出延伸性的理解。[②] 当然，有些新闻报道，也会由于没有遇到良好的机会，没有碰到适宜的社会语境而难以产生效应。社会语境与新闻文本的这种关系，如果从文本角度看，可以说是从语境中获得了某种信息，因此，处于传播状态的新闻文本，其信息构成中不可能没有社会语境信息。

从新闻收受角度看，任何人在任何时候的新闻收受行为都离不开他所在的社会语境的影响，这是一种客观的限制，是人作为文化存在者必然受到的约束，但也正是社会语境架起了人们理解一定新闻作品的桥梁，社会

① 毛泽东所讲的"新闻、旧闻、无闻"，其实就是基于社会语境条件对新闻事实的一种选择，是新闻报道的一种策略，也是基于宣传需要的策略，我们也可以说是对社会传播语境的选择。关于毛泽东的这一观点，可参阅陈力丹. 马克思主义新闻学词典 [M]. 北京：中国广播电视出版社，2002：88。
② 喻国明. 嬗变的轨迹：社会变革中的中国新闻传播与新闻理论 [M]. 北京：中央编译出版社，1996：26 - 27.

语境赋予新闻作品的语境信息，打通了收受者走进新闻作品的路径。"我们不可能完全抛开我们的具体的社会历史文化语境，不可能完全抛开我们在特殊的历史文化语境中形成的思想情感、价值观念和审美观念去理解我们所要理解的对象。"① 对新闻文本的理解首先要求收受者要能够理解所处时代的社会语境，即要懂得所处时代语言符号的含义，理解所处时代的语言话语方式，理解当下新闻传播的整体社会政治、经济、文化、心理背景，如此，才能在获取事态信息的基础上，得到新闻作品背后的信息。社会语言学家陈原先生说得好："理解语言的真正信息，必须洞悉发出信息时的社会环境。"② 事实上，"形式上同样的符号，在不同的传播环境中，其意义往往有很大的差别"③。一个时代、一个历史时期都有它独特的语言环境和话语方式，一个时代、一个历史时期总有它自己独特的关键词语和表达范式。与时代脉搏同步跳跃的新闻语言最能反映社会语境的变化，收受者只有用符合当时社会语境的方式去理解新闻，才能准确把握新闻的内容和意义。如果收受者用几十年前的话语方式理解今天的新闻，就会出现十分可笑的滑稽结果。历史只应当作历史去阅读，新闻只应当作新闻来阅读，这样，才能把握住相关文本的真实含义和意义。当人们把历史当新闻，把新闻当历史时，时空错位的解读也许能够获得特有的结果，但那也只能是某种错位的、误读的结果，而其中的错位或误读主要是社会语境理解上的错位和误读。一句话，不能理解时代的人，不能理解时代社会语境的人，是读不懂那个时代的新闻的。

还需要特别指出的是，所有的语境类信息，包括文本自身的语境信息、媒介语境信息、社会语境信息等，能否在收受者的收受理解过程中产

① 李建盛. 理解事件与文本意义：文学诠释学［M］. 上海：上海译文出版社，2002：188.
② 陈原. 社会语言学［M］. 上海：学林出版社，1983：39.
③ 杨保军. 新闻事实论［M］. 北京：新华出版社，2001：128.

生语用性信息，还要依赖收受者本身（语用主体）的认知语境①质量。对收受者来说，他之外的新闻文本拥有的所有语境信息，在语用意义上、在他解读新闻文本之前都是潜在的，并且也都是开放的（即在原则上可以对语境信息做出多种多样的无限制的开掘和理解），那些潜在的、开放的语境信息能否对收受者产生实际的语用价值或意义，则要看收受者拥有的认知语境能否与其他语境信息形成有效的相互作用。如果能够形成有效的相互作用，语境信息便会在收受者心里生成新闻文本语言语义之外的新信息；如果不能形成有效的相互作用，语境信息对收受者来说就只能是潜在的、封闭的，不具有实际的语用价值。由于语境信息与收受者认知语境（实际上就是收受者拥有的认知图式）的相互作用方式、作用程度在不同收受者身上的表现是不一样的（因为他们的认知语境不完全相同，更多的时候有很大的差异性），因此，新闻文本对不同收受者呈现的实际信息质、信息量是不一样的。就一般情况来说，语境具有多样性的功能②，新闻文本（包括语用主体——传播者和收受者）到底能在语境中获取或丢掉什么样的信息，必须针对具体文本做具体的分析。但我们还是可以就语境功能对新闻文本信息的一般影响方式做出粗线条的说明。语境具有语义的生成功能，媒介语境，不管是狭义的独立的媒介语境，还是广义的由不同媒介之间、媒介文本之间的互动形成的媒介语境，还有社会背景语境，都会生成一种新的超越新闻文本本身语言语境的传播和收受环境，使新闻文本获得潜在可能的某种信息。收受者只有通过对这诸多语境的把握，才能理解

---

① 认知语境又称认知背景语境，"是与人们心理和认知水平相关的知识语境，它依赖于人们平日储存的百科知识、依赖于这种知识所形成的背景语境，依赖于人们依据知识背景所进行的合理想象和推理"。参见周明强．现代汉语实用语境学［M］．杭州：浙江大学出版社，2005：8．其实，认知背景语境，相当于我们在认识论上所讲的主体认识图式，或者相当于人们在常识层次上所说的背景知识。在我看来，它不是文本具有的语境，而是主体特质的构成因素，是文本解释的主体条件。

② 关于语境功能的系统说明，有兴趣的读者可参阅周明强．现代汉语实用语境学［M］．杭州：浙江大学出版社，2005：18－29．

新闻文本直接语言语义之外的可能信息。语境的引导、暗示功能，使有些新闻文本在传播态中（即各种传播语境中）获得了特殊的语义信息，没有语境，就没有语义，语义往往是在传播语境与新闻文本的契合中新生出来的，对有心的收受者形成某种导向作用，当然也可能引起收受者的反感。语境创造语义的功能，既可能使新闻文本出现语言语义之外的多义性，也可能使人们对新闻文本直接的事实信息做出歧义性理解，这是媒介语境、社会背景语境常常能够造成文本语义场的根据。社会背景语境、社会文化语境的含义是极为丰富的，为人们理解新闻文本创造了各种可能性，尽管按照新闻传播的一般要求，新闻文本本身的语言语义应该追求封闭性。①当然，语境特别是收受者自身的认知背景语境也使新闻解读者可能过滤掉文本中的一些直接信息，收受者总是乐于相信自以为是的内容，而事实并不总是如此，你不相信的事实不等于是不存在的、没发生的。语境具有的协调功能，在新闻传收中表现得尤其突出，媒介语境不仅可以协调传收者之间的关系，也可以协调不同新闻文本之间的关系，以求得文本之间的互动，求得文本信息之间的平衡与相互补充，从而使收受者在不同媒介间、媒介文本间的互动中获得更多的信息。语境的省略与补充功能，在连续性的新闻报道中，对那些忠诚的新闻收受者来说，会更加表现出很强的功能，不仅免去了传播过程的不必要的重复，也创造了传播更多信息的空间。

三、新闻的信息构成层次

新闻的信息构成，直观上似乎是一个比较简单的问题，但只要加以比

---

① 杨保军．新闻理论教程［M］．北京：中国人民大学出版社，2005：219-220.

较深入细致的分析，就会发现问题并不是那么简单。在我们对新闻文本信息构成类别做过上面两个向度（未传播状态和传播状态）的阐释后，还很有必要以具体新闻文本为对象，对其信息构成的层次性再做一些简要的分析。这样，能够帮助我们更加清晰地把握新闻文本的信息结构，从而，为传播者创制新闻文本和收受者理解新闻文本提供一些可资借鉴的思路，也为我们理解新闻功能的多样性、多层次性打下一定的基础。

（一）新闻文本信息层次构成分析

前面关于新闻文本信息构成的分析，可以说是一种横向的类型识别和排列，如果我们把这些信息从纵向上加以排序，就有一个层次性的问题。如果我们把最直接的、表层的信息放置在新闻文本信息构成的最上层，那么，处于最底层（深层）的信息是什么？中间又是什么层次？下面，我们就对新闻文本信息构成的基本层次加以分析和排序。

首先，事实信息或者事态信息是新闻文本第一层次的信息（表层信息）。事态信息是新闻符号直接陈述的信息、再现的信息。新闻语言符号（包括非语言符号）的直接目的是反映和再现新闻事实的真实面目，因而，事实信息是新闻文本直接的、第一层次的信息。它解决的是"新闻事实是什么"的问题，是新闻传播者关于新闻事实认识结果的陈述，标志着新闻认识方式的突出特点。对任何新闻传播来说，这都是首先的问题，但并不一定是首要的问题。在新闻传播中，把什么事情当作最重要的事情，把一件事实的哪些要素、哪些事项看得比别的要素、事项更加重要，不同传播主体可能会有不同选择。但有一点是肯定的，也是任何传播者都不能随意改变的，这就是，新闻传播任何进一步的目的追求，都要建立在事实信息的基础之上，这既是新闻手段把握世界甚或改造世界的基本出发点，也是其作为人类把握世界之一种方式的特殊性所在。不然，就不属于通过新闻传播实现的目标。因此，如何选择、结构和在新闻文本中"把玩"事实信息，是所有新闻传播者必须完成的首要任务。而在背后支持传播者"把玩"事实信息的那些信息（实质上是传播者的传播态度和传播观念），就是新闻文本中更深一层的信息，也是比较隐蔽的信息。

其次，意图信息或者倾向信息（前文所说的属于传播者自己主观信息的情态信息和意态信息，还有媒介情感信息和媒介意见信息）是第二层次的信息，是蕴含在新闻文本中的信息，主要是通过文本语境（文本编码造成的语境）和媒介语境传达的信息，是上文所说的事实信息背后的那些并不属于事实本身的信息。意图信息是主观的，表达的是传播者对新闻事实的价值态度、价值认知和价值评价，表达的是传播者对事实的某些特有的看法和意见。因此，陈述、再现在新闻文本中的事实信息实质上是意图信息安排的结果，它才是那只看不见但能够让人感受得到的无形之手。但这并不是说传播者可以用自己的意图信息任意安排事实信息，果真如此，新闻将不再是新闻。新闻与新闻传播有其自身的内在规定性，它以规律性的力量限制和约束着意图信息发挥作用的方式和边界①，超越规律约束的意图信息传播总会受到惩罚。

一般情况下，意图信息在表现上是伴随事态信息而存在的，但有些意图信息似乎在文本之外隐蔽地存在着，就像是文本的影子，无法通过文本

---

① 人们看到，新闻传播（报道）已经形成了比较成熟的传播规范或要求。人们通常所说的新闻报道必须真实、客观、全面、公正、及时、公开等原则，正是新闻本性和新闻传播本性的内在要求，即我们所说的规律性要求。任意超越传播规范边界的新闻将失去新闻的资格。关于新闻传播的内在原则，可参阅杨保军《新闻理论教程》第六章（杨保军. 新闻理论教程［M］. 北京：中国人民大学出版社，2005：143-196.）。需要在此进一步说明的是，新闻传播的原则不限于内在原则，还有政治原则和社会原则。内在原则是统一的，具有普适性的特点，但政治原则和社会原则总是与一定社会的特征密切相关。内在原则与政治原则、社会原则之间，并不是总是统一的，倒是常常充满了矛盾和冲突。新闻传播到底应该遵循什么样的原则，不是一个抽象的问题，而是需要结合一定社会实际状况进行确定的问题。一个社会需要什么样的新闻，以怎样的方式实现这种需要，都是实践性很强的问题，仅仅在理论范围内思考是解决不了问题的。

符号直接把握，可收受者总是隐隐约约能够感受到它的存在，它是言外之意、弦外之音，它是此处无声胜有声的那个声音，它是中国画中不着色但有色的那种颜色或者"留白"。从传播者的传播追求上来说，他们不仅期望收受者能够认识事实信息，知道事实是什么，还期望收受者能够按照传播者的意愿、意图接受事实信息（关于这样做是否合理，我们在前面已经表达过原则性的看法）。这样，他们就等于实现了更高的传播目标，实现了对收受者的信息引导、意识引导，甚至可以说，实现了对收受者的某种思想控制、意识形态控制。

最后，新闻报道本身或者说新闻文本面世时所揭示出的、透露出的宏观的社会信息或者文化信息，是新闻文本第三层次的信息。新闻文本一旦进入传播状态，进入社会背景语境、文化语境，就获得了社会意义、文化意义。传播者在设计传播的时候，不可能不借助社会语境的信息资源。社会大众对文本的语义解释也不再限于事实层面的范围，而是会和社会背景语境结合起来进行理解和解释。这时，文本便获得了更深层次的信息——社会文化价值信息。比如，如果媒介报道了某一环境污染事件，人们首先通过新闻报道获知的是某一事件发生了（事态信息），然后可以通过新闻陈述方式（文本自身的语境）感受到新闻报道者对污染事件的态度和意见（意图信息），进一步，人们通过新闻文本的内容可能会认识到、联想到、推测到，环境污染已经是社会面临的严重问题，并且社会已经开始重视这样的问题，我们也应该注意自己身边的环境问题（延伸性的社会信息）。这种延伸性的文化信息、社会信息，在不同的收受者那里可能是不一样的，甚至可能是矛盾对立的，但这种延伸性的社会信息、文化信息的存在是可能的，甚至是必然的。世界上没有无缘无故的事情，不管是传播者还是收受者，总是在进行目的性的传播、目的性的收受，总会有对为什么要报道这样的事情的思考。因此，从原则上我们能够说，新闻文本存在着更深层次的延伸信息。同时，这也说明，新闻文本的信息构成，不仅仅是传播者的单独创造，还存在着收受者的创造、建构问题（关于这一问题，我们在"新闻的创制"一章还会做专门的讨论）。

现在我们可以加以总结，新闻文本的信息结构可以分成三个层次：第一层次是事实信息，第二层次是意图信息，第三层次是社会信息或者文化信息。事实信息是显的，是新闻文本语言的直接语义，意图信息和社会信息或者文化信息在多数情况下是隐的，隐蔽在事实信息的背后，主要是通过文本自身的语境、媒介语境和社会背景语境等表达的、传递的、蕴含的。尽管事实信息是基础，但在实际的新闻传播中，意图信息往往是支配性的，社会信息或者文化信息常常是意图信息的设计或预谋，同时，社会信息、文化信息也是意图信息得以形成的基础，从而也是事实信息得以呈现的主体根源、社会根源。事实信息是前台的表演者，意图信息、社会信息才是后台的总导演。演员尽管可以充分发挥自己的主观能动性，但其表演的主要套路和方法是由编剧、导演决定的。事实信息的社会效应一定离不开传播语境、社会语境的某种契合，当然也离不开收受者的理解和创造性解释。总而言之，新闻文本在传收状态中，其信息构成是复杂的，并且是变化的，不同类别信息是一体化的，是互相依存的关系。

（二）新闻文本信息层次分析的启示

通过对新闻文本信息层次结构的分析，我们发现，新闻文本本质上是一种社会文化文本。新闻文本不过是各种社会文化形态、文化价值追求的载体，或者说是一定社会文化的特有呈现方式。这意味着有什么样的社会文化环境，就有什么样的新闻传播。新闻是被文化塑造的（当然，新闻也在塑造着社会文化的形象）。传播者对新闻报道内容的选择，表面上直接针对的是各种客观事实，但选择标准却是由一定社会的整体文化价值取向决定的。一定社会首先是按照它的需要选择新闻观念的、选择新闻制度的，进而，在具体层面上，社会是按照它的需要选择新闻事实的，它迫切地需要什么，什么样的事实便容易成为新闻事实。一定社会在一定历史时期关注什么样的自然变动、关注什么样的社会变动，必然会成为新闻传播者关注的核心对象，也是传播者进行选择的基础和出发点。因此，一定社会的新闻传播业，能为它的人民在整体上呈现什么样的事实信息、什么样的新闻景象，可能是一定社会整体文化价值观念的构成问题、追求问题。新闻的整体景象首先是由社会文化的整体景象决定的，至少社会文化的价值取向是新闻传播的重要导向。

在所有的文化价值观念中，最核心的可能是对人的价值的认识、对人性的认识。一个时代对人的价值有什么样的认定，对人性有什么样的认定，就会努力建设什么样的政治制度、经济制度，当然也会直接影响到新闻制度的建设。当一个社会认定人的价值要通过人的自由来实现，要通过人的个性化发展来实现，认定人与人之间应该是平等的，它就会追求相应的制度建设——自由的经济制度和民主的政治制度。在这种情况下，它的新闻制度建设目标一定是首先保障人们的新闻自由权利，满足人们的普遍知情权，这时，它坚守的新闻报道理念和方法一定是真实、客观、公正地呈现事实世界的本来面目。

意图信息在新闻文本信息结构中的中介地位，则从一个微观的角度再次显示了一个重大的问题，那就是新闻传播者的社会责任问题、新闻媒介的社会责任问题。对社会需要的认识和理解，对社会大众需要的认识和理解，对自身需要的认识和理解，对新闻传播的认识和理解，都将转换成为传播者报道新闻的基本观念，这些观念必然会体现在新闻报道中，体现在文本的信息结构中。传播者的新闻报道不会简单地停留在事实信息层面上，而会进入社会文化价值层面。用什么样的新闻观念支配和指导新闻传播活动，用什么样的情感和意志投入新闻传播活动，具体来说，就是让什么样的新闻事实说话，用什么样的新闻事实说话，为什么样的新闻事实说话，都不再是新闻传播范围内的事情，而会关系到社会文化价值体系的建设。传播者选择某种事实，就意味着某种价值导向，就是对社会文化信息的某种新闻解释。我们不能过分夸大新闻的社会影响力，但日复一日的新闻报道，总会在潜移默化中影响人们价值观念的形成。因此，所有上述问题始终应该成为职业新闻工作者思考的重大问题，也应该成为新闻研究者们关注的重大理论问题。①

　　尽管随着传收技术的发展，人们在原则上都可以成为传播者，都可以比过去更加自由地传播信息、发表意见，参与各种问题的讨论，这似乎减轻了职业新闻传播者的社会责任。然而，事实恰好相反，就目前和可预见的未来来看，民间新闻信息行为还无法和制度化的新闻传播抗衡，因此，职业新闻传播者的社会责任并没有减少。即使对个体化的、民间性的新闻传播者来说，由于一旦进入公共传播平台，便在事实上实现了私人身份的公共化，自身的信息、意见传播行为，面向的不再是个别人，而是整个社会，因此，每个传播者成了准大众化的传播者，如此，他也就应该承担社会责任、道义责任，仅就新闻传播而言，也得遵守最基本的社会道德，按照新闻的真实原则传播新闻。不真实的新闻，不应该获得自由传播的权利；违背社会规范的新闻，同样不应该获得自由传播的权利。不然，我们的信息世界便是一个谎言的世界、虚假的世界。人们看到，虚假新闻、虚

---

　　① 我在《新闻精神论》中，将新闻精神概括为三个大的方面：求实为本的科学精神，正义至上的人文精神，和谐为美的自由精神。它们对传播者来说，其实要解决的具体问题就是让什么样的事实说话，用什么样的事实说话，为什么样的事实说话。我以为，这三者的统一，才有可能使新闻手段成为维护社会公众利益的手段，使新闻媒介成为社会公众意见的交流平台。只坚持某一种观念，贯彻某一种精神，既是思维上的极端，也是行为上的偏激，不符合现实社会的需要。参见杨保军. 新闻精神论 [M]. 北京：中国人民大学出版社，2007。

假信息的大量生产和流播，已经造成了新闻污染、信息污染。可见，在新媒体时代，技术给人们带来了更多的自由，但也需要人们承担更多的责任。自由与责任是永远相伴相随的，不愿意承担社会责任的人，社会也不会轻易赋予其自由的权利。

新闻文本信息结构的多层次性，也提醒收受者，新闻收受行为需要一定的媒介素养。如何接触媒介，如何解读新闻，对今天的人们来说，越来越成为必要的知识和素养，这是时代性要求。人是历史性的存在、时代性的存在，不具有某个时代的基本素养，这个人就不属于他所处的时代，我们不能说他不是人，但他至少不是时代中的合格的人。在信息时代、媒介时代，人如果缺乏基本的媒介素养，就很难适应社会的要求，甚至很难生存、生活，更谈不上发展。因此，接受必要的媒介素养教育是时代的要求。有位心理学家说，一个人，只有在适当的年龄受到适当的教育，他才是人。如果我们抬高眼界，就可以说，如果一个人没有接受时代基本的素养教育，那他就不是这个时代的人。时代有时代的语境，不理解时代语境的人，很难读懂时代中的信息。① 当人们把新闻文本作为一种精神消费对象看待时，他消费的便不只是表层的新闻事实信息（当然可以只当作事实信息来消费），也在理解和接受（也许是拒绝或者介乎其间）传播者的意图信息，是对传播者情感态度、观点意见的解释和评价，也就是说，是对传播者或者媒介"情感、意见"的消费，这是和传播者深层相互作用的过程。事实上，人与人之间的交流，有时更为重要的是情感的交流，而不是

---

① 英国广播公司（BBC）、英国电影委员会、英国电影学院制定了一个章程，提出了积极的媒介素养理念，章程提出具有媒介素养的人应该掌握四种技能：第一，获得进入各种媒介的途径，并能做出明智的选择；第二，了解各个媒介所使用的独特的传播技术以及传播手段；第三，了解媒介产品特质、为什么媒介产品被制作出来和它们是怎样被制作出来的，以及受众该如何挑战他们不喜欢的媒介产品；第四，学会用媒介表达思想。参见刘建明，等. 西方媒介批评史 [M]. 福州：福建人民出版社，2007：254。

对自己知道什么事实信息的交流。情感交流是一种典型的价值交流方式。只有当人与人在价值层面相互认可时，他们之间建立的关系才是更为牢靠的。同样，只有当收受者在价值层面、情感层次认可媒介、接受传播者时，他才能成为媒介的忠实受众，成为传播者忠实的朋友。这恐怕正是媒介和传播者不愿也不可能放弃情态信息的根本原因。"以理服人（事实信息是最可靠的以理服人的方法），以情感人"，是永恒的传播观念和方法，尽管我们不提倡在纯粹的新闻文本中过度表达传播者的情态信息（参见前文）。更进一步，收受者的收受则是对一定社会文化价值观念的感受和理解，也就是说，收受者在接触媒介、解读新闻的过程中，实质上也在解读和理解自身所处的环境信息，也在理解和解读自己所处的社会信息，也在理解自己时代的特征。人们对这样的新闻解读过程也许是不自觉的，但这样的过程却发生在每个收受者的身上。当我们理解了新闻文本信息的层次结构，这样的解读就应该成为一种自觉的行为，如此，我们就不仅能够知道新闻事实是什么，也能够理解新闻传播者为什么要报道这样的新闻（同时，也能理解传播者为什么不报道有些事实），以及这样的事实在一定的社会语境中到底有什么样的意义和价值。如果收受者具有了这样的自觉和意识，也就具有了收受中的批判意识，也就能够对媒介行为、传播者的新闻行为进行反思和批评。实际上，作为大众新闻的收受者，人们对新闻媒介及其制作传播的新闻已经有了越来越清晰的认识，作为受众的主动性、积极性、创造性在不断提高。

四、新闻信息的媒介构成

我们如果不是把具体的新闻报道、新闻文本作为对象考察新闻的信息构成，而是把新闻作为整体考察它的具体构成，那么大致有两条基本的思路：一是从新闻分类的角度，根据不同的分类标准，对新闻的构成做出描述；二是从媒介角度，根据不同媒介形态和具体媒体的特点，对新闻的构成做出分析。前一种思路的构成分析，一般的新闻教科书都已做过[①]，我们不再重复，但对后一种思路的分析还不多，很有必要加以强化。

（一）新闻的媒介构成方式与特征

在宏观层面上，媒介形态的总体结构方式、总体格局决定了新闻样式[②]的结构方式。媒介生态在很大程度上决定着整个社会的信息生态特别是新闻生态。有什么样的媒介生物，就有什么样的新闻样式；有什么样的媒介生物关系，就有什么样的新闻样式关系。尽管新闻事实是由自然生产的，是由社会生产的，是由人创造的，但新闻的直接展现方式是由人决定的，是由人所创造、发明的媒介形式决定的。媒介形态的历史演变，决定着新闻样式的基本演变过程。需要提醒读者注意的是，我们不是技术决定论者，也不是媒介决定论者[③]，我们只是在讨论媒介形态与新闻样式的关系，没有讨论影响新闻样式的其他社会因素。新闻样式是由社会整体发展状况决定的，包括媒介形态、媒介技术本身也是整个社会发展的结果，并不是纯粹的媒介自律或者技术自律发展的结果，这是我们的基本看法。事实上，人们的现有研究已经说明，在人类历史演变过程中，不存在任何单一的决定人类历史演变的因素，正像在一个人的一生中，并不存在任何单一的决定其成长的因素一样。把人类社会或者人类社会的某一个子系统的

---

① 杨保军．新闻理论教程［M］．北京：中国人民大学出版社，2005：103－107．

② 这里所说的新闻样式，主要是指新闻的媒介形态样式以及新闻的时代样式。新闻的媒介形态样式，是由媒介形态特点决定的新闻呈现方式；新闻的时代样式则取决于一定时代的整体特点，特别是一定时代所关注的主题。

③ 媒介决定论与技术决定论在本质上是一回事，一定的媒介总是依托一定的技术或者多种技术的整合。

演变过程归结为是由某一种因素决定的思路，仍然没有超越古典的还原主义的思维模式。同样，如果把新闻样式的演变简单归结为媒介技术的发展或媒介形态的演变，那也是很难令人信服的。新闻的媒介形态样式毕竟是外在的表现形式，不同媒介形态到底会呈现出什么样的新闻内容，并不是由媒介形态本身单一决定的，更多的是取决于一定社会的整体结构方式。人们看到，在同样的媒介形态下，不同社会的新闻传播在内容上是有一定差异甚至是很大差异的。①

在人类只有口头语言媒介的时候，新闻的存在样式就只能是口头新闻，每个人类个体都充当着媒介生物的角色，并且在人类的信息交流活动中充当媒介生物的只能是人类自身。而当人类创造了图画、文字，并把它们作为信息媒介时，新闻的存在样式便有了口头新闻、图画新闻和文字（书写）新闻。一旦人类可以超越把自己身体作为信息载体的直接限制，创造出间接的信息传收媒介（载体），信息传播也就由直接传播（面对面）进入了间接传播（在人与人之间插入信息中介载体），信息、新闻信息变得可以脱离人的身体、大脑而有意义地承载于一定的媒介中，人类便进入了新的传播时代，这是历史性的跨越。当人能够把人的精神产物和自身身体、大脑分离的时候，人的文化活动才算真正开启了一个新的文明时代，人对自己的历史记忆便能超越人自身的有限性，从而开始真正的历史积淀、文化积淀、文明积淀。

直接传播，原则上可以看作无中介化的传播②，间接传播，则是被不

---

① 这里所说的差异不是指具体事实内容的差异，因为这种差异是必然的，而是指事实类别或者性质的差异。比如，同样处于电子媒介传播时代，在有些社会中，新闻主要呈现的事实是政府认定的正面事实，而在另一些社会中，新闻主要呈现的事实是媒介认定的新闻事实。这就足以说明，新闻的媒介形态可以是相似的，但内容有很大的差别。

② 无中介化，不等于没有媒介中介，即使在面对面的人际信息交往中，人类仍然要依赖大自然提供的空气，但空气并不主动改变人们交流的内容，因此，直接传播是有中介的、有媒介的，但没有中介化、媒介化。

同媒介形态中介化了的传播。人类信息传播的演变历史就是中介化程度不断提高的历史，是中介技术和充当中介的媒介形态不断出新、升级的历史。[①]就新闻传播来看，它可以说是当今传播领域最为典型化的中介化传播方式——大众（媒介）传播。正是媒介形态的中介化作用，使物理时空上相离的人们在一定程度上超越了时空限制，在共时态上拥有了共同的新闻图景或者共同的新闻符号世界。但这种共时态的存在，其实是充满想象的，因为不同的人所理解的新闻图景不会是完全相同的景象，不像直接传播、非中介化的传播那样，人们处在同一共时的情境之中，有着共同的或者接近的经验基础，因而，在直接的交流互动中更容易（并不必然）达成共同的图景想象和形象描述。

我们面对今天的新闻传播实际，能够看到，新闻符号世界是由口头新闻、文字新闻、广播新闻、图像新闻以及各种融合新闻等共同构成的，人类拥有了众多的、前所未有的新闻样式。媒介形态与新闻样式相似，以历史累积或者积淀的方式构成了在当今时代的存在和表现形式。媒介形态的融合，创造了新闻样式的融合；不同的融合水平和融合形式，创造了新闻样式的不同融合层次和具体融合样式。这也透露出一种信息，人类拥有什么样的感觉器官（包括神经系统），就会像麦克卢汉当年所说的那样，创造出什么样的人工媒介延伸物来，与此相应，也就会出现什么样的信息样式和新闻样式。而人类神经系统、感觉系统、思维系统等的统一性，从根本上决定了新闻的最佳媒介样式是媒介融合样式，但这并不否认任何单一媒介形态、单一媒介新闻样式存在的必要性和合理性，就像我们承认人类神经系统、感觉系统、思维系统等的统一性，不等于就否认了它们客观上

---

① 其实，把人类文明史归结为技术发明史，把人类历史归结为工具史，正是看到了人与对象之间的关系，是技术中介化和工具中介化的过程。但这只是结果，并不是所有的原因，因此，把人类历史的根本动力归结为技术是偏颇的。

的相对独立性和各自功能的特殊性。

在媒介生态层面上，不同媒介形态的历时态产生，形成了不同媒介形态新闻样式的历史展现；不同媒介形态的共时态存在及其相互作用，则创造了不同新闻样式共同建构整体新闻图景的历史景观。如今，一定社会的现实新闻图景，是由不同媒介形态提供的不同新闻样式共同塑造的；同一媒介形态类型中的不同媒介，共同建构着一定媒介形态新闻样式的总体局面；不同媒介形态之间新闻报道、新闻文本的展开与相互作用，构成了日日常新的新闻画卷。即使在具体新闻事件的层面上，只要某一新闻事件具有足够的社会意义或者具有足够激发人们普遍兴趣的内涵，关于它的新闻图景，就同样是由不同媒介创制的新闻文本一起编制的。不管是总体的新闻图景，还是关于具体新闻事实的具体形象，在原则上既离不开不同媒介形态再现的不同新闻样式之间的相互作用，也离不开同一媒介形态中的不同媒介创制的新闻文本之间的相互作用。新闻文本间的互动，既是新闻的媒介构成方式，也是新闻的媒介构成特征。需要注意的一点是，我们这里言说的媒介，不单指组织化、制度化的大众媒介，也包括网络时代逐步兴起的自媒介，它同样在为新闻的不同图景贡献自己的色彩。

在微观层面上，新闻媒介的具体定位决定了具体媒介的新闻结构方式，这是又一种意义上的"有什么样的媒介，就有什么样的新闻"。

媒介的定位，其中最重要的是受众定位，受众定位又表现为内容定位，就是目标报道领域的定位（所谓目标报道领域，就是媒体方针、媒介编辑方针所确定的主要报道范围和内容）。媒介通过内容定位说明自己的受众定位。有什么样的内容，就有什么样的受众。[①] 媒介内容反映了媒介

---

① 因而，在一定意义上可以说，有什么样的媒介，就有什么样的受众，媒介既可以培养受众，也可以创造受众。但反过来说，受众也可以改造媒介，改变媒介。媒介和受众之间是一种互相改造、互相创造的互动关系。媒介与受众的互动关系，在媒介的不同发展阶段的表现是不一样的。

的品位和品质，因而，有什么样的媒介内容，就有什么样的媒介。媒介内容永远是人们评价媒介"好""坏"的首要标准。媒介的层次主要不是由行政层级区分的，而是由媒介内容的品质决定的。媒体、媒介的主流与否，与媒介规模的大小没有必然关系，与媒介的行政级别（并不是所有社会中的新闻媒体都有所谓的行政级别）没有必然关系，与媒介的自吹自擂更没有必然的关系，真正有必然关系的乃是媒介所传播的内容，特别是媒介所传播的新闻内容。金玉其外、败絮其中的媒介可能是受人关注的媒介，也可能是阅读量、收视（听）率较高的媒介，但绝不是主流媒介，绝不是真正具有社会影响力的媒介。

一定媒介的目标报道领域可能不是单一的，而是多领域的。大多数新闻媒介目标报道领域的构成方式是"中心"单一、"边缘"多元，即只有一个核心性的目标报道领域，但有多个边缘性的目标报道领域（同时拥有多个目标报道领域的媒介也是存在的）。这样，媒介的新闻构成也就有了相应的特点。核心目标报道领域就是新闻的核心构成内容，是媒介的核心信息资源，也是媒介构建核心竞争力的特有"基地"。媒介的个性特征正是在塑造核心新闻、核心内容的过程中造就的。对边缘目标领域的报道，构成了一定媒介新闻图景的丰富性，扩大了媒介的辐射范围，覆盖了更多可能的受众，也为时机成熟时的媒介扩张铺垫着道路。目标报道领域的弹性设置，为媒介生存、发展预留了活动空间。微观层次上新闻的媒介构成方式，是所有媒介面对的核心问题。从媒介的创办到对媒介的任何形式的改造，都不可能不考虑新闻的构成方式。

（二）新闻的媒介构成趋势

新闻的媒介构成历史已经成为事实，需要的是认识和描述，我们在上文中实际上做了一定的说明，现在需要做的工作是进一步的清晰勾勒。这

里的主要任务是针对媒介的现实状况和未来发展，对新闻的构成样式趋势
予以描绘。将这两方面结合起来，我们可以提出以下共同的问题：什么样
的新闻样式曾经占据了流动性新闻图景的主导地位；什么样的新闻样式将
有可能占据新闻图景的主导地位，成为人们青睐的主要对象？这些问题的
实质是，什么样的媒介形态将在未来的新闻传播中占据主导地位，成为最
主要的新闻媒介。

从历史角度看，这些问题似乎是比较好回答的，但其实我们很难确切
回答。在文字时代之前，口头新闻一定是新闻近乎唯一的存在方式。在没
有电子新闻的时候，印刷新闻无疑占据着主导地位。然而，在有了广播电
视新闻以后，到底谁在传统媒体时代占据着新闻传播的核心地位，就不太
好回答了。而在今天这样的后传统媒体时代，即在网络新闻传播、手机新
闻传播已经成为新闻传播的常态形式后，到底哪种媒介的新闻传播占据着
核心地位，就更是难以清楚回答的问题了。我以为，任何所谓的经验研
究、实证研究，要想准确回答这一问题都是徒劳的。经验研究只能在小范
围内针对一定的人群回答这样的问题，若想针对整个人类回答这样的问
题，几乎是不可能的。但我们还是可以进行宏大叙事，从宏观层面描述这
种主导地位或者核心地位演变的基本趋势。

不同媒介形态在媒介历史发展过程中自然生成的历史性的主导地位，
相应决定着一定历史时代新闻的主导性媒介形态样式。在此意义上，可以
说有什么样的媒介形态，就有什么样的主导性新闻样式（一定时代、一定
社会的新闻样式，并不只是简单地取决于媒介形态的类别，还会受到其他
社会因素的影响）。当典型的中介化人工媒介还没有被发明创造出来时，
口头新闻样式必然是主导性的；当报纸媒介形态占据绝对主导地位的时
候，新闻的样式就只能表现为文字新闻和图片新闻；当广播媒介登上新闻
媒介的舞台，传统的只能面对面进行声音交流的新闻样式便转换成为间接

的"只听"性的新闻样式；当电视媒介成为所谓的"第一媒介"时，新闻变成了直接呈现"活生生"事实（世界）的"看得见"的新闻样式；在新媒体时代（以网络媒介形态为代表、为基本平台）到来的今天，新闻样式既和任何一种传统媒介形态样式相似，又变得不同于任何一种单一的传统媒介形态样式，一种真正的既可以单一又可以复合的新闻样式诞生了。看得出，从直接到间接，从单一到复合，从一维到多维，是新闻媒介形态和新闻呈现样式演变的基本路径，也可以说是基本的演变规律。

一个时代有一个时代的主导性新闻媒介样式，它创造了不同时代的新闻传播方式和收受习惯。就现在来看，不同媒介形态之间、不同媒介形态新闻样式之间，还没有形成明显的替代关系[①]，在总的局面上还是一种承继扬弃、长短互补、生态共栖的关系。与人类诞生一起走来的口头新闻样式，仍然是新闻传播中的核心样式之一；人们现在还很难说印刷新闻样式已经是明日黄花了，尽管不断出现一些预言家式的断论，宣判印刷新闻的死期；人们也很难说网络新闻（包括所有建立在网络基础上的新闻样式）就一定是明天新闻样式中火红的太阳、灿烂的朝霞，因为，电脑总有"死机"的时候。我以为，关于不同媒介形态之间、不同新闻样式之间的关系，这样的判断是比较合理的："近数十年的经验说明，用生态学的观点来看，媒体各有生存空间，彼此之间更可以有'共栖'（symbiosis）和'杂交'（hybridization），在内容和形式上合作，超越'简单并存'，进而可'内容寄存''特性渗透'和'全面协作'。"[②] 不同媒介形态的新闻，可以满足人们不同的新闻需求。新闻的不同媒介样式及媒介形态样式，必

---

① 关于不同媒介技术之间的历史关系，不同媒介形态之间的历史发展关系，我在《新闻活动论》中做了专门论述，并且用图示的方式给予直观的呈现。这样的描述和呈现，实质上也等于反映了不同新闻样式之间的关系。参见杨保军. 新闻活动论 [M]. 北京：中国人民大学出版社，2006：359 - 362.

② 鲁曙明，洪浚浩. 传播学 [M]. 北京：中国人民大学出版社，2007：37.

然会造成媒介之间、媒介形态之间的竞争关系。竞争过程，既塑造了不同媒介、媒介形态的优势，也促成了不同媒介、媒介形态之间的合作和融合。因此，面向未来，新闻构成的媒介样式越来越难以区分，媒介的融合，也使新闻的样式融合了。

需要明确的是，不同媒介形态、新闻样式之间的此消彼长既是历史事实，也是必然的趋势，历史的脚步不会停留在某一点上不动。人类拥有的一切，只有在人类终结的时候才会彻底终结。任何关于"终结"的断论（比如意识形态的终结，技术发展的终结，哲学观念的终结，甚至包括社会形态的终结），都是出于某种狭隘意识形态的怪论，或者说是某种个人愿望和梦想的表达。旧习惯的惯性无论如何强大，都会被新生活慢慢改变，一些历史性的存在将在新时代的发展中逐步成为人类的记忆，或者成为传统，生长在现实之中。对于未来，如果要想把它的轨迹描画得十分清晰，对不断生成中的人的活动来说、社会现象来说，几乎是不可能的。我们既不可能完全知道过去，我们也无法准确把握未来。人类的一切活动都是在目的性的名义下盲目（自然）演进的。

在媒介与新闻样式的演变过程中，我们能够发现一个明显的事实，这就是：越是主要通过人类自然进化生成的媒介，越具有永恒性；越是主要通过人类社会进化生成的媒介，越难以恒久地存在。[①] 与生命同在的是永恒的，身外之物是可有可无的。我们可以想象没有报纸，没有报纸新闻，但我们无法想象没有口头语言，没有口头新闻传播和口头新闻。对人之为人来说，口头新闻的存在是永恒的，而其他所有的作为人工制品的媒介，在人类历史的长河中不过是短暂的一瞬。人类可以延伸自己的存在，获得新的存在方式，人类也可以不延伸自己、少延伸自己，自然地生存下去。

---

① 我把自然进化主要理解为不过度依赖人类自觉创造历史的进化；而把社会进化主要理解为凭借人类自觉创造自身历史的进化方式。

这是两种不同类型的生存、生活方式，在我眼中，并没有绝对的文明与野蛮的差别和界分。人类具有不断创造新媒介的热情，其最终目的恐怕还是让人类能够回归到最温暖的信息交流分享状态——类似面对面的交流情境。这并不是诗意的想象，而是人类始终的渴望。当人类被自然的力量分隔时，他们追求通过不断更新的文明力量拉近时空距离、心理距离；当人类被文明的成果又一次以新的方式分隔后，他们又在追求新的身体靠近、心灵靠近方式。这就是人类交流的历史，当然也是新闻交流的历史，正是在这样的过程中，新闻样式在不断改变着它的面貌，以适应人类新的需求。

如果我们对新闻的媒介构成样式问题加以扩展性或者延伸性的思考，就会发现，媒介形态的演变，不仅制约和影响着新闻主导样式的地位演变，也制约和影响着人类交往方式（不只是精神交往方式，还包括物质交往方式）、思维方式、生活方式的变化。不同媒介形态有不同的技术支持，更为重要的是，不同媒介形态依赖着或者运用着不同的主导性语言符号系统。这意味着人们观察世界、言说世界、理解世界的方式在不同媒介时代会发生很大的差别。哲学家们说"语言是存在的家"，我们可以加以扩展说"符号是存在的家"。只有进入符号世界的世界，进入符号世界的事实，才是人们真正可能认识把握的世界和事实。不同的符号系统具有各自的特点，它们以富有特色的方式反映世界、反映事实，这就意味着不同媒介形态主导的信息交流、新闻信息交流方式，将培养出不同的思维方式、不同的把握世界的方式。当"读字"为主变成了"读图"潮流，当仔细"思考"变成了快速"浏览"，当"普遍兴趣"变成了"个性推拉"，传播技术与相应的媒介形态带来的就不再是简单的传收方式的变化，而是人们观念的变化、思维方式的变化，以及生存、生活方式的变化。

五、新闻信息的社会构成

上面，我们主要是在微观和中观层面上，针对个别新闻文本的信息构成、媒介形态的新闻信息构成做了分析，这也是人们通常理解的新闻信息构成理论。① 下面，我想在另一层面上理解和扩展这一问题的内涵和外延，即在宏观层面上，也就是在新闻与社会、与时代的整体关系层面上，对新闻信息的构成做一些新的思考和分析。

（一）宏观构成的内涵及意义

新闻信息的宏观构成分析，是以一定社会的历史时代、历史时期、历史阶段的整体新闻传播为对象，从总体上审视、观察、分析其新闻传播的主要内容构成情况。宏观分析关注的主要不是具体的新闻报道了什么，也不是某家具体新闻媒体或者某个传播者报道了什么，而是一定社会的所有新闻传播媒体至少是绝大多数新闻媒体，特别是主流媒体在一定历史时代、历史时期、历史阶段总体上在关注什么、反映什么、报道什么。它们的这种总体关注、总体反映和总体报道，构成了一定社会在一定历史时代、历史时期、历史阶段的总体新闻内容，塑造了一定社会在一定历史时代、历史时期、历史阶段的新闻的整体景象。也就是说，这里其实是把一定社会的新闻传播业的"新闻传播活动"作为主要对象，考察新闻的构成情况。当然，这样的宏观考察还必须顾及"民间新闻"的状况，因为它也是整个社会新闻图景建构的重要方式，是客观存在的、必不可少的重要方

---

① 将新闻文本信息构成明确区分为事态信息、情态信息和意态信息，是我最先做出的。最初的相对比较明确完整的分析可参阅杨保军. 新闻理论教程［M］. 北京：中国人民大学出版社，2005；杨保军. 新闻活动论［M］. 北京：中国人民大学出版社，2006。

式，至于民间新闻本身则是整个社会新闻图景的重要组成部分。并且，对人类整体来说，在近代新闻传播业诞生之前，人类的新闻图景——体现在各个具体的社会之中——主要是通过民间新闻方式塑造的、建构的，到了今天传播科技高度发达的信息时代，民间新闻可能会迎来新的春天，至少现在已经显露出了这样的迹象。自媒体传播现象的勃兴，使得信息图景、新闻图景的呈现方式、建构方式，都有可能发生巨大的变化。民间方式和制度化方式将在新的媒介平台上、新的水平上发生互动，新闻图景将由民间新闻和制度化新闻这两只大手共同塑造，而不再仅仅是制度化新闻"一手遮天"。

人类新闻活动史，从需要论的角度看，不过是人类实现传播需要和收受需要的历史性互动过程[①]，是传收交互作用的展开过程。其实，整个人类历史，**"不过是**追求着自己目的的人的活动而已"[②]。因此，整个新闻的历史景象，是在新闻传收过程中（不管采用什么样的媒介方式），由作为传收共同主体的所有人类成员共同创造的。人类正是在传播活动中逐步生发出相对独立的信息意识、新闻信息意识，新闻活动也正是在传播活动的演化过程中逐步成为人类把握世界的相对独立的一种方式，这种方式的表现就是呈现事实世界最新变动的图景——新闻图景。但新闻图景能以相对独立的方式存在、发挥相对独立的影响和作用还是相当晚近的事情，有学者对此过程做了这样"大而化之"的描述："信息的传播，是流经人类全部历史的水流，不断延伸着人类的感觉。但是，关于传播信息中的一

---

① 我把传收之间的关系，描述为新闻传播过程中始终存在的基本关系、内在关系，认为这一关系构成了新闻传播的总矛盾，也是新闻传播过程的基本矛盾。而这一关系、矛盾的实质就是传播需要与收受需要之间的关系和矛盾。我们所探求的新闻规律，从根本上说就是要揭示这两种需要之间的稳定的内在关系。参见杨保军. 新闻活动论［M］. 北京：中国人民大学出版社，2006：90 - 100。关于新闻传播规律，可参阅杨杨保军. 新闻理论教程［M］. 北京：中国人民大学出版社，2005：240 - 251。

② 马克思恩格斯文集：第 1 卷［M］. 北京：人民出版社，2009：295.

类——新闻，能够分门别类地从一般信息传播中分离出来，传播新闻成为
一种独立的社会行业，仅是最近几百年的事情。然而，新闻信息是始终存
在的，只是在人类活动的早期，融于一般信息的传播之中，难以以一种绝
对的标准予以辨别"①。可见，新闻图景的演变，呈现新闻图景的方式、
方法的演变，在事实上是与人类自身的整体进化发展同步的。无疑，新闻
图景的变化过程从一个方面展现了人类的文明进化过程。

对一定的社会来说，它所拥有的不断演变的新闻图景是由生存、生活
其中的作为传收共同主体的所有社会成员共同创造的。文明进化造成的社
会分工，使一些人充当了专门的传播者，另一些人成了相对存在的收受
者，因而形成了信息、新闻信息传播过程中一些人为另一些人"把关"
"守门"的现象，但这只是传播现象最为直观的一面，也是容易引起人们
注意的一面。传播现象更为普遍的一面是，人人都是传播者，人人都是收
受者，这是"自古以来"的事实，而不像有些人误会的那样只是网络时代
到来后的事实，网络时代只是把这种"人人都是传播者，人人都是收受
者"的现象提升到了一个前所未有的水平。真正对一定社会范围内人们构
成作用和影响的新闻符号世界一定是由人们共同塑造的。传播者塑造的新
闻符号世界，如果没有收受者的理解和响应，那么其所转化成的心理性的
符号世界是不能真正发挥作用的。因此，一定社会的新闻图景总是能在一
定程度上呈现社会变化的整体情况，能够呈现人们共同关注的事项，能够
呈现社会心理变化的轨迹，尽管这些呈现是粗线条的，甚至可能是不准确
的、歪曲的；但根据新闻史提供的历史经验事实，在更多时候，新闻图景
能够以大写意的方式，有时甚至能够以工笔画的方式，呈现社会的宏观景
象和一些重要的"细节"。新闻能够成为历史的根据或蓝本，原因大概也

---

① 陈力丹.世界新闻传播史［M］. 2 版.上海：上海交通大学出版社，2007：1.

正在这里。顺便说一句，人们只有以宏观的、历史的眼光去观照新闻传播、新闻内容，才能发现新闻其实是可以呈现一定社会历史演变过程的主线及其主导现象的。因此，要求新闻努力实现整体真实是应该的、正当的。事实上，如果新闻传播界确实反映了一定社会范围内各个领域的最新的有意义的变动情况，也就能够以历史性的累积方式记录和描述出社会的主导性形象，而不管这种主导性形象本身是什么样的。

新闻图景在新闻活动作为一种社会现象的演变过程中，在抽象的总体意义上，是一个由自在塑造向自觉塑造、由模糊塑造向清晰塑造、由简单塑造向复杂塑造的过程，这是与整个人类新闻意识明确独立的过程、传播技术不断更新的过程，以及新闻传播水平、规模不断提升、扩大的过程相一致的，就现在来看，也是与整个人类文明发展进步的过程相一致的。新闻图景是由新闻文本编织的；一定社会的新闻图景是由该社会生产的所有新闻文本编织的；一定历史时代、历史时期、历史阶段的新闻图景，是由一定历史时代、历史时期、历史阶段的所有新闻文本编织的。因而，新闻文本（新闻报道）的质与量，将直接决定新闻图景呈现相应事实世界的规模范围和真实准确的程度。新闻以自己的方式将给历史留下什么样的底片，原则上取决于每一篇新闻报道。新闻传播者的历史责任正是在每一则新闻的创制过程中被担当的、实现的。

新闻是人类社会特有的一种话语方式。话语中的存在，是人类真正在一定意义上理解了的存在、把握了的存在，也是人类可以实际谈论的存在。因此，话语方式既是人们生存、生活方式的表征，也是一定社会运行方式的语言表现。从话语角度看，每一个历史时代、历史时期、历史阶段也都有自己的文化话语方式、文化话语体系，同样，每一个历史时代、历史时期、历史阶段都有自己的新闻话语方式、新闻话语体系。新闻话语方式、话语体系就实现于、体现在由无数具体新闻报道、新闻叙事组成的整体新闻图景之中。新闻媒体以有机运动的方式，共同记录着历史的整体景象；所有新闻媒体，以新闻报道的累积效应方式，映射着历史的特征和轨迹。

反过来说，透过新闻图景的构成情况，人们可以发现、判断和评价相应社会的生存、发展质量，可以发现、判断和评价相应历史时代、历史时期、历史阶段的政治清浊、经济强弱、文化兴衰和人心向背。真实的新闻图景将记录下真实的历史，扭曲的新闻图景则将记录下扭曲的社会状况。说新闻是社会的镜子尽管可能有些夸张，但方向应该是没有错误的。当然，只有新闻传播进入一定的历史时代，它的"镜子"功能才是可能的。我的意思是说，只有当人类或者一定社会的新闻传播达到一定的水平，新闻记录历史整体状况才是可能的。在人类只有碎片化的玻璃镜时，新闻传播是很难呈现整体社会景象的，即使呈现了，也只能是一个光怪陆离的、破碎的（零散的）社会图景。

透过新闻内容、新闻图景的整体构成情况，我们可以探求、了解和把握每个历史时代、历史时期、历史阶段基本的新闻观念，而这对新闻研究和新闻实践是至关重要的事情。一个时代主导性的新闻观念，一定是时代潮流的反映和体现，也一定是时代精神和时代主题的某种反映和体现，尽管时代潮流有可能是某种倒退性的历史回潮，尽管时代精神可能会在曲折的历史轨迹中表现出某种虚假，尽管时代主题在历史的变奏中并不总是表现出它应该的面目。时代的客观需要、社会的客观需要，是一定事物存在合理性的根本标准。没有的事物会在时代的需要中、社会的需要中被创造出来。新闻是感觉时代需要、社会需要最为灵敏的渠道。因而，时代需要、社会需要首先会通过新闻呈现出来，首先会通过新的新闻观念呈现出来。当代中国需要怎样的新闻观念，在我看来，是所有新闻理论研究中最为重大的问题，也是新闻实践呼唤的头等重要的问题。新闻在我们的社会

（中国特色社会主义）中到底应该发挥怎样的作用，则是新闻观念的核心问题。对新闻构成的历史性审视、现实性分析，核心目的在于为未来应该建构什么样的新闻观念提供经验和智慧，铺垫坚实的出发平台。

（二）新闻的社会构成方式

把在一定社会中传播的所有新闻作为整体对象，加以静态分析，看看它是通过什么样的社会渠道构筑起来的，就是我们所说的新闻的社会构成方式。如果我们观照的不是长江大河，而是小溪山泉，那就一定能够发现无数的建构新闻图景的渠道或者"脚手架"；如果我们只是在宏观的社会层面上加以观照，能够找到的方式就是很有限的。在一定社会中传收的所有新闻，从宏观的社会构成方式上大致可以分为民间构成方式和制度化构成方式两种，分别表现为民间新闻①和职业新闻。

1. 新闻的民间构成方式

新闻的民间建构渠道从古到今，最主要的模式是人际传收模式，即直接的面对面的传收方式。这种方式以人与人之间的链式结构渠道和点式扩散形式，始终成为规模化信息传播、新闻传播得以形成的重要渠道，即使在今天这样高度发达的大众传播时代依然如此。但是，随着人类文明的发展，随着传播技术和其他技术的进步，新闻的民间构成方式也在不断地更新进化，非直接的传收模式如今不仅是普遍的方式，而且可能已经成为主导性的方式。民间新闻正在成为塑造一定社会整体新闻图景的重要力量，

---

① 我所说的民间新闻，是指民众或老百姓以他们自己的兴趣、需求进行的非严格的事实性信息传播。他们可能并没有新闻意识，也不明确知道自己传播收受的到底是什么性质的信息，只是在研究者的眼光里，认为他们传播的信息类似于新闻组织机构传播的新闻，因而，称之为民间新闻。显然，民间新闻不同于源于美国的公民新闻或公共新闻，那是新闻媒体试图让人民成为社会公民的一种新的新闻样式、新闻运动，目的在于使人民以公民的身份积极参与政治民主活动、公共活动，当然媒体还有自己的商业利益目的。

在一些具体新闻事件形象的塑造上，民间新闻的作用和影响甚至超过了制度化、组织化的新闻。今天的民间新闻，已经是一种可以在一定程度上打破由组织媒介建造的新闻垄断局面的新闻样式。

在前新闻传播业时代，我们可以说，新闻信息与其他信息还没有得到明确的区分，人类从总体上说还没有明确的新闻意识。在这种情形下，新闻的存在是没有秩序的，或者说处在一种自在自然的状态，人们并不明确知道什么是新闻，什么不是新闻，也不会去有意建构某种新闻图景。也就是说，在前新闻传播业时代，新闻图景实际上是由人们随意建构的，是自然形成的。这种情形下的新闻样式在今天的人们看来，可能表现为非新闻的方式①，可能是小道消息，可能是文学化的故事，可能是传说，可能是流言，可能是谣言。新闻的图景就是由这些所谓的新闻样式共同编制起来的。即使到了今天，人们看到，这其中的一些信息传播样式，也仍然是民间新闻传播的重要形式，人们并不认为它们不是新闻传播样式。当然，我们也必须指出，人们今天看到的由媒介组织建构的"标准"的新闻样式，都是"基因"于这些古老也恒久的信息交流形式，并且，在纯粹的形式意义上，组织化、制度化新闻的呈现方式甚至在向民间新闻的方式回归。"新闻就是故事"，把新闻写作看成讲故事的艺术，如此等等所谓的新潮、时髦的新闻观念、新闻写作观念和方式，其实是"老掉牙"的东西，是在新的螺旋中向古老新闻方式的回归。至于新闻写作的散文化、文学化等，则更是"信息新闻"② 时代到来前新闻的典型表现样式，也

---

① 陈力丹教授在《世界新闻传播史》的开篇中写道："远古时代几乎不存在时间观念，上古、中古时代的信息传播，数月甚至数年前的信息也许也被视为新闻，历史记载与新闻报道只是从不同时间角度来看同一件事情。"参见陈力丹. 世界新闻传播史 [M]. 2 版. 上海：上海交通大学出版社，2007：1。

② 这是相对意见新闻或"意见纸"而言，可参阅李良荣. 西方新闻事业概论 [M]. 上海：复旦大学出版社，1997。

不是什么新鲜的玩意。当然，我们必须认真地说明，今天的"回归"，对制度化新闻传播者来说，是在明确的、独立的"新闻意识"下的回归，是确保新闻基本性质的回归。如果把新闻真的写成了虚构的故事，写成了传播者的情感、意见表达，那就成了一种复辟和倒退，背离了新闻的本性。

进入新闻传播业时代，新闻的民间构成方式伴随着人类文明的整体进步，伴随着传播技术的不断发明和创造，也出现了越来越大的变化。古老的方式在被沿用着，新的方式则在不断被创造着、发明着，特别是进入网络传播时代，民间新闻的建构方式与之前相比，发生了翻天覆地的革命性变化，这使民间新闻进入新的黄金时代，进入在一定条件下可以和制度化新闻抗衡、争雄的时代，能够打破制度化新闻垄断新闻符号世界局面的时代。如前所说，新闻重新成为新的"螺旋"下的大众的新闻、民众的新闻，这也许是新闻本性的真正回归。新闻不再遮掩，新闻不再封闭，新闻开始回归它及时、公开的本性，从而成为真实的公共信息资源，成为公共领域得以创建的重要基础。在民间新闻开始进入新时代的宏大背景下，一定社会范围内的新闻自由，也像整个人类范围的新闻自由一样，步入了一种新的状态，人们的传播自由权利和收受自由权利都得到了范围上的扩展、程度上的提高，人们拥有了更多的自由机会。这也在实践层面上扩大了新闻自由主体的总量，实质性地提高了新闻自由的质量。[①] 我知道我的阐释具有一定的理想化色彩，但新时代创造的民间新闻，确实呈现出民间新闻的新景象。我也清楚，这并不只是传播技术进步的结果，而是整个人类文明进化的成就，但传播技术的核心作用是不可否认的。没有手段的目

---

① 新闻自由从逻辑上、理论上说是所有人的自由权利，但在现实表现中，主要是新闻媒体的自由、职业新闻传播者的自由，在民众层面上则主要表现为收受新闻信息的自由。但在新的传播技术条件下，民众确实获得了前所未有的传播新闻、发表意见的自主机会，获得了和自身以外其他各个层次社会主体互动的机会，这无疑在实际上提升了新闻自由、言论自由的水平。

的无论多么美好，也是无法达到的。技术是中介，技术是手段，尽管不是唯一的手段，但却是手段一族中的核心成员。

如果收缩一下我们的视野，就可以说，由传播技术发展带来的"自媒体"新闻样式，将会成长为新时代民间新闻图景塑造中最重要的角色，也会成为整个社会新闻图景中的亮丽景色。从现在的发展趋势看，自媒体新闻样式还难以说一定能彻底打破制度化新闻图景的基本格局，但至少能够改变单一的制度化新闻的新闻图景构图方式，使民间新闻的方式与制度化新闻方式形成互补性的构图关系。自媒体也许是未来整体新闻传播的重要渠道，而不仅仅是民间新闻的主要手段。我们看到，在今天，尽管传统的构造新闻图景的民间方式仍然存在，而且，我们相信，有些方式将会伴随人类永远地存在下去。但是，传统样式也不再仅仅依赖人与人之间的面对面的传播模式，而是会充分利用最新的传播技术，以新的样式表现出来。因此，传统的民间新闻建构方式，不会在新的时代减弱，相反会得到强化。民间新闻不会因为制度化新闻的强大而"退避三舍"，我们可以说，民间新闻在网络时代已经迎来了自己的美好时光。当网络传播处于Web1.0的时代时，从新闻角度看，网络媒介还主要是人们用来浏览新闻的工具，而新闻的供应者与传统媒体并没有实质性的区别，即人们通过网络媒介获取的新闻，实质上仍然是制度化新闻的某种翻版而已。Web2.0时代的到来，可以说使民间新闻传收进入了一个新的革命性的时代。所有具备一定的运用网络传播技术能力的人，都可以制作、传播自己想传播的信息（当然要遵循法律原则和基本的道德原则）。这是真正的自媒体时代的开启，是草根媒体时代的开启，会使民间新闻的建构进入前所未有的新境界。然而，这只是技术上的革命，能否真正带来新闻内容结构上的革命，我以为，仅仅依赖技术这一个要素是不够的。但毫无疑问的是，自媒体时代的到来，已经开始削弱职业新闻传播者的社会影响，也给制度化新闻内容的构成带来了相当大的冲击。① 有人写道："互联网经过新一轮的进化，已经不仅是一个浏览资讯的工具，而是一个能让用户即时与人互动的资讯交流平台"，"Web2.0 时代的浏览者可以自己制作网站内容，网民有了一个可读可写的互联网（read-write web）。互联网上资讯的拥有权也从单一属于网主而变成与互联网使用者共享。这场资讯革命正在改写人类历史"。②

民间新闻建构方式的巨大变化，将会给整个社会生活，特别是人们的政治生活带来怎样的影响，还是一个不很明朗的问题。我们能够看到的是，民间新闻力量已经远远超过了传统媒体时代条件下的民间新闻，应该说，普通大众获得了真正的传播新闻的权利，正在开始打破制度化新闻传播的限制。制度化新闻试图通过自身的特权封锁一些新闻的时代，原则上一去难复返了。民间新闻的新的构建方式、新的内容构成方式，有可能塑造出新时代的公共领域。民间新闻有可能改变人们认识和把握世界的新闻方式。

新技术条件下的民间新闻，使民间新闻传播者走出了狭小的私人空间，使民间新闻不再是简单的私人范围内的信息交流活动；狭小范围的新闻传收从严格意义上说不属于真正的符合新闻本性的传收；新闻本身是社会性的信息、公共性的信息。今天的民间新闻，其传播方式已经冲破了传统的点对点的互动模式的单一性，走向了点对点和点对面共同的、融合的互动模式，自媒体传播者具备了类组织化传播者的特点，从而使民间新闻

---

① 有人写道："网络新闻媒体的开放符号方式，是有利于受众的，资讯权力下放，使用者主导，接收信息的受众可分享资讯控制权。当传统新闻业的知识及言论垄断局面被打破，新闻工作者的社会地位也随之遭到削弱。""在'全民博客''全民记者''全民监察员''全民行销员''全民作家'的新环境下，传统媒体机构正面临严峻的挑战，它们有些设法抵抗，有些则尝试把使用者制作的内容吸纳到主流媒体中，与公众建立协作关系。不少传播学者正在研究这种新兴的'混种'（hybrid）媒体现象。"参见鲁曙明，洪浚浩. 传播学［M］. 北京：中国人民大学出版社，2007：42，44。

② 鲁曙明，洪浚浩. 传播学［M］. 北京：中国人民大学出版社，2007：43.

具有了大众传播的特征，具有了大众媒介新闻传播的表现形式，也就具有了产生类大众化媒介新闻传播的功能；模式的转换或者多元化，使社会主体之间的关系呈现出新的表现方式，使主体间有了更多的、效率更高的信息交流渠道和方式。民间新闻传播者开始超越私人化的传播角色，转变成为社会化、公共化的传播角色；普通人作为私人和作为公民的角色在新的传播时代也进入了一个新的身份统一时代；更能引起人们兴奋的是，普通大众在信息传播领域身份公共化机会的增多，也为社会公正、社会平等的实现提供了更多的可能。当新闻图景越来越成为人们共同塑造的图景时，也就意味着，所有的社会成员都要为塑造新闻图景担当社会责任。自由、权利永远都是和责任、义务联系在一起的。

2. 新闻的制度化构成方式

当新闻传播成为一种社会事业，出现了专门的新闻组织机构和专门的新闻职业人员时，人类新闻传播的方式便发生了划时代的变革（标志就是印刷新闻的诞生），新闻传播对社会生活的作用和影响便上升到了一个新的层次，新闻传播便进入了新的历史时代。新闻生产成为社会的一种自觉行为，新闻制度成为社会制度体系的有机构成部分。这是对单一民间新闻生产时代的超越，也是人类自为性新闻传播的真正开始。我把组织化新闻传播的诞生看作制度化新闻的开始，即制度化新闻和组织化新闻在我下面的阐释中具有同等意义。需要说明的是，近代新闻传播业诞生之前的制度化的新闻传播及新闻构成方式不在我们的考虑之列。①

制度化新闻的诞生是社会发展需要的产物，是社会经济生活、政治生活、文化生活等对规模化新闻信息和其他信息需要的产物。当随意的民间

---

① 在近代新闻传播业诞生之前，一些封建帝国中存在过制度化的新闻传播方式，因而，新闻的制度化构成也是存在过的，封建政府也曾按照它们的统治需要建构过新闻图景和新闻信息秩序。有些封建帝国，甚至拥有比较健全的信息传收制度。

新闻无法充分满足社会需要时，社会就会创造出新的新闻传播方式。制度化新闻是按照一定原则、标准、程序和措施控制生产的新闻；制度化新闻的演变过程，就是一定原则、标准、程序和措施在一定社会环境演变中不断明了、细化、变革、完善、制度化和再制度化的过程。因而，一定社会始终在按照自己的现实需要来变革制度化新闻的存在方式和运行方式。也就是说，在新闻媒介与社会之间，前者从本质上是从属于后者的，是随后者的变化而变化的，尽管没有人会否认新闻媒介、新闻传播能够对社会变动产生巨大的影响。

　　在上述意义上我们可以看到，制度化新闻的构成景象，是各种社会力量作用、影响和控制的共同结果，核心则是根据控制势力描绘出来的新闻图景。在总体上可以说，一定社会拥有的整体新闻图景是所有社会力量博弈的结果[①]。但就实际来说，谁的力量占据了一定社会的权力核心，制度化的新闻图景就会主要按照谁的意愿去呈现，这就像在一个大的集团公司中，谁拥有的股份最大，谁就实际控制着公司的整体蓝图一样。从抽象意义上说，拥有一定社会经济基础和社会掌控力量的主体左右着社会的上层建筑，从而也就掌握着描绘新闻图景的大笔。这并不是我们的论证，只是对社会事实的一种指认和描述。其实，马克思早在一百五六十年前，就向人们揭示和指认了这样的社会事实。在这种指认和描述的背后，深藏的可能是社会演变中的规律性力量，这种力量尽管是由社会活动主体造成的，但又不是任何一类社会主体能够左右的。因此，我们能够看到一种历史性的结果，即在农业社会，不管什么样的社会统治力量，都只能塑造出专制的、农业化的新闻图景；而在工业社会，当生产方式在本质上是市场经济的时，新闻图景就只能在那只"看不见的手"的操控下被塑造，当生

---

　　① 这样的说法容易使人把新闻图景理解为静态的，但实质上新闻图景或者新闻景象是日日变动、不断更新的。

产方式在本质上是计划经济的时，新闻图景就是另一种不同的图景。而所有这些新闻图景，直接表现出了与一定社会经济制度、政治制度、文化制度相匹配的特色。新闻图景往往就是社会制度框架的呈现，建构社会制度的主体是新闻图景的真正设计者，新闻媒介、新闻传播者不过是一些建筑工人而已。他们背后的神秘力量，就是所谓的社会发展的内在规律。也就是说，社会并不会简单地服从某些人的意志，哪怕他们是统治者。社会运行的步调是所有社会主体活动的结果，因此，制度化新闻的合理构成方式，只能是社会主体的共同需要，而这在现实社会中又总是表现为过程，而不是结果。

制度化新闻是组织性的新闻，不是民间性的自发新闻；新闻作为符号世界是可组织的，在一定程度上，是能够（能够不等于正当或应该）按照主体意愿建构的，不管这种意愿是否正当。但这并不是绝对地说，这样的新闻图景都对现实进行了歪曲和虚假化。制度化新闻媒介组织塑造的新闻图景与实际事实图景之间的关系如何，主要依赖于制度本身的合理性，也依赖于一定社会的新闻文化传统、新闻观念，依赖于一定社会对新闻功能的理解和期望。如果一定社会环境中的新闻制度本身是不合理的，不能适应社会正常发展的需要，就难以让人们看到一个真实的事实世界。反过来说，合乎社会实际需要的新闻制度，它所体现的新闻观念、新闻手段不会违背新闻的本性，塑造出来的新闻图景也不会背离真实的世界面貌。

制度化新闻是规模化的、标准化的、稳定的新闻，它的生产是程序化的，在一定时期也是刻板化的、框架化的。新闻图景因而是景色框架中的图景，不是自由自在的图景。制度化新闻常常成为社会正常运转的一种标志和一种形式，它为社会大众提供了理解一定社会的主导性的信息流（同时还提供着其他各种各样的意见流、意识流、文化流等）和信息指向；社会大众在表面的自由收受中，实际接受着这种信息流的限制和约束（我们在"新闻的功能"一章中将会对此加以进一步阐释），即限制和约束着理解社会的范围和方式。制度化新闻总是努力要把人们的眼光聚拢到制度建造者希望的方向，并且总是希望人们更多地看到制度光明的一面。

　　新闻一旦被制度化，就会在不同的制度向度上表现出不同的追求和结果，受到不同制度向度上的支配和控制。政治上的制度化，使新闻传播业成为一种意识形态事业，成为思想意识中心，成为政治权力展现自身"光辉形象"的中介和平台；经济上的制度化，使新闻传播业成为一种相应的事业或者信息产业，这取决于经济制度本身的特征，但不管哪种经济制度、经济体制，都会以自己的机制调整新闻传播的方向盘；文化上的制度化，使新闻传播业成为某种文化制度希望的文化传播者，成为建构和宣扬一定文化认可的价值观念的重要力量。如此一来，不管事实上有没有新闻，有多少新闻，制度化的新闻都会采取各种办法把自己的新闻信息空间填充满当，绝对不会让媒介作为新闻传播者或其他信息传播者空转。当然，更为重要的是，新闻图景呈现了制度的诉求，表现了制度的面貌，并且是制度想要的面貌。制度化新闻不大可能创制出反制度的新闻，偶尔的使制度感到丢脸的新闻本质上也是为了维护制度的正常运转。

　　如上所说，所有的媒体都在正常运转，也就说明社会在正常运转，人们在正常地生活，即使社会已经动荡不安，人们的客观实际生活已经变得混乱不堪，但只要媒介上反映的生活仍然是正常的、有秩序的，人们就会以为一切都是正常的，媒介的新闻传播于是变成了一种符号、一种标识、一种象征。对社会中的每个成员来说，他们都生活在相对狭小的时空中，生活在一定的点上，而不是广大的面上。他们对事实世界的直接感觉是非常有限的，对外在世界的了解主要依赖于他人，依赖于大众媒介。因而，只要新闻媒介传播的新闻还是正常的，他们便以为社会是正常的。制度化新闻更会遮蔽真相，遮蔽现实世界的面目，甚至会制造假象。民间新闻却没有这种"意识"，他们往往是有什么说什么，没有值得说的、传扬的、流言的，也就闭上了嘴巴。只有具备了制造流言的基础，民间新闻才会制造流言。民间新闻对制度化新闻而言始终都是"挑刺者"，甚至是"批判者"。当民间新闻不再有什么新意的时候，制度化新闻也就进入了新的境界。制度化新闻是可控的，而民间新闻是"自由"的。

如今，尽管网络技术使人人在原则上都可以成为新闻的创制者和传播者，但真正能够对社会生活，特别是政治生活、经济生活、文化生活和人们的一般日常生活构成广泛影响的新闻，在绝大多数情况下仍然是通过组织化新闻媒体所传播的新闻。至少可以说，离开组织化媒介的新闻传播，大部分新闻很难形成社会化的影响。因此，新闻的制度化构成形式，依然是并且将长期是人类社会新闻建构的主要方式。这大概不只是一种信念，也是基于现实的合理判断。

（三）新闻信息宏观构成特点分析

针对一定社会新闻传播的演变史，只要我们愿意对既有的新闻文本做系统的、全面的、仔细的内容分析，就可以总结概括出不同历史时代、时期、阶段新闻传播的主要内容构成方式，这也是以内容分析为主的新闻史的思想路线。不同历史时代、历史时期、历史阶段的社会变化内容和形式，总会清晰地或者模糊地留存在新闻的记忆当中。历史的轨迹就是新闻的轨迹，尽管这两种轨迹不会完全重合。在大众化新闻传播方式诞生之后，新闻传播以自身的特有观念和方式，使得对事实世界的再现与建构总体上更加全面、真实，使得历史与新闻之间的契合度越来越高。因此，我们将主要以新闻传播业诞生以来的社会历史为主要背景，简要描述一下新闻构成的宏观特点。

1. 与时代主题的一致性

在宏观层面上，新闻首先是一定社会整体建构的结果，是一定社会整体文化系统的产物（参见第五章），而非某家媒体、媒介或者某些个人建构的结果。新闻是社会的产物，是一定时代各种力量相互作用的生成品。因此，只要我们知道时代的主题，我们就可以知道新闻的主题，知道一定时代新闻信息宏观构成的大模样。时代现象、时代主题、时代精神将从总体上决定一个时代新闻传播的整体景象①，新闻传播的整体内容。我们可以说，媒介是时代的产物，一定时代的新闻当然也是时代的产物。马克思就曾说过，人们读报是为了在"报纸上去寻找当今的精神和时代的精神"②。但这并不是说报纸独立地创造了时代精神，而是说时代精神在报纸上得到了呈现和反映；时代决定着新闻的整体景象，"媒体应是时代的表征"③，时代的主题是因，时代的新闻是果，而不是相反。但这只是从根本关系上说的，是从源流关系上做出的解释。在现实表现中，时代主题与时代新闻之间，总是一种互动的关系，并且，新闻会成为张扬时代主题的号角，同样也是创造时代精神的重要力量④。

　　新闻媒介对一定的时代来说，总是耳目喉舌。区别只是在于，在有些时代，它只是充当着社会统治者的耳目喉舌或者某些利益集团、某一些人的耳目喉舌；在有些时代，它更多的是整个社会和社会大众的耳目喉舌。因此，问题不在于新闻媒介是不是耳目喉舌，而在于它是谁的耳目喉舌。有些人一听到耳目喉舌就反感，这是神经性的过敏症。希望新闻媒介成为

---

　　① 关于"时代""时代精神"等含义，我国哲学家孙正聿做了很好的解释，引述在此，供读者参考。"所谓'时代'，就是人类的全部生活活动及其所创造的生活世界具有相对的质的区别的社会发展阶段；所谓'时代精神'，就是标志社会不同发展阶段的、具有特定历史内涵的生活世界的'意义'；所谓'时代精神的精华'，则是时代的'意义'是社会自我意识，即对时代性的生活世界的'意义'的理论把握。"参见孙正聿.崇高的位置 [M]. 长春：吉林人民出版社，2007：16。

　　② 马克思恩格斯全集：第1卷 [M]. 2版. 北京：人民出版社，1995：141.

　　③ 方延明. 新闻与文化研究 [M]. 北京：社会科学文献出版社，2007：25.

　　④ 当然，媒体和新闻也有可能成为压制时代精神的工具，新闻的功能并不是天然正面的，其正面功能取决于人类对其功能属性的运用观念和方法。媒体与新闻在一定社会历史时代到底发挥着什么样的作用，要具体问题具体分析，我们此处的阐释只是一般的解释。

真正的"社会公器"，永远是人们美好的理想；人们总是期望新闻媒介能够以民主意识、公共精神支配自己的新闻传播，把"为社会大众服务、维护社会公共利益"作为至上的、终极的目标。实际情况是，时代自身的整体状况，将决定媒介作为耳目喉舌的所属、地位、功能和作用，因而，也就决定了新闻内容的整体结构样式。有什么样的时代，就有什么样的新闻。新闻媒介与它们所创制的新闻和新闻图景，在价值论意义上很难超越时代。超越时代的新闻，也就不是新闻了，而只能是某种思想、观念、学说或者理论；新闻是以事实为本体、为根源的，不可能也不允许离开事实去创制新闻。但是，新闻媒介并不是纯粹的"新闻"媒介，并不是纯粹的再现事实的"平面镜"。新闻媒介可以走在时代的前列，反映和报道最能体现时代精神、时代主题的新闻事实、新闻事件，可以以新闻言论的方式高举时代的旗帜，甚至对主题错位的时代发出批判和声讨的声音，使其回头和惊醒，这既是新闻媒介最基本的社会职责，也是新闻最基本的特点。

每个时代都有自己的主题，但从价值论意义上分析，并不是每一时代的主题都是人们愿意看到的，愿意接受的。每个时代都有自身的主题，但时代主题并不必然是正确的、合理的，并不必然真正符合时代的要求。时代主题会因为各种各样的原因出现错位，背离它本来所应该追求的，也会脱轨。与此相适应，新闻也常常会与时代主题一起脱轨、同步脱轨。时代有长有短，但时代的区分标准和尺度，主要不是时间的长短，而是内容的性质变化。时代，是属于人的时代，属于社会的时代，而社会发展就是人的发展。人是会出错的，有时并不清楚应该做什么、必须做什么，一旦在比较长的时间内，人不能反省自己的错误，就会造成所谓的时代性错误。人类历史上，在不同国家、不同民族的生存、演变、发展过程中，都出现过黑暗的时代（时期、阶段）、残暴的时代（时期、阶段）、荒唐的时代（时期、阶段）、可笑的时代（时期、阶段），这说明了时代主题错位、错误的不可避免性。人类及其每一个体都是在试错中前进的，就连人类的科学、思想发展也遵循同样的逻辑路线。

一个时代的主题到底是什么，身在时代中的人，有时就像身在庐山中的人一样，是看不大清楚的。人们往往是在时空上超越了自己时代性的存在和时代性的生活方式后，才能比较清楚地判断自己当初应该做什么。事后诸葛亮在人类各个层面的生活中是常见的现象。当时代糊涂时，新闻媒介能够清醒吗？当时代疯狂时，新闻媒介能不疯狂吗？天下皆醉我独醒的新闻时代尽管有，但确实很少。不管在什么样的新闻制度下、新闻体制下，实际情况都是相似的。与时代一起犯错误的情况，至今似乎没有因新闻制度的差异而有什么根本的不同。即不管什么样新闻制度下的新闻传播，在时代主题出错的时候，新闻媒介、新闻也总是跟着出错，甚至总是为错误的时代主题、时代现象火上浇油、助威呐喊；在个别情况下，甚至可以说新闻媒介、新闻充当了制造错误时代主题、时代现象的急先锋。[①]但另一事实是，不管新闻媒介是否清醒，是否疯狂，它所创制的新闻都能够记录下时代的基本面貌，记录下被自己当作合理主题的错误主题。翻开世界新闻史册、中国新闻史册，人们可以比较清晰地或者粗线条地看到社会的历史面貌，看到政治斗争的历史风云。新闻记录了历史的轨迹，也留下了自身的形象。新闻在它的时代有时是不自醒的，但后继时代一旦醒悟，人们就可以透过当年的新闻、今天的历史，看到当年的景象，这需要的大概只是"反读"，即把当年的"正面新闻"看作一种荒唐历史现实的

---

① 这一现象从一个方面说明了新闻作为意识形态的从属性，同时说明了其作为意识形态的能动性。新闻制度本质上是一定社会政治制度的一部分，政治变幻一定会体现在新闻传播之中。一定时代的主题往往是政治权力集团选择判断的结果，新闻作为"跟屁虫"的存在，更多的时候就是摇旗呐喊。但需要人们注意和研究的问题是，我们能否找到一种新的新闻运行机制，使新闻在时代主题出错的时候，依旧能够发出更多的让时代惊醒的声音。当然，我知道，这是整个社会的安全机制建设问题，而不仅仅是新闻传播的事情。也许，期望新闻媒介超越时代的要求本身就是不合现实的、不合历史逻辑的。

再现资料。① 从整体上看，新闻与时代亦步亦趋。新闻的内容就是时代的起伏。错位的时代主题，仍然是时代的主题，新闻要么跟着错位，以价值肯定的方式记录下时代的主题；要么批判错位，以价值否定的方式记录下时代的主题。即使是民间新闻，遵循的也是这样的逻辑。

在相对比较大的历史时代中，包含着具有一定质的差异的历史时期、历史阶段。这种历史时期、历史阶段表现出来的质的差异性，不仅体现在新闻传播业的不同发展状况中，也会被作为明日史家角色的新闻记录下来，从而呈现出不同历史时期、历史阶段新闻自身的整体宏观图景。一定历史时期、历史阶段的基本面貌被新闻编织出来，其景象或者模糊，或者清晰，但总是给后来的人们、未来的时代留下了认识与参照的图景。人们从中不仅看到了社会的变迁，文化的运演，也看到了新闻实践的风云变幻，新闻精神的回旋变奏。我想说的是，不管是在宏观的大的历史尺度上，还是在相对较小的历史尺度上，新闻与时代的主要关系是一致的关系，主题合一的关系。

新闻总体图景与时代的一致性，并不是说只是与一定社会统治者选择

---

① 我在《新闻真实论》中讨论新闻失实的宏观表现时，曾经写下这样一段话，对我们理解这里谈到的现象具有一定的帮助。"多少带有一些反讽意味的是，这种宏观层面的虚假失实，却以历史记忆的方式反映了一个国家在一定历史时代、时期新闻传播的真实面目——造假不实，背离新闻传播规律的真实面目，甚至是整个国家大致的真实面目——虚夸吹牛、混乱不堪。新闻本身虽然没有反映出当时客观实际的情况，但新闻传播行为（进行虚假报道的行为）却反映了自己真实的历史面目。并且，新闻记录下了当时的现象真实。人们在他们所处的时代，也许由于'身在庐山不识庐山'的认知局限而无法透过现象看到自己时代的本质，很难甚至无法判断他们看到的现象到底是真相还是假象，但他们将真相、假象一并作为真相记录下来，这对今天的人们来说显得异常的珍贵。现在看来属于假象的东西（没有反映当年实际的真实情况）则恰好反映了当年的时代真相（反映了当年造假不实的真实情况）。当后世的人们以历史的眼光去审视当年的新闻报道时，它们成了历史事实，记录着当年的荒唐。可见，只有经过历史的冲刷，一定时代的真实面目才能裸露在人们的面前……同时也提醒人们，新闻真实总是历史性的真实，新闻真实总是有限的真实，新闻传播不可避免地具有一定的虚拟性，这是任何一个时代的新闻传播都逃脱不了的，差别只在于不同时代新闻报道在这些特性上的表现强烈程度有所不同罢了。对于新闻传播的真实性，我们尽管不能走向虚无主义，什么都不相信，但也要时时警惕，要充分认识到新闻真实的局限性，以免陷入盲信新闻传播的境地。"参见杨保军. 新闻真实论［M］. 北京：中国人民大学出版社，2006：261。

的主题相一致。时代主题的选择，也有它历史的必然性，有它历史的基础、社会大众的基础，不然，历史就成了纯粹的英雄创造的历史、精英创造的历史。德国哲学家卡尔·雅斯贝尔斯说："报纸作为民众思想同步的意识，构成了我们今天的精神生活。"[①] 新闻宏观图景很难超越它的时代，很难超越所处时代人民整体的认识水平。制度化、组织化新闻是这样，民间新闻也是这样。媒介的意识就是人民意识的一种映射；新闻意识就是人民信息需要的反映。其中会有扭曲，会有失真，但大模样总是相似的。今天的人们可以通过新闻来理解历史，通过新闻的变化来理解历史的变化，但反过来说，新闻不过是历史的构成分子，因而，要真正理解新闻的价值和意义，又需要将其置于历史的情境之中，诚如有学者所言，"新闻的本质是历史的，它要求本真和质朴，它不能离开历史，它是历史的日记，离开历史，就不知这新闻的价值在哪里，甚至离开那一天的'历史'、那一天的报纸版面，都难以估量这新闻的价值。一篇再好的新闻，如果离开历史来看，你会觉得平淡无奇，甚至味同嚼蜡。读不懂历史，就读不透新闻，新闻只有在它和历史的关系中，历史如何作用于它、它如何作用于历史的关系中才能体现它的魅力、它的亮色、它的影响力和价值"[②]。一定历史时代的主题决定着新闻传播的主题，历史时代的总体走向决定着新闻传播的总体走向，决定着新闻传播内容的整体结构方式。

2. 与社会制度的相适性

所谓新闻的宏观构成与社会制度的相适性，是指一定时代的新闻（内容）在整体上总是按照社会制度的要求建构的，即有什么样的经济政治一体化制度，就会有与其相匹配的新闻图景。新闻对事实世界的再现与塑造

---

① 雅斯贝尔斯. 存在与超越 [M]. 余灵灵，徐信华，译. 上海：上海三联书店，1988：181.

② 田中阳. 蜕变的尴尬：对百年中国现代化与报刊话语嬗演关系的研究 [M]. 长沙：湖南教育出版社，2006：3.

不会轻易超越社会制度的制约和限制。从它们之间的根本关系上说，是新闻对社会制度的适应。这只是对一种社会事实的指认，并不包含我们对它的评价。

从宏大的历史过程来看：封建社会只能存在在专制主义制度强权下描绘的新闻图景，它一定是封建专制统治者的一厢情愿；封建制度本质上是只有最高统治者一个人自由的社会，统治者说事实是什么就是什么；新闻图景在这样的社会制度下通常是被强加给社会大众的，是外在于社会大众的存在。资本主义社会是在相对自由民主的经济制度、政治制度中呈现自己的新闻图景的，自由、民主既成为新闻媒介塑造新闻图景的手段，也成为它们追求的目标；但自由和民主，都是资本主义意义上的自由与民主，新闻图景是不能背离这一意义上的自由与民主的，是在资本规律支配下的新闻图景。社会主义社会则是在人民民主专政的政治制度和以公有制为主体的经济制度下呈现新闻图景的；社会主义社会是把人民、政府、政党利益一体化的社会，并且党（主要是执政的共产党）是人民利益的代表，因此，顺理成章的逻辑是新闻媒介必须按照党的要求来塑造新闻图景。我们这里的描述是一般性的，但每一种制度的存在都是具体的，相互之间千差万别，比如，同是资本主义制度，在不同国家的具体制度表现并不完全相同。因此，一定社会制度下的新闻传播到底是如何与其政治经济制度相适应的，还需要针对具体社会进行专门的研究，而这是此处难以完成的任务。①

在社会政治经济制度与新闻制度之间，人们能够看到的一个明显事实是：一定社会的经济制度、政治制度、文化制度将决定具体的新闻制度和

---

① 事实上，这是新闻学界一直关注的重要研究领域。新闻与社会（大众），新闻媒介与政府（政党）的关系，始终是西方新闻学界的核心论题，也应该成为我国新闻学界深入研究的核心问题。我在几篇文章和相关著作中曾以"新闻关系论"的名义发出过这样的呼吁，希望越来越多的学者能够认真研究中国新闻媒体与中国政治、中国大众、中国社会发展的具体关系。可参阅杨保军. 新闻活动论［M］. 北京：中国人民大学出版社，2006：1-45。

新闻运作机制；而有什么样的新闻制度和机制，就会有什么样的新闻图景。新闻信息的宏观构成是由新闻制度决定的，一定社会主导性的新闻图景是由该社会主导性的（主流的）新闻媒介塑造的，而主导性的新闻媒体要么是归社会制度的建立者（统治者）直接所有，要么就是由社会制度的建立者间接控制。这就从根本上决定了新闻的宏观构成图景必然与社会制度的内在要求是相适应的，是相互配合的。一定的社会制度需要什么样的新闻图景，生存在这种制度环境中的新闻媒介就会塑造什么样的新闻图景。因此，社会制度与新闻信息宏观构成的相适性，是新闻图景去适应社会制度，而不是社会制度去适应新闻媒介的新闻图景，这进一步说明，新闻传播业、新闻媒体，从根本上说属于社会的上层建筑，属于社会的意识形态领域，与社会制度相比，新闻仍然是被决定的存在。当然，我们绝不否认新闻在一定历史条件下巨大的反作用以及偶尔的决定性的影响和作用。

　　当然，会有一些看起来好像是例外的情况。当一定社会的统治者无法真正落实贯彻自己的各种制度时，新闻传播的实际景象就会超越制度的界限和约束。对于人们在一定的社会环境中能够看到什么样的新闻图景，还需要做具体的分析。当一定社会制度下的统治者无法完全控制社会中的所有新闻媒体，或者无法实质性地控制新闻媒体时，新闻媒介塑造出的整体新闻图景就可能与统治者期望的新闻图景不相适应。但这并不意味着新闻信息的宏观构成与社会制度缺乏相适性，只不过是另一种景象的相适性，即新闻图景恰好反映了一定社会制度的软弱性（实质上是统治者的软弱性），新闻图景恰好反映了一定社会制度无法控制整个社会政治生活、经济生活和社会生活的特点。总而言之，有什么样的制度，就会有什么样整体的新闻信息构成方式。在社会主义政治制度、经济制度、社会制度下，新闻媒介不可能塑造出一幅资本主义社会的图景来，同样，在资本主义制度下，新闻媒介也不可能塑造出社会主义的图景来。即使在同一社会，在其基本社会制度不变的情况下，只要影响社会生活的政治经济制度发生比较大的变革（改革或者改进），作为思想意识形态领域的新闻就会因为经济基础的变化、政治上层建筑的变化而变化。也就是说，社会制度发生了变革，新闻图景就会追随、适应。这一点，只要人们看一看改革开放前后的中国就会一清二楚。

如何看待、评价新闻图景与社会制度的相适性现象，确实是一个比较困难的问题。但我们还是可以做出一些说明。首先，新闻图景与社会制度的相适性，实际揭示的是新闻媒体与政党（执政党）、政府关系的相适性。显然，在这样的关系中，新闻媒介可以充分成为一定社会制度实现自身目的的手段和工具。反过来说，新闻媒介只要"听话"——听政府的话、听执政党的话，就不会有根本性的生存危险，至少在政治上不存在生存危险。在这种情形下，新闻媒介既可以帮助政府从善，也可能帮助政府作恶。到底会怎样，决定因素控制在政府手中。因此，在新闻媒体独立性不足、不强的社会制度中，只有在政府是好政府，执政党是好执政党的条件下，新闻媒介才可能是良好的媒介。在新闻媒介从属于社会制度需求的这种关系中，一个十分明显的事实是：政府可以制约新闻媒介的新闻传播行为，但新闻媒介却很难通过自己的新闻手段监督政府的不当行为。其次，在这种相适应的关系中，"监测环境、守望社会"的新闻媒介、职业新闻工作者，其作用是有限的，从根本上说是制度范围内的监测者和守望者，很难超越制度的限制和约束，很难对制度本身存在的问题进行揭露和批评。新闻制度本身就是一定社会制度的组成部分，新闻媒介、职业新闻工作者因而实际上承担着通过新闻方式维护社会制度的职能和责任。新闻制度与社会政治经济制度的一体化关系，充分表明新闻不过是一定社会进行自组织的一种手段。因而，想通过新闻手段彻底剜掉社会制度的脓疮是不大可能的。因而，制度范围内的新闻监督永远都是有限的监督，总会存在不能监督的领域、事件和人物。当媒介的良恶过分依赖政府和政党的良恶时，一定社会等于实际上失去了一双观察自己、审视自己的明亮的眼睛，也就是说，新闻本来可以发挥的功能作用将大打折扣。最后，正因为这样，新闻媒介及职业新闻工作者要想发挥自身的基本作用，就必须具有相对的独立性（绝对的独立性本身就是不存在的）。只有这样，它才有机会以相对比较冷静的态度、理智的眼光去观察社会、审视制度，客观反映事实世界的真实变化，从而使社会能够自觉到存在的问题。即使政府、政党是正确的，新闻媒介的新闻选择是不公正的，但这也至少使一定社会有了自身"象背上的小鸟"。

因此，新闻图景与社会制度的相适性，只是一种事实性的现象，在社会价值论者的眼光中，并不必然是良性的关系。在学理上，这其实根本不是什么新的发现，但在实践中，要建立新闻媒介与政府之间真实的、良性的关系，确实是一项历史性的任务。这里存在着各种认识上的障碍，更根本的当然是利益上的障碍。人们期望有些新闻媒体具有相对的独立性，特别是相对于政府、政党政治权力的相对独立性，而这只有一个目的，那就是新闻媒体能够更好地以独立的力量、自由的方法维护公共利益，当然并不是为了独立而独立，也不是为了媒介自身的利益而独立。独立才有可能对权力组织及权力拥有者形成真正的无所顾虑（法律范围内的无所顾虑）的监督。而权力只有受到监督才能正常运用，这是无数思想家们已经做过的论证，也是社会实践证明了的事实。人们永远不会忘记法国思想家孟德斯鸠的名言警句："一切有权力的人都容易滥用权力，这是万古不变的一条经验。有权力的人们使用权力，一直到有界限的地方才休止"，"要防止滥用权力，就必须以权力约束权力"。[1] 新闻媒介的相对独立，就是要其

---

[1]　孟德斯鸠. 论法的精神：上 [M]. 张雁深，译. 北京：商务印书馆，1961：154.

获得一种相对独立的、代表人民监督权的权力。这样，它才有可能真正反映整个社会的新闻图景。

3. 与媒介生态的相关性

一定社会的宏观新闻信息构成，与其拥有的新闻媒介的数量、质量是高度相关的，即与新闻媒介生态是直接相关的。在最直接、最现实的意义上，一定社会拥有什么样的新闻媒介生态，就能拥有什么样的新闻图景；新闻图景的具体表现形态必然与媒介的具体形态相关，新闻图景的实际质量必然与新闻媒介的素质、媒介生态的质量密切相关。

新闻媒介生态主体是所有的新闻媒体，有人形象地称之为"媒介生物"。"在媒介生态中，媒体是运行的主体，离开了媒体，离开了媒体的行为，就谈不上媒体生态。"① 就当前新闻媒介生态的实际情况而言，媒介生物主要有报社、广播电台、电视台、新闻网站、新闻杂志社等，它们既是组织化的再现、建构新闻图景的设计师和建筑者，也是当前社会条件下新闻图景的主要建构者。如果再从民间新闻角度加以扩展性观照，那么我们可以说，每一个人都是（现实的或者潜在的）新闻"媒介生物"，每一个人都是一定社会新闻宏观图景的建筑者、描画者。一定社会的新闻图景实际上是由民间新闻和制度化新闻共同构筑的，民间新闻的实际作用在新的传播技术的支持下可能会越来越大、越来越重要（参见前文）。

从媒介生态角度看，拥有什么样的媒介形态，就会拥有什么样的新闻样式。如果没有印刷媒介，就不可能有印刷新闻；同样，如果没有各种形式的电子媒介，也就不可能有丰富多彩的电子新闻样式。需要注意或者说明的是，即使人类有了印刷媒介、电子媒介或者别的什么媒介，如果它们中的一些具体媒介生物没有被应用到新闻传播活动领域中，也就不能成为

---

① 许永．媒体内生态中的个体与群体行为［J］．当代传播，2003（1）：23.

新闻媒介生态中的成员，不能为新闻图景的描绘施展身手。我们知道，几乎所有传播媒介（技术）在诞生之初都没有立即被投入到新闻传播领域，它们成为新闻媒介生物往往要经过一定的历史过程和历史机遇。当代，即使整个人类的信息传播已经宣称进入网络时代，但在一定社会范围内，如果没有开始使用电子媒介，没有开始使用网络传播技术（世界上很多地区仍然是这样），那么，也不可能存在网络新闻，在该社会范围内，新闻的构成方式也只能停留在传统媒介时代。因此，我们可以得出这样的判断：新闻图景的整体构成状况和方式，总是和一定社会拥有的新闻媒介生态高度相关，有什么样的新闻媒介生物，就会有什么样的新闻样式。

但是，一定社会能够拥有什么样质量的新闻图景，除了与在媒介生态中拥有什么样类别的媒介生物高度相关外，更与媒介生物的素质问题、媒介生物的品格问题高度相关。在一定社会总的制度条件下，每一媒体还会有自身的定位和追求，而新闻媒介的价值取向将在很大程度上决定新闻图景的构成方式。把新闻图景的整体构成机制完全推给一定的社会政治制度、经济制度、文化制度是不能解释和解决全部问题的。一定社会整体的新闻景象或者新闻图景，是由所有新闻媒介的共同活动创制的，是由所有新闻媒介的新闻文本共同塑造的、编织的、建构的，当然其中离不开民间新闻的作用。不过，这里我们主要关注制度性的新闻传播、职业性的新闻传播。因此，媒介的质量决定新闻的质量，媒介的品格决定新闻的品格。一些新闻媒介、新闻传播者常常借用制度上的限制来遮掩自己的无能，自己不愿进取，却说制度没有提供足够的活动空间；当别人能够做好的事情自己做不好时，别人能做的事情自己就是不做时，就说别人拥有特殊的政治资源或者其他什么资源。如此等等，在中国新闻界是相当普遍的现象。制度约束已经成为一些人的遮羞布。而有些真正的新闻就是在与一些不合理制度规定的博弈中诞生的。新闻图景的质量取决于所有媒体的进取精神和实践行为。新闻，不仅要维护制度的合理性，也要批评（一定是通过新闻手段）制度的不合理性。只有这样，媒介才能成为人民的耳目喉舌，同时，也在一定程度上，充当政府的耳目喉舌。

在一定的媒介生态中，媒介生物的具体存在是多样的。不同的新闻媒介，当然各有各的用处，各有各的成长方式，各有各的生存发展空间。然而，存在的并不必然都是合理的。在新闻信息的宏观图景中，并不都是美丽的景色，还有荒芜的沙漠甚至污浊的泥潭。我用这样的比喻是想说明，在新闻的宏观图景中，新闻是有好坏之分的，是有优劣之别的。尽管我们有时很难找到一个清晰准确的标准，去评价、判断、区分新闻的好坏优劣，然而，凭借我们的直觉、经验和常识，依据历史与现实为人们提供的事实，就可以知道，有些新闻是负面的、不良的、恶性的，传播和收受这样的新闻，对社会、对个体都不会产生良好的效应。新闻，并不天然能够促进社会的良性运行，也不天然能够为人们带来美好快乐的生活。有些新闻是无聊的，有些新闻是荒谬的，有些新闻甚至是邪恶的。新闻能够产生什么样的效应，不仅仅依赖于人们的品质和需要，还必须看人们传播收受的是什么样的新闻。一方面，在新闻这个信息拼图中，达到有机统一其实是很难的事情。而一旦拼图混乱，就有可能导致信息秩序混乱，社会和民众失去信息安全。更可怕的是，新闻信息的失序有可能引发社会的动荡不安。如果这种动荡不安违背了人民的意愿，那新闻图景就应该改变它的拼图理念和拼图方式。另一方面，我们也不要想当然地以为，铁板一块的新闻图景就是最安全的，因为世界是丰富多彩的，真实的社会生活是纷繁复杂的，若新闻图景只是一种色彩，那么不管是热烈的红色，还是阴暗的黑色，都不可能符合生活世界的真实面目。如果所有的新闻媒介都按照规定动作操练或者歌唱，那一定是场面宏伟壮观，歌声排山倒海。统一和团结是力量的源泉，但问题的关键是指导操练和歌唱的手册必须是合理的、正确的。如何保障这一点，才是真正的难题。按照一个手册办事的媒介，当然只会或只能跳一种团体舞，唱一种大合唱。而谁都懂得，千篇一律的媒介（定位）只能塑造千篇一律的具体新闻图景，也只能塑造单一而单调的呆板新闻图景。通过这样的新闻图景，人们不可能看到事实世界的丰富与多彩，发现事实世界的纷繁与复杂。因此，不同的新闻媒介应该追求自己的特色和品格，塑造自己的个性和风格，使新闻图景能够真实反映事实世界的千变万化和丰富多彩。

每一家新闻媒体都是新闻图景的拼图者，都是可能影响社会、影响个人的新闻符号世界的创制者，因而每家新闻媒体，无论大小，无论是否主流，都要承担自身应该担负的社会责任。

第四章　新闻的功能

在整个历史进程中，人类一直在设法改进其对于周围事物的消息情报的接受能力和吸收能力，同时又设法提高自己本身传播消息情报的速度、清晰度，并使方法多样化。这种努力之所以必要，首先是为了创造条件对在他面前可能潜伏的种种危险心中有数，然后也是为了能和大家一起看到共同对付这些危险的可能性。

——肖恩·麦克布赖德

虽然报纸最初只是交流思想的媒介，但它现在已成为世界上的无冕之王。它以通俗易懂的简明表述创造了一种活生生的知识……报纸作为观念形态体现了群众文化的辉煌前景。为了生动、深刻并富有建设性、创见性地表现事实，报纸避免使用模糊的概括，避免材料的堆砌。它抓住了对所有精神领域内所发生的事实的再创造，它使得某些领域所拥有的原本影响不大的观念财富成为时代意识。

——卡尔·雅斯贝尔斯

　　新闻的功能问题[①]，是新闻本体论的核心问题之一。功能分析的核心是揭示新闻自身的性能；这种性能一旦现实化，就是新闻的作用。因而，新闻的功能和作用是统一的，差别在于我们考察的角度有所不同，功能侧重从新闻自身出发，而作用则侧重从外现的效应出发。我们之所以侧重讨论功能，主要是因为我们针对的核心对象是新闻本身。社会为什么需要新闻，人类为什么需要新闻，每个人为什么需要新闻，这些或者宏大或者微观的问题，都与新闻的功能问题息息相关。拥有什么样的新闻功能观，就会拥有什么样的新闻观。新闻功能观构成了新闻观的重要内核，反映着一定社会、一定时代、一定主体对新闻传播业、新闻传播、新闻的价值期待。本章，我们将从不同角度、不同层面对新闻的功能展开比较系统的考察和阐释，目的不仅在于进一步认识新闻的本质，也在于为开发、利用新闻本体的信息资源提供观念思路。

一、新闻功能的宏观考察

　　在宏观层面上考察新闻的功能，是把新闻（传播）置于一定时代的整体背景下，在一定的社会范围内分析新闻的主导性功能。历史事实告诉人们，人们所期望的新闻在整个社会生活中发挥的功能作用，在不同时代、不同社会条件下是不一样的，不仅是主观诉求的不一样，在客观表现上也是不一样的。每个时代都有自己的时代特色，都有自己的时代主题，它们对新闻传播也都会有自己的特殊要求和需要。可以说，每个时代都有自己实际发挥核心作用的、主导性的新闻功能观，这样的新闻功能观并不都是

---

　　① 新闻的功能，与新闻传播业的功能、新闻媒体的功能、新闻媒介的功能、新闻传播的功能，不能混淆不分。关于它们之间的联系与区别，可参阅杨保军. 新闻活动论 [M]. 北京：中国人民大学出版社，2006：271 - 279。

自觉建构起来的①。新闻的功能也往往是在主导性新闻功能观自在的或自觉的制约下发挥作用的。

（一）新闻功能观

新闻功能是与新闻本体密切相关的问题；新闻功能观是与新闻观密切相关的问题。"新闻观是新闻传播观的简要说法，它指的就是人们关于新闻与新闻传播问题的系统看法，特别是对新闻本质、新闻传播目的的看法。新闻观是由一系列具体的子系统观念构成的，其中最为重要的是新闻价值观、新闻（传播）功能（效用）观和新闻真实观。新闻观要回答的最主要的问题是：什么是新闻？确立新闻传播内容的标准是什么？新闻传播必须遵守的基本原则是什么？新闻传播的目的是什么？新闻传播要实现的社会功能是什么？"② 新闻观包含的实质性内容有两大方面：一是关于新闻的存在论、认识论观念，核心回答的是新闻的本体是什么，新闻呈现的实际上是什么。二是关于新闻的价值论观念，核心回答的是新闻传播应该追求什么，即新闻传播应该传播什么，通过新闻传播应该实现什么；在这些问题的背后，需要回答的是新闻人应该是什么样的人，应该成为为谁服务的人（具体体现为新闻道德观和伦理观）。前一观念构成了新闻观的基础，后一观念则是新闻观的指向。从理论逻辑的内在要求来说，前一观念和后一观念应该是统一的；但在新闻实践中，它们之间并不总是统一的，更多的时候处于矛盾冲突状态，常常表现为，后一观念成为新闻观的核心，它左右或支配着新闻传播的实际追求。

---

① 人们关于一定对象的总的或根本的看法，并不一定都是反思性的。反思性的意识和观念是自觉的，非反思性的则是自在的。关于一定对象自觉的、系统的观念，构成了"观"层面的认识；而自在的观念，仅仅被看作关于一定对象的零散的意识。但事实上，即使那些没有经过自觉化、反思化的关于一定对象的意识，也会影响人们的相关活动，并且会以内在的方式直接影响人们的相关行为。

② 杨保军. 新闻真实论 [M]. 北京：中国人民大学出版社，2006：27-28.

可见，新闻观中最为重要的构成部分是新闻（传播）价值观。有什么样的新闻价值观，就有什么样的新闻传播景象。"新闻价值观念是新闻观念的核心部分，它决定着新闻传播的主导方向，决定着新闻传播的目标追求和理想境界。"① 一种"观"层面上的认识一旦形成，不管它是正确的还是错误的，合理的还是不合理的，都会发挥非常重要的功能，对人们相关领域的活动产生十分重要的指导作用。我曾经在《新闻价值论》中写过这样一段话："一个群体拥有的新闻价值观念，会成为引导其所有成员的精神旗帜，会成为凝聚其所有成员的精神力量，会成为调节其所有成员的精神杠杆。只有拥有一致价值观念的群体才会成为一个真正有战斗力的群体，而一个新闻传播机构的竞争力如何，除了基本的物质力量之外，关键还要看其是否拥有统一的精神旗帜，即是否拥有统一的、正确的、合理的新闻价值追求、价值目标、价值规范和价值理想。"② 新闻观其他子系统观念的确立，大都要受到新闻价值观念的约束。新闻（传播）价值观的核心在于把什么样的新闻看成有价值的新闻，把什么样的新闻传播看成有价值的新闻传播，而有无价值总是针对社会、针对主体的需要特别是新闻需要而言的，当然也是针对新闻自身的功能而言的，因为，只有在新闻的功能属性与社会和主体的需要之间才能建立起现实的新闻价值关系。因此，新闻价值观与新闻功能观有着十分紧密的内在关系（这也是我们这里简要讨论新闻价值观和新闻功能观的理由），新闻功能观其实构成了新闻（传播）价值观的"一半"（另一半是主体的新闻需要观）。关于新闻功能的讨论，实际上是关于新闻之价值讨论的重要前提，新闻的功能如何，是新闻之价值能够实现到什么程度的客观基础。

单就作为新闻观构成部分的新闻功能观来说，它反映的是新闻活动主

① 杨保军. 新闻价值论 [M]. 北京：中国人民大学出版社，2003：217.
② 同①224.

体对新闻（传播）之功能的根本看法，其核心是通过传播新闻实现什么样的目标，而实质性的问题是，通过传播新闻为谁服务，提供什么样的服务。在具体层面上，新闻功能观则要首先回答新闻本身有什么样的功能，即新闻本身具有什么样的性能。有什么样的性能，就可能发挥什么样的作用，也就能实现什么样的目标。因此，在新闻功能论中，我们关注的核心问题首先是具体层面的问题，这也正是本章的主要任务。

每一个时代都有自己主导性的新闻交流方式。在新闻传播业诞生之前，人类的新闻交流方式主要是民间的面对面的交流方式；当现代新闻传播业诞生后，特别是大众化的新闻传播成为现实后，通过大众媒介进行新闻交流，就成为主导性的方式；当网络传播兴起之后，人类新闻交流的方式又进入了一个新的全面融合的时代。有了新闻传播业，也就意味着每一代人，都有他们自己的新闻传播业，有他们自己的新闻传播技术、新闻媒介形态。新的社会需要、新的新闻交流方式，会带来新的新闻功能观念。新闻功能观念是历史性的、时代性的，但也是积淀性的，那些最为古老的功能观念和功能表现始终是稳定的，并没有实质性的变化。

我们在讨论新闻的具体功能之前，之所以要说明新闻功能观的基本内涵，并简要解释它与新闻观、新闻价值观的主要关系，目的在于从宏观层面上理解我们讨论新闻功能的意义。

在社会层面或社会大系统中，新闻传播系统本身就是功能性的系统，或者说是工具性和手段性的系统。也就是说，传播交流新闻信息本身并不是人们追求的最终目的，也不是一定社会以至整个人类创造新闻活动、建设新闻传播业的最终目标。新闻传播还有新闻活动系统以外的目的，即为社会运行发挥某种作用的追求。因此，拥有什么样的新闻功能观，就不是一件纯粹的为满足人们新闻欲望的事情。以什么样的新闻观念、用什么样的新闻精神支配和指导新闻传播活动，用什么样的新闻功能观念建设新闻制度、规范新闻传播的方式等就显得至关重要。有学者这样说："界定新闻事业的宗旨和原则的是某种更基本的东西——新闻在人民生活中发挥的功能。"[①] 新闻能够发挥什么样的功能，社会大众期望它发挥什么样的功能，直接关系到新闻传播业的宗旨问题，关系到新闻传播的原则问题。因此，仔细分析新闻的功能，不仅对理解新闻本身非常必要，也对理解新闻与社会的关系非常必要。

一定社会在一定的历史时代、历史时期，往往拥有主导性的新闻功能观，它构成了一定历史时代、历史时期新闻观的核心。新闻功能观从主体追求方面决定着新闻的目的、新闻传播的目的。我们甚至可以说，一定历史时代、历史时期的新闻观正是通过新闻功能观来体现的。一定社会主体拥有的主导性的新闻观、新闻功能观，既可能是时代的正当需要，也可能是对时代正当需要的某种扭曲。人们寻找到的、用来建构一定社会在一定历史时代、历史时期新闻观和新闻功能观的根据有可能是正当的，也有可能是不正当的。对这种正当性的评价，往往只能以历史反思的方式在事后做出。在历史现实中，只能形成不同新闻观和新闻功能观之间的竞争，而可悲的是，并不必然是符合时代真实要求的新闻观和新闻功能观获胜。其实，这种现象，普遍存在于人类历史演变过程的各个领域。历史就是这样前进的，新闻历史也不例外。一定社会在一定历史时代、历史时期传播的新闻，到底具有什么样的功能、应该具有什么样的功能，是由整体的社会需要决定的，尽管其间会充满各种各样的曲折。

在新闻媒介层面，理解新闻的功能可以说是第一位的问题。新闻媒介方针、新闻编辑方针，都会体现或落实在媒介定位之中。媒介定位的核心是受众定位，受众定位的实质是对受众新闻需要的把握，新闻需要诉求的

---

① KOVACH B，ROSENSTIEL T. The elements of journalism：what newspeople should know and the public should expect ［M］. New York：Crown Publishers，2001：17.

对象是新闻，而实际满足受众新闻需要的是新闻自身拥有的性能，这里的性能正是我们所说的新闻的功能。如果这样的逻辑成立，那么，显而易见的是，所谓媒介的定位，最终实际上是新闻的功能定位问题。新闻媒介和新闻传播者，只有真正搞清楚不同类别新闻的功能属性、新闻的功能结构和功能表现，才能真正为受众提供到位的新闻服务，即作为组织主体的新闻媒体，只有弄清楚新闻与受众之间的各种功能关系，才能真正确定有效的新闻选择标准，把受众定位落实在媒体自己可操作的范围和层次上——内容定位、内容选择。新闻媒体所拥有的新闻媒介的功能，主要体现在媒介内容——新闻——的功能上。实际上，大到新闻传播业的功能，中到新闻媒体的功能，小到具体新闻传播的功能，最终还是要落实在新闻的功能上。新闻功能的链条很长，但"末端"或"顶层"只能是新闻。对此，我在《新闻活动论》中做过这样的描述："功能链结构说明，整个新闻业的核心功能通过媒体、媒介最终应该落脚到新闻功能上，而金字塔功能结构说明新闻功能是新闻业通过媒体、媒介追求的顶级功能。因而，在新闻理论中，最重要的功能理论仍然是新闻的功能问题。"[①]

（二）新闻功能的历史勾画

以历史眼光来看，新闻的功能伴随着时代的变迁而变化，不同时代拥有的新闻功能意识（在有些时代是自觉的，在有些时代是不自觉的。对人类来说，新闻意识、新闻功能意识等都有一个从不自觉到自觉的孕育发展过程）、新闻功能观是不同的，新闻或者被称为新闻的事物的实际功能也

---

① 参见杨保军. 新闻活动论［M］. 北京：中国人民大学出版社，2006：278 - 279。在此书中，我还指出，"就我们现有的新闻理论来看，对新闻的功能还缺乏深入系统的研究，仍然停留在一般的经验层次上。关于新闻功能的研究，要将新闻置于各种功能关系中进行考察，不能只限于在直接的传收关系中探究新闻的功能。新闻与社会、个人以及各种社会组织，到底有一些什么样的具体功能关系，都是有待研究的问题。只要能够发现一种新的功能关系，就可以找到新闻发挥和产生功能作用的途径"。

是不同的。这里，我们不可能像新闻史学家们那样通过一系列历史经验事实进行具体的解释、说明和证实。但我们可以用宏大叙事的方式对新闻功能的历史路径加以描述。我们参照的人类新闻活动时代划分方式，主要是我在《新闻理论教程》中提出的三大时代划分法："前新闻传播业时代、新闻传播业时代和后新闻传播业时代"①。在勾画过程中，我们也将在通常的中西比较意义上，对新闻功能的文化差异性、国家差异性、意识形态差异性等给予十分简要的说明。

1. 前新闻传播业时代

在现代新闻传播业诞生之前②，人类新闻传播的历史是非常漫长的，经历了不同的传播时代，主要包括以人的身体感觉器官为媒介的前口语时代、以语言为媒介的口语时代和以文字为媒介的文字时代③。尽管这些不同的具体时代之间有着巨大的差异性，从一个时代到另一个时代都是革命性的变化，对人类传播活动都具有里程碑式的意义，但就新闻信息交流而言，毕竟没有出现现代意义上的新闻传播机构或组织，所以我们把它们统一称为"前新闻传播业时代"。需要预先说明的是，我们关于前新闻传播业时代的相关论述，包含着不少想象（不是臆想）和哲学性的逻辑推测，这是对任何古老过去人类活动现象进行的研究所难以避免的。只有不同门

---

① 杨保军. 新闻理论教程 [M]. 北京：中国人民大学出版社，2005：38-45.

② 有一些著述，想当然地提出"古代新闻事业"这样的概念，我以为这基本上是一个悬空的概念。在古代，有作为"事业"存在的新闻活动吗？这本身是首先需要回答和证实的问题。现代新闻传播业，即人们通常所说的近代新闻传播业。关于"现代"与"近代"，只是不同语境中的差别，并没有意义上的不同。

③ 关于新闻传播的具体时代划分，人们的理解有一定的差别，大部分人是以"口语时代"为起点的，理由是人类只有"能说会听"，新闻传播才能产生和实现。比如，具有权威意义的《中国新闻事业通史》中写道："新闻传播的产生是有条件的，传播者要有清晰的思维能力和表述能力，才能把新闻事实概括为语言信息传递给对方，而接受者也得有相应的语言理解能力，所以只有当人类普遍的语言水平达到比较成熟的地步时，新闻传播才可能产生。"参见方汉奇. 中国新闻事业通史：第1卷 [M]. 北京：中国人民大学出版社，1992：19. 我在口语时代之前加了一个"前口语时代"，理由可参见杨保军. 新闻理论教程 [M]. 北京：中国人民大学出版社，2005：38-39。

类的史学家们为我们提供了充足的资料，我们的论述才会有更坚实的基础。事实上，就连新闻史学家们都这样写道："人类社会的新闻传播活动，早在远古时代就已经产生了。由于早期的新闻传播活动缺少文献记载，无法稽考，我们只能运用考古学、人类学、民俗学、哲学等方面的知识，进行一些综合的考察。"①

在前新闻传播业时代，人类的新闻交流与其他信息交流是混为一体的，人类整体上还没有独立的、明确的新闻意识，即人类还没有将新闻信息与其他信息明确加以区分的自觉意识，因此，也就不会有明确的关于新闻功能的意识。正如有学者指出的那样，"新闻信息虽然古已有之，但在古代，新闻信息的陈述内容和传播方式与其他信息没有太大差别。在陈述内容上，它与历史信息相近；在传播方式上，它与情报信息相同。可以说新闻信息与历史、情报信息处于混一状态之中"②。其实，新闻信息不仅与历史信息、情报信息混为一体，它与其他生产、生活中的信息同样混为一体。人们交流各种信息的过程，并不是在区分意识的前提下进行的。

在前新闻传播业时代，可以想到的人类新闻交流的主导形式是自在的、自然而然的方式，或者说是直接的、面对面的交流方式；当然在文字产生前后特别是之后，也有一些间接的、通过一定物理中介进行的新闻传收活动。③ 人类在前新闻传播业时代，生产方式比较落后，生活水平相当低下，社会活动空间比较狭小，如此等等，共同决定着人类新闻信息交流的状况和新闻的功能作用范围与方式。就整个前新闻传播业时代来说，我们可以推断的是人们关于新闻的朦胧意识是基本相同的，有研究指出："当人类学家对关于世界上硕果仅存的原始文化的笔记进行比较的时候，

---

① 方汉奇.中国新闻事业通史：第1卷 [M].北京：中国人民大学出版社，1992：19.
② 项德生，郑保卫.新闻学概论 [M].武汉：武汉大学出版社，2000：22.
③ 文字的产生是一个过程，不是突然的文明产物，因此，在相对比较成熟的文字系统诞生之前，人们一定已经开始用初始状态的文字进行信息交流了。

他们发现了意想不到的东西。从非洲最孤立的部落社会，到太平洋上最遥远的岛屿，人们对新闻所下的定义不谋而合。"① 新闻的主要功能对生活在不同地域的人们也是基本相同的，主要体现在人们的生产和生活之中，直接服务于人们日常的生产和生活信息需求，同时满足着人们各种各样的好奇心，提供着各种各样的谈资，人们在交流分享新闻信息时，同时也在交流情感、交流意见。新闻之所以对生存、生活在地球不同角落的人类有着基本相似的功能和作用，我以为，最根本的是两点：一点是人类有作为类的共同本性，另一点是人类有作为类的共同的基本生存、生活需要。历史学家和社会学家告诉我们，"新闻满足了人类的一种基本冲动。人们有这样一种内在需要——一种本能：欲知道在他们的直接经验以外发生了什么事情。只有知悉不能目睹的事情，我们才会有安全感、控制感和自信心"②。

但是，这仍然是极其粗略的判断，因为，在前新闻传播业时代的不同具体历史时期，新闻的功能是不完全一样的。除了最基本的功能外，在古代文明各国，新闻的宗教功能、政治功能、舆论功能、文化教育功能等，已经是明显发生了的事实。因而，可以说，我们这里更多的是提出了问题，而不是解决了问题。新闻在人类历史进程中的功能具体是什么，在不同种族、不同民族、不同国家、不同文化、不同文明等的历史进程中，到底有过什么样的功能，发挥过什么样的作用，都是需要通过实证性的历史研究去回答的，这是"新闻传播与社会演变关系"中的基本课题，也是非常重要的课题。我们此处并没有做出实质性的回答。顺便说一句，这也是单凭新闻研究者们不能完全解决的问题，需要跨学科的合作研究。

尽管在前新闻传播业时代，新闻的主要功能集中在一般社会生活的范

---

① KOVACH B, ROSENSTIEL T. The elements of journalism: what newspeople should know and the public should expect [M]. New York: Crown Publishers, 2001: 9.

② 同①.

围，提供的可能主要是与人类的生存与生活直接相关的环境变动信息，满足的可能是人类最原始的好奇心——"欲告知"和"欲知道"的欲望，但如上所述，这并不是说新闻在漫长的前新闻传播业时代仅仅具有这样的基本功能。事实上，新闻的所有可能功能都孕育在新闻之中，孕育在新闻与人类、与社会的各种可能关系之中（我们在后文中将对新闻的功能构成进行专门的讨论）。在简单的、初级的、朴素的社会生活中，新闻实际产生的功能作用可能是简单的、初级的、基本的；但伴随着社会生活的丰富和复杂，新闻的功能同样会丰富、复杂起来。新闻的功能系统，就像人类社会系统一样，是一个开放的系统；伴随着人类自身的演化和发展，新闻功能系统的内涵与外延也会不断丰富和扩展。

2. 新闻传播业时代

印刷新闻的出现，也即西方现代报纸的产生，使新闻传播成为一种相对独立的信息传播类别，因而"印刷新闻纸的问世，是新闻事业诞生的时间标志"，也是新闻传播与其他信息传播相对分离的起始时间。[①] 印刷新闻使人类新闻传播开始进入周期性、规模化的传播时代，标志着新闻传播业的开始。

人类整体上比较明确的、普遍的新闻意识，是与西方现代报纸相伴而生的，因而，有学者说："关于传播信息中的一类——新闻，能够从一般信息传播中分离出来，仅是最近几百年的事情。"[②] 直到 19 世纪三四十年代大众化、商业化的报纸真正勃兴起来，人们才将新闻信息与意见信息、广告信息等自觉地加以区分，与其他信息相分离的新闻传播观念才得以逐步形成和确立，人们对什么应该是新闻，什么不应该是新闻才有了比较稳

---

① 埃默里 M, 埃默里 E. 美国新闻史：大众传播媒介解释史：第 8 版 [M]. 展江, 殷文, 译. 北京：新华出版社, 2001：4. 2009 年中国人民大学出版社推出该书第 9 版的中译本。
② 陈力丹. 世界新闻传播史 [M]. 2 版. 上海：上海交通大学出版社, 2007：1.

定的标准。由商业化报纸带来的这场报业革命，"奠定的是整个现代新闻事业的基础"①，它真正确立了具有现代意义的"新闻"观念，从而使新闻有了与其他信息分离的独立形态。

因此，现代新闻事业的诞生不仅是传播模式、传播方式、传播技术的变革，也是新闻观念、新闻传播观念的变革。从此以后，随着新的传播媒介的不断发明创造，人类新闻传播登上了一个又一个新的历史阶梯。新闻传播业诞生以来，人类新闻传播活动主要经历了两大时代：一是印刷时代，二是电子时代。在电子时代内部，可以分为以广播电视为主的电子时代和在计算机技术、网络技术支持下的网络时代。② 新闻的功能也随着时代的发展而不断地变化。

新闻功能变化的原因，当然不只是媒介形态的变化，还包括诸多的因素，其中最根本的乃是社会需要的变化。社会对新闻有什么样的需要，新闻就有可能扮演什么样的角色，显示出什么样的功能。在这一过程中，新闻的有些功能可能被遮蔽，有些功能可能被放大。因此，在不同历史时代、不同社会当中，由于时代需要的差异性，由于不同社会的差异性，新闻所表现出的主导性功能，可能会有很大的不同。至于新闻到底应该主要发挥什么样的功能，那不是事实问题，而是理想问题，尽管任何关于新闻功能的理想都不能背离新闻自身的本性。下面，我们主要针对历史和现实的事实，简要描述一下新闻传播业时代新闻的功能。

对如今发达的西方资本主义世界来说，在现代新闻传播业诞生之后，新闻与新闻传播业一起，理论上主要是一种促进社会民主的事业。按照西

① 李良荣. 当代世界新闻事业 [M]. 北京：中国人民大学出版社，2002：143.

② 关于不同传播时代和新闻传播时代的划分，人们主要是根据传收媒介、传收技术以及媒介形态做出的。不同时代之间的关系，不是断然区分的，而是一种承继与扬弃的关系。我把不同媒介之间的关系概括为三个大的方面：一是更新换代不断提速；二是更新、扬弃、叠加发展；三是优势整合势不可当。参见杨保军. 新闻活动论 [M]. 北京：中国人民大学出版社，2006：359-362.

方学者的看法，在近 300 年的新闻传播业发展史中，新闻传播业从效忠政党转而变为效忠公众。在这样的转变过程中，新闻的功能从为政党服务转向了为社会公众服务。在这一粗线条的历史描述中，新闻传播业从言论本位转向了事实本位、新闻本位。事实上，在很长一段时期里，言论和新闻混杂在一起，言论甚至被当作新闻的一部分。但当历史发展到人们具有了明确的新闻意识后，事实是事实，意见是意见，便成为新闻媒介进行新闻传播的基本原则。在这样的转变过程中，新闻媒体在政治上、经济上逐步获得了相对独立的地位，新闻本身也从政党的宣传工具转变成了看似为社会公众提供事实信息的手段。

在中国一百多年的现代意义上的新闻传播史中，新闻的功能路线，与西方世界相比，有相似的地方，但也有很大的不同。就历史的主线来看，新闻的主要功能是政治性的，新闻始终是与政治联系在一起的。也就是说，在中国一百多年的现代新闻传播史中，新闻的核心功能是宣传功能，是为政治力量服务的功能。

改革开放以来，尽管主导性的新闻功能观和新闻实践行为仍然是为政党和政府服务，新闻媒体的所有权仍然被控制在政府和政党手中，作为党、政府和人民耳目喉舌的中国新闻传播业，宣传功能仍然一直占据着核心地位；但新闻要为社会公众利益服务的功能观、价值观表现得越来越强烈，在新闻实践中也体现得越来越明显。随着改革的深化，新闻业的功能开始多元化、多样化、多层次化，新闻本位功能得到了前所未有的强化和提升。当然，我们必须承认，不管新闻的功能怎样变化，宣传功能都没有被弱化或淡化。"以正面宣传为主，实现正确舆论引导"是 40 多年来中国新闻传播业非常明确的基本工作方针。"中国共产党和中国政府总是赋予新闻传播一定的宣传重任，新闻工作者也总是忠诚地肩负着宣传的使命。"[1] 因

---

① 童兵. 比较新闻传播学 [M]. 北京：中国人民大学出版社，2002：116.

此，可以说，在新闻与宣传两种主要功能的实现中进行传播，既是当代中国新闻传播业的突出特征之一，也是新闻实现自身功能作用的重要特征。

中国新闻媒体从事宣传工作是公开的、旗帜鲜明的，不是遮遮掩掩的。它明白无误地宣称要进行政治宣传和思想宣传，要教育人民、引导人民，贯彻落实党和政府的路线、方针和政策，实现党和政府的意志，要通过新闻媒介进行宣传、鼓动和组织，统一思想，统一意志，进行中国特色社会主义建设。中国的新闻媒体，不像西方媒体那样，即使做了宣传，也要隐瞒自己的真实面目。据美国学者阿特休尔讲，美国人反对新闻媒体进行宣传，甚至反对新闻传播要发挥教育作用这样的提法，因为美国人敌视宣传。[①] 在中国，在党、政府和普通百姓的心目中，新闻工作者不仅是职业新闻人，也是职业的宣传工作者。普通大众，则更是把在新闻组织机构中工作的人员，看成政府的人、党的人。因而，不管是官方，还是民间，甚或是新闻工作者自己，都把职业新闻工作者称为"新闻宣传工作者"。这在中国已经是习以为常的事情。

对中国的新闻媒体来说，它们一方面把传播报道新闻本身作为直接目的，另一面则把报道新闻作为手段，以实现宣传目的，所谓"新闻宣传"正是这样的含义，而"用事实说话"不过是对这一含义略带学术味的表达，被称为新闻报道的规律。新闻媒体通常追求的一种境界便是在传播中将新闻与宣传统一起来，即在新闻报道中实现宣传，在宣传中报道新闻。新闻报道（价值）＝宣传（价值）＋新闻（价值）。在中国新闻工作者以及很多新闻研究者的心目中，西方媒体具有非常"高明"的宣传艺术，他们能够把新闻与宣传目的、政治倾向高度自觉地、不露声色地统一在一起。[②]

---

① 阿特休尔. 权力的媒介 [M]. 黄煜，裘志康，译. 北京：华夏出版社，1989：315-339.
② 中国的一些新闻研究者认为，西方媒体、记者在新闻报道中，尽管宣称自己尊重事实、客观公正，但实质上并非如此，他们总是自觉地、巧妙地在新闻报道中渗透自己的宣传意图，而不是自觉地、诚实地保证新闻事实的本来面目。

对不同的具体新闻媒体来说，它们在处理新闻与宣传的关系上有所差别。一般来说，产业属性较强的新闻媒体，也就是党、政府管理、控制相对宽松的那些市场化媒体，更注重新闻报道，但在政治与新闻问题上，它们往往会自我设限，自我检查；而意识形态属性较强的新闻媒体，比如各种党报、党台（电台、电视台）以及一些重点新闻网站等，由于往往受到某一级党的组织和政府的直接管理，因此更注重新闻宣传。这是中国新闻传播业在长期的事业发展中逐步形成的一种图景。党和政府也常常以区别对待的方式处理不同媒体的新闻报道行为。

需要特别提醒的是，在两种主要功能中传播，并没有否认当代中国新闻传播业其他功能的存在和发挥。实际上，当代中国新闻传播业最大的变化之一，就是媒体、媒介功能的多元化、多样化、多层次化。普通收受者都能深切地感受到，如今的新闻媒介，具有各种各样的功能：报道新闻、传播信息；表达意见、引导舆论；服务社会、指导生活；传播知识、普及教育；提供娱乐、裨益身心。① 在新闻传播活动的多样性功能中，人们普遍认为，传播新闻、监督社会和引导舆论是最基本的功能，而传播新闻是新闻传播活动，也是整个新闻传播业的核心功能。但就当代新闻传播业来说，将新闻与宣传自觉、明确且有机地结合起来、统一起来，无疑具有十分明显的中国个性、中国特色甚至可以称作中国气派。因此，我们可以从功能论的角度说，当代中国新闻传播业的突出特征是：在两种主要功能中传播。

3. 后新闻传播业时代

"后新闻传播业时代"这个概念，是以开放性思维对未来新闻传播业发展趋势的描述，是对可能出现的新的新闻传播业景象的一种描述。自从

---

① 童兵. 理论新闻传播学导论［M］. 北京：中国人民大学出版社，2000：109.

网络传播技术被运用到新闻传播领域之后，传统的新闻传播业在各个方面已经出现了诸多的变化，有些变化属于革命性的变化，一些前所未有的现象开始出现。新闻传播业、新闻媒介、新闻传播、新闻等的功能，在新的时代将会发生怎样的变化，也是新闻功能论应该关注的重大问题。

根据目前的新闻传播情况，我们对后新闻传播业时代可以做出这样大致的理解：后新闻传播业时代中的"后"，首先是一个时间概念，主要针对网络新闻传播诞生之后的新闻传播而言①；但并不是说网络新闻传播的到来，就意味着人类新闻传播业进入了后新闻传播业时代，就像信息时代的到来、后工业社会的到来，并不意味着人类已经完全进入后现代社会一样。从人类发展的整体状况来看，人类目前仍然处于现代社会。后新闻传播业时代中的"后"，从时间意义上，只是说网络传播时代的到来，建起了后新闻传播业的孕育温床。后新闻传播业时代中的"后"，更主要的是一个新闻传播理念的概念，意在说明在这个新的传播时代，新闻传播的主要要素及其相互关系，新闻传播与政治、经济、文化、社会生活的关系等将发生新的变化；新闻传播自身将出现不同于过去的一些全新特点；新闻传播在现代理性基础上确立的诸多观念和原则也都有可能受到冲击，甚至是颠覆性的变化。但我们必须反复说明的是，后新闻传播业时代作为一个完整的时代还没有到来，人类的新闻传播业仍然处在新闻传播业时代，只是露出了后新闻传播业时代的端倪。后新闻传播业时代的景象到底是什么，我们还难以给予清晰的描述。我以为，对未来做出预测尽管往往是十分冒险的事情，但人类总是需要前瞻性的观察和思考。

新闻传播业的总体态势是由社会的整体发展状况决定的，新闻传播业

---

① 需要注意的是，西方的后现代思潮、后现代哲学等所讲的"后"，是现代之后的意思。由于我们所说的后新闻传播业也是针对现代传播业而言的，因而，从简单的时间意义上说，后新闻传播业的"后"和后现代的"后"具有相似性。

自身的特征是由构成新闻活动的各种要素的相互关系建构的。后新闻传播业时代的一些主要特征，都会体现在具体的新闻传播要素及相互关系的变化上，体现在新闻传播与生存发展环境关系的变化上。基于已经和可能发生的事实，相对传统新闻传播业的特点，我们可以对未来新闻传播业的突出特点做出这样的描述。

首先，传播者与收受者将会出现新的一体化现象。在前新闻传播业时代，传播者和收受者之间是没有什么根本界限的，二者的角色是随时互换的、一体化的。但在现代新闻传播业诞生之后，新闻传播者有了职业化、专业化的队伍，这就将传播者与收受者区分为了两个不同的群体，他们既有共同的利益追求，也有不同的利益愿望。当网络时代到来后，人类的新闻交流似乎从形式上又回到了前新闻传播业时代，传播者和收受者之间的界限又一次模糊了，但这是在新的技术条件下的模糊，是在新闻传播业时代中的模糊。这种在新条件下传播与收受角色的双重化，也即一体化，很可能成为未来新闻传播的一大模式，给在新闻传播业时代建构的以媒介机构为核心的新闻传播模式带来重大影响。

在新的技术条件下，传播技术的核心化作用会越来越大。尽管不能将传播技术神化，但技术的进步和技术的"傻瓜化"，将会使新闻媒介组织化的新闻（职业新闻）传播不再显得那么神圣和神秘。媒介形态的不断变革，更新的不只是媒介生态本身，也在改变着整个人类的信息交流方式和观念。人人都可以成为面向社会大众的新闻传播者[①]，人们可以成为新闻事件的共同报道者。新闻文本将成为主体间、文本间相互作用的产物。传统意义上的权威新闻文本、权威新闻作者将很难存在；权威新闻媒体、权

---

① 注意，人人都是新闻传播者，这是自古以来的事实；但人人都是或可能是面向社会大众的新闻传播者，只有在网络传播时代到来后才是事实。网络媒介，使每个人都可以成为网络上的一个纽结，都有机会把自己和自己的所知、所想呈现在世界的面前。

威新闻发布中心有可能在后新闻传播业时代风光不再。谁是新闻的中心，谁是权威的新闻发布者，将变成偶然的、随机的，将由新闻事件、新闻事实发生的社会领域、时空特征等来决定，而不是由某个级别的新闻媒体、职业新闻工作者的身份决定。当然，我们应该明白，这只是可能的趋势，并没有成为普遍的现实。

其次，新闻传播内容的自然化和扁平化，即与社会生活自然状态的对等性特征，将变得越来越明显。传统的新闻价值观念，诸如新闻事实必须是重要的、显著的等，将会被生活化的、平民化的一般性事实所代替；非常是新闻，平常也是新闻；一切都是新闻，只要你有能力和方法把它当作新闻传播出去。传统的新闻价值标准已经受到严重冲击，客观的新闻标准正在受到挑战，相对主义的新闻价值观念已经到处弥漫。没有标准就是标准，传播出来的就是新闻，不传播的就不是新闻，这其实是典型的后现代观念在新闻价值领域的表现。

与新闻传播内容的自然化和扁平化相适应，新闻传播的形式和方式会越来越接近一般平民的要求，向一种自在的形式演变，专业化的、职业化的新闻传播方式可能会受到越来越大的冲击。新闻的采访、写作、发布方式，与传统新闻传播业时代相比，已经开始变化。越来越多的新闻文本（报道），用传统的新闻形式去衡量，已经不像新闻了，而更像是文学故事，更像是散文，更像是发表主观见解的议论文章，更像是一般的资讯通报，更像是广告和公关文案。至于叙述新闻的方式，则更是随心所欲，五花八门。传统的新闻写作规范、原则、方法、技巧等，在网络写作时代，已经失去了往日的权威，"没有规范就是规范"，甚至成为一些人的后现代式的信念。但与此同时，我们不能无视事情的另一面，这就是，人们呼吁新闻要回归新闻本性，任何传播新闻的人，面向社会公众传播新闻的人，都要按照新闻的内在要求去传播新闻，即要真实、客观、全面地传播新闻。一切看法，都不是权威看法；一切原则，都不是权威原则。这也许正是后新闻传播业时代中某种观念的透露。至于透露出来的这些观念是否合理，则是另一性质的问题了。

最后，在后新闻传播业时代，建立在科学、自由、民主、平等等现代启蒙理性上的传统新闻自由理念到底会发生怎样的变化，还是很难预测的事情。不过，我们从现代新闻传播业已经显露出来的端倪或已经成为事实的现象中可以看到：一方面，传播技术带来的传播自由，已经促成了新闻自由、言论自由、出版自由等前所未有的扩大，新闻权利正在成为一种普遍的权利，新闻特权范围受到越来越猛烈的冲击；但同时人们也看到，传播技术带来的传播自由，促成了这些自由的泛滥或者滥用，并且难以约束和限制，这与现代理性所追求的自由是不一样的，甚至是背道而驰的。另一方面，技术作为重要力量（不是唯一力量）所促成的一定范围内的垄断性传播、全球化传播，以及地域性、全球性媒介集团的出现，使新闻自由、言论自由、出版自由等变成了一定利益集团的自由，变成了垄断性的自由，这同样与现代理性所追求的自由是背道而驰的。这两种极端性的表现愈演愈烈，与现代理性、现代新闻传播业所追求的自由和新闻自由目标，不是越来越近，而是越来越远。

在这样一种情形下，新闻的形象和地位，将在人们的心目中、各种社会活动中、社会生活中发生新的变化，新闻的功能也将发生一些相应的变化。下面，我们对已经露出头的一些现象，从新闻的功能角度加以分析。

新闻存在于信与不信之间，不再具有传统的权威信息特征。因而，新闻对人们的各种活动、各种社会生活的实质影响可能降低，新闻的实质性的功能作用可能减少。于是，娱乐新闻、新闻的娱乐化、娱乐的新闻化等会越来越疯狂。事实上，这已经成为当前新闻传播业的一种令人担忧的现象。如果新闻越来越偏离它在现代新闻传播业时代确立的"监测环境、守望社会"的基本职责和功能，那么人们就可以说新闻传播业的发展异化了自身的功能。

传统新闻媒介报道的新闻，其功能作用可能会出现悖反性的效应方式。一方面，传统媒介新闻的功能效应可能减少；另一方面，网络媒介从本性上无法避免的混乱性，则可能使传统媒介新闻的功能性更强，使人们更依赖传统媒介新闻来了解真实世界，把握周围环境的变化。与此相应，人们更信赖的是职业化的新闻工作者，而不是通过网络媒介进行新闻传播的民间新闻传播者。因而，在新闻现象的未来演变中，民间新闻与职业新闻之间的关系，将会成为一个焦点性的问题；网络新闻和传统新闻（指印刷新闻、传统电子新闻）之间的关系，也将始终是人们讨论的重要话题。

新闻的功能效应方式将会发生新的变化。在传统的新闻传播业时代，新闻的功能可以说主要是由新闻媒介设定的、由职业新闻传播者设定的，收受者更多的时候处于被"灌输"和被引导的地位，新闻的功能效应模式就像大众传播模式一样，也是一种点到面的效应模式、单向的效应模式。但在新的传播时代，由网络技术促成的新的媒介互动方式和互动观念，在新闻的功能效应方式上也得到了充分的体现，新闻的功能效应更多的时候是在传收双方或者多方的互动中实现的。

新的传播技术成就了信息传播、新闻传播的全球化景象，新的传播技术同样为媒介的集中，为不同文化媒介、产业媒介的集团化提供了更好的条件。新闻媒体的不断集中，新闻媒介的不断减少，新闻媒体与其他产业实体的进一步合并、一体化，新闻媒介本身的全球化，如此等等，都将对新闻的功能属性、新闻的功能样式、新闻的功能实现，带来不同于从前的影响。后现代社会是信息时代的社会，信息（包括新闻信息）传播方式、信息功能方式的变化，反映的也正是时代的特征。全球化的传播，从原则上把所有地方的新闻都变成了世界性的新闻，反过来，有世界性影响的新闻，也都成了地方性的新闻。

也正是在新的传播技术的支持下，媒介融合进入了一个新的时代。我之所以这样说，是因为媒介融合在我看来其实是一个古老的现象。新的媒介融合，意味着以往具有的新闻传播方式，有了新的融合方式，新闻在融合的传播方式中、在融合的文本系统中，能够以全感觉的方式作用于新闻收受者。从功能论的角度看，新的媒介融合，意味着新闻的功能创造与实现有了新的可能方式。

也许我们现在的判断是直觉性的，但事实已经显露出来。新时代的到来是必然的，至于将其称为什么并不是特别重要的事情。将两个相互连接的时代内容、时代特征断然区分开来也是不可能的，因而，我们关于新闻传播业时代和后新闻传播业时代的一些论述，界限并不是那么分明的，也不可能那么分明。

二、新闻本体功能与派生功能

如果针对传播态的新闻来分析新闻的功能，则至少可以从两个向度或者两个层面去考虑：其一，新闻的本质或新闻本体的直接功能；其二，基于本体功能的派生功能或延伸功能。本体功能是所有新闻的基本功能，派生或延伸功能则是新闻传播的进一步追求，是新闻功能多元化或多样化的表现，在一定意义上则是本体功能的某种扩展和升华。新闻的本体功能与派生功能共同构成了新闻的功能系统。新闻是以完整的功能系统与环境发生相互作用的。

（一）新闻的本体功能

思考新闻的本体功能，是把新闻看作纯粹的新闻，即与新闻本体完全一致的新闻。在新闻名义下的非新闻，不在我们讨论的范围内。所谓新闻的本体功能，就是新闻的新闻功能，也可以称为新闻的本位功能、本（质）性功能、原生功能，就是新闻作为一种特殊的事实信息的直接功能，它是新闻作为新闻最基本的功能、定位功能，是新闻的第一位的或元目的性的功能。也就是说，新闻的本体功能在目的论意义上反映了新闻（传播）的直接目的。作为事实信息，新闻的本体功能实际上就是信息功能。所谓信息功能，就是表征和认识客观事实本身面目的功能。① 具体来说，从客体角度，即从新闻事实角度看，事实信息，是表征客观存在的新闻事实本身的；从主体角度看，主体是通过事实信息认识新闻事实的。因而，本体功能是新闻作为一种信息的基本功能，是一种表征性、认知性的功能。从宏观层面看，新闻的本体功能与新闻传播监测环境、守望社会的基本职责是一致的。反过来说，新闻的本体功能也是在如此的责任认定过程中由主体逐步确立的。

　　新闻的本体功能是决定新闻之所以能够成为新闻的功能条件。这就是说，只有具有认知功能的信息才有可能成为新闻。新闻一旦没有了本体功能意义上的功能，就不再是新闻，我们也就无从谈起新闻的派生功能或延伸功能的问题，这也正是人们把新闻定义为一种特殊信息的功能论根源。认知功能，就是能够消除人们认知不确定性的功能，提供新知和新信息的功能。新闻，只有在包含对收受者来说是新鲜信息的时候，才具有这样的功能。并且，这样的新鲜信息，不是一般意义上的新鲜信息，而是关于事实世界、周围环境的最新或正在变动的事实的信息，是与人们生存、生活、工作等（特别是当下生存、生活、工作等）直接相关的、有意义的事实信息。可见，新鲜信息要成为新闻信息是有条件的，并不是所有新鲜信

---

　　① 信息的基本功能，主要表现在信息的认知功能上。参见倪波，霍丹．信息传播原理［M］．北京：书目文献出版社，1996：4．

息都是新闻信息。

新闻的本体功能，使人们通过单一的或者相关的系列新闻（报道），可以了解相应单一新闻事实的真实面貌。如果这样的新闻事实具有一定的典型性和代表性，则人们还可以透过它在一定范围内大致了解同类事实的总体最新变动情况。人们通过一定数量的新闻，可以在一定程度上了解一定范围内事实世界变化的情况。人们通过一定媒介的新闻报道，可以基本了解媒介目标报道领域的最新变动情况。① 通过新闻传播界的整体新闻报道，人们总能在一定程度上，获知自己感兴趣的相关事实领域的最新变动情况。再说得宏观一点，在新的时代条件、时代背景下，一定社会可以通过其所拥有的新闻传播业、新闻媒介、新闻传播、新闻，在总体上、在一定程度上，了解和认知自身及其环境的最新变动情况。也就是说，新闻（认识）能够成为社会认识自我的一种重要途径和手段。有学者明确指出："在过去 300 年间，新闻从业人员已经建立了一套不成文的新闻采编原则和价值标准，而新闻正是人们得以理解世界的间接知识。"② 事实上，即使在现代新闻传播业产生之前，新闻认识也已经是人类理解世界的重要方式，差别只是人类在那个时候还没有制度意义、组织意义或者说职业意义上的新闻活动。人们经常说新闻是时代的脉搏，是时代神经系统变化的指数，反映的正是新闻的这种功能。因此，所谓新闻的本体功能或者本位功能，从总体上说，就是指新闻"监测环境、守望社会"的功能。《多种声音，一个世界》的作者之一肖恩·麦克布赖德这样写道："在整个历史进程中，人类一直在设法改进其对于周围事物的消息情报的接受能力和吸收能力，同时又设法提高自己本身传播消息情报的速度、清晰度，并使方法

---

① 所谓媒介的目标报道领域，是指一定媒体为自己媒介确定的主要报道范围和内容，实质上就是媒介内容定位所指向的比较稳定的领域。不同的媒介，总是有自己的主要目标报道领域。

② KOVACH B, ROSENSTIEL T. The elements of journalism: what newspeople should know and the public should expect [M]. New York: Crown Publishers, 2001: 37.

多样化。这种努力之所以必要，首先是为了创造条件对在他面前可能潜伏的种种危险心中有数，然后也是为了能和大家一起看到共同对付这些危险的可能性。"① 通过新闻认识和对新闻的认识，人们可以用与事实世界近乎同步变化的眼光来观察和了解事实世界的最新变动情况，从而为自己的生存和发展寻求更有效、更美好的路径。而需要我们明白的是，所有这些首先依赖于新闻的本体功能。

在逻辑意义上，或者抽象地讲，新闻的本体功能是一种稳定的功能，是绝对性的功能。也就是说，只要新闻存在，新闻的本体功能就存在。一则新闻，可以没有某种派生或者延伸的功能，但不能没有本体功能。新闻没有本体功能，就等于说某则新闻本身不存在。人类进行新闻交流的手段可以不断提升和进步，但新闻的本体功能不会因为技术的进步和媒介形态的更新而减弱，反而会更强烈而突出。新的传播技术、新的媒介形态，改变的至多是新闻本体功能得以实现的途径和方式，实现的速度和效率，而不是新闻基本功能的性质，即传播技术本身不会把新闻的本体功能变成其他功能。但是，媒介形态的变化，传播技术的更新，会使新闻的派生功能、延伸功能得到更多的凸显机会，在这一意义上，我们也可以说，传播技术、传播媒介的不断更新，使新闻的本体功能有了实现更多延伸功能的可能性（下文我们会专门讨论派生或延伸功能问题）。

我们之所以说新闻的本体功能是新闻第一位的功能，不仅仅是从新闻本身出发的内在考察，即不只是因为本体功能是新闻的定位功能，是新闻功能系统得以存在的决定性要素；还因为，如果从新闻与社会，新闻与人类的生存、生活的关系考虑，即从外在的角度考察新闻的本体功能，就会发现，新闻的本体功能满足的是人类最基本的需要。要是没有新闻的本体

① 多种声音，一个世界 [M]. 北京：中国对外翻译出版公司，1981：4.

功能，新闻对于人类的特殊意义和价值也就不存在了。

对整个人类来说，我们需要新闻，是因为我们离不开新闻，它是我们生存、生活的基本需要之一，"我们需要新闻来生活、保护自我、建立人际关系、分辨敌友。新闻事业就是社会所产生的提供这种新闻的系统。我们关注新闻事业的性质的原因正是在于：它影响我们的生活、思想和文化的质量"。"新闻事业的目标，是为人民提供使他们自由和自治的资讯。"① 我们需要新闻，就是因为它能够告诉我们环境发生了什么样的最新变动，我们面临什么样的处境，好消息是什么，坏消息是什么。如果我们对周围环境是什么都茫然不知，我们就无从掌握自己的命运和未来。满足人们对周围环境最新变动认知的需要，正是通过新闻的本体功能实现的。

对传播媒介和传播者来说，就是要通过新闻报道直接告知社会、告知人们，事实环境中发生了哪些值得关注的最新变动。只要准确反映、再现了新闻事实包含的事实信息，就等于告知了人们新闻事实本身是什么。对于新闻收受者来说，可以通过新闻媒介的新闻报道获知周围环境的最新变动信息。只要获知了新闻中的事实信息，就能知道新闻事实是什么。这恰好从两方面说明，新闻的本体功能就是一种典型的信息功能、认识功能，这样的功能可以说是新闻处于"原生态"的功能，是新闻本来就有的或者说是固有的功能。可以想象，"一旦新闻的流通渠道被阻塞，那么'一种黑暗降临了'。不安就增长了"②。何况，我们的世界是一个信息世界，我们的时代是一个信息时代。这样一个时代需要信息的自由流通，这样一个世界需要人们与信息一起生活，控制论创始人维纳说："有效的生活就是拥有足够的信息来生活。"③ 如今，新闻在一定程度上是人们实现有效生

① KOVACH B，ROSENSTIEL T. The elements of journalism：what newspeople should know and the public should expect ［M］. New York：Crown Publishers，2001：9.

② 同①.

③ 维纳. 人有人的用处 ［M］. 陈步，译. 北京：商务印书馆，1978：9.

活的重要信息条件之一，所依赖的新闻功能也首先是新闻的本体功能。

我们可以顺便指出的是，新闻本体功能的特殊地位，使得新闻传播业、新闻媒介、职业新闻工作者在今天这样的传播生态中有了特殊的价值。在新技术、新媒介蓬勃而生、相互竞争的新时代，民间新闻的力量越来越大了，非新闻媒介组织、机构制作的、传播的新闻信息越来越多了①，但这没有降低或者遮盖职业新闻工作者的角色功能。事情恰好相反，职业新闻工作者始终如一的基本职责——提供真实的新闻、实现新闻的本体（基本）功能——显得更加珍贵。把真实可信的事实信息有序地、有意义地提供给社会大众，以实现新闻最基本的功能，越来越成为职业新闻工作者的使命。"公民面对的是前所未有的资讯爆炸时代，他们更需要——而不是更不需要——媒体提供可靠的信源、验证事实、突出重要资讯、过滤无关资讯。""21 世纪对真实的需要比以往更迫切，因为不真实的东西实在太多了。"② 这话说得实在是太精彩了。真实，是实现新闻本体功能的前提，因此，强调新闻的真实，就等于强调新闻的本体功能。舍本逐末的新闻功能观是应该也必须永远抛弃和拒绝的。当社会越来越文明，人们的政治素质、文化素养越来越高时，他们期望新闻工作者提供更多的可能不是意见，不是新闻评论，而是真实的、具有社会价值的事实信息。为什么要把真实视为生命、视为立身之本，这关涉到的不只是新闻传播业、新闻媒体、新闻工作者的声誉和品格，它更关涉到新闻本体功能的真实实现问题，关涉到社会的民主与人民的自由能否真实实现的问题。因而，新闻本体功能是新闻所有可能功能中最为重要的功能，是带有元功能意义的功能。"真实性在满足公众知晓欲的基础上为公众提供了安全感，

---

① 这种现象在西方是普遍的，即使在中国，在事实上也不是什么新鲜事。一些公司、企业，一些机构、组织，也在以各种方式向新闻媒体提供制作好的新闻。

② KOVACH B，ROSENSTIEL T. The elements of journalism：what newspeople should know and the public should expect［M］. New York：Crown Publishers，2001：48.

这是新闻的精髓。"① 当然，这是理想的和应该的状态，至于在现实中，人们是否可以通过新闻本体功能的作用，了解到事实世界变动的最新景象和比较准确的景象，还要依赖多种条件。

（二）新闻的派生功能②

新闻的派生功能，顾名思义，指的就是从本体功能派生出来的各种功能。如果把本体功能叫作新闻的直接功能，那么派生功能就属于新闻的间接功能。新闻的功能不只是单一的基本功能——信息告知功能，或者说是认识新闻事实本身的功能，以及透过新闻事实认识一定范围内事实世界的功能，还有其他大量的间接功能。如上所说，新闻的功能，是一个功能系统，是由本体功能和派生功能构成的功能系统。比起本体功能来，派生功能的内涵更为丰富、外延更为广大。因而，从理论研究角度看，派生功能问题是更难分析的问题。在实践层面上，由于本体功能常常要通过延伸自己的方式、通过派生新功能的方式产生作用，因此，只有新闻的派生功能、延伸功能真正发生效应，新闻传播才能取得良好的效果。

1. 派生功能的根源与机制

除了本体功能之外，新闻为什么会有诸多派生功能、延伸功能，这些功能的根源在哪里，派生功能、延伸功能发生的主要机制是什么，派生功

---

① KOVACH B，ROSENSTIEL T. The elements of journalism：what newspeople should know and the public should expect [M]. New York：Crown Publishers，2001：38. 我在《新闻真实论》第七章"新闻真实的意义"中提出，真实的新闻是"信息社会的民主保障与安全前提"。真实的新闻，就是对新闻本体信息的完整呈现，它是新闻本体功能实现的基础。参见杨保军. 新闻真实论 [M]. 北京：中国人民大学出版社，2006：356 - 383.

② 我曾经用新闻的"延伸功能"指称本体功能以外的功能（参见杨保军. 新闻理论教程 [M]. 北京：中国人民大学出版社，2005：96 - 97）。这里之所以又提出一个新的概念——派生功能，是因为我觉得派生功能更加准确。延伸功能是对一个事物功能的扩展和进一步放大，不能很好地反映本体功能之外的新生功能。而派生功能这个概念，既能说明它是一种根源于本体功能的功能，又能说明它是不同于本体功能的功能。但是由于有些派生功能更具有延伸功能的特点，所以我也保留了对延伸功能概念的使用。

能的"派生性"、延伸功能的"延伸性"的内涵到底是什么，如此等等问题，都是理解派生功能、延伸功能的前提性问题，也是一些根本性的问题。下面，我们从不同方面对派生功能产生的根源与机制做出初步的分析。

首先，像新闻的本体功能一样，新闻的派生功能同样属于新闻自身的功能属性问题、性能问题。但是，我们是在新闻的前提下，讨论新闻的功能的；我们是在新闻的前提下，把新闻的功能分为本体功能和派生功能的。因而，新闻本体、新闻的本体功能是根，派生功能是干、是枝、是叶。也就是说，如果没有新闻本体、新闻本体功能的存在，讨论新闻的派生功能、延伸功能将没有前提。这一判断的另一表达形式就是：新闻的派生功能、延伸功能根源于新闻的本体功能，根源于新闻本体。因此，我们所讲的派生功能、延伸功能，是一定事实信息作为新闻内容派生出来或延伸出来的功能，在一定意义上也就是新闻事实信息作为其他类别信息所具有的功能。派生性、延伸性的核心是：新闻在具有本体功能的基础上，即告知人们新闻事实是什么的基础上，还能同时具有非新闻性的其他功能（关于这些功能的主要构成，我们在下文中还要讨论）。由于这些"其他功能"是新闻事实信息本身具有的非新闻性的功能，是在新闻名义下所显现出来的、发挥作用的功能，所以，我们将其称为新闻的派生功能、延伸功能。这里需要注意的是，非新闻性的功能，只是说新闻的某种功能不是新闻功能（新闻功能就是新闻的本体功能），即不是告知人们发生了什么最新变动的信息功能、认知功能，但非新闻性的功能，仍然是新闻的功能。也就是说，新闻拥有的不仅是新闻功能，还是一些非新闻的功能。比如，新闻的知识功能、文化功能、记录历史的功能、娱乐功能等，虽然不是新闻功能，却是新闻具有的一些其他功能。这也是我们反复区分新闻的本体功能和新闻的派生功能、延伸功能的根据所在、意义所在。

　　事物的功能当然首先要通过事物自身的内容来生成，有什么样的内容，就可能有什么样的功能。同样，新闻的任何功能都要通过新闻的具体内容构成和实现，一定的新闻内容才能产生一定的新闻性能。新闻的派生功能根源于新闻本身的信息构成及信息特点。一则具体的新闻到底会有哪些具体的派生功能，主要是由新闻本身的具体内容及其特征决定的，新闻包含的内容是所有派生功能的基础。不同的内容构成、内容特点，将从根本上决定不同的新闻拥有不同的派生功能、延伸功能。

　　其次，尽管事物的功能属于事物自身的性能，但事物的性能只有在一定的关系中才能显现出来，人们只有在某种现实的或者潜在的关系中，才能更好地观察和理解事物的性能。新闻能够具有什么样的派生功能、延伸功能，总是与新闻所处的各种具体关系相关。具体来说，新闻存在于社会之中，存在于传播与收受之中，新闻具有什么样的功能，能够显现出什么样的功能，只有在一定的传收关系中才能显现出来、实现出来。事实上，任何事物的功能总是与该事物的作用、价值、意义问题相勾连。也就是说，人们往往是在与其他事物或者主体人的关系中，即在关系思维中，考察一定对象的功能的。由于新闻是相对人类社会、人类主体的存在，因此，人们只在新闻与社会的关系中（表现为各种各样的社会关系），新闻与作为主体的人的关系中考察新闻的各种功能。即使是新闻的本体功能，也是在新闻与人们对环境的认知关系中对新闻功能的认定。而新闻的各种派生功能、延伸功能，也总是人们在各种特定关系中对新闻的某种性能的认定。当然，说新闻的派生功能、延伸功能显现于一定的关系中，并不是说新闻的功能没有客观性，作为新闻的性能，新闻的功能只能是客观的。但要认识和把握新闻的功能，发掘和应用新闻的功能，自然不能离开主体的实践与认识活动。

　　新闻派生功能的产生与新闻活动者，特别是新闻传播者和新闻收受者的传播需要、收受需要密切相关，与传播者的传播意图和收受者的收受意图密不可分，自然也与新闻源主体、新闻控制主体的相关需要密切相关。决定和影响新闻派生功能多少、侧重的因素不限于新闻的具体内容和表现形式，还与新闻活动者特别是传播者的传播意图、传播方式有关，与新闻收受者的收受需要、解读新闻的方式有关。新闻作为一种信息，其功能是可开发的，在本体功能基础上可以开发出多种多样的派生功能。传播者可以通过新闻实现多种传播目的，其中利用的正是新闻可能的派生功能；收受者则更为自由，他可以对新闻进行不同方式的解读，按照自己的需要去解读，从而使新闻对其表现出不同的功能，而不仅仅是新闻功能。比如，一则经济报道，可以成为商业情报的导火线，发挥特殊的商业功能；一则科技新闻，可以成为知识文本，发挥知识教育功能；一则优秀的新闻报道，其写作形式本身，可以充当范式，发挥新闻写作教学中的范例功能。总而言之，新闻派生功能的具体显现，总是与主体的需要相关联。只要能在主体需要与新闻具有的某种属性之间发现关系，原则上就可以发掘或开发出新闻的某种功能。这些功能不是直接的新闻功能，而是直接新闻功能以外的间接功能，是新闻具有的延伸性的功能、派生性的功能。

再次，一定事物功能的显现，总是需要一定的环境条件。新闻能够发挥什么样的功能作用，如前所说，既取决于新闻自身的诸多属性和性能，也取决于新闻与社会，与不同主体及其各种需要、目的等建构起来的关系。而此处要强调的是，新闻派生功能的产生与一定新闻所处的传播环境和传播时机同样具有一定的机缘性关系，即传播环境是促成新闻派生功能生成的重要条件。新闻在一定条件下可以引发环境的变化，同样，环境也可以使一定的新闻生成特有的功能。

一条新闻能够拥有什么样的功能，与其遇到的传播和收受环境是密切相关的。一条新闻，只有在特定的环境中才能显示出特有的性能，发挥特有的作用。环境，包括整体的社会传播环境和具体新闻所处的媒介环境、文本环境、语境等，有时可以凸显、放大、增强新闻的某一功能属性，当然，相反的情况同样存在。因而，新闻能够发挥多大的功能作用，并不完全是由新闻自身的内容决定的，还与新闻偶然遇到的环境相关。环境创造新闻，环境有可能使小新闻变成大新闻，也有可能使大新闻变成小新闻，这是常有的事情。新闻，总是在一定的社会环境、信息环境中生成的；新闻，总是在一定的信息环境中传播的、收受的。新闻，并不是孤立的信息存在，并不是对某一新闻事实的孤立反映，它本身也是对一定环境状况、环境变化的反映，因而，特定新闻事实所处的环境状况、环境信息，常常构成了新闻内容的一部分（参见第三章相关内容），这就为新闻的机遇性功能奠定了客观基础。社会环境等各种环境条件都会按照自身的需要选择新闻、选择新闻的功能。

最后，新闻派生功能的产生与作用发挥，从宏观上看，也是一个历史的孕育、发现和产生过程。马克思说，每一种有用物"都是许多属性的总和，因此可以在不同的方面有用。发现这些不同的方面，从而发现物的多种使用方式，是**历史的事情**"①。新闻的派生功能、延伸功能是一个历史的生成过程，这一判断的核心意思是，新闻的诸多派生功能、延伸功能只能在一定的历史条件下显现和发挥作用。新闻的政治功能、经济功能等并不是新闻的本体功能，但作为派生功能、延伸功能，也只有在人类的新闻传播活动发展到一定的历史阶段时，才能成为现实的功能、现实的性能。如果说，新闻从其产生之日起就具有这些功能，那也只能说是潜在的、基因性的存在。

新闻到底有什么样的功能，能够发挥什么样的作用，从历史角度看，

---

① 马克思恩格斯全集：第 28 卷 [M]. 2 版. 北京：人民出版社，2018：308.

是一个认识的过程、发现的过程。从总体上说，新闻的功能系统是一个开放系统，是一个不断丰富的过程。尽管新闻的本体功能是唯一的，但它的派生功能、延伸功能却是一个不断扩展、丰富的过程。随着社会文明的进步与发展，新闻与整个人类生活各个方面的关系越来越多，联系越来越紧密，新闻在这样的过程中，在各种关系、联系中，会生成越来越多的功能属性。当历史创造出一种新的新闻关系时，新闻也就生成了一种新的功能。新闻功能系统是活的系统，不断生成的系统，对历史开放的系统。

2. 派生功能的主要构成

新闻的本体功能在抽象意义上是单一的，即只是新闻性的认识功能——新闻功能。新闻本质上是一种事实信息，但新闻报道并不是单纯的事实信息。作为对特殊的事实信息的反映和报道，新闻具有多元化、多层次的派生功能、延伸功能。人们只有系统把握新闻的功能，才能真正理解新闻的价值和意义，也才能进一步理解新闻的本质。为了比较清晰地理解新闻的派生功能，需要进行分类论述。但我们这里不可能将新闻的所有派生功能、延伸功能一一列举，也不可能对列出的几种主要功能进行十分细致的、全面的阐释，这需要专门的"新闻功能论"著作去完成。下面只是对最主要的几种派生功能或延伸功能做简要分析。

（1）政治功能。新闻的政治功能，是指新闻具有的能够对政治活动产生作用和影响的那种性能。政治活动与传播活动是不可分离的，政治活动与新闻传播更是不可分离的，这在人类整体上进入大众传播时代以后已经是无可争议的事实。新闻传播不仅是报道新闻事实的活动，它往往也是直接的政治活动。新闻报道的政治内容直接发挥的是告知人们发生了什么样政治事实的功能，但同时它也生成了对政治活动本身的作用和影响，延伸出、派生出政治性的功能。

新闻是政治活动的基本手段之一（这自然是以新闻与政治关系的历史

生成为前提），不管是在历史上还是在现实中，不管是在什么样的媒介形态传播中，人们都能看到，各种政治力量以及专门从事政治活动的人们，都会积极利用新闻手段展开自己的政治活动。新闻是各种政治信息得到广泛传播的基本文本形式之一，是各种政治力量与社会大众进行政治交流、政治对话的基本方式之一，是不同政治力量进行政治斗争、政治较量、政治合作的渠道之一。一句话，新闻成为所有政治力量进行政治动员、政治组织、政治宣传、政治斗争的基本手段之一。在当今这样的信息时代、传媒时代，任何政治力量都不可能轻易放弃媒介的力量、新闻的力量。放弃媒介，就等于放弃政治；放弃新闻，就等于放弃最有效的政治手段。政治媒介化已经成为人类政治活动的普遍现象，而新闻的政治功能在政治媒介化的过程中发挥着核心作用。

政治活动信息始终是新闻传播的重要内容，政治新闻始终是新闻内容的重要组成部分。尽管有关研究一再说明，在世界范围内，人们对政治新闻变得越来越冷漠，也没有了以往的政治热情。但是，难以否认的事实是：政治生活依然是人们整个生活世界的基本组成部分，"在现代社会的公共生活中，政治生活是最基本的，也是最重要的"①；而新闻依然是社会大众了解政治、参与政治的重要信息基础，依然是实现知情权的重要渠道，甚至就是政治活动的直接手段。并且，伴随着新的传播时代的到来，新的传媒生态的生成，新的传播技术的广泛运用，以往多少有些神秘的、隐蔽的政治活动变得越来越公开、透明，多元、民主、平等的气氛越来越浓。以往给人感觉只是上层社会、精英阶层的政治活动，也越来越成为人们的普遍活动，成为日常生活的一部分。政治也在日常化，也在生活化、平民化，生活政治正在勃兴。在这样一个时代，新闻传播内在的自由精

---

① 万俊人. 公民美德与政治文明［N］. 光明日报，2007 - 06 - 19.

神，正在为新闻的政治功能开辟着越来越广阔的道路。社会大众的政治意识、政治参与能力、政治参与机会都与新闻的政治功能密切相关，新闻可以促生和培养政治意识、政治参与能力，可以为人们持续不断地提供参与政治的信息支持。新闻在政治文明、民主政治的建设过程中，有着特殊的价值和意义，它可以动员社会力量、激发人们的政治热情、刺激人们的政治神经。

政治活动是动态的、复杂的、多层次的活动系统和活动过程，在一定社会范围内，其核心是围绕国家权力的活动，但这并不意味着政治活动对普通大众来说是身外之物，遥不可及，政治活动其实就在每个人的身边，就在每个人的日常生活中。生活政治是任何人都不能避免的，新闻的政治功能在日常生活层面上有着更为广泛的作用。新闻对生活世界的关注，就是对人们各种具体的生存、生活权利的关注，就是对公共利益的关注。不管是什么样的政治权利，最终都要落实到日常生活的层面上，因此，新闻的日常政治功能不仅是基础性的政治功能，也是很重要的政治功能。

新闻的政治功能还特别表现在它是政治民主、社会民主的手段和中介，新闻是实现社会监督、政治监督的有力工具。在新闻媒介、新闻传播有了自己相对独立的地位和相对独立的传播原则之后，新闻，不再仅仅是反映事实、报道信息的手段，它还是监督社会特别是监督公共权力运行的重要力量，新闻通过"让事实说话，用事实说话，为事实说话"的方式，发挥着特殊的政治监督功能。新闻依赖事实的力量、公开的力量和迅速反应的特征，使它的监督功能显示出独特的魅力，使它成为维护社会正义、政治清明的重要手段。

（2）经济功能。新闻的经济功能，是指新闻具有的能够对经济活动产生作用和影响的那种性能。在今天这样一个经济化的时代、经济化的社会，新闻的经济功能表现得越来越突出。经济生活是人类社会生活、日常生活的永恒基础，新闻与其有着天然的紧密联系。

在宏观层面上，新闻是即时塑造社会信息环境、舆论环境的重要手段之一。生活在一定社会环境中的人们，其言行总是要以一定的信息为依据。整个社会的经济运行、人们个人的经济行为，在今天这样一个信息时代、信息社会，更是须臾离不开各种信息的支撑。新闻以它自身的方式监测着环境的变化，它所提供的各种信息，为人们提供了理解、判断宏观社会环境、经济环境的依据。各种新闻信息，在时刻准备着进行经济探索的经济活动者的眼睛里，随时都有可能成为开展经济开发的根据。新闻整体的社会变动指示功能（包括政治、经济、文化等各种各样的指示功能），始终为敏锐的经济活动者提供着信息指导和参考。在全球经济一体化、地域经济一体化的背景下，新闻特有的社会变动风向仪的功能，是任何经济活动者都不敢忽视和不愿放过的。

在微观层面上，一些新闻在发挥本体功能的同时，也在发挥经济功能的作用。各种重要的经济活动、经济事务、经济现象、经济信息本身就是新闻报道的常态对象。经济新闻直接反映了经济领域的最新情况，因而表现出直接的经济功能，可以为人们的经济行为提供直接的参考。除此之外，在今天这样一个高度融合的时代，即社会各个系统、各个方面、各个层次联系越来越紧密的时代，任何其他领域的信息，都有可能直接或间接影响对象领域的活动。因而，新闻的经济功能不仅仅是经济新闻的功能，从原则上说，政治新闻、文化新闻、科技新闻、军事新闻等，都有可能发挥重要的经济功能。其实，社会本身是一体化的有机系统，各个子系统之间有着客观的紧密联系，任何一个系统的变化都有可能引起其他系统的变化。

就新闻自身而言，在市场经济体制下，尽管人们说它是一类特殊的商品，但无论如何特殊，它总是商品。作为商品的新闻，自然直接发挥着经济功能。人们传播和收受新闻的行为，在一定意义上也是经济行为，而背后的根据，就是因为新闻具有经济功能。

（3）舆论功能。新闻本身是事实信息，不是意见，更不是舆论。但事实信息是生发意见的源头，事实对于意见来说，具有本体论的意义。新闻的舆论功能就在于它可以通过反映和再现事实而激发意见，造成舆论。而那些意见性新闻，则更是一种比较直接的激发舆论、形成舆论、引导舆论的信息。就新闻本身不是意见而言，我们只能说，舆论功能是新闻的派生功能或者延伸功能。

新闻事实通过新闻传播者的报道，通过新闻内容自身的吸引力，有可能成为人们共同关注的对象，而新闻激发和造成的舆论，会成为新的新闻报道的对象，新的报道则会进一步激发和造成声势更加浩大的舆论。这种滚雪球式的"新闻-舆论"和"舆论-新闻"效应，是新闻舆论功能的重要机制和表现方式。只有新闻所报道事实包含的相关问题消解之后，舆论才会平息。自然，并不是所有新闻都能激发舆论，生成舆论。我们只能说，所有新闻在原则上都有舆论功能和一定的意见指导功能，但不同新闻的舆论功能的强弱、大小是不一样的。

尽管新闻的本体功能是新闻传播的基本目的，但新闻传播并非把目的仅仅设定为新闻目的。新闻媒介、新闻传播者为人们提供事实信息，总是希望收受者对事实信息进行判断、分析、评价和议论，在这一过程中，新闻实际上发挥了潜在的意见功能，引发和引导着人们的意见及意见方向。事实信息本身具有一定的意见指向，即使像天气预报这样简单的气象新闻，也能对人们的观念和行为形成指导。正是新闻作为事实信息所包含的潜在的意见功能，使得新闻能够在传播过程中最终显示出舆论功能。

（4）文化功能。文化本身是个十分复杂的概念，狭义上是指精神文化，广义上则包括物质文化、制度文化和精神文化。我们这里主要是在狭义上使用文化这一概念。美国著名文化传播学者詹姆斯·凯瑞认为"传播即文化"。我们可以说，传播就是文化的表现，就是文化的存在方式、承继方式，传播是人类自组织的主要方式。新闻作为一种具体的传播方式，一种具体的传播内容，本身就是文化世界的特有形式。新闻，既是人类文化的产物，也是人类文化本身的一种特有表现形式。新闻，从其产生的那天起，就与所有人的生活有着天然的紧密关系；新闻文化，是天然的民间性的文化。当现代新闻传播业诞生后，新闻文化逐步演变成为典型的大众文化形式，新闻本身也成为一种典型的大众化的文化产品。新闻在反映、再现一定的新闻事实时，也在反映和再现着一定社会整体文化的面貌。新闻本身成了文化的载体，新闻作品、新闻文本，同时也是文化作品、文化文本。新闻与整个社会生活如此紧密的关系，使其显示出特有的文化功能。

新闻作为人类认识世界、把握自我的一种特殊的精神文化形式，具有非常丰富的文化功能内涵。人们依据新闻和新闻传播自身的特点，以及它们与社会和个人精神文化生活的各种关系，通常将新闻的文化功能描述为事实记录、文化传承、文化交流、文化教育、知识传播、文化娱乐等。这些不同的文化功能，在实际的新闻传播中往往是融合在一起的，也就是说新闻的这些性能的实际作用常常是共时态的。新闻文化也是在不断实现文化功能的历史过程中塑造自身的文化形象的。在新闻活动传播新闻的过程中，新闻就开始以其特有的方式发挥特殊的事实记录功能、文化传承功能、文化交流功能、文化教育功能、知识传播功能、文化娱乐功能等。所有这些功能整合在一起，实质上就是以新闻文化的方式呈现的社会文化的延续功能、文化的传承功能或者整个社会的遗传功能。新闻是日日常新的，新闻文化的面貌是日日常新的，新闻的各种文化功能也是在日日常新的新闻图景变换中发挥作用的。新闻也始终是以大众文化的形式，面向千千万万普通民众来实现其各种文化功能的。德国哲学家雅斯贝尔斯曾说："虽然报纸最初只是交流思想的媒介，但它现在已成为世界上的无冕之王。它以通俗易懂的简明表述创造了一种活生生的知识……报纸作为观念形态体现了群众文化的辉煌前景。为了生动、深刻并富有建设性、创见性地表现事实，报纸避免使用模糊的概括，避免材料的堆砌。它抓住了对所有精神领域所发生的事实的再创造，它使得某些领域所拥有的原本影响不大的观念财富成为时代意识。"[①] 这段话在一定程度上说明了新闻文化功能的特殊性。

新闻记录着今天有意义的变动，也就为明天留下了有价值的历史。当有人说报刊是一个国家、民族（可以推及整个人类）的文化日记时，反映的正是媒介、新闻实现的知识、文化、社会遗传功能。这是一种智能的遗传、精神的遗传，正是这特有的遗传途径和方式，把人类与动物区分开来、与自然区分开来，当然也使人类真正在历史性的遗传演变中懂得了自身与自然的一致与统一。新闻作为人类把握世界的一种特有方式，实现着最新的现实与历史的信息、知识、精神、文化等的交流。新闻在媒介技术、传播技术不断提升的过程中，也越来越成为跨地域、跨文化交流的重要中介，以新闻的形式发挥着文化交流功能。

新闻是一种事实信息，事实信息从广义上说就是一种知识，"信息可以被看作一种流动的知识，而知识就是信息的相对静态的表现，是信息的一部分"[②]。因而，从原则上说，任何一则新闻，都可以被看作一个知识文本，人们通过收受新闻总可以获取一定的知识。任何新闻报道都要依赖一定的知识基础，因此，新闻背后总是隐藏着各种各样的知识和方法。至于那些专门的知识性新闻、科技新闻，更是能够直接向人们传授相关的最

① 雅斯贝尔斯. 存在与超越 [M]. 余灵灵，徐信华，译. 上海：上海三联书店，1988：182.
② 刘文静. 政府信息公开制度的制度经济学分析 [J]. 法商研究，2007 (4)：59.

新知识成就。新闻的知识功能，可以说是新闻本体功能的直接延伸。新闻的知识功能是广泛的，具有百科全书式的特点，这是由新闻本身的广泛性所决定的。经常接触新闻的人，也许成不了专家，但一定能够成为一般社会知识的杂家。新闻媒介因而也是拥有最多学生的教育者，始终都在发挥着自己的知识传播和知识教育功能。

人们在收受新闻的过程中，总是濡染在一定的社会文化环境中。从一般意义上说，这是一个接受社会习惯、社会规范的过程，是一个接受和认同社会主导性价值观念的过程，当然也是一个对所有这些事物不断反思和批判的过程。但无论怎么说，收受新闻的过程是所有新闻收受者被不断社会化的过程。可见，新闻具有普遍的社会教育、社会教化功能。新闻以自己的方式，特别是在进入大众化的新闻传播时代之后，对一定社会发挥着文化整合、文化认同、文化价值引导的功能。至于具体层面上的教育功能，就更好理解了，不需要多言。当然，我们也不要忘记新闻在发挥教育功能时的负面作用，对此，我们在后文的功能效应讨论中会专门论述。

（5）娱乐功能。尽管娱乐功能是相伴新闻本体功能的古老功能，但商业文化的勃兴使新闻的娱乐功能越来越成为人们关注的热点，也成为新闻传播面临的问题。娱乐功能首先指的不是"娱乐新闻"的功能，指的不是娱乐新闻或者"新闻的娱乐化"造成的能够给人们提供娱乐的表现。娱乐功能在一般意义上是指新闻媒体和新闻能够给人们提供游戏般的感受，能够为人们的文化休闲活动提供资料，满足他们休闲的某种需求。按照斯蒂芬森的游戏理论，"人们读报主要不是为了了解新闻和满足求知欲（对其他媒介形态的新闻也一样——引者注），而是因为读报可以为读者提供娱乐。人们在阅读新闻时可以自由地选择自己喜欢的内容"[1]。新闻媒介上

---

① 鲁曙明，洪浚浩.传播学 [M]. 北京：中国人民大学出版社，2007：17.

刊播的新闻与一般受众并没有什么直接的关系。新闻更多的时候是在满足甚或是填补人们休闲生活的某种习惯和闲暇，这种习惯性的活动本身就是一种能够给人带来娱乐的活动，满足习惯也就满足了一定的心理需要。因而，娱乐功能也是媒介按摩功能的特有表现方式。就新闻而言，娱乐功能最直接的表现，就是新闻媒介通过向人们提供相关的娱乐新闻，直接娱乐人们的身心；再就是新闻的娱乐化，通常的手法是发掘一些新闻事实、新闻信息中的娱乐成分、娱乐要素，加以放大或夸张，向人们提供娱乐。

提供娱乐，在这个近乎娱乐化的时代，早已成为新闻的一种被刻意强化、放大的功能，并且成为一种越来越令人担忧的功能。娱乐新闻、新闻的娱乐化、娱乐的新闻化，在很大程度上改变着传播新闻图景的面貌，改变着传播主体和收受主体对待新闻的态度和观念。人们日益变得"玩世不恭"，似乎一切都无所谓，新闻不过是一种特有的娱乐形式而已，何必当真。"新闻和报道，甚至于编者评论，都被以休闲文学的行头粉饰起来"①，小说与报道之间的界限缩小了甚至消失了。事实倒还没有像德国哲学家哈贝马斯所言得如此严重，但新闻到底要做什么，确实是一个严峻的问题。新闻的过度娱乐化，实际上异化了新闻"监测环境、守望社会"的基本目的，异化了新闻的本质。新闻传播业越来越成为一种娱乐工业，而不是关注社会发展、公众利益的严肃事业。新闻传播业正在由硬新闻传播业滑向软新闻传播业。这是"娱乐至死"潮流中最令人担忧的事情，也是人们应该努力使其改变的潮流。

（三）本体功能与派生功能的关系

新闻的本体功能与派生功能的区别，是在新闻视野中的一种区别。这

---

① 哈贝马斯. 公共领域的结构转型［M］. 曹卫东，等译. 上海：学林出版社，1999：196.

就是说，正是因为我们把新闻看作新闻，才会把新闻功能——新闻信息功能或新闻认识功能——本身看作本体功能、本位功能，把新闻所显示出的其他功能定位为派生功能、延伸功能。如果没有新闻视野，它们就是并列性的功能，而非本体与派生的关系。这意味着本体功能与派生功能的划分具有一定的相对性。这是我们讨论本体功能和派生功能时首先应该注意的问题。由于我们在上文关于新闻本体功能和派生功能的讨论中，已经实质性地阐释了二者之间的一些关系，因此，这里关于二者关系的分析只是进一步的整理和必要的补充。

从逻辑关系上说，本体功能是基础，派生功能是本体功能在各种可能传播关系中的进一步体现。派生功能是由本体功能决定的、派生的，它们共同构成了多元化的、多层次的新闻功能系统。新闻传播在更多的时候，追求的是立体化的功能呈现方式。从原则上说，传播者总是希望新闻能够发挥更多的社会功能作用，收受者同样希望能够通过新闻满足自身更多的信息需要。事实上，新闻立体化的功能系统，为所有新闻活动者——新闻源主体、新闻传播主体、新闻收受主体、新闻控制主体——提供了实现各种新闻活动目的的可能性，同时，也为人们提供了实现以各种非新闻活动角色进行的非新闻活动目的的可能性。新闻功能的立体化构成与功能实现空间的广大可能性，充分说明新闻与整个社会生活以及各个社会领域联系的广泛性和紧密性。

新闻的本体功能是随新闻而生的原发性的功能，是体现或者反映新闻本质的功能，在抽象的意义上具有绝对性和永恒性。因此，人们可以通过谈论新闻的本体功能来讨论新闻的本质，即可以通过新闻的本体功能来定义新闻。然而，新闻的派生功能，也可以说是生成性的功能或建构性的功能，是在新闻传播历史的演化中不断生成的功能，是在一定传收关系中生成的功能，是在一定的传播生态、传播环境中生成的功能。因而，派生功能是可以创造的，可以挖掘的，可以开发的。当人们以不同的态度去对待新闻时，以不同的方式应用新闻时，新闻就可以显示出不同的功能。但这并不是说派生功能是随意而生的，只是说派生功能更多依赖新闻与主体的各种具体关系，但对本体功能来说，它是始终显现的，始终存在的，不管主体以何种态度对待新闻。

本体功能是任何新闻都具有的功能，不同的是不同新闻具有的具体本体内容不一样，因而显示出的具体的新闻本体功能是不一样的；任何新闻都具有派生功能、延伸功能，但不同新闻的派生功能、延伸功能的多少、强弱是不一样的，也是随新闻的内容、传收的关系、传播的情景等变化的。因此，在具体新闻层面上，不同新闻具有不同的功能构成。有些新闻具有的派生功能可能比较少，有些新闻则可能拥有比较多的派生功能。不同新闻具有不同侧重的派生功能，有些新闻具有更强的政治功能，有些具有更强的经济功能，有些具有更强的知识功能，有些则可能具有更强的教育功能、娱乐功能，等等。从逻辑上说，新闻必须具有本体功能，但可以没有派生功能、延伸功能；但就客观实际来说，任何新闻都会同时具有本体功能和派生功能、延伸功能。

尽管本体功能是基本的功能，是所有其他功能的基础，但从不同功能的实际作用上说，派生功能对有些新闻来说可能是更重要的功能，能够发挥更大的社会作用。本体功能主要是一种认识作用，派生功能发挥的则是各种各样的社会作用。尽管新闻的直接目的、直接功能在任何时候都不可缺失，但新闻的间接目的、间接功能往往是新闻的主要诉求。新闻在让人们知道发生了什么的前提下，其诉求更在于通过自身来发挥政治功能、经济功能、舆论功能、文化功能等。事实上，也只有在新闻发挥了派生功能、延伸功能之后，新闻才是完满的，新闻作为一种社会信息才比较全面地实现了它的社会功能，完成了它的社会使命。正因为如此，人们发现，新闻活动的各种意图性追求，也往往主要是通过新闻的派生功能或延伸功能实现的。

在功能效应方式上，本体功能更为直接、明显，具有更强的即刻效应表现；而新闻的有些派生功能、延伸功能则往往具有一定的隐蔽性，以比较长久的效应方式显示自身的社会功能，即是通过新闻传播日积月累的方式实现的，比如新闻的文化传承功能，对人们的社会化功能，对人们的各种知识传播功能、社会教化功能等。① 因而，本体功能更多的时候是以单一新闻的方式发挥功能效应的，而新闻的有些派生功能、延伸功能只能通过众多具体新闻的历史集合才能真正产生社会功能效应。关于新闻的功能效应问题，下文还将专门阐释，此处就不多说了。

如果我们从功能的层次性上考察新闻本体功能与派生功能的关系，就可以这样说，新闻的直接功能就是新闻的表层功能，但在表层功能之下，还有可以称之为深层功能的功能。新闻的表层功能非常简单，就是告知事实信息，但深层功能就比较复杂了，不同新闻报道的意图都是有差别的，因而需要具体问题具体分析。但我们至少可以从哲学功能论的角度指出，每一条新闻都包含着深层功能。传播者报道某一事实的目的不会仅仅停留在事实信息层面。报道某一事实首先说明在传播者心目中、评价体系中，觉得或认为它是收受者"应该"知道的。这里"应该"包含的种种含义恐怕才是传播者的真正意图，也才是传播者期望新闻应该具有的深层功能。

最后需要重复说明的是，我们之所以要对这两类功能加以区分，最主要的目的就在于提醒人们，要首先把新闻当作新闻来对待，要首先让新闻

---

① 清华大学的刘建明教授用"显度功能"和"深度功能"来描述反映新闻媒介的功能，这一对概念在一定意义上也可以用来描述和反映我在这里所说的新闻本体功能与派生功能在功能效应上的差别。刘教授认为："显度功能是指新闻媒体产生的积极影响是直接的、明显的，人的感官可以很快观察到；深度功能是指媒体对社会的积极影响是久远的、纵深的，能促进社会的深刻变革，人们在短时间内还无法把握。"参见刘建明. 当代新闻学原理［M］. 北京：清华大学出版社，2003：289。

体现它的本体功能，体现它的新闻功能，而不是别的什么功能。只有这样，新闻才不会变味，新闻才不会成为挂羊头、卖狗肉的东西。新闻只有首先以新闻功能发挥作用，它的派生功能、延伸功能才能产生正当的效应。新闻，需要以独立的面目面对社会、面对公众，如果新闻功能被新闻的某种派生功能所左右，那么新闻作为事实信息的内容，就有可能被扭曲。

三、新闻的功能效应

功能与功能的效应和作用是很难分开进行论述的问题，因而，谈到功能就不得不进一步阐释功能效应、功能作用问题。新闻的功能，实际上就是新闻的性能。新闻的各种性能，在与一定事物的相互作用中，原则上都会产生一定的效应，而不同的功能常常会产生不同的效应。效应不仅是一种事实性的存在，也总会引起一定的价值反应。因此，对新闻功能的性质及其效应特征做进一步分析，有利于人们更深入地认识新闻的功能，能够更全面地理解新闻本身。

（一）新闻的功能性质分析

新闻具有各种各样的功能，我们前文在本体功能与派生功能概念下所做的阐释，就可以看作对新闻功能初步的分类研究。这里，我们准备从功能性质角度对新闻的功能加以说明。因为，新闻传播实践提供了这样的事实，新闻对社会、对个人，并不总是能够产生积极的效应，同样，并不是所有的新闻，并不是新闻文本中的所有信息，都能够对社会、对个人产生积极的效应。也就是说，在一般意义上，新闻存在着对社会、个人产生消极效应的现象。基于这样的考虑，我们可以在性质上把新闻的功能分为积极功能和消极功能两个大的方面进行讨论。当然，我们非常清楚地知道，在实际中，在一些新闻文本中，积极功能和消极功能是一体化的，就像正面和反面常常是不可分割的一样。但在思维中、逻辑中，二者是可区分的。

所谓新闻的积极功能，是指新闻具有的能够对社会、对一定主体需要产生肯定性效应的功能；所谓新闻的消极功能，是指新闻具有的对社会、对一定主体需要产生否定性效应的功能。当我们用积极功能、消极功能这对范畴概念描述新闻的功能时，意味着我们已经认定，新闻的有些功能更易于对社会、对主体产生肯定性效应，而有些功能则可能更易于对社会、对主体产生否定性效应。如果更细致一些考察，则这实质上是说，新闻包含的各种信息中，有些信息更易于对主体形成肯定性的引导和作用，产生肯定性的价值（正价值）；而有些信息则更易于对主体形成否定性的引导和作用，产生否定性的价值（负价值）。这些判断，已经被不少的实证（经验）研究所证实，尽管实证（经验）研究的结论是否具有普遍性仍然需要进一步证实。但对整个人类来说，困难的问题不是不知道新闻对自身具有肯定性效应和否定性效应，而是如何更好地让新闻发挥肯定性效应，同时尽可能减少和避免否定性效应。

新闻的积极功能与消极功能总是一体化的，就像功能效应也总是一体化的一样。认为新闻只有或者只应该有正面的、积极的功能和积极的效应是不现实的，人们不可能在获得肯定性效应的时候，不面对消极功能的"诱惑"。纯粹的肯定性效应（正效应）是不存在的，"任何'正效应'都会伴随相应的'负效应'"①。比如，市场经济可以说解放了新闻，但在一定程度上也放纵了新闻。新闻的积极功能在市场经济体制下得到了激发，但其消极功能同样得到了滋生和蔓延。新闻在市场力量的催发下，越来越

---

① 孙正聿. 崇高的位置 [M]. 长春：吉林人民出版社，2007：9.

过度关注娱乐新闻，关注闲言碎语，关注丑闻和犯罪新闻。早在 19 世纪末，美国一位新闻人斯皮德就说过这样的话，"现在的报纸并不是平常人们认为的那样是对每天历史的记录，每则新闻都充斥着煽情以至于没有人能够从中获取真相"①。在今天，就在当下的新闻界，人们看到，一些媒体、一些传播者，在金钱崇拜观念的支配下，把一些报纸版面、广播电视栏目、网络专栏甚至博客主页、手机小小的屏幕等，当成每天倾泻垃圾新闻的场所，这使我想起马克思当年针对《每日电讯》讲的一段话："伦敦所有厕所都通过人工的隐蔽管道把人体的脏物排到泰晤士河里。同样地，这座世界首都也通过一系列鹅毛笔管把它所有的社会脏物都排到一个纸制的藏垢纳污大中心——《每日电讯》里。"② 也许用这样的比喻批评一些媒介、传播者有点过分甚至不当，但煽情新闻、琐碎新闻的泛滥，对一些媒介来说确实是事实，而我们不能睁着眼睛不看事实。研究者不可能冷静到只描述事实，他们也像普通百姓一样，甚至应该比他们更加强烈地以社会良心的名义谴责不正当的新闻传播行为。

（二）新闻的功能效应特征

新闻的功能是一个功能系统，不同功能既有性质上的不同效应倾向，也有程度上或者量级上的效应差别。事物的功能是内在的，而事物的效应是外在的。在这种内外关系中，并不是所有的功能都能发挥现实的效应，某一功能也并不能对所有的主体产生效应。效应是事物的价值性表现③，

---

① 刘建明，等. 西方媒介批评史 [M]. 福州：福建人民出版社，2007：122.
② 马克思恩格斯全集：第19卷 [M]. 2版. 北京：人民出版社，2006：329.
③ 在我看来，价值就是客体对主体的效应。我的《新闻价值论》就是在这一基本观点基础上撰写的。因此，这里关于新闻的功能效应特征的分析，在一定意义上就是对新闻价值实现方式特征的分析。也正因为如此，我在这部分内容的写作上，参照了《新闻价值论》的有关内容。有兴趣的读者，可参阅杨保军. 新闻价值论 [M]. 北京：中国人民大学出版社，2003：298-303.

不可能依赖于价值关系或者效应关系的某一方，而是至少依赖于效应关系的双方或多方。之所以说至少，是因为效应关系的建立以及效应的产生，特别是产生什么样的效应，还要依赖于一定的环境条件。基于这样的基本判断，下面就新闻的功能效应特征进行一些比较具体的分析。

第一，新闻的功能效应具有相对的稳定性。这里所说的稳定性指的不是效应量上的稳定性，而主要是指新闻功能效应性质上的稳定性，包括两个大的方面：其一，新闻的功能效应在积极与消极属性上比较稳定。功能效应性质稳定性的基本含义是指，同一新闻对不同主体在功能效应的性质上是基本相同的。新闻传播的使命决定了新闻的核心内容是一些确定的事实信息，它的本体性功能是新闻功能、认识功能，这样的功能在效应表现上具有一定的中立性。对任何主体特别是收受主体来说，新闻功能首先是消除认识上或心理上的不确定性，消除了就是积极效应，没有消除或没有完全消除并不意味着消极，只是意味着功能效应不大，并不会给相关主体带来直接的危害。如果新闻所包含的信息是虚假的，那么它对整个社会和所有收受主体的最终效应都是消极的、否定性的。至于新闻的派生功能、延伸功能，一旦一则新闻已经确定，它对不同素质、不同状态主体的潜在效应性质就是稳定的。比如，一则揭露腐败问题的新闻，对腐败分子的效应当然是消极的，而对整个社会和普通大众的利益来说其效应一定是积极的。但这种消极效应或者积极效应，在新闻确定的情况下，也是基本确定的。其二，新闻的功能效应与新闻内容特征的一致性具体表现为：有什么样的新闻就有什么样的功能，就有什么样的功能效应。一则新闻能够产生什么样的功能效应，在内容上是基本确定的，如果一则新闻本身包含的信息是比较单一的，那么它所实现的功能效应也是比较单一的；如果一则新闻包含的信息是复合的，那么它所实现的功能效应也可能是复合的。同样的一则新闻，对于不同的主体，其功能实现的内容范围是基本稳定的，这是因为以真实、全面、客观、公正为基本原则的新闻报道，其内容是比较确切的、明晰的，对收受主体的自由理解具有较高程度的约束和限制。一条政治新闻，对于不同主体所表现出来的效应基本上都是在政治新闻价值的范围之内，而一条社会新闻或娱乐新闻的效应大致也只能是在社会新闻或娱乐新闻的效应范围之内。但这样的稳定性或同一性，主要体现在新闻的本体功能效应方面，派生功能、延伸功能则会表现出更强的相对性和灵活性。

第二，新闻的功能效应具有相对性。效应的相对性，是所有价值，特别是精神价值实现过程的突出特点（新闻的功能效应本质上属于精神价值范围）。功能效应的相对性，突出表现在两个方面：其一是效应性质针对不同主体的变异性，尽管新闻的事实性定位从根本上决定了新闻功能效应在性质上的稳定性，但这并不排除效应性质上的变异性。同一新闻对不同主体可能产生正负性质不一的功能效应，即对有些主体是有利的、积极的，而对另一些主体是不利的、消极的，这是由主体的需要与新闻的属性共同决定的。其二是功能效应量度上的相对性。不同主体的新闻需要、认识能力、心理状态、所处环境等的不同，使得同样的新闻在不同的主体身上，表现出不同的效应量度。同样的新闻，有些主体感到效应是强大的，有些主体感到效应是弱小的，有些主体甚至感觉不到什么效应。这种相对性是新闻功能效应实现过程中最为常见的现象，因为新闻本身就有相对性的特点，这从客观上决定了新闻的功能效应必然具有相对性的一面。

造成功能效应相对性的另一根本原因就是主体的素质，主体的素质构成从主体方面决定了新闻对他的可能意义和价值，决定了新闻可能产生的实际效应结果。马克思说过："对象**如何**对他来说成为他的对象，这取决于**对象的性质**以及与之相适应的**本质力量**的性质；因为正是这种关系的**规定性**形成一种特殊的、**现实的**肯定方式。**眼睛**对对象的感觉不同于**耳朵**，眼睛的对象**是**不同于**耳朵**的对象的。每一种本质力量的独特性，恰好就是这种本质力量的**独特的本质**，因而也是它的对象化的独特方式，是它的**对象性的、现实的、活生生的存在**的独特方式。""从主体方面来看：只有音乐才激起人的音乐感；对于没有音乐感的耳朵来说，最美的音乐也**毫无意义**，**不是**对象，因为我的对象只能是我的一种本质力量的确证，就是说，它只能像我的本质力量作为一种主体能力自为地存在着那样才对我而存在，因为任何一个对象对我的意义（它只是对那个与它相适应的感觉来说才有意义）恰好都以**我的**感觉所及的程度为限。"① 一定的新闻对确定的主体到底能够产生什么样的效应，是由二者间建构起来的现实的价值关系、效应关系决定的，其中具有更多主动性的因素当然是作为主体的人，正是主体人才能根据自己的需要与对象建立起特定的关系。

第三，新闻的功能效应方式，在时间模式上有不同的表现。有些功能效应是即刻的，当下可见的；而有些效应是长期性的，累积性的。并且，能够产生即刻效应的功能也有可能同样产生长期效应。新闻本质上是对新闻事实的及时反映和报道，因而，能够产生即时效应对于新闻来说，是常见的现象。人们经常看到，一两个小时前播发的新闻，很快就能得到收受者的反馈和评价，甚至引发行为方面的反应，这样的时间距离会随着传播速度的提升而变得越来越短。这种现象说明，新闻的及时功能效应是常见的、普遍的，这也正是新闻传播的魅力之一，是新闻传播发挥社会影响力的特有表现。但人们同样发现，新闻报道中、文本中包含的各种信息并不必然都会立即就对社会、个人产生效应，新闻的功能效应方式，并不都是"应声倒下"的枪弹式效应方式，相反，延缓效应、长期效应、积淀效应也是常见的效应表现方式，新闻的不少功能效应，只能在新闻传播的历史

---

① 马克思恩格斯文集：第 1 卷 [M]. 北京：人民出版社，2009：191.

累积中表现出来。

新闻的各种功能效应，有些是显在的、公开的，有些则是隐在的、隐蔽的。在很多情况下新闻的功能效应是难以觉察的，是潜移默化的，也是很难进行实证测量计算的。因此，新闻到底产生、发挥了什么样的社会效应、主体效应，只能通过人们的言行去证实、去检验，有些效应则只能在一定的历史尺度中去判断和衡量。并且，新闻的一些功能效应可能会与其他类别的信息功能效应融合在一起，即使从研究的角度，也很难进行清晰的分辨。这正像关于新闻传播效果的研究结论，在我看来只具有相对合理的意义，实际效果到底是否是单一的新闻传播所致，本身是很难说得十分清楚的问题。当我们用大尺度的历史眼光审视新闻的功能效应，特别是新闻的派生功能、延伸功能效应时，就会发现新闻对个人、对社会的影响是深远的、长久的，今天的新闻，构成了明天的历史文化，积淀成了明天的传统。新闻，包括民间新闻，在日复一日地塑造着每一个人。

第四，新闻作为精神产品，作为以及时、公开方式传播的精神产品，其功能在产生效应、产生价值的过程中，具有特殊的价值、效应增值滚动方式，这也可以看作新闻功能效应的一种产生和发展模式。"精神消费是一种价值增值运动，精神产品在实现其价值的同时不断增加其价值，随着消费的人数、次数的增多，其价值也成比例地增长。"[1] "精神产品的享用像原子核裂变一样，一个中子的撞击会引起无数粒子的产生，一个精神产品的享用会在许多个人那里带来许多后继产品。"[2] 信息的可分享性是新闻的功能效应能够增值并被不断放大的根本原因。

与其他精神产品相比，新闻传播特有的及时性、广泛性和公开性，使得新闻的功能效应在增值性上的增长空间与速度得天独厚，其他精神产品

---

① 袁贵仁. 价值学引论 [M]. 北京：北京师范大学出版社，1991：337.
② 李德顺. 价值新论 [M]. 北京：中国青年出版社，1993：111.

一般难以企及。但是，与其他精神产品相比，新闻的效应通常不会因为次数的增多而增值，主要依靠人数（表现为阅读率、收听率和收视率的提高）的增多而增值；而其他精神产品，诸如科学文本、文学文本、理论研究及学术文本等，随着阅读次数的增多，文本价值的实现量通常都会成正比例地增加。还须指出的是，新闻效应、新闻价值实现的增值形态，并不都是正增值，也存在着负增值情况，即越是增加新闻接触的人数，新闻传播所造成的消极效应越大。对某些敏感新闻事件的失当处理，往往会引起新闻功能效应的负增值，引发滚雪球效应或者蝴蝶效应，这就要求传播者在对新闻事实的价值评估预测中，充分考虑各方面的因素，从社会主体的整体利益出发，对敏感事实的报道做出科学、合理的报道决策。

第五，功能效应的多维度性与多层次性。多维度性、多层次性是新闻功能效应的突出特征，这一特征非常明显地反映了新闻派生功能、延伸功能的多样性。一则新闻对社会、对主体来说都是一个小小的信息系统，它包含着许多信息要素、信息层次和信息意义，到底哪一方面的信息要素能被主体比较好地理解把握，到底哪个层次的信息能够引起主体的充分注意，当然不仅要看收受者素质的具体构成情况，还要看新闻所处的传收环境。这些条件一起决定和影响着新闻功能效应的维度与层次。

功能效应的多维度性或多向度性，是指同一条新闻可以实现多种功能效应，这是新闻具有本体功能和派生功能、延伸功能的自然表现，也是新闻传播的必然结果。派生功能、延伸功能的多样性，决定了新闻的功能效应必然是多维度的。一条关于一定领域的新闻报道，对收受者的功能效应可能是多方面的、多向度的，它不仅能够使收受者获知一定领域范围内发生了什么样的事实，同时，还可能使收受者获得本体信息之外的其他信息，从而实现多种功能效应。比如，一则看似比较单纯的政治新闻，可能包含着潜在的经济信息，因此收受者从政治新闻中读出的不只是政治信息的价值，还会获得其他性质的价值；一条体育新闻，表面上看很可能只是一条简单的体育消息，满足了收受者对有关体育活动的了解需要，但如果这条体育新闻报道的不是一般的体育比赛，而是两个不友好国家的运动队间的某一友谊比赛，那么这一文本对人们的新闻价值恐怕主要不是体育方面的交流信息，而是政治外交关系解冻的征兆；一篇写得优美动人的消息或通讯，带给读者的可能不只是某种新鲜的信息或知识，还可能有一种特别的不同于艺术虚构的美感。只要传播者创造出的新闻文本所蕴含的价值是多维的，它所实现出来的价值或功能效应就一定是多维的。

如果说多维度性重点是从新闻内容的横向结构出发，对新闻的功能效应的揭示，那么，功能效应的多层次性，则是从新闻内容的纵向结构出发来揭示功能效应的特点。对一定的收受者来说，新闻的功能效应至少表现为这样几个层次：首先，直接的信息告知，这是新闻本体功能的直接体现；其次，对事实信息所蕴含的各种其他信息的获取，这是新闻派生功能、延伸功能的主要体现；最后，新闻所包含的各种信息对收受者认识观念和有关态度的影响，这是深层次的功能效应。

四、作为社会控制手段的新闻

新闻的功能事实上是一个宏大的问题，我们可以在不同层面上进行阐述。在有机的社会系统中，新闻可以成为控制社会的重要手段，这也许是它最重要的功能，各种重要的社会势力都在试图利用这样的功能实现社会控制的目的。社会控制是一种有意识、有目的的社会统治。"广义的社会控制是指社会组织体系运用社会规范以及与之相应的手段和方式，对社会成员（包括社会个体、社会群体及社会组织）的社会行为及价值观念进行指导和约束，对各类社会关系进行调节和制约的过程。"① 显然，这里所说的社会控制其中也包括新闻控制这样的社会控制手段。并且，在传媒时代，在信息时代，新闻传播媒体都在履行某种社会控制的功能，它们通过新闻手段（但不限于新闻手段）进行社会控制，特别是社会的精神控制、意识形态控制，这已经是一种普遍的现象，也是很值得研究的一种现象。

（一）新闻控制的实质分析

新闻本质上是一种事实信息，但传播中的新闻，不再是单纯的事实信息，每一则新闻中都包含着某种传播意图，而众多新闻一条条组合起来，编织在媒介中，就更不是任意的行为，而是目的性、意图性非常强烈的行为。大量新闻文本经过意图化的组合编辑，所创造出来的就不再仅仅是简单的关于事实世界最新变动的信息流，不再仅仅是对事实世界最新变化景象的简单描述，同时也是传播者试图让收受者能够感知到的意识流、思想流，也是传播者对自己深层传播意图的巧妙构筑。那种把任何新闻传播者的新闻报道行为描述为无主观目的、主观意图的活动的做法，要么幼稚无知，要么别有用心。

需要预先特别注意的是，在传统新闻学中，"新闻控制"概念，已经具有自己的一种特定含义，指的是对新闻传播的控制，即通过对新闻信息流、新闻内容和新闻传播方式的控制（调控），来影响新闻传播媒体和新闻传播者的新闻传播行为。这种意义上的新闻控制，是指一定社会系统的统治者或者其他社会力量对新闻媒体、新闻传播者新闻传播行为的操控。我们在新闻功能论意义上讨论的新闻控制，指的不是对新闻传播本身的控制，而是指利用新闻传播实行对社会的调控，对社会大众言行的调控。如

---

① 郑杭生. 社会学概论新修 [M]. 3 版. 北京：中国人民大学出版社，2003：401. 狭义的社会控制是指对社会越轨者施以社会惩罚和重新教育的过程。

果要从概念上加以区分，使人们对两种控制的含义有一个比较明确的把握，我建议把前者叫作"控制新闻"，把后者叫作"新闻控制"。但这两者之间是密切联系在一起的，其核心关系是：任何一种社会力量，如果试图通过新闻传播来调控人们的社会言行，那么它首先必须控制新闻，即控制新闻媒体、新闻传播者的新闻传播行为。由此也可以看出，从新闻媒体之外的控制主体的角度看，两种意义上的新闻控制本质上是一致的。但是，我们也明显看到，这是两种直接对象不同的控制。在新闻功能论中，我们主要是从把新闻当作进行社会控制之手段的意义上来讨论新闻控制的。

利用新闻传播（实际上就是利用新闻信息）来调控和影响人们言行的社会控制方式，是相当普遍的社会控制方式，从过去到现在，从此地到彼处，它是各种社会力量，特别是统治者用来控制社会、控制人民的常态方法。历史学家们指出，"统治者利用新闻来凝聚社会。新闻向人们提供了同一感知和共同目标，甚至帮助专制统治者利用共同的威胁来控制人民"①。在人类进入今天这样的文明社会后，新闻一方面是人民用来监督社会、监督权力的手段（这也可以看作一种社会的自我控制方式），但另一方面，新闻权力也被紧紧掌握在统治者、统治阶层的手中，成为他们控制社会、控制民众的手段。

新闻控制实质上是一种"软权力"控制。作为社会控制手段的新闻，本质上是一种政治权力，是通过信息控制、思想控制、意识控制、精神控制实现的政治权力控制，是一种软控制，是相对硬权力（军队、警察、法院、监狱等）而进行的软权力控制。② 早在 1983 年，美国著名媒介批判学

---

① KOVACH B，ROSENSTIEL T. The elements of journalism：what newspeople should know and the public should expect ［M］. New York：Crown Publishers，2001：21.

② 但在一些社会的特殊历史阶段，作为软权力的新闻权力，几乎和硬权力发挥过同样的作用，比如，在中国的"文化大革命"时期，受到新闻批评的对象不仅会失去政治权利，甚至会失去人身自由和生命。

者巴格迪坎针对美国新闻媒介就提出了这样的看法，"传播媒介的权力是一
种政治权力。正式的美国政治制度好像是为阿克顿勋爵的警句而设计的，
阿克顿说：权力即腐化，绝对的权力即绝对的腐化。传播媒介的权力也不
例外。当50家公司的男女领导人控制了影响二亿二千万美国人一半以上的
信息和观点的时候，也就是美国人检查一下那些为他们提供日常世界图景
的机构的时候了"①。他指出，当权者早已认识到，要控制公众，就必须控
制信息。新闻控制是更加适应了信息时代、信息社会要求的社会控制方式，
是越来越被统治者或者其他社会势力用来影响人们实际生存、生活的社会
控制手段，也是对社会发展、对人们的社会生活影响越来越大的一种社会
控制手段。社会的统治阶层、统治者控制着大众媒介，大众媒介则直接实
行着对各种信息的控制，塑造着人们日常生活能够看到的、理解的世界图
景、事实景象，最终的结果是人们按照统治阶层、统治者的意图去生活。
但这只是统治者期望的逻辑，现实的社会生活不会如此"顺理成章"。

新闻控制本质上属于一种文化控制，并且主要是一种精神文化的控
制，直接指向人们的价值态度和价值观念。新闻本身就是一定文化的产物
和文化的表现，新闻更是一定社会文化的传播承继中介。阿尔都塞曾经断
定，"任何一个阶级若不同时拥有意识形态的国家机器并在其中行使其文
化霸权，就不能长时期掌握国家权力"②。新闻控制本质上是一种文化控
制，新闻力量本质上是一种精神力量、文化力量，而"文化的力量是强大
的，虽不如军事力量的瞬间爆发力，却远比军事有更强大的渗透力。当文
化的渗透力越过国民的身体浸入到脑髓时，外在的任何控制都软弱无力，作为
文化载体的大众媒介，在这场大脑的入侵战中扮演了无法忽略的角色"③。现

---

① 巴格迪坎. 传播媒介的垄断 [M]. 林珊，等译. 北京：新华出版社，1986：7.
② 刘建明，等. 西方媒介批评史 [M]. 福州：福建人民出版社，2007：272.
③ 同②261.

实世界发生的事实也一再告诉人们，处于文化强势、信息强势、新闻强势地位的国家，总是时时刻刻采取各种各样的手段和措施，向其他国家进行文化霸权、信息霸权、新闻霸权，而不只是不得不进行的、偶然的军事霸权。在所有的霸权行为中，新闻总是在前沿阵地作战，这可以看作国际范围内的新闻控制，也是新闻控制的一种表现形式。即使在一定的国家范围内，控制着新闻媒体的社会主体①也总是运用新闻手段，对人们进行长年累月的精神引导（实际上就是精神控制），运用新闻手段夜以继日地进行主流意识形态教化，利用新闻手段日复一日地进行文化价值观念的培养。这是一种通过对人们日常文化生活进行控制的控制。人们在日常生活中关注什么、谈论什么，很多都是由新闻媒介的新闻报道设定的。人们以为自己是主动的，其实却在一定程度上是新闻媒介的奴隶，被新闻媒介、新闻传播者所左右，你赞成的、反对的实际上在很大程度上都是新闻报道和其他信息传播为你设定的。你始终是在媒介的旋涡中打转。这就是现当代媒介传播所营造出的一种景象。当然，需要人们注意的是，说新闻控制是一种文化控制，不等于说新闻传播控制了文化的发展，这是两回事。事实上，作为一种反映、再现事实世界的基本方式，新闻文化、媒介文化首先是对社会文化的再现，是对人们文化活动、文化经验、文化成果的再现。从根本上说，是一定社会的文化整体决定着新闻文化、媒介文化的面貌，而不是相反。同时需要说明的是，有控制存在，就有反控制存在，因此，通过文化控制实行的价值控制，并不一定能够达到预期的目的。何况，控制并不必然都是不合理的，因为它本身就是人类社会自组织的一种方式。

　　新闻控制实质上也是一种利益控制，就是一定的利益集团按照自身的

_____

①　从根本上说，在一定社会中控制着新闻媒体的社会主体，也就是一定社会的统治主体。马克思早就说过，在一定社会占统治地位的思想，也就是统治者的思想。统治者的意识形态，就是一定社会主导性的意识形态，最起码在表现形式上是如此。

利益目标对新闻信息流进行控制。施拉姆等人当年这样说，"一份真正伟大的报纸必须是不受任何和一切特殊利益集团的束缚"①。但如此"伟大的报纸"或者其他什么伟大的媒介形态其实是难以存在的，甚至是根本不可能在现有的人类社会条件下存在的。人们期望所有的新闻媒介都能够成为社会公共利益的维护者、代言人，期望新闻媒介不带任何偏见地、真实地、全面地、公正地、独立地反映世界、报道新闻，期望新闻媒介能够成为真正的人民利益的维护者、社会环境的监测者和守望者，但这只是期望，并不是完全的现实。我们自然不会否认新闻媒介、新闻传播者为大众利益、为公共利益做出的伟大贡献。我们甚至可以说，没有现代意义上的新闻媒介，就不可能有现代意义上的民主社会。但实事求是地看，人类创造出来的新闻事业，还远没有成为他们期望的事物。新闻权利要实质性地成为所有人的普遍权利，不管是在整个人类的意义上，还是在一定社会范围内，都还有一个漫长的、不断奋斗的过程。

新闻控制的直接结果，表现为对人们知情权的约束和控制，这也可以看作新闻控制的核心——对新闻内容的控制。在今天这样的社会，知识和信息与实际的资本具有同等的甚至是更大的价值、更大的利益，或者说，利益实现的基础越来越依赖于相关的信息。用一句话说就是：只有拥有信息，才能实现利益。因而，控制了信息的流动，也就在一定程度上控制了利益的流动。一个人能够知道什么，他就属于什么所对应的群体或阶层。如果一个群体、一个阶层，是拥有一定社会中主要政治信息、经济信息、文化信息、技术信息等的群体和阶层，那么这个群体、这个阶层毫无疑问就是该社会的核心群体和阶层。信息占有优势是利益优势生成的基础，因

---

① 斯拉姆，等. 报刊的四种理论 [M]. 中国人民大学新闻系，译. 北京：新华出版社，1980：98. 2008 年中国人民大学出版社重新推出新译本，书名 *Four Theories of the Press*，译为《传媒的四种理论》，作者译为弗雷德里克·S. 西伯特、西奥多·彼德森、威尔伯·施拉姆。

而，知情范围和数量、知情程度和质量的约束与限制，总是信息控制、新闻控制的核心。当新闻自由是真实的，当新闻权利成为所有人的权利，一个社会也就是民主的社会，这时的新闻控制就会降低到最低限度，也可能是最为合理的控制。

（二）新闻控制的功能表现

新闻的控制功能主要表现为两个方面：一是由新闻媒体的实际拥有者和控制者通过新闻传播约束社会大众社会言行的一种力量和功能，这是控制功能中的约束功能，也可以说是一种信息限制功能；二是通过新闻向社会大众证明或者解释媒体所有者和实际控制者拥有的各种观念是合理的，新闻传播所维持的各种社会秩序是合理的，这是控制功能中的维护功能、辩护功能。从新闻控制主体角度看（在我国，严格意义上的控制主体就是政府和中国共产党），这两种功能可以笼统地称为引导功能，因为不管是约束限制，还是维护辩护，目的都在于通过广义的新闻信息（新闻事实信息和新闻性意见信息），将收受者引导到控制主体希望的、设计的信息轨道、信息方向上来，引导到一定社会主流意识形态、主导价值观念的轨道和方向上来。

约束功能和维护功能是控制功能的两个不同向度的表现。新闻媒体的所有者和实际控制者，利用新闻传播维护自身及其所代表的利益群体（也可能是整个社会群体）的利益是必然的行为。这是人们能够观察到的社会事实，是人们通过感性实践就可以证明实际存在的社会事实。为了实现这样的功能，各种社会制度中的新闻控制主体都会运用各种各样具体控制手段（比如法律控制、经济控制、行政控制、伦理控制等）调控新闻传播的内容和方式。在有些社会制度中，比如在新闻媒体实行国有制的社会中（或者在个别媒体或部分媒体实行国有或党派所有的情况中），新闻控制主体还会制定更为具体的直接指导新闻传播行为的政策和方针。比如，在我国，作为新闻控制主体的党和政府，就要求所有的新闻媒体必须坚持以正面宣传（报道）为主的方针，这实际上就是对传播什么、多传播什么的控制；通过这样的控制，也就实现了想让人们知道什么和多知道什么的目的，从而期望实现引导社会舆论的目的，期望实现维护社会主义核心价值体系的目的。当社会处于特殊的变动时期，新闻控制主体更是会采取临时新闻政策，对新闻内容和新闻传播方式实行比较严格的控制。

在新闻控制的功能表现上，还有一种特别的现象，这就是新闻对所有人的控制。我们看到，新闻控制就像媒介控制一样，首先不是人类群体或者一定社会中谁控制谁的问题，不是一部分人控制另一部分人的问题，而是新闻实际上控制了所有的人，这是我们在最一般的意义上，对新闻与社会主体之间关系的一种描述，这尽管多少有些夸张，但确实是事实。人们发现，那些试图利用新闻控制他人的人，也被新闻本身所控制，其本身也成了新闻实现自身功能的中介手段或工具。用"异化"概念来表述就是，人们在一定程度上已经和正在被新闻所异化。人们对新闻的这种控制功能还缺乏足够的自觉，处在浑浑噩噩之中。我们看到，传播者（不管是职业化的还是非职业化的传播者）为发现新闻、制作新闻、传送新闻而忙碌不堪，收受者为寻求新闻、理解新闻、揣度新闻而劳心费力。然而，他们获取的大量的新闻对自身的生存、生活却是无意义的，他们被自己创制出的新闻、面对着的新闻牵着鼻子走。如果我们用"第三只眼睛"观照这一景象，那么这只眼睛会显露出迷茫不解的神情，同时也会流露出嘲笑或者觉得好笑的神色。人类正在为新闻所累，新闻活动者有时似乎并不知道为什么要报道一些新闻、收受一些新闻，似乎是为新闻而新闻，他们为了新闻正在付出大量的人力、物力和财力，也正在消耗大量的自然资源，不少新闻已经成为污染环境的信息，成为一种新闻污染。这恐怕是新闻控制功能的一种普遍表现。麦克卢汉几十年前的一段话，仍然令人深思，他是这样说的，"在信息能够被瞬息传播的电子时代，我相信我们的生存，至少是我们的舒适和幸福，要取决于我们是否了解我们的新环境的性质。这是因为与过去的环境变化不同，电子媒介构成了文化、价值和态度的全局的、几乎是刹那间发生的转换。这种巨变产生剧痛和身份的迷失。只有对巨变的动态获得清醒的认识，才能减轻痛苦，减少迷失。只有了解新媒介引起的革命性转变，我们才能预测和控制这种变化。但是，如果我们继续沉溺于自我诱导的潜意识痴迷，我们就会受到它们的奴役"①。其实，不只是新媒介时代，即使在传统媒介时代，人们被媒介奴役、被新闻搞得团团转的状况也是始终存在的，只是没有现在这样明显、强烈而已。关于新闻控制的这种可以称之为异化功能的功能，学界还没有深入的研究。然而，我以为这是一个极其重要的问题，关系到我们对新闻目的性的重新认识。

（三）新闻控制的基本特征

通过上面对新闻控制实质、功能表现的简要分析，我们已经在相当程度上了解了新闻控制的特征。下面，我们加以系统化分析。

新闻控制是一种软控制。通过新闻信息进行的社会控制是一种非强制性的控制，属于信息控制、观念控制、意识形态范围内的控制，是一种精神控制。新闻收受行为本质上是高度自主的，是传播者和控制者难以严格限制的，这就从根本上决定了新闻对社会的控制、对社会大众的控制，只能是一种非强制性的控制、软控制。但所谓软控制，只是从控制的方式和特点上对新闻控制的描述，并不是说，这种控制是大众可以逃脱、逃避的控制。生活在一定社会范围内的人们，时时刻刻都活动在社会所营造的信

---

① 麦克卢汉，秦格龙.麦克卢汉精粹［M］.何道宽，译.南京：南京大学出版社，2000：361.

息环境包括新闻信息环境中，谁也无法拒绝这种环境对自己的影响。在今天这样的信息社会，人们就更是难以逃脱信息的轰炸和冲击。何况，新闻控制是一种隐性的、隐形的控制（对这一点，下文将专门阐释），只要你想获取新闻（而这对今天的人们来说，几乎已经成为必需的、必要的行为和生活方式的一部分），你就会同时被传播者的意图所濡染。人们可以躲避炸弹，但躲避不了信息，一个不听、不看、不说的人，就不再是人。收受者可以自主选择新闻信息、新闻意见，但新闻内容的大圈却是由传播者基本划定的，并且，在内容大圈内，什么内容涂抹什么样的色彩，也是直接由传播者进行的。因而，收受者能够看到什么样的宏观新闻图景，能够关注到什么样的突出事件、人物和现象，其实是被设定的、被引导的、被控制的。收受者的自主，不过是一种不自主中的自主，是一定范围内的自主。自主的圈子是由传播者设定的，是由传播者背后更大的力量——新闻控制主体——最终设定的。即使收受者自觉到这样的境况，也无法改变这样的事实，只能多一份媒介批判的意识，使自己成为比较清醒的新闻收受者。

这里需要特别提醒的是，收受者的自主与不自主是收受行为的本然状态，受限制是必然的；问题的关键是受到的限制是否合理，如果受到的限制是合理的，也就意味着新闻控制是合理的。新闻传播不可能是无政府主义的，不可能是绝对自由的，传播不可能绝对自由，收受同样不可能绝对自由。绝对的新闻自由，就是不要新闻自由，因为泛滥的自由或自由的泛滥，都不是真实的自由、真正的自由。新闻信息限制是必然的，控制也是必要的，如何把新闻控制控制在合理的范围内，才是新闻控制研究、控制实践中的核心问题，当然也是难题。

新闻控制是通过新闻媒介实现的一种控制。新闻控制实现的主要途径无疑是新闻媒介。新闻控制首先要控制新闻，只有控制了新闻媒体，才能真正实现对新闻的控制。因而，就控制主体与新闻媒体之间的关系来看，控制主体所运用的新闻控制手段，一种是直接的，一种是间接的。所谓直接的，就是控制主体利用自己拥有的新闻媒体直接进行新闻控制，这自然是相对比较容易进行的新闻控制；所谓间接的，就是控制主体利用自身拥有的其他资源，通过对不属于自身的新闻媒体实行的新闻控制。

政府、政党之所以用直接的、间接的方式实施新闻控制，就是因为新闻媒介、新闻传播对整个社会的运行、对社会大众的言行态度有着特殊的影响力。有学者指出，"大众传播像一双巨大的看不见的手，时时刻刻拨弄着，或者控制着人们的日常生活，构成当代社会的'新的权力核心'"①。"大众媒体作为思想、话语制度的主要生产者与流通者，统摄着人们对自身的理解，对生活的理解，而这恰恰是一种最深刻的权力。"②大众传播，或者我们这里讨论的新闻传播，为什么能够成为某种权力核心，就在于大众传播、新闻传播本身的社会影响力。为了控制整个社会，任何一种有企图的政治力量、经济力量，都不会轻易放过新闻媒介，它们都会想方设法把能够控制的媒介牢牢掌握在自己的手里，对于已经执政的党派和现行政府就更不用说了。控制了媒介，就等于在一定程度上控制了话语权。谁拥有媒介，谁控制着媒介，谁就拥有更多的支配和影响社会话语内容、话语方式的基础、条件和机会。

新闻控制是通过新闻媒介对社会实行的控制，新闻控制也只能通过新闻媒介来最终实现对社会的控制。这样的控制就是通过新闻媒介把控制主体想传播的信息、想传播的观念、想传播的理论等，传播给社会，传播给大众，以影响他们的言行。在所有控制中，不言而喻的核心是内容控制。掌控新闻媒介的各种力量，主要是通过对新闻传播内容的控制，来谋求其

---

① 刘建明，等. 西方媒介批评史 [M]. 福州：福建人民出版社，2007：255.
② 同①277.

自身的政治利益、经济利益和社会利益的。就新闻来说，它在媒介上直接表现为一种事实信息流，为人们提供着源源不断的言行参考。然而，现实传播中的新闻信息，是经过选择的信息，经过打磨的信息，经过包装的信息，一句话，是经过一定主体目的化的信息，是带有各种或简单、或复杂意图的信息。而这背后的主体不可能没有控制主体的身影；这背后的意图，不可能没有控制主体的意图。于是，控制之下的新闻不再只是新闻，控制之下的信息流不再只是简单的信息流，而是转换成了舆论流、意识流、思想流、观念流，在这些貌似新闻流的信息流面前，人们并不总是主动的、自主的，而是往往成为被主导、被控制的对象。法国哲学家米歇尔·福柯运用其提出的微观权力理论分析指出，生活的各方面都是权力相互制衡的表现，微观权力成为现代社会主要的权力组织形式，常态生活的"和平控制"必须有一个微观权力运作机制来保证。学校、社会团体、媒体机构承担着控制这种微观权力的责任，成为控制人们思想、观念、行为准则等的主要的权力组织。这一看法确实具有一定的道理，从新闻控制的角度看，新闻媒介也就是实现社会控制的中介，就是控制主体使用的一种媒介权力。

新闻控制是一种潜移默化式的控制，是在日积月累中进行的，是在人们不知不觉中展开的。尽管新闻传播的效应通常来说是即时性的，对社会大众的影响是当下性的。并且，在一些特殊的信息环境、社会环境中，通过新闻传播，可以直接影响人们的思想和行为，特别是在社会处于不稳定的动荡时刻，这种景象并不鲜见，而是一再上演的活剧。但是，如前所说，新闻控制是一种软控制，至少在外在表现上是非强制性的，因而"润物细无声"是其典型的特点之一。美国媒介批判学派的主将赫伯特·I.席勒认为，大众媒介以及新闻传播是统治者或者其他社会势力进行思想管理、控制的重要工具，并且是在民众茫然不知中运用的管理控制工具，

"大多数美国民众都没有意识到自己处于被人控制的状态，这就为媒介的神话式传播带来了更显著的作用，这种隐蔽的控制比任何一种直接的控制都更有效"①。由美国传播学者格伯纳等人提出的涵化理论（cultivation theory），尽管受到了不少质疑和批评，但它确实揭示了媒介特别是电视媒介对人们潜移默化的影响。涵化理论的主要观点之一就是，看电视多的人，对现实世界的看法易于和电视表现出来的现实世界（实际上就是电视符号世界）相一致。这种易于一致或较为一致，是长期收视行为所致。涵化理论实质上表明，人们在信息传播的渠道中，会越来越按照传播者的方式去思维，按照传播者的眼光去看世界。这当然是传播者及其背后的控制者求之不得的结果。

人们发现，居于一定社会统治地位的政治势力、经济（商业）势力与大众媒介之间的合谋已经是公开的秘密（当我们这样言说的时候，并不否认它们之间的矛盾和冲突），在这种合谋下，普通大众事实上成了信息传播、新闻传播面前的弱者，即使在今天这样的传播环境、媒介生态情境下，也是如此。网络传播、手机传播，就目前来看并没有根本改变传统的信息传播秩序，并没有带来民主的狂欢，一些技术乌托邦仍然属于乌托邦。新技术不仅带来了民主的机会，也带来了新的思想控制的手段。表面看来，收受者的主动性、自主性在新的传播环境下越来越强，然而，他们所接受的一般信息、新闻信息，大都是按照合谋者的意图来编码的，是经过意图化的信息。当收受者还在为自己的自主性、主动性沾沾自喜的时候，他们实质上已经被合谋者进行了某种形式的洗脑，他们的信息流、意识流、思想流已经在一定程度上进入了合谋者设定的轨道。处于社会强势地位的各种力量，从根本上缺乏或者不愿意拥有民主的意识和思想，他们

---

① 刘建明，等. 西方媒介批评史 ［M］. 福州：福建人民出版社，2007：360.

总是试图通过各种手段（当今最重要的就是大众媒介），将民众的思想统一到他们的思想上来，"统一思想"才是他们的兴趣所在、利益所在。在如此观念的支配下，他们能够做的，就是用自己的思想来控制大众的思想，把自己想让人们获知的信息传递给大众，并且要做得无声无息。

新闻被用作社会控制的手段时，其典型表现之一，就是以不同的形式撒谎：在整体上呈现虚假的新闻图景——撒大谎；在某个有限领域呈现虚假的新闻图景——撒中谎；在具体事实层面上报道虚假的新闻——撒小谎。① 而所有不同层次的撒谎，可能并不是赤裸裸地通过直接控制的甚至不是直接控制的新闻媒体制造虚假新闻，而是只报道一类事实，只报道一面事实，或者通过新闻媒介只报道事实，不揭露真相。各种社会力量都会借机使用新闻的力量、新闻言论的力量控制社会舆论，以便生成有利于自己的信息环境和舆论环境。美国学者针对本国的情况指出："今天的政党和游说团体十分熟悉新闻界的论坛作用。每年数以百万计的资金被用于操控舆论，通常是通过使用半真半假的事实甚至是完全虚假的谎言。"② 这种控制，对社会大众来说，往往是不知不觉的，糊里糊涂的。人们只有看透新闻制度的结构，识破新闻传播的运作机制，才能真正明白新闻是在以不正当的、不合理的方式控制着人们的知情权，控制着人们的思想。试想，如果媒介只提供单面性的新闻报道，那就只能提供单面性的信息，而单面性的信息，只能造就单面思维的大脑。因而，只做喜鹊、不做乌鸦，或者只做乌鸦、不做喜鹊的新闻报道、新闻文化，从原则上说是不负责任

---

① 我在《新闻真实论》第五章中，从宏观、中观、微观等不同层次，讨论了虚假新闻的不同表现。其实，在我看来，当虚假新闻是有意制造的、建构的，特别是媒体的控制者有意而为之时，它就是为了控制信息流和意见流，控制社会舆论。参见杨保军.新闻真实论［M］.北京：中国人民大学出版社，2006：207-313。

② KOVACH B, ROSENSTIEL T. The elements of journalism: what newspeople should know and the public should expect ［M］. New York: Crown Publishers, 2001: 135.

的新闻报道，是不健康的新闻文化，建构如此新闻报道的媒体、传播者也是不负责任的媒体、不负责任的传播者。有意遮蔽事实世界的全面性、遮蔽事实的真相，就是对社会公众的欺骗。当然，能否真的对公众形成欺骗，还依赖于公众的素质。

需要再次说明的是，新闻控制是一种有限的控制。当人们对新闻本身的特征有所了解和把握之后，控制者、传播者对收受者的约束和控制就是有限的，我们不能凭借自己的想象任意扩大新闻的控制功能和作用。另外需要注意的一点是，我们这里是从新闻控制角度的分析，并且侧重分析了新闻控制的一些可能不当，但这并不表明新闻控制的存在没有合理性。在任何社会，特别是在今天这样的信息社会，如何管理好新闻信息流、调控好新闻信息流向，早已成为管理社会的基本的、重要的手段，充分运用新闻媒介、新闻报道快速处理各种社会矛盾、社会危机，不仅是政府行政能力（包括政党的组织、宣传、鼓动等能力）的重要表现，也是其他社会利益集团处理与公共利益相关事件能力的重要方面。

除了以上一些主要特征外，新闻控制还是一种控制范围十分广泛的社会控制手段。新闻控制的广泛性，是与新闻传播本身的特点相一致的。新闻传播的内容来自社会生活的各个方面、各个领域、各个角落，同样也来自社会生活的各个层面。同时，新闻传播是面向整个社会的传播，是公开度最高的一种传播。人们看到，新闻报道甚至对学术研究都形成了某种形式的控制。那些能够被媒介关注、能够被新闻报道的学者似乎才是知名学者、有成就的学者，那些能够引起媒介关注、能够被新闻报道的学术成果似乎才是真正的学术成果。这种现象给人们造成的印象是新闻媒介左右着一些学者的命运——学运和财运。新闻报道也往往成为指挥棒，引领着个别学者的视线。我们不想夸张新闻控制的功能，但这种现象确实存在着，并且有愈演愈烈的趋势，一些学者不是为学术生活着，而是为媒介的关注表演着。如此学术，不知能够创造出什么样的成果。媒介知识分子、媒介学者越来越多，这既是媒介蓬勃发展时代的必然，同时也是学术发展需要应对的问题。

新闻控制确实是进行社会控制的手段，但新闻控制也是人类自我控制的一种手段，是人类进行自组织的一种方式。它是合理的社会存在、社会现象，是人类在生存发展过程中不得不使用的一种信息手段。新闻控制是互控的，不要简单将其理解为是一种精神剥削的手段，实行精神奴役、信息奴役的手段，新闻是人们之间、社会利益集团之间、个人与社会之间，同时也越来越是国家之间处理各种关系的基本方法和途径之一。

第五章　新闻的创制

几乎所有新闻，因此也是我们头脑中关于遥远的环境的几乎全部形象，都是通过大众媒介得到的。

——威尔伯·施拉姆、威廉·波特

新闻就是在新闻工作者、政客以及公众每日交互作用的基础上而产生的持续变化的社会产品。

——W. 兰斯·班尼特

现实中传播的新闻，即处于传收过程和状态中的新闻，到底是怎么创制出来的，其内在的机制是什么，背后的根源是什么，结果又可能是什么，这些都是一些大问题。新闻源于客观事实，但传播中的新闻是对事实发现、发明、建构的结果，而收受中的新闻是对前一发现、发明、建构的再发现、再发明和再建构。当客观事实经历了如此过程，人们感觉到的事实、认识了的事实、想象到的事实，会是什么样子？这样的事实对人们理解和把握世界还有什么样的作用？这些问题直接关系到人们对待新闻的态度，当然也关系到新闻对社会和大众的影响与作用，因而值得认真思考。新闻本体，不管是抽象意义上的一般本体，还是具体意义上的个别本体（本源），只有得到传播者的创制和收受者的再理解、再创造，才能在精神层面上真正产生价值、发挥作用。因此，在我看来，新闻创制才是新闻本体论真实的、有意义的归宿。

一、新闻是一种发现

从本体论上说，新闻事实像其他任何客观事实一样，是自在性的存在，但自在的事实要转化成为新闻，转化成为新闻文本（新闻报道）中主观化的、编码（符号）化的、形式化的新闻事实，离不开主体的认识，离不开主体对事实的发现。因而，在认识论意义上，新闻是对发现了的新闻事实的报道，是对发现了的新闻事实的再现和塑造。当我们说新闻是一种发现时，显然是以新闻本体的存在、新闻事实的客观存在为前提的。也就是说，没有新闻事实，就没有新闻，但同时也说明，有了新闻事实，并不一定有新闻。新闻的发现性特征从源头上表明，新闻既属于世界，是所有人的新闻，但也属于发现者，甚至首先属于发现者。只有理解了这一重要前提所蕴含的意义，我们才能比较好地理解现实的新闻世界。这也是我们把新闻活动首先看成一种认识活动的基本判断。

（一）潜在新闻的先在性

作为客观事实存在的新闻首先是先在于和外在于传播者的，这是新闻获得客观性的逻辑根源，也是谈论新闻真实性的基础，同样也是我们能够证明新闻价值客观性的根本条件。现实新闻是对潜在新闻的发现，是对潜在新闻的再现和塑造。潜在新闻就是新闻本体，它是新闻存在的本源状态、未"开化"状态。只是在相对实际传播收受的新闻来说时，我们把它称为潜在新闻。这是在新闻创制逻辑中我们对新闻本体的一种命名。

潜在性是在承认新闻事实内在规定性的前提下对新闻存在方式的一种认定。也就是说，并不是所有的客观事实都可以在逻辑上被指认为潜在新闻，指认为新闻事实。只有具备新闻事实的特征和属性，事实才能被认定为潜在新闻，认定为新闻事实。并且，人们必须自觉意识到，关于新闻属性、新闻价值属性的认定，不管是对整个人类来说，还是对特定的社会来说，都是具有历史性的，具有文化特殊性的，但这并不否认新闻属性、新闻价值属性的共同性。这样的认定意味着有些事实一旦发生，总是存在着成为现象新闻的可能。信息具有永存性，一种具有新闻性的信息，一旦被"掩埋"或者"遮蔽"起来，就给未来留下了发现的机会，但也仅仅是机会，能否被发现，并不具有绝对的必然性。潜在性向现实性的转换具有偶然性，但也具有必然性的基础。历史事实之所以能够在偶然的机会中成为人们共同的新闻，是因为历史事实包含的信息本身对于所有人具有未知性，它以相对所有人的外在性和先在性，成为近乎绝对的新闻。历史也是一种发现，发现了历史，也就发现了新闻。因此，今天的新闻，为明天铸就了历史，又为后天埋下了新闻，这才是新闻与历史的完全的历时性关系，但也仅仅是以记录事实为主的一个侧面的关系，并不是新闻与历史的完全关系。

先在性、外在性并不只是单纯的本体论承诺，也是认识论的结果；不仅是人类的知觉，也是理性的推断；不是独断论，而是辩证法。先在性、外在性为所有的新闻设定了根基，确立了出发点，为新闻设定了边界；超越这样的边界，新闻就是漂浮不定的东西，是无家可归的存在，是可以主观任意创制的事物。一旦失去了根基，新闻的特有价值就是令人怀疑的。在新闻理论研究领域，任何"去根基"化的、带有诸多半生不熟后现代思维的倾向和观点，都将否认新闻本体的存在，否认新闻客观性的可能，否认新闻真实的意义，从而动摇整个新闻基础理论的大厦；在实践层面，则将使"新闻故事"变成"故事新闻"，将使新闻再现变成纯粹的新闻建构，新闻真实与文学真实之间的界限将被抹平。如此一来，新闻作为人类把握事实世界与自身的一种特殊方式，将失去特有的意义和价值。因此，"去根基"，也就是"去本体"，是需要慎重对待的思潮。

潜在新闻存在于任何新闻语言符号之外，但有意义的新闻，一定存在于新闻语言之中，新闻符号之中。① 一种语言、一种符号之所以能够在特定条件（语境）下被叫作新闻语言、新闻符号，并不是纯粹由于语言本身、符号本身的属性，而在于这种语言、符号，是被用来再现一种特殊的、被称作新闻事实、新闻信息的事实和信息的。这时的语言归属，是特定的功能性的归属，不是一般的语言学或者符号学的定性。在我看来，这个逻辑是不可颠倒的。不可颠倒的根本原因，就是我们认为新闻事实是客观的、先在的，语言的功能属性归属是随后的。潜在新闻和语言符号是共时态的存在，但语言符号成为新闻语言符号一定是逻辑在后的，它们之间的关系，表现的就是新闻本体与现象新闻之间的关系，是"源"与"流"的关系。这也是整个新闻本体论从始至终不变的一条红线。② 具体新闻报道可能会改

---

① 注意，有意义的事实，具有新闻性、新闻价值的事实，可以不作为现实新闻存在，但它仍然是有意义的；它以客观事实的方式对人们的生活产生意义。事实上，新闻就是让一些特殊的事实——在新闻眼光中被称为新闻事实——在事实意义上，再次产生和发挥作为新闻信息的意义和价值，因而，新闻及新闻的意义首先都是根源于新闻本体的客观意义。试想，如果一件事实的发生，在客观上对人们没有多大的实际意义，人们就不可能把它作为新闻报道的对象。这也说明，事实成为新闻事实是有客观条件的，并不是像一些人所说的，只要你想让一件事实成为新闻，就能够使它成为新闻。果真如此，新闻将失去客观的标准，成为纯粹主观主义的产物。因此，把不具备新闻属性的事实塑造成新闻事实，一定包含着主观的虚构和捏造，一定背离了新闻的内在精神。

② 有人认为，没有进入新闻语言陈述的事实，就不是新闻事实，是无新闻意义的事实。因此，在逻辑上，是新闻报道创造了新闻事实，成就了新闻事实。这种看法从认识论意义上看是合理的，但在本体论意义上是难以成立的。我们要发现、认识一个对象，在逻辑上必然是：对象是先在的。至于一个对象是什么样的对象，依赖的不仅是发现者的眼光，也依赖于对象本身具有的客观属性。如果对象不具有成为金矿石的属性，你却把它看成金矿石，那只能说明你是"瞎子"；同样，如果对象具有成为金矿石的属性，你却把它看成一般的石头，那你也是"瞎子"。

变相关新闻事实的面貌，整个新闻传播可能会改变事实世界的面貌，但这并不表明新闻是事实之本，它只能说明新闻报道是可以产生作用、发挥影响的，只能说明人类为什么要创造新闻活动，为什么要持续不断地进行新闻信息的交流与分享。人们不仅要通过新闻方式认识事实世界、把握事实世界，也要把通过它进行的认识和把握作为改造世界的一个条件。尽管人们对新闻的作用大小、如何产生和发挥作用有着各种不同的看法，但在承认它对人们的认知、态度、行为总有一定的作用这一点上，已经达成了高度共识。[①]

　　潜在新闻的外在性、先在性，不仅为现实新闻的真实性设定了客观标准，也为"自由新闻""合理新闻"设定了基本的边界，说到底，则是从根本上限制了新闻报道的主观任意性。新闻报道的边界就是事实边界（参见第一章中的相关论述）。新闻报道一旦陷入主观主义、相对主义的泥坑，那就一定会出现"怎么报道都行"的无政府主义现象。这绝对不是真实的新闻自由，而是虚假的、泛滥的所谓的新闻自由。仅仅从新闻报道角度来说，只有真实的新闻，才有可能成为自由的新闻，才应该成为自由的新闻。"真实报道所提供的真实新闻才是自由的新闻，可以自由传播。在此意义上，我们可以进一步理解为什么虚假新闻、失实新闻没有可以自由传播的内在品质。进而言之，一切缺乏自由品质的'新闻'，都是有害的新闻。自由性是真实新闻、合理新闻的内在品性，受限性（限制传播）则是虚假新闻、失实新闻的必然命运。对虚假新闻、失实新闻的限制，正是为了让真实新闻获得更好的自由传播与收受机会。"[②] 用来衡量现实新闻真

---

　　① 关于传播效果的研究，始终是西方传播学界（主要是美国）关注的核心问题领域，尽管学者们对传播（包括新闻传播）的效果有不同的研究结论，但总体上看，没有得出传播无效果的结论。这也正是各种信息传播不断勃兴发展的深层原因。

　　② 杨保军. 新闻精神论 [M]. 北京：中国人民大学出版社，2007：176-179. 对虚假新闻的限制和禁止，是"建设性"的限制和禁止，是为了保护新闻真实、新闻自由的限制和禁止。有人根据传播禁止的效用性质，将传播禁止分为"建设性"禁止和"破坏性"禁止，这种划分具有一定的启发性。参见彭菊华，吴高福，彭祝斌. 传播禁止论纲 [J]. 新闻与传播研究，2003（2）：2-14，92。

实性的唯一标准只能是新闻本体，而不能是任何别的东西。至于如何衡量，我们知道这是更大的难题，但不是这里要讨论的问题。①

新闻事实的先在性、潜在性本身说明，新闻认识是一个发现的过程、探索的过程，是一个需要揭示的过程、挖掘的过程，当然也是一个比较艰难的过程，是一个需要充分发挥主观能动性、创造性的过程。由潜在到现实，是需要转化的，转化的中介力量就是新闻活动者，核心则是新闻传播者。因而，社会大众能够得到什么样的新闻，看到什么样的新闻图景，与新闻传播者拥有什么样的新闻观念、具备什么样的新闻精神、采用什么样的新闻传播方法，都是密切相关的。职业新闻传播者的社会责任也主要体现在这个中介化角色的身上，实现于中介化的过程中。当然，人们十分明白，潜在新闻的现实化，并不是仅仅依靠单一的新闻传播者这个中介，还需要更多的中介条件，而这正是我们在下文新闻建构论中要讨论的问题。

（二）新闻是对本体的再现

在抽象意义上，新闻首先是对新闻本体的再现；在具体层面上，新闻是对具体新闻事实的再现。这既是新闻的基本目的，也是新闻的理想性表现。努力在新闻的主观逻辑中再现新闻事实的客观逻辑，确保新闻的真实性、准确性和全面性，始终是新闻理念的核心，也是新闻实践的基本任务和目标。任何背离这一基本任务和目标的传播活动，都不能称为新闻传播活动。

作为对新闻本体的呈现方式，再现在反映本体事实过程中具有直接性或无中介性的突出特点（要求）。新闻对事实的呈现是直接现象性的，事实直接表现出来的现象就是它要呈现的内容。以"再现"方式呈现事实本体的特征说明，新闻只关注事实，并且以能够呈现的事实为基础，它主要

---

① 我在《新闻真实论》中专列一章讨论了新闻真实的证实问题，有兴趣的读者可参阅杨保军. 新闻真实论 [M]. 北京：中国人民大学出版社，2006。

依赖的是直接的事实表现，而不是主要依赖逻辑推理和内在思维的想象。正是在这一意义上，新闻与事实本体之间看上去往往是一种镜像式的关系。大概也正是因为这样，一些人认为新闻真实就是现象真实，不可能也不必诉求所谓的本质真实，这其实是一种误解。之所以用"再现"概念描述新闻与事实本体之间的反映与被反映关系，核心仍然在于说明，新闻的本性要求新闻（叙述）逻辑与事实（客观）逻辑的一致性，要求新闻传播者在再现本体事实的过程中，尽可能减少各种中介因素的干扰，尽量避免对本体事实的中介化。再现的直接性，确保了新闻传播的快速要求，反映了新闻把握事实方式的个性特征。进一步说，在我看来，再现的直接性，不等于再现的表面性和肤浅性。再现，给人的直接感觉是新闻与事实本体之间是简单的镜像关系，即有什么样的事实现象，就有什么样的新闻镜像，而不管事实现象本身的特性是什么。这样的理解是有偏误的。再现，只是一种隐喻的描述，它强调的不只是直接呈现事实的现象，它还有另一方面的要求，就是以镜像方式直接呈现事实的本质，即直接呈现事实本体的真相①；镜像是一种毫不留情的呈现。再现的重点在于表明新闻呈现事实本体的方式特点，它不遮掩，不逃避，不赋予，不添加；再现的镜头是冷冰冰的，再现的眼睛是无感情的、无色彩的，即使机器热得发烫，内心燃烧得似火，但事实就是事实，不可更改。新闻传播者可以满怀激情去挖掘真相，但不能用自己的感情去"感化"事实，不能用自己的泪水——不

---

①　我在《新闻真实论》中提出一对新范畴——"真相真实"和"假象真实"，用来解释新闻"现象真实"的基本内涵。这对范畴的根源是我们承认现象有"真相"和"假象"之分。有人一看到"再现"一词，就以为新闻不过是停留在事实表面现象的一种呈现方式，类似于平面镜照事物一样。事实上，再现的关键在于再现什么样的现象。再现本身的要义在于它的直接性和无中介性，它内在要求新闻传播者的诚实和勇敢。理解了这一点，才能真正理解再现的本性。新闻传播存在的主要问题是没有实现再现，而不是再现的表面性或肤浅性。新闻本性所要求的再现，是对真相的再现，而不仅仅是对事实的再现。新闻只有在时间上不得已的情况下，才会做出暂时的让步，先把事实呈现出来，随后立即挖掘事实背后的真相，再现真相。杨保军. 新闻真实论［M］. 北京：中国人民大学出版社，2006.

管是激动的还是悲伤的——洗刷事实，然后再呈现给受众；只要新闻传播者获得了事实的真相，再现方式便要求他在社会规范允许的前提下，毫无遮掩地将它呈现在公众面前。

作为对新闻本体的呈现方式，再现在本性上诉求新闻传播者（不管是何种角色的传播者）的价值中立性。新闻再现本体事实的直接性，内在要求再现者应该保持对事实的价值无涉或者价值中立的态度，即尽可能自觉避免各种可能意识形态要素对本体事实的遮蔽或者放大。在客观上，任何主体（传播者）都难免对事实的观念中介化，即用自己的各种观念（认识的、价值的、利益的等）框定和过滤本体事实，因此，新闻本身是避免不了建构性的，试图做到纯粹的再现也是不大可能的（这也是我们在下文中用相当篇幅讨论新闻建构的重要原因）。但是，就再现本身来说，它的理想化诉求是直指本体事实，直指事实本身，不绕弯，不折射。人类做不到、做不完美的事情很多，但将其作为努力方向却是应该的。如果有一天新闻真的做到了从所有人的利益出发，那实质上就是真正的价值中立，或者说是站在了所有人的价值立场上，但这永远都是理论上的设想。

如前文所说，新闻是一种发现。人们只有发现了一定的事实，才能真正知道它是不是新闻事实，是否值得再现。因而，从认识论的逻辑来说，新闻是发现的结果，没有发现，就没有新闻，就像没有发现，就没有美一样。但是，在本体论、存在论的逻辑中，只有一定的事实预先存在着，人们才有可能发现它的存在，就像只有美的事物预先存在着，人们才能发现美一样。看得出，作为认识结果的表现，新闻其实也是一种主体与客体在一定环境条件下相互作用的生成物。我们只有真正理解了存在论与认识论的统一性和辩证关系，才能真正理解新闻是一种发现，新闻"首先"是对本体的再现。我们之所以在此特意说明新闻"首先"是对事实本体的再现，是因为，新闻并不是对本体纯粹的、绝对的再现，而是一种主客体相互作用的"生成物"。在新闻的生成过程与生成结果中，离不开社会环境的作用和影响，离不开新闻活动中各种类型主体的作用和影响，必然包含着主体的建构因素。因此，现实一点看，我们应该从两极走向中介，从两极化的思维走向中介性的、真实的辩证思维。新闻不可能是纯粹的再现，也不可能是纯粹的建构。新闻再现过程不只是一个反映事实的过程，也是一个建构事实的过程。对此，我们在下文还会进行比较细致的讨论。

当我们说新闻不可能是事实的纯粹再现时，是否意味着新闻真实实现的不可能性？这确实是一个问题。怀疑新闻能够反映、再现新闻事实真实面目的功能，实际上就是怀疑人们通过新闻方式把握新闻事实的能力，这是近些年来在新闻界涌动的一股暗流。这股暗流的直接表现是怀疑新闻报道的客观性，这可以说是老掉牙的问题（客观性是困扰人类几千年的日日常新的大问题，它在新闻领域的体现不过是毛毛雨）；从另一方面说，则是对新闻报道中由各种原因、理由造成的主观性的担心和夸张，认为传播者的主观性"吞噬"了事实的客观性。主观性本身是什么？主观性不是虚无，不是单纯的想象中的框架，不是纯粹的概念和范畴，主观性表现为主体的知、情、意系统，而主体的这一系统是如何建构的、如何成型的？它仍然是在各种活动中建构起来的，是在社会化的活动中逐步成型并且不断变动的（直到死亡才能停止），是包含着客观内容的系统。用这样的主观性反映和把握对象，从一定意义上说是客观与客观的对话，又怎能消解客观内容呢？又如何否认认识客观性的可能性呢？对这一问题，早在博士学位论文《新闻事实论》的写作中，我就进行了这样的论述："我们不能因为认识离不开主体对客观对象的主观性把握，便说达到客观真理是不可能的，同样，我们不能因为再现新闻事实离不开传播者的主观意识，就说传播者不可能客观再现对象的本来面目。如此，必然导致新闻认识上的怀疑论和不可知论。事实上，人们只有通过在实践基础上形成的能动的主观性

才能达到对新闻事实的客观反映。正因为人们具有明确的主观意识和对象
意识，才能在思维中将客体和主体区别开来，才有可能将不属于对象自身
的东西排除在报道之外，从而达到客观再现。""当然，同样的主观能动
性，也会因主体的某种不正当目的或其他一些因素的干扰，改变事实的本
来面目，甚至会歪曲、捏造事实。但这与人们能够客观再现事实已是两个
不同的问题了。总之，'同科学家的客观性一样，新闻工作者的客观性也
完全是可能的。'"[①] 但需要我们自觉的是，客观性始终是相对主观性的客
观性，是主体把握到的客观性，离开主观性谈论客观性当然是不可理解的
客观性。[②] 主体把握到的事物的客观性自然也是有限度的客观性。事实
上，人类认识到的所谓客观真理、绝对真理，只能是相对的客观真理，相
对的绝对真理。一定历史时期范围内的绝对真理，放在整个人类历史范围
内仍然是相对真理。新闻真实尽管没有如此复杂，但其中的逻辑是一致
的。新闻是对事实世界的认识、反映和再现，新闻可以在新闻范围内反映
事实世界的真实性。否认新闻能够认识事实世界的基本功能，不符合经验
事实。我们不能因为新闻真实的有限性而否认新闻真实的可能性。需要人
们特别注意的是，新闻对事实的再现，是新闻方式的再现，不能用科学
的、哲学的标准去衡量新闻再现事实的结果。只要新闻以它自身特有的方
式完成了认识事实世界的基本任务，人们就应该心满意足。我们不能期望
新闻去承担它本来就不应该承担的责任。

二、新闻是一种建构

从新闻本体到新闻现象，是主体反映事实世界的过程，报道事实世界

① 瓦耶纳.当代新闻学［M］.丁雪英，等译.北京：新华出版社，1986：37.
② 杨保军.新闻事实论［M］.北京：新华出版社，2001：81-115.

的过程，同样也是主体建构事实世界景象的过程，这个过程在一定意义上可以说是主体发明新闻的过程。在事实世界与新闻现象之间，总是存在着一定的间隙和差异，总有一定的错位和偏移。这是从客观世界过渡到主观世界的必然结果，也是必须和不得不付出的"代价"。将新闻本体通过"中介化"的手段构建为新闻报道的过程，是一个十分复杂的过程，其中包含着各种主体的矛盾和冲突、各种力量的较量和纠缠，当然也有它们之间的一致与合作。而新闻文本对社会大众的真正影响，离不开收受者对新闻事实和其他相关因素的主观理解与想象，信息必须进入人们的心理世界。因此，很有必要从建构角度，对新闻的形成进行专门阐释。

（一）新闻的社会建构

新闻是对事实的报道，新闻是对人类关注的一些特殊事实的报道，新闻也是对人类认为有意义、有价值的事实的报道，这已经是全球性的共识。而离开这个一般性的所谓共识，不同社会中的人们对特殊事实（新闻事实）、有意义的事实、有价值的事实等的解释并不完全相同。新闻一旦具体化（新闻总是以具体化的方式存在着）、特殊化，新闻就成了中国新闻、美国新闻、法国新闻、印度新闻……新闻就成为地方化（地域化、地区化等）的新闻，成为各个具体媒介的新闻，所有这些以不同方式存在的、表现的新闻，首先关心的是新闻传播者及其背后的主体眼中的新闻，关心的是他们自己想看到、想听到、想读到的新闻。他们都在用自己的观念、自己的方式建构着独特的属于他们自己的新闻符号世界。各国民众其实生活在不同的新闻符号世界之中。说小一点，每个人都生活在不同的新闻符号世界中。这个新闻符号世界首先是由他们生活其中的社会建构的，然后才是全球性的新闻传播为他们建构的，而他们自己为自己建构的独特的心理新闻世界，总是以社会性的新闻建构为前提。

从最一般、最宏观的层面上说，新闻是一定社会文化建构的产物，是一定社会中所有成员共同创造的产物，不是简单的某些人为另一些人创造的产物。符号世界、新闻符号世界，是人们为自己创造的文化世界。符号世界、新闻符号世界，既反映、描述了事实世界、新闻事实世界，又构成了人们生存、生活的文化世界。可以说，有什么样的社会文化，就有什么样的媒介文化、新闻文化，就会有什么样的新闻图景，就会有什么样的具体的新闻报道内容及报道方式。新闻文化不过是社会文化的有机构成部分，当然，新闻文化作为一种特殊的媒介文化形态，又总是以特定的方式反映着、体现着一定社会整体的文化价值观念或者文化精神。英国格拉斯哥大学媒介研究小组早在 20 世纪七八十年代的相关研究中，就已经坚定地认为"新闻是依据一定的文化构建的"①。一定社会的新闻文化观念只能形成于该社会的文化环境、文化传统之中，而社会文化的变革也必然会引起新闻文化、新闻传播的变革。社会文化的单一性、多元性，都会体现在媒介文化当中，体现在新闻文化当中，体现在具体的新闻报道当中。在共时态上，社会文化始终与媒介文化、新闻文化纠缠在一起；只是在历时态意义上，社会文化构成了创造新的新闻文化的背景或前提。对我们来说，不能忽视的是，新闻也以自己的方式建构着整个社会文化的面貌，新闻文化在社会文化面前并不是被动的镜子，只起着映射反光的作用。相反，新闻在特定的社会环境中，会发挥新文化的引领作用。新闻文化和社会文化之间是一种互动的关系，但社会对于新闻来说，具有前提性的、根基性的作用，复旦大学新闻学院的李良荣教授就曾明确指出，新闻学的中心问题是"客观社会的诸条件对人类新闻活动的决定、支配作用以及新闻活动对社会的反作用"②。

---

① 刘建明，等.西方媒介批评史［M］.福州：福建人民出版社，2007：200.
② 李良荣.新闻学概论［M］.上海：复旦大学出版社，2001：1.

从表面现象上看，新闻是新闻媒体的直接产物，是新闻传播者创制的一类特殊信息产品、精神产品，透过这种表面现象，我们发现，新闻媒体、新闻传播者（所有的新闻传播者，包括自媒体新闻传播者）不过是社会系统的中介，不过是社会实现自身目的的中介或者手段，作为产品的新闻，不过是社会系统自然运行的部分产物。新闻传播者并不是绝对的、独立的主体，而是一定历史意志、社会意志的体现者、实现者。社会存在，以其巨大的客观力量从根本上左右着新闻传播业、新闻媒介、新闻传播、新闻符号世界的整体景象，而不是相反。是社会在创造新闻、建构新闻，而不是新闻媒介、新闻传播者在创造新闻、建构新闻。如果没有一个实际的社会景象，就不会有相关的新闻景象。当人们说新闻景象扭曲了社会景象时，也主要是说新闻夸大了某一方面的社会景象，而遮蔽了另一方面的社会景象。事实上，如果出现社会与新闻之间的错位，则往往是社会扭曲了新闻的本性，而不是新闻扭曲了社会的方向。如果新闻塑造的、反映的内容，根本就是实际社会景象中不存在的事物，那么人们就会失去任何相信新闻传播的基础，新闻本身也就不再是新闻，新闻文化也就等于背弃了自身在历史发展演变过程中形成的主导性观念——求实为本的观念。有人指出："从社会学的观点来看，新闻是一个复杂的社会化的生产过程，我们读到、听到和看到的新闻是一种复杂的文化产品，是对历史的有选择的取舍和有倾向性的建构。"[1] 也就是说，新闻其实是一定社会建构的结果，从整体的新闻图景、新闻符号世界到个别的、有意义的新闻报道莫不如此。美国学者 W. 兰斯·班尼特就给新闻做了这样的界定："新闻就是在新闻工作者、政客以及公众每日交互作用的基础上产生的持续变化的社会产品。"[2] 一

———————————

① 鲁曙明，洪浚浩．传播学 [M]．北京：中国人民大学出版社，2007：64.

② 班尼特．新闻：政治的幻象：第 5 版 [M]．杨晓红，王家全，译．北京：当代中国出版社，2005：16. 2018 年中国人民大学出版社推出该书第 9 版的中译本，书名 News：*The Politics of Illusion* 译为《新闻：幻象的政治》。

定社会总是通过各种方式、各种渠道、各种人员把自身的物质、能量、信息输入到新闻传播业系统之中、新闻传播机构之中、新闻传播主体之中，并最终通过它们（他们）建构该社会所需求的新闻、社会所希望的新闻。

尽管具体新闻的建构方式多姿多彩，但就整体新闻图景而言，在一定的社会制度环境下，新闻作为意识形态性的存在，是由一定社会主导性的意识形态支配的（主导性的意识形态是一个意识形态系统，不只是政治意识形态；意识形态本身有正确与错误、真实与虚假之分），一定社会的主导性意识形态往往主导着新闻观念的总体取向。新闻建构的主导模式、主导观念不可能超越该社会主导性的价值观念体系、思想解释体系，即一定社会的新闻图景，首先是在该社会主导性意识形态支配下的产物。专制社会（不管它是什么样的专制社会）建构的新闻图景必然是专制主义的，是专制统治者希望看到的；民主社会建构的新闻图景必然是民主的、自由的，是人民希望看到的。在相对确定的社会制度形态下，一个以政治斗争为中心的社会，建构出来的社会生活图景必然是政治性的，人们通过新闻传播感受到的社会生活的核心也是政治活动，也是政治权力、政治意识形态之间的争斗；一个以经济建设为核心的社会，建构出来的社会生活图景必然是经济性的，人们通过新闻传播感受到的社会生活的核心也是经济活动，也是经济领域的合作与竞争。只有一个社会拥有生气勃勃的社会生活，它才有可能为人们塑造出丰富多彩的新闻符号世界；灰色的社会生活不可能为新闻图景提供五彩斑斓的颜料。

新闻图景既是按照一定社会语言符号系统建构的结果，也是按照一定社会语法、社会语义规则建构的结果；一定社会的主流新闻遵从社会对自身主导性语言的语义解释。一定语言符号的历史存在是稳定的，但不同社会环境中的人们，为社会语言符号提供了相对特殊的解释方法，新闻是新语言、新语义的"时髦"运用者。解释语义的标准是社会规定的，一定社会总是以自己的方式解释新闻语言。说到底，一定社会总是按照自己认为合理的新闻观念、新闻方式、新闻语言建构新闻图景的。一定社会总是把自己的自我新闻建构和对他者的新闻建构说成是最为恰当的、公正的、合理的，而常常把他者的建构说成是"妖魔化"的，至少是不全面的。其间的矛盾和冲突，直接表现是新闻的冲突，新闻观念的冲突；在深层次上，则是社会主导意识形态的冲突，社会文化价值观念的冲突；而最根本，则是不同利益之间的冲突。即使在一定社会范围内，当实际出现多元性的统治力量或者旗鼓相当的社会主导性力量时，不同力量之间也往往相互诋毁，相互谴责，都试图塑造主导整个社会的新闻图景。因此，政治力量、经济力量的多元化，必然造成新闻图景的多元化。只有各种政治、经济力量之间达成某种平衡，社会也才能为人们呈现出比较周全、平衡的新闻图景。在当今这样的信息时代，不同政治、经济力量的大小、强弱，也可以说是不同人群（群体、利益群体）社会力量的大小、强弱，都会表现在新闻图景的板块比例结构和色彩浓淡之中；代表或体现不同社会力量的人群，在新闻媒介中、在新闻图景中有着不同的形象。人们甚至可以通过对新闻声音的倾听和辨别、对新闻图景的观察和分析，感受和预测社会的变化趋势和方向。新闻被人们称作社会风向标、晴雨表的原因大概也正在这里，但其中的逻辑关系不是新闻在先，而是社会变化决定着新闻的变化，社会以其根本的力量建构着新闻图景的样式。

在新闻符号世界的建构过程中，各种社会力量都会各显其能，为建构自己所希望看到的新闻符号世界而想方设法。新闻符号世界的社会建构力量在不同的社会中会有不同的表现，是与一定社会的政治制度、经济制度、文化制度息息相关的。从普遍性上看，建构新闻图景最重要的两种社会力量是政治力量和经济力量，当然还有它们所代表的文化力量。①

处于社会统治地位、强势地位的政治力量、经济力量，常常是以一体化的方式对社会发挥作用的，是社会的统治力量。统治者总是要将自己的意志普遍化、利益普遍化，而实现这一切的预先手段往往是将自身的认识、观念、意识、理论、价值观念等加以普遍化和一般化，即把自己的特殊与个别首先说成一般和普遍，把自己的说成大家的，用自己的意识观念体系框定人们特殊的、个别的意识和观念，使特殊、个别失去特殊性、个别性。这样一套预谋和设计就是对观念世界最大的建构，将一切异质的观念抹平，让所有特殊的、个别的都以统治者的观念和方式观察世界、理解世界。诚如有学者所说的那样，"一般的构架只让你看见能够看见的东西，一般，是强暴的统摄范式，亦为通常意义上的'有色眼镜'"②。对新闻符号世界的建构则不过是在一个特定领域对这类架构方式的推广运用而已。只要特殊、个别都被某种政治力量、经济力量、文化力量普遍化了、一般化了，这个社会能够建构出的符号世界、新闻符号世界，就一定是一元的、单一的，同时也是单调的、纯色的。这样的社会建构，是目前不同社会形态中共有的现象，只是具体表现有所不同罢了。然而，这样的社会建构到底是一种什么性质的社会建构，会带来什么后果的社会建构，还是一个不好立即给出答案的问题。但毫无疑问的是，这绝对不是人们理想的状态，不是人们想要的新闻符号世界。人们对不同社会制度下新闻传播现实

---

① 在这两种力量中蕴含着民众的力量，或者更为准确地说，它们背后的力量是民众作为社会实践主体的力量。而民众的力量以怎样的方式在新闻图景建构中得到具体表现，是需要专门讨论的问题。我们甚至可以把大众的力量单独拿出来，看作左右新闻图景的核心力量之一。对此，我们在前文的"民间新闻"问题中做了一定的说明，在后面的有关阐释中，特别是在新闻收受主体对新闻的建构中还将进行专门论述。

② 张一兵. 无调式的辩证想象 [M]. 北京：三联书店，2001：118.

的不满和批评，甚至是失望，就是这一断论的有力证明。

政治权力作为社会的核心权力，总是要把自己的"长手"伸向社会的各个系统，新闻系统当然不能例外。政治活动简单说就是主要围绕政治权力展开的活动，它总是构成一定社会的核心活动部分。社会系统中的各种政治力量都在试图影响新闻图景，都希望新闻媒介、新闻传播者能够塑造出对自己有利的新闻符号世界。政府是政治力量的最大拥有者，因此，政府与新闻的关系，始终是新闻学关注的核心问题，也是政治传播学、政治哲学、媒介社会学等关注的主要问题。政府作为社会公共信息资源的天然的最大拥有者，不管在什么样的新闻制度下，都实质性地控制着一定社会的新闻图景，最起码实质性地控制着新闻图景的核心部分。在新闻媒体被当作政府耳目喉舌的新闻制度下，政府力量是建构新闻符号世界的直接的重要力量，新闻图景就是按照政府的意愿建构的。在这种情形下，新闻图景实际上就是政府的宣传图景，就是按照政治力量的意愿塑造出来的图景，是比较标准的意识形态图景①；在这种情况下，社会大众通过媒介看到的政府形象，主要是"光辉"的一面，新闻媒介对政府的监督也常常是疲软的。在新闻媒体并不直接充当政府耳目喉舌的新闻制度下，新闻媒介很难直接成为政府的宣传工具，政府力量只能以间接方式调控新闻图景，因而，新闻媒介塑造出来的新闻图景可能具有更强的社会性，新闻媒介对政府的监督也更容易一些。

我们所处的时代，仍然是一个马克思所说的"物的依赖性"的时代，商品崇拜、金钱崇拜是相当流行的社会现象，消费至上、金钱至上是具有相当影响的社会思潮。在这样的时代背景下，经济力量对社会生活的各个

---

① 对此，人们真正需要反思的问题是：它是否有利于社会的健康发展？人们能把甲社会的新闻制度作为标准去衡量乙社会新闻制度的合理性吗？这些问题才是真正的难题。对任何一种现行制度的批评都是容易的，但除了批判性的意见，能够提出替代性的思路才是具有建设性的。

领域有着极其巨大的支配性作用，成为建构人们生活世界最基本的力量，人们的精神生活世界同样离不开经济力量的塑造。经济力量不仅使经济世界成为新闻最为关注的事实领域，也使其成为塑造其他社会领域形象的"一只巨手"。新闻媒介、新闻传播者背后的经济逻辑、商业逻辑，就像无形的缰绳一样牵制着新闻媒介的行为、新闻传播者的行为，它在事实上已经成为建构新闻宏观图景的基础力量。诚如布尔迪厄所言："新闻场是一个场，受制于商业化的场。"① 在资本主义世界，这一点早已是不争的事实，学者们的论证著作汗牛充栋，我们没有必要再去画蛇添足。在进入市场经济体制不久的社会主义中国，经济力量、商业力量对新闻图景的塑造、建构作用，也是越来越强大，甚至可以和政治力量的影响并驾齐驱，这同样也是不争的事实。有人写道："到了今天，新闻市场化已经是世界潮流，不单在报业老大哥的美国、英国如是，甚至很多第三世界国家也如出一辙。"② 人们能够在当下看到的典型表现是，新闻媒介越来越依赖于广告商，越来越重视发行量、收视率、收听率、浏览量等，而这些"量"的背后、"率"的背后乃是商业利益（不限于商业利益），新闻图景展现出来的则是新闻的娱乐化、低俗化。严肃新闻中的娱乐细节、要素、事项等常常被疯狂地挖掘、夸张、放大，而娱乐性新闻本身（社会新闻、明星新闻、娱乐事件新闻等）则更是成为各类媒介共同关注的热点领域，鸡毛蒜皮式的新闻铺天盖地，各种煽情手段无所不用其极。新闻工作者有时可以不看政府的脸色，但不得不看企业老板的脸色。商业力量的脸色往往就是一些新闻的形象，事实本身如何已经变得不再重要，"老板"是否高兴才是最重要的。

在市场经济体制下，新闻传播业具有了与其他一般物质产业同样的产

---

① 布尔迪厄. 关于电视 [M]. 许钧，译. 沈阳：辽宁教育出版社，2000：44.
② 鲁曙明，洪浚浩. 传播学 [M]. 北京：中国人民大学出版社，2007：35.

业属性，经济力量对新闻的建构作用，是通过市场那只"看不见的手"进行的；新闻成了商品，新闻图景就是用新闻商品堆砌的、编织的。在这一过程中，用一位学者的说法做个比喻："市场机制的甜蜜强暴不再是封建专制那般实体性的可感可识，'看不见的手'是功能性的自发建构，它自然而然的无形性却是不可反抗的。"①确实，几乎所有的新闻传播主体，不管是组织化的新闻传播机构，还是职业新闻工作者，都一边声称要坚守职业的独立性，另一边却被"看不见的手"拨弄得晕头转向、不知所措。有些传播主体干脆缴械投降，彻底扯掉为社会公众利益服务的遮羞布，直接宣告自己以"完全市场导向"为媒介传播指针和最高追求。②市场，这只无形的手，成了塑造新闻的"艺术大师"，可以自由描绘或者涂抹新闻图景的形象和色彩。这到底是新闻的悲哀还是必然的命运，理论家们还在争得不可开交。他们一方面说，市场的无形之手，其实就是社会大众的有形之手；另一方面又说，社会大众的手，就像大众的胃口，并不总是干净的、健康的。不管怎么说，新闻图景在市场之手的挥洒泼墨中，变得越来越不中看，这确实是事实。也就是说，不管人们如何解释评价这种现象，这种现象——市场规律对新闻图景的建构——都是真实存在的。但是，对职业新闻工作者来说，教皇约翰·保罗二世在 2000 年 6 月讲过的一段话是值得铭记的，他说："由于新闻事业对公众舆论有巨大的、直接的影响力，因此它绝不能仅仅被经济力量、利益或特殊利益集团支配。相反，新

---

① 张一兵. 无调式的辩证想象 [M]. 北京：三联书店，2001：130.

② 在西方（特别是在美国），市场导向的新闻模式可以分为两种，一种是"市场与新闻理念并重模式"（有点类似于中国所说的社会效益与经济效益并重），另一种是近年来兴起的"完全市场导向模式"。后一种模式是以市场为本，新闻理念为辅，把以前两者互相牵制的局面打破，确立老板赚钱挂帅的根本原则。这种完全市场化的做法有这样一些特点：第一，新闻变成一种纯粹的商品；第二，新闻工作者虽然兼有雇员、资讯收集员、新闻处理者和竞争者的角色，但以雇员的身份最为重要；第三，新闻机构的最重要目标就是牟利。参见鲁曙明，洪浚浩. 传播学 [M]. 北京：中国人民大学出版社，2007：35。

闻工作者应该有一种神圣的使命意识，明白社会将强大的传播手段托付于你，是要你造福众生。"① 在我看来，市场经济不过是社会经济方式的一种，同时也是历史性的存在，并不是终极性的经济体制，我们没有必要把它神化、万能化，市场经济不会解决人类面临的所有问题，也不会解决新闻传播活动面临的所有问题。市场经济的盲目性说明了人类生活的盲目性，要想彻底超越盲目性也许是不可能的。

一定社会总是按照自己的需要建构自己所需要的新闻世界的。新闻存在是时代性的存在，任何一个时代都会按照时代主题、时代精神去建构新闻图景，合乎时代主题的事实、合乎时代精神的事实、合乎时代潮流的事实，才有可能得到充分的呈现。但是，社会历史的演变道路，就像个人的成长道路一样，充满了曲折变幻，而社会的复杂程度则是任何个体都无法比拟的。一定社会有时也会像一个个体一样，并不知道自身的真实需要到底是什么，也会处于历史的迷茫之中。历史并不总是知道自己的方向，社会并不总是知道自己的目标。社会有时也是一只无头的苍蝇。所以，需要说明的是，社会也许并不总是能够自觉到自身的真实需要，也就是说，一定社会的主体有时就像个体主体一样，并不十分清楚自己需要什么，常常会把虚假的需要当成真实的需要，社会主体（主要通过统治者）往往会搞错时代主题，走上错误的道路——给自己甚至他人带来灾难、痛苦的道路。社会为自己建构的新闻符号世界，满足的可能是自身的虚假需要，而非真实需要。当一个社会不能自觉自身的真实需要时，社会就会落入灾难，新闻同样会落入灾难。社会觉醒的时候，也是新闻睁眼的时刻。因此，每当我们要说新闻是时代的把脉者的时候，都要格外小心。新闻更多的时候是与时代同步，而非时代的领跑者、指路者。研究新闻的人、从事

---

① KOVACH B, ROSENSTIEL T. The elements of journalism: what newspeople should know and the public should expect [M]. New York: Crown Publishers, 2001: 20.

职业新闻传播工作的人，往往容易夸大新闻的功能，这是自豪过度的心理，需要警惕。

如前所说，新闻是社会建构的结果，这是从根本意义上说的，我们并不完全否认新闻作为一种特有精神力量对社会存在的反作用，只是我们这里主要是从社会角度来讨论新闻符号世界形成的基本机制。在直接的现象层面，媒介与社会之间，包括新闻与社会之间，在我看来，是一种互动"互化"的关系。在当前的社会状态下，不管在西方还是在中国，社会在媒介化，媒介也在社会化，实际的状况就是二者"互化"的过程①，这也是媒介与社会之间、社会与新闻传播之间的真实关系，单一方向的、只有一者作用于另一者的情况是不符合实际的。诚如有学者已经指出的那样，"一方面，其他社会组织（尤其是社会政治和经济组织）千方百计试图利用大众传媒这一特殊渠道或曰特殊社会资源来将它们的观念和产品推销给社会成员，以达到它们的政治、经济或文化目的。另一方面，媒介为了自身利益也会与其他组织'打交道''搞关系''做交易'"②。这样的关系状态是永远的状态，其他状态的不同可能只是在于，在不同的历史时期或者历史阶段，某一方相对另一方会表现出更大的作用，但社会对新闻的作用始终是根本性的。

就新闻与社会之间的关系而言，怎样一种关系才是和谐的关系，才是有利于社会良性运行的关系，或者说，一定社会以怎样的方式建构自己的新闻图景，才是正当的、合理的，合乎社会大众利益的。这里的实质性问题是，一定社会建立什么样的新闻制度，才是正当的、合理的，符合公共利益的。这恐怕是一个非常艰难的问题，人们很难在世界范围内找到普适

---

① 媒介的社会化，就是指媒介组织的社会性特征越来越明显的趋势，媒介被社会力量所"化"，媒体自身的独立性、专业化追求等受到各种社会力量越来越强的影响和制约；社会的媒介化，则是指各种社会生活领域，社会认识活动、实践活动无不受到媒介的影响。参见鲁曙明，洪浚浩.传播学[M].北京：中国人民大学出版社，2007：64-65。

② 鲁曙明，洪浚浩.传播学[M].北京：中国人民大学出版社，2007：65。

的、统一的答案，因为不同社会的实际情况千差万别。同时，这也是一个比较敏感的问题，有些社会环境并没有充分的空间来自由讨论这样的问题。作为研究者，我们能够在世界范围内看到的普遍事实是，不管一个社会的现行制度是什么，它们的统治者都认为自己现有的新闻制度是符合自身社会实际的。当然，我们同样看到，一些国家在改革、改善国家基本制度的过程中，也在不断改革、改善自己的新闻制度。

（二）新闻的媒体建构

就制度化、组织化的新闻传播来说，最重要的传播角色就是新闻媒体。我们关于新闻的媒体建构的讨论，也是在这一意义上理解和界定媒体的，即把新闻媒体主要限定在组织性媒体范围内，不包括自媒体传播者（我们将把自媒体传播者作为一类传播主体放在下文相关部分进行讨论）。有人近乎绝对地说："毫无疑问，作为报台，总是在一定的社会信仰、价值体系尤其是意识形态观念掌控下的集体，是'集体叙述声音'，这才是真正的新闻叙事人。"[①] 这一判断是基本准确的，制度化、组织化的新闻传播仍然占据着当今时代新闻传播的主导地位，整体新闻图景的主要建构者从组织主体角度看，就是新闻媒体。[②]

新闻图景的社会建构需要通过新闻媒体直接控制的新闻媒介来实现；职业新闻工作者对新闻事实形象的具体建构必须依托一定的媒介平台来展开，他们的新闻传播行为是在一定新闻媒体方针、编辑方针的指导、规范

---

① 何纯. 新闻叙事学 [M]. 长沙：岳麓书社，2006：28.
② 就新闻而言，尽管技术从原则上为每个人都提供了建构新闻符号世界的机会，但就今天显然的现实来看，最主要的新闻建构者不是个体化的、非职业化的业余新闻传播者（但他们的影响和作用会越来越大），而是作为新闻传播组织主体的新闻媒体。尽管网络传播技术的最新发展，比如Web2.0，正在改变着民间新闻与制度化新闻之间的关系，但就目前来看，制度化新闻的主流作用是不可否认的，在东西方皆如此。而且，在我看来，秩序化社会形态的存在，从根本上要求制度化新闻必须处于主导性的地位。

下进行的（下文将有专门的讨论）。可见，新闻的媒体建构具有十分重要的地位，它在新闻建构的链条上处于核心的环节。每一家新闻媒体，都是一个塑造、建构新闻图景的团体性或群体性主体。事实世界是客观的，具体的新闻事实是客观的，但新闻事实由谁来说，由哪家新闻媒体的媒介来报道，其表现过程与结果效应都会有所不同，甚至会出现对立、相反的情况，诚如有人所说的那样，"一个事实由谁来说往往有极大的不同，因为这个'谁'是由一定的意识形态控制的，是由国家利益控制的，也是由权力和市场控制的，'谁说'决定着说什么和怎么说"①。一定的新闻媒体只能按照自己的声音说话，按照自己服务的控制者的需要说话，有时则不得不按照控制者的硬性要求说话。尽管自愿与被迫不一样，但表现出的结果没有多少实质性的区别。而所有这些现象，都在表明一个共同的事实，新闻媒体运用新闻媒介不仅在再现事实形象，也在建构事实形象。因此，观察、理解、分析新闻媒体的组织新闻行为，对人们把握一定社会新闻图景形成的基本机制具有重要的作用。

指认新闻媒体对新闻图景和具体新闻事实形象的建构性，并不是否认新闻媒介对事实世界的真实反映动机和真实反映能力，而是力求对新闻媒体的现实新闻行为有一个更加全面、更加客观的认识和评价。新闻媒体是生存、发展在现实环境中的组织机构，不是脱离社会环境的纯粹的旁观者。下面的重点是分析新闻媒体为什么和如何建构新闻图景。

用最简单其实也是最准确的话说，任何新闻媒体都是按照自己的媒体方针、编辑方针报道新闻、建构新闻的，这是媒体最主要的新闻框架。然而，这基本上是理论逻辑，往往不是实践逻辑。在新闻实践中，不少新闻媒体口是心非，并不会严格按照它们宣称的媒体方针、编辑方针去反映事

---

① 何纯. 新闻叙事学［M］. 长沙：岳麓书社，2006：10.

实世界的真实面目，实现它们宣称的目标。媒体方针、编辑方针常常是展现给社会大众的广告语，实际如何去做的实践观念却遮遮掩掩。因此，对研究者来说，要超越媒体自身的宣扬，直接面对事实，观察、分析媒体的新闻行为。

新闻媒体是一个多重化的实体机构和组织，担当着多种不同的社会角色，发挥着各种各样的功能作用。任何一家新闻媒体总是一定的利益主体或利益实体①，总是追求一定的传播价值目标。任何一家特定的媒体组织，都有自己的组织文化、媒体文化，都有自己的核心价值观念和内在精神，"都有其独特的表意系统以及表现手法"②。新闻媒体并不是单纯的信息或者新闻信息生产机构，而是多重社会角色的统一体和矛盾体，是相当复杂的一类组织③，可以说是与社会其他子系统联系最为广泛、密切的一类组织。这些基本事实决定了作为组织主体的新闻媒体，总会按照自己所属的行业文化、自己的组织文化、自身的角色属性等去支配新闻传播行为，总会以自己的方式通过自己的媒介和新闻手段（自然还有其他一系列的大众化的传播手段）反映和再现现实世界，构想其心目中的世界，并为人们创制各种可能的符号世界。它会有自己的政治、经济、文化、社会追求等方面的考虑和设计；它所有的媒介生产行为、信息传播行为，都不会背离自身的文化精神，都会按照自己的媒体文化标准进行。④ 对新闻媒体

---

① 新闻媒体是各种利益实体的综合体。我曾经在几部著作中指出，新闻媒体不是单一的某种实体，而是多种实体的统一体，集多种角色于一身。比如，新闻媒体既是政治实体，也是经济实体，同时也是文化实体、舆论实体等。参见杨保军. 新闻理论教程［M］. 北京：中国人民大学出版社，2005：252-281。

② 英国电影学院教育与发展中心主任卡里（Cary Bazalgette）教授语。参见刘建明，等. 西方媒介批评史［M］. 福州：福建人民出版社，2007：254。

③ 我在《新闻理论教程》中，对媒体角色和功能问题做了多维视野的分析，可参阅杨保军. 新闻理论教程［M］. 北京：中国人民大学出版社，2005：252-281。

④ 英国格拉斯哥大学媒介研究小组的研究表明，媒体的许多新闻，是以媒体的文化标准制造出来的。参见刘建明，等. 西方媒介批评史［M］. 福州：福建人民出版社，2007：203。

来说，其新闻行为统一或混乱的直接根源，就是其处理自身多重角色、多样属性的能力、水平与方式，而它们所塑造的新闻图景不过是自身角色、属性、功能等的结果样式或自我呈现方式。它所呈现的事实世界只能是它眼中的和它乐于呈现的事实世界，它所想象的、制造的符号世界也只能是它期望人们看到的、想象的符号世界。也就是说，在常态情况下，任何新闻媒体对新闻事实世界的呈现，不仅是客观的、理性的再现，也会有依据自身利益的各种建构成分，甚至主要是依据自身利益选择建构的结果。对大多数新闻媒体来说，它们至少会从表面上既尊重事实标准，也坚持利益标准，会在两种标准之间寻求平衡。因而，即使不同新闻媒体面对同样的事实世界，甚至是同样的具体新闻事实，它们建构出来的新闻符号世界、具体新闻事实形象，也总是有差别的。人们通过这样的差别，才能更好地理解世界的丰富性、多面性和复杂性。因此，媒体的建构行为并不可怕，可怕的是只有一种建构。从一个窗户看到的世界风景，就像从一口井底望上去的天空。

媒体的利益取向是媒体建构新闻符号世界最重要的出发点，媒体的传播目标是媒体选择建构新闻符号世界方法的指挥棒。在我看来，在现实的新闻传播世界中，从根本上说，不存在以他者为本体或为本位的新闻传播者，所有的传播者都是以自我为本位的传播者，"受众本位"基本上是神话。在传播本位问题上，最理想的状态是以自我和他者为共同本位。人们看到，一些新闻媒介呈现出来的新闻主要不是为了满足人们真正的新闻需要，而是为了把受众当作商品卖给广告商或者卖给政治家、政客，新闻媒介是按照自身的利益建构新闻符号世界的，而不是纯粹为了满足收受者的新闻需要、实现他们的知情权去建构新闻符号世界的。收受者不过是传播者实现自身利益或者所代表的利益集团利益的中介和手段。实现传播者和收受者之间的主体间平等关系，仍然是人们的美好愿望和理想。人们发现，新闻媒体及其背后的各种操控力量往往把它们（他们）自身的（传播）需要说成社会大众的需要，它们（他们）把自己的真实需要塑造成社会大众的真实需要，但事实上对大众来说是虚假的需要、不需要的需要。人们在新闻传播实际中看到，一些新闻媒介连篇累牍、持续不断的新闻报道，或者那些鸡零狗碎的所谓新闻，不仅得不到大众的积极回应，还常常激起大众的反感和讨厌。人们经常发出疑问，为什么新闻媒介不报道我们需要的，却总是抓住一些我们并不怎么需要的东西唠叨个没完；一些传播者为什么总是对我们不大感兴趣的东西感兴趣，对我们不喜欢的却喜欢。这个秘密就是用传播需要冒充收受需要。以传播需要充当收受需要，造成的不仅是收受需要的虚假，更会由于真实需要没有得到满足而使收受者深感无奈和痛苦。因此，一味按照传播需要建构出来的新闻图景，必然是单一色彩的，是传播者自娱自乐的图画。但说实话，这又是新闻传播活动中不可避免的现象，新闻媒体不大可能放弃自己的各种利益（不只是政治利益、经济利益），不大可能放弃自己的新闻框架。它们的框架就是它们实现自身利益的"脚手架"。只有当这样的脚手架限制了它们攀爬利益（当然还有理想）的云梯时，它们才会改变或者重新打造自己的脚手架。

我们注意到，新闻媒体在再现事实世界的过程中，总是通过对新闻内容的选择、新闻传播方式方法的选择，适应媒体预制的或者本有的框架。有学者指出，大众媒介"总是在过滤信息，让某些信息见之于世，同时又让某些信息埋没于资讯的海洋；它们总是强调某些信息，而弱化其他信息。在资讯发达的当代社会，人们的生活被媒体所塑造，媒体所推荐的'重要的、有特色的、值得关注的、符合潮流的、时尚的、科学的'事物，占据着我们生活的每个毛孔"[1]。这样的描述未免有点夸张，但大众媒介

---

[1] 刘建明，等. 西方媒介批评史 [M]. 福州：福建人民出版社，2007：272.

对人们的影响确实是不可否认的事实，人们对于世界最新变动的了解在很大程度上确实依赖于大众媒介的新闻报道，从某种意义上说，人们心目中的世界景象就是由新闻媒介塑造的，媒体框架在一定程度上框定了人们的视野。因此，媒介建构的世界是什么样，人们心目中的世界就是什么样。而现实世界的景象，很可能被媒介按照自己的框架来建构，如果这个框架是变形的、扭曲的，那就意味着人们看到的世界也是变形的、扭曲的。

媒体方针、新闻编辑方针，就是一定媒体的新闻框架，不过是总框架，它是由诸多具体的新闻操作框架构成的，或者更准确一些说，总框架会落实为诸多具体的新闻采写编评等业务操作框架。新闻媒体都有自己的框架，这是被研究者们已经证实了的事情。但有框架，并不意味着框架都是不合理的，都是有偏见的，都是邪恶的。框架之间是有差别的，这同样是事实。何况，对任何媒体来说，框架都是可以改变的。框架即使成型，仍然既是稳定的，也是可变动的，既是封闭的，也是开放的。媒体的新闻框架，就像记者的新闻图式，是可改变、可进化的观念性存在。[①] 因而，对新闻媒体来说，问题的关键不是应该不应该拥有框架（拥有框架是必然的，不可避免的），而是如何伴随时代的发展和要求，拥有一个合理的框架。对研究者来说，着力点不仅是框架批判，更重要的是框架的建设问题，不然，就会重蹈法兰克福学派的覆辙——批判多、建设少甚至建设无。

新闻媒体拥有的框架首先是社会建构的结果，一定社会的政治、经济、文化制度在逻辑上预先设定了新闻制度的可能性，也在逻辑上预先设定了新闻媒体新闻活动的范围和活动方式。因此，新闻媒体拥有的新闻框架，主要不是自律的，而是他律的，它是社会框架中、框架下的框架（参

---

① 关于记者的新闻图式问题，可参阅杨保军. 新闻理论教程 [M]. 北京：中国人民大学出版社，2005：138-141。

见前文关于社会建构的解释）。所以，新闻媒体的新闻建构行为，必然受到来自媒体之外的各种力量的支配或影响。新闻媒体在更多情况下，不仅是社会强势群体的工具，也是社会强势群体的合谋者。我想说的是，媒体新闻框架的改变，表面上是新闻媒体的事情，其实是一个社会工程。但这不等于媒体可以推卸自己更新、改进新闻框架的责任，媒体毕竟是直接从事新闻传播的组织主体。人们看到，新闻媒体也会通过内部内容限制的方式（也可以说是内部审查或者内部新闻自由的限制）实现媒体建构的目的。媒体在选择传播什么、不传播什么、多传播什么、少传播什么和如何传播的方式时，并不总是受制于外在的力量，受制于环境力量的约束。在常态情形下，媒体对传播内容、传播方式的选择也是一种自我设限的方式，媒体会根据自己的利益目标主动控制新闻报道的内容。布尔迪厄说："人人都以一种自觉或不自觉的自我审查形式加以自我约束，根本不必费心提醒他们遵守规范。"① 当然，有时很难清楚区分外部限制与内部限制之间的界限，内部限制往往是由环境因素或者说环境压力引起的，日本著名学者清水英夫就曾指出，"自我限制原本始于对权力的畏惧"，"自我限制是大众传媒屈从于外部的权力、财力、暴力才发生的，如果不是屈从这三种'力'，就不会出现所谓的自我限制"。② 但不可否认的是，媒体有时确实在环境因素许可的情况下主动自我限制一些内容的传播。一旦发生内容的不当限制，媒介为人们呈现出来的事实形象就是变形的、扭曲的。

不管是对整个世界来说，还是对一定的社会、一定的地域或者一定的社会领域来说，相关的新闻符号世界都是由所有媒介或者某一类别的媒介共同建构的；即使是对一定的新闻事实、新闻事件而言，它的形象图景也是由不同的新闻媒介共同呈现的、建构的。关于一定事实领域的新闻图

---

① 布尔迪厄. 关于电视 [M]. 许钧，译. 沈阳：辽宁教育出版社，2000：11-12.
② 徐耀魁. 西方新闻理论评析 [M]. 北京：新华出版社，1998：271-272.

景，从原则上说，是由所有新闻媒介提供的相关新闻文本共同编织的；关于某一具体新闻事实、新闻事件的新闻形象，从原则上说，同样是由所有新闻媒介提供的相关新闻文本编制的。不管是在相对宏观的层面上，还是在微观的层面上，我们都可以说，新闻图景、新闻形象，是新闻媒介互动的产物，是新闻文本互动的产物。处于新闻媒介生态中的媒介生物，都在以各自的方式塑造着媒介生态、媒介环境。

共同反映、共同建构并不意味着按照一种图式、一种框架反映和建构，也并不意味着所有新闻媒介在新闻图景、新闻事实形象建构中的影响和作用是没有差别的。事实上，不同性质、不同类型、不同层次的新闻媒体，都拥有各自的新闻图式与框架，它们在反映、建构新闻符号世界的过程中，拥有不同的能量和影响力。不同媒介形态之间、不同媒体之间，在反映事实世界面目、建构新闻符号世界的过程中，表现出来的不只是和平相处、协商合作，还会形成媒介之间的各种竞争关系、矛盾冲突关系。新闻媒体正是在各种各样的竞争关系、合作关系，有时还会表现为敌对关系中建构各自的新闻符号世界的。媒体对于新闻符号世界的建构，实质上是在建构自己的（或者自己所代表的利益集团的）新闻权力，建构各自对社会、对大众的影响力。媒体之间的合作、竞争、冲突并不都是为了公共利益或者社会利益，一些媒体为了维护自己不正当的利益，会有意遮蔽事实，歪曲社会事实的真实面目，而"任何一种掩盖社会真实本性的人类行为方式，即便是建立在相互争执的基础上，皆为意识形态的东西"①。然而，不管新闻媒体之间是什么样的关系，有一点是基本不变的：不同媒介建构的新闻图景，相互联系、相互作用，形成整体的新闻图景。在宏观层面如此，在微观层面也一样。

---

① 霍克海默．批判理论［M］．李小兵，等译．重庆：重庆出版社，1989：5.

对于新闻媒体应该建构一个怎样的新闻符号世界，美国新闻自由委员会（指哈钦斯委员会）早在 1947 年做出的回答是：第一，报刊要真实全面、智慧地报道所发生的事情，并提供事件发生的背景和情景；第二，报刊要成为交流评论和批评的论坛；第三，报刊要反映出社会中各个集团的典型画面；第四，报刊要反映和解释社会的目标和价值；第五，报刊要使人们便于获得当天的信息。[①] 这其实就是一个新闻框架，但有多少媒体拥有如此的框架；这其实也是一种对新闻图景的描绘，但有多少媒体能够甚至是真心愿意塑造出这样的新闻图景。美国新闻自由委员会的期待不仅指向新闻媒体，更重要的是指向整个新闻界、新闻传播业。如果暂且抽去社会背景，把这几条作为基本原则，我以为，对不同国家的新闻业、新闻媒介应该如何塑造、建构新闻图景，仍然具有足够的启示价值。

实事求是地讲，直到今天，世界各地的新闻媒体很难说已经能够向自己的人民提供和塑造美国新闻自由委员会描述的这样一个媒介世界、这样一个新闻符号世界。也就是说，美国新闻自由委员会当年提出的希望在今天看来仍然是理想，而不是完美的现实。几乎所有的新闻媒体都一再声称它们是为社会公共利益服务的，是为社会公众而存在的，但事实一再说明，媒体总是把自己的政治利益、经济利益置于公共利益之上，它们甚至并不知道也不愿意知道到底什么是公共利益，它们觉得自己的利益就是公共利益。因此，在我看来，不管在什么样制度下的社会，新闻媒体要想成为社会公器，确实是任重而道远。在我们国家，新闻媒体属国家所有，是党和政府的耳目喉舌，党和政府又是人民利益的代表，于是一些人认为，我们的新闻媒体必然是人民的公器。这样的理论逻辑、思维逻辑是成立的，也是人们希望的、理想的，但理论逻辑并不就是实践逻辑、客

---

① 参见新闻自由委员会. 一个自由而负责的新闻界 [M]. 展江，王征，王涛，译. 北京：中国人民大学出版社，2004：11 - 16。

观逻辑，它们之间一旦有了中介、有了桥梁，事情往往就会发生变化。因此，如何建构理论逻辑与实践逻辑之间的关系，仍然是我们面对的重大问题。

需要人们注意的一种新的现象是，从组织机构角度看，今天的新闻图景不仅仅是由新闻媒体单一直接建构的新闻媒体之外的组织，也已经成为建构整体新闻图景的重要力量，这在西方社会已是事实。在我国，也开始出现这样的现象。对新闻媒体之外组织的新闻制作行为，西方新闻界已经有不少人表示了担忧，"在我们的历史上，新闻第一次越来越多地由新闻界以外的公司制作，而这种新经济组织非常重要。我们正面临这样一种可能性：独立的新闻将被伪装成新闻的利己商业主义所取代。这种情况一旦出现，我们将失去作为独立的公共机构的新闻界，而它监督社会中其他权势力量和公共机构的自由将不复存在"①。我以为，这种担忧还是有根据的。新闻组织，只有能够保持自身的独立性，保持自身作为社会公器的特征，才能真正为社会公众服务。因此，如何维护新闻媒介的独立性、专业性，保护新闻传播的公共性，也是人类在新时代面临的一大问题。

（三）新闻的主体建构

新闻的整体图景是新闻活动主体共同建构的产物。② 新闻是所有新闻活动主体共同建构的结果，而不只是简单的新闻传播者主观反映客观新闻

---

① KOVACH B，ROSENSTIEL T. The elements of journalism：what newspeople should know and the public should expect［M］. New York：Crown Publishers，2001：13.
② 人类在描述对象世界时，包括作为对象世界一部分的新闻事实世界时，总是以人类自己为中心的，至少是以人的眼光为中心的，这本身就是最大的人类建构。人类不可能以其自身以外的眼光去描述对象世界。因此，从认识论意义上说，新闻图景本身就是人类建构的结果。这恐怕也是在最宏观的层面上关于新闻主体建构的描述。

事实的产物。一定社会整体的新闻图景，从活动者角度看，是由新闻源主体、新闻传播主体、新闻收受主体、新闻控制主体共同塑造的。① 如果笼统地讲，新闻图景就是整个社会主体建构的产物。把新闻符号世界构筑的关于客观世界的景象，简单归结为某一类主体反映事实世界的结果，是把问题过于简单化了，不符合实际情况。因此，很有必要从不同新闻活动主体的角度，对新闻符号世界的建构问题做出进一步的分析。

1. 新闻源主体的建构

"拥有新闻信息并且实际介入或参与新闻报道得以形成过程的个体或组织（群体）主体，就是我们所说的新闻源主体。简单一些说：在新闻报道活动中，实际充当了新闻报道者（或是新闻传播本位主体）之新闻信息来源的主体，就是新闻源主体。"② 新闻源主体可以粗略地分为组织主体和非组织主体。组织主体主要包括政府组织、政党组织、企业组织和其他民间组织、团体等；非组织主体主要指以个体形式存在的主体。组织主体拥有的新闻信息，一般是通过组织成员中一些个体（代表）在形式上直接占有信息的方式与外界进行交往的。新闻源主体是从主体角度对新闻本源态的描述。新闻源主体也是新闻传播主体构成逻辑③结构中的第一环节。

社会主体都是目的性的存在，他们的活动都是目的性的活动。恩格斯就曾这样写道："在社会历史领域内进行活动的，是具有意识的、经过思虑或凭激情行动的、追求某种目的的人；任何事情的发生都不是没有自觉的意图，没有预期的目的的。"④ 新闻源主体在向新闻传播者提供新闻信息

---

① 关于新闻活动主体及其相互关系的比较全面的讨论，有兴趣的读者可参阅杨保军. 新闻活动论［M］. 北京：中国人民大学出版社，2006：101－176。

② 杨保军. 新闻活动论［M］. 北京：中国人民大学出版社，2006：106.

③ 所谓新闻传播主体构成逻辑，是指以新闻传播活动的实际展开过程为根据，呈现活动主体的逻辑关系。这一逻辑的基本结构是：新闻源主体—新闻传播主体—新闻收受主体，以及始终与他们共时活动的新闻控制主体。

④ 马克思恩格斯文集：第 4 卷［M］. 北京：人民出版社，2009：302.

时，不是盲目的，而是有目的性的。目的性决定了新闻源主体在提供新闻
信息时的意向性和选择性，诚如有学者指出的，"新闻来源（包括个人和机
构）提供新闻时，也对新闻事件进行了判断、定义和解释，行使了一种文
化权力"①。新闻源主体是根据自己的愿望、兴趣、需要和预期目标向传播
者提供新闻信息的，是以自己理解的新闻观念来观察新闻事实、选择新闻
事实、提供新闻信息的。在这样的过程中，新闻事实的形象不会是原原本
本的"本相"，而是经过新闻源主体选择、理解甚至是想象的形象。也就是
说，新闻源主体向传播者提供的新闻信息、描述的新闻事实形象，已经是
他对新闻事实的认识结果，而不是把客观事实直接摆在传播者的面前。新
闻源主体呈现给传播者的事实形象已经是反映和建构的结果。因而，从新
闻传收过程的客观逻辑上看，新闻至少经过了三重建构：新闻源主体的建
构、新闻传播主体的建构和新闻收受主体的建构。不过，人们通常把新闻
源主体的建构统摄在新闻传播主体的建构环节，这与人们通常把整个新闻
传播过程分为前后两个大的阶段——传播阶段和收受阶段——是一致的。②

新闻源主体实质上是新闻本体的主体性表现，有时新闻源主体就是新
闻事实的有机构成要素或部分，但却是能够对新闻事实进行自觉的要素或
部分，有时则是新闻事实的现场知情者、观察者或旁观者。不管哪种情
况，新闻源主体都是离新闻事实最近的主体。因此，在新闻事实的建构现
象、建构行为中，新闻源主体往往扮演着实质上的"新闻"控制者角色。
在"把关人"理论的扩展形式中，新闻源主体是第一把关人。如上所言，
在新闻传播活动的主体构成逻辑结构中，新闻源主体处于第一环节。这就
意味着记者能够知道什么，媒介能够传播什么，收受者能够收到什么，往

---

① 陈力丹. 传播学是什么 [M]. 北京：北京大学出版社，2007：166.
② 比如，我在《新闻价值论》中，就提出了"前在主体"和"后在主体"这样的概念，用来明
确描述和反映新闻传收过程中的主体构成情况。有兴趣的读者可参阅杨保军. 新闻价值论 [M]. 北
京：中国人民大学出版社，2003：36-72。

往首先依赖于新闻源主体对事实信息的把关和"过滤"。一些重要新闻信息的拥有者往往左右着媒介的行为，也调整着受众的胃口，消息来源常常能够牢牢控制新闻工作者。他们拥有充分的机会和自由构造新闻事实的形象。越是拥有较多公共新闻信息资源的主体，越是能在实质上形成对媒介的信息控制，也越是能够按照自己的意愿去塑造新闻事实的形象，达到最终建构有利于自己的新闻形象。因此，一定社会整体的文明程度，从根本上决定着其新闻图景的真实程度、文明程度。一个普遍撒谎的社会，不可能塑造出真实的新闻图景；一个缺乏公共意识的社会，不可能把新闻媒介建构成社会公器，新闻也不可能成为民主的工具。

新闻源主体提供新闻信息的目的性从总体上说是复杂的，但为了分析论述的方便，我们将其加以简化，分为公共目的和私人目的。所谓公共目的，就是说新闻源主体向新闻媒体或新闻记者提供新闻信息是为了社会公众利益，而不是单纯为了自己的利益；所谓私人目的，就是说新闻源主体向新闻媒体或新闻记者提供新闻信息是为了自身的利益。在实际生活中，两种目的之间的区分并不是绝对清晰的，也并不必然是矛盾的、冲突的。比如，有些目的是公共性的，但可能是在公共性的目的下实现自身的私人利益目标；有些目的是私人性的，但却关涉到公共利益。何况，即使是个别性的私人目的，有时也是正当的。但不管怎样说，新闻源主体传播新闻信息的动机和目的是其建构新闻事实形象的基本根源和动力，反映了新闻源主体的需要和利益。

在向新闻传播者提供新闻信息时，在上述可能目的的支配下，新闻源主体有可能比较客观、全面、公正地描述事实情况，但也可能有意无意强化、放大甚至增加、想象、虚构一些信息，同时，也有可能有意弱化、缩小甚至减少、舍去、遮蔽一些信息。这实质上意味着，在向新闻媒介、新闻传播者提供新闻信息的过程中，新闻源主体已经按照自己的方式——认识方式、价值方式或利益方式，甚至还包括审美方式——选择或者建构了新闻事实的面目。事实上，任何事物的形象，一旦经过主观化的过滤，就不再是它自身的本相了。任何主体，只能以自己的方式把握对象。因此，新闻信息从新闻源主体"过渡"到新闻传播主体，很难超越或避免对事实形象的建构。正是因为这样，新闻传播原则、新闻职业规范总是要求职业新闻记者要想尽一切办法、做出最大努力亲临新闻事件现场，直接面对新闻事实，用专业态度、专业眼光观察、审视报道对象，其目的就在于尽可能减少各种信息转换传递过程中的失真或变形，减少可能造成失实和变形的环节。少一个环节，就有可能少一些失真、少一些变形，就能更加接近新闻事实的本相，也就更有可能实现新闻自身的直接目标。

对那些传播意图十分明确的新闻信息提供者来说，建构新闻信息的过程是预谋性的、精心设计的，他们不仅会建构新闻事实本身的景象，也会设计发放新闻信息的恰当时机，他们更会选择合适的、有利于他们自身利益的发放渠道——在"无意"中选择媒介、选择记者。人们能够经常看到的典型的作为新闻源主体的新闻事实塑造者，就是通过制度化方式产生的、面对社会公众的各种各样的新闻发言人。新闻发言的目的是沟通发言者（发言者是一定利益主体的代表）、新闻媒体和社会大众的关系。但是，毫无疑问，新闻发言人透露的新闻事实、新闻信息，绝对不是随意的，不是有什么样的新闻信息就提供什么样的新闻信息，而是经过精心选择的。发布所谓的新闻信息之前，他们已经对相关事实、相关信息做了符合自身利益（至少是不伤害自身利益，或者把伤害降低到最低程度）或者符合自己所代表的一定社会群体的利益的"打磨"和"装扮"。当然，在一些真正无关痛痒的事情上，他们也会"漫不经心"，或者"故弄玄虚"一番。[①]

---

① 需要加以说明的是，我们并不是否认新闻发言制度的正当性和合理性，这里只是重点指出新闻发言人作为新闻源主体对新闻事实、新闻信息的建构性。

充当新闻源主体的新闻发言人经常故意使用一些官场用语、公文语言、外交辞令等，或是透露一些信息，或是遮蔽一些信息，人们有时弄不清楚新闻发言人的"发言"到底是什么意思，事实上，"让你去猜"正是新闻源主体对新闻的一种常见的建构方式。① 同样，大量公关新闻的发布遵循着和新闻发言人相似的逻辑。这时的新闻不再是单纯的新闻，而是由新闻源主体自身宣传观念主导的所谓新闻，其核心目标指向是宣传，不是新闻；新闻的存在是外壳性的、手段性的，宣传才是内在的、实质性的。对普通大众中的个体来说，他们在新闻媒介、职业新闻工作者面前是实际上的"弱势群体""弱者"，他们要引起新闻媒介的注意往往是比较困难的事情，因此，只有不多的新闻信息能够被直接提供给新闻传播者，并且这样的信息通常是"本相"的信息。如果得不到传播者的关注，一些新闻信息便只能以民间新闻的方式传播。

新闻源主体关于新闻事实形象的虚构，并不都是主观恶意的，有些新闻源主体并不明确知道新闻的属性，也不大明白新闻的根本要求，因此，往往会把自己的想象和猜测当作事实形象的一部分描述给传播者，这在实际采访中是常见的现象。遇到这种情况，最关键的是记者，而不是新闻源主体，记者有责任提醒新闻源主体新闻的本质要求是什么，记者要有能力判断、分析特别是有方法证实新闻源主体提供的新闻信息的真实性。看得出，媒介时代，新闻素养（作为媒介素养的有机构成部分）不再是职业范围内的事情，而是大众化的需求。人们发现，昔日的科学知识、专业知识在今天已经变成了常识，科学常识化是文化、文明发展的必然。与社会生活可以说最为密切的新闻知识需要走在专业知识常识化的前面。

---

① 我国著名社会语言学家陈原先生在他趣味盎然的一本著作中写道："'公文语言'之所以难懂，是因为有权者正利用这种'模糊性'来随心所欲地解释一种意图，或逃避一种直言所引起的后果。"参见陈原. 在语词的密林里 重返语词的密林 [M]. 北京：三联书店，2005：17。

　　一些社会主体常常通过各种手段，将自己创造为、制造为新闻源主体，或者为自己的利益制造新闻事实、新闻事件。新闻媒体在一些情境下，也会与社会主体合谋制造新闻事实，使自身与有些社会主体成为共同的新闻源主体。在这些情况下诞生的不少（并不是全部）所谓新闻事实、新闻事件，往往属于地地道道的"伪事实"或者"伪事件"，有些事实属于纯粹的主观建构的产物，有些事实属于假象性的感性实在，尽管它们是看得见的存在，但实质上是像演戏一样排演出来的新闻事件。事实上，从一般社会主体到新闻传播者，都会编排剧本，导演新闻事实。这种现象实在不是什么新鲜现象了。这样一些事实建构行为，是极端的新闻建构行为，不仅彻底背离了新闻传播的基本原则，背离了新闻的基本精神，也背离了一般的社会道德原则，欺骗了社会大众，损害了新闻传播追求的社会公共利益目标，因而是整个社会都必须拒斥的。

　　对非职业化、非专业化的新闻发布者来说，比如通过各种人际方式或者自媒体形式传播新闻的社会大众个体，他们既可能是直接的新闻源主体，也可能是间接的新闻源主体，但不管何种情况，他们在塑造相关事实形象的过程中，有着更多的自主性和自由性，甚至可以说是"随心所欲"的。这样的随心所欲尽管打破了制度化媒介的新闻垄断局面，给人们呈现了新的新闻图景，但同时也给人们造成了不少的担心甚至是恐慌。信息封锁是可怕的，信息虚假同样是可怕的。封锁使人们无知无畏，虚假使人们不知所措。因此，如何规范（特别是通过自律）自媒体形式的、面向社会公众的新闻发布，是一个非常需要关注的大问题。当新闻源主体可以跨过任何中介，自主地、直接地向社会公众发布信息时，新闻源主体确实多了一份自由，但也应该多一份责任，不然，这种自由便是危险的。关于自媒体性的新闻源主体的新闻建构行为，我们还将把其作为特殊的新闻传播主体在下文中进行讨论。

2. 新闻传播主体的建构

就完整的新闻传播过程来看，新闻的图景主要是由传播主体和收受主体共同塑造的。传播者反映、建构的新闻事实或者新闻本体形象，只有经过收受者的解读或二次反映、推理、想象和建构，才能最终成为影响人们观念、态度甚至行为的新闻。但就新闻传播过程的先后环节来看，在直接的现实性上，新闻事实的形象首先是由传播主体再现的、建构的。① 新闻传播者依据自己获取一定的事实信息，经过选择加工，最终呈现出事实的新闻面貌。因此，这里我们先来阐述传播者对新闻事实的再现与建构。

在讨论新闻传播者对新闻的建构作用前，我们首先需要说明，传播者的建构不可能完全超越我们前述的社会建构和媒体建构，还有新闻源主体的建构。也就是说，对于职业新闻传播者，即在一定体制范围内和新闻媒体组织中活动的新闻传播者，尽管每个个体都是独立的主体，但他们都是一定媒体组织的成员，他们的新闻传播活动主要是对媒体意志、意图的实现，他们首先是组织主体的成员，因此在从事新闻报道的过程中，必然要遵守一定的社会原则和媒体原则，不然，他们将无法开展新闻活动。即使是非职业化的、非专业化的个体传播者，也离不开社会环境的约束和影响，离不开整体的社会文化背景或语境的约束和影响。任何人，从根本上说，只能以时代提供的条件去传播信息、表达意见。如果某个人是"超时代"的存在，那么他所传播的信息与意见要么是一定时代不关注的，要么是一定时代不能容忍的，总之，对其所在的时代实际上是无意义的。

---

① 我在《新闻价值论》中，曾经提出"前在主体"和"后在主体"这对概念，用来描述传播者和收受者在传播过程中的直接出场顺序，也在一定程度上形象反映了传播者和收受者在传播过程中的地位与作用，当然也说明了他们在新闻传播过程中的相互关系。参见杨保军. 新闻价值论［M］. 北京：中国人民大学出版社，2003。

一个新闻传播者选择什么样的新闻事实作为报道对象，表面上是他个人的直接抉择，但在其背后，既有媒体文化的作用，更有社会文化的影响。传播者的选择往往是媒体选择、社会选择的表现。这与人们在生活世界中的价值取向有着高度的相似性，有学者指出："从表层看，'我到底要什么'的个人价值取向和价值认同具有极大的主观性、任意性和随机性，似乎完全是依据个人的利益、欲望、需要、兴趣甚至是情绪进行价值选择的；从深层看，个人的价值取向总是'取向'某种社会价值'导向'，个人的价值认同总是'认同'某种社会价值'规范'。"[①] 当然，这里我们并没有否认个体选择的独特性。其实，仅就新闻选择——选择就是建构——来说，它本身就有最为基本的三个层次：社会选择、媒体选择和传播者的个人选择。事实上，职业新闻传播者的新闻选择，总是在与媒体选择、社会选择的一致与冲突中进行的。实际的选择结果，多是各方力量协调的结果。一旦遇到真正的冲突，个人在媒体面前、社会面前，是被支配、被主导的一方。在这一意义上，我们甚至可以说，是社会建构、媒体建构首先建构了传播者的选择框架、新闻框架，然后传播者再用自己的框架去框定事实世界，最终满足媒体框架的需要、社会框架的需要。

但是，个体毕竟是个体，不同于组织主体，每一个体都有自己的个体主体性特征。作为新闻工作者，每一个体对自己的新闻行为的要求都是不同的，新闻观念也是有差异的，他们对待社会和媒体组织的态度、方式也是有差别的，他们对自己社会角色、职业角色的认知也是不完全相同的。比如，在我国的社会环境下，有些在新闻媒体工作的人员认为自己就是党和政府的宣传人员，有些人认为自己是纯粹的新闻职业人员、专业人员，有些人认为自己不过是新闻媒体（特别是市场化程度比较高的媒体）的打

---

① 孙正聿. 探索真善美［M］. 长春：吉林人民出版社，2007：129.

工者，和在其他社会企业打工的人员没有什么本质的区别，更多的人则认为自己是前面各种角色的混合体或者统一体。所有这些认识上、感觉上的差异与不同，决定了他们在执行媒体方针、编辑方针过程中，在具体的新闻报道过程中会表现出各自的风格和特色。也正是因为这种客观现象的存在，我们才有在讨论了新闻的媒体建构之后，进一步从传播者角度讨论新闻建构的基础和必要。要是媒体决定一切，我们也就根本没有从传播者个体角度阐释新闻建构的必要了。

传播主体在反映再现新闻事实时，运用的是双重尺度，即传播者不只是按照事实本身的尺度去再现事实，他们还会按照自己的尺度标准（即自己的需要）去再现事实。这就是说，传播者在再现事实时，并不是纯粹的客观主义者、自然的白描主义者，他们追求的是合事实与合需要（合规律性与合目的性）的统一。在这一过程中，事实的客观性限制着他们的为所欲为，但他们也以自己的目的性选择、过滤着进入主观世界的事实要素信息、事项信息，正是在这种主观与客观的相互作用过程中，传播者建构了事实的新形象。之所以是新形象，就是因为它不同于事实的本相（人类通过认识论的推断，认为任何事物在存在论意义上都有自身的本相）。但这种新形象是按照新闻的目的建构的（新闻的基本目的就是追求事实的本来面目），因此，它又接近事实的本相。这就意味着事实的新闻形象其实是介乎完全再现和纯粹建构之间的，是建构中的再现，是再现中的建构。那种把传播者对新闻事实的反映想象为纯粹的本相再现或者纯粹的主观建构的做法，都是不符合实际情况的。我们讨论主体（包括所有的新闻活动主体）对新闻的建构，并不是否认新闻活动主体（主要是传播主体和收受主体）能够认识和再现新闻事实的本来面目。记得马克思有一段非常著名的论述，他说："动物只是按照它所属的那个种的尺度和需要来构造，而人却懂得按照任何一个种的尺度来进行生产，并且懂得处处都把固有的尺度运用于对象；因此，人也按照美的规律来构造。"① 如果不只是从人的实践主动性出发理解这段话，而是从认识论意义上理解它，就会发现，人是完全有能力认识和把握一定认识对象的，人是可以超越自己的主体尺度去把握客体尺度的。我们不能一谈到建构，就以为新闻是纯粹主观建构的产物，是主体随心所欲的结果。只是说，新闻作为对事实世界的反映，不可能超越人的认识能力，也很难超越人的价值取向，人只能以人的现实的、时代的方式，去反映事实世界、再现事实世界。

对个体新闻传播者来说，对新闻的建构是全面的、立体的，不仅体现在对新闻事实的选择上，也体现在对被选择的事实的陈述再现中，还体现在对新闻的编辑传播中。如前所说，新闻媒体对新闻的建构是通过个体新闻传播者集结而成的集体劳动实现的。新闻传播者在建构新闻事实、新闻事件的形象时，采取的总原则是选择原则——选择事实，选择反映事实、表现事实的方式方法。传播主体对新闻事实的建构性再现，是一种选择性、重构性的再现。这样的方式，既可能如实再现了新闻事实的形象，也很有可能改变了事实的客观形象。人们通过新闻文本把握到的事实形象可能并不是事实本身的形象，而是通过新闻文本语言符号或其他符号关系推理、想象的形象，诚如英国著名符号学家特伦斯·霍克斯所说："事物的真正本质不在于事物本身，而在于我们在各种事物之间的构造，然后又在它们之间感觉到的那种关系。"② 在建构性反映中，传播者不单单是用语言符号和其他符号再现新闻事实，也在用不同符号组构新闻事实，组构新闻事实的形象。这样的选择，具体可以分为两个大的方面：一是对事实的选择；二是对事实的呈现方式的选择，或者说是对新闻叙事③艺术的

① 马克思.1844年经济学哲学手稿 [M]. 北京：人民出版社，2018：206.
② 霍克斯.结构主义和符号学 [M]. 瞿铁鹏，译.上海：上海译文出版社，1987：8.
③ 对新闻传播来说，狭义的叙事仅指新闻文本本身的叙事，广义的叙事还包括新闻文本的传播方式，比如报纸版面的编排、广播电视的节目编排、网络新闻的页面设置编排等。

选择。

就事实选择而言，主要表现为两种类型：第一，不同事实之间的取舍，包括针对同一事实进行的具体事项的选择；第二，对一定事实的"改变"，即对一定事实内容的"减损"或者"增补"，这样的选择包含了制造的成分，在一定程度上已经超越了选择的意义。传播者经过这样的选择，实际上实现了对新闻事实的"重组"，从而使新闻报道不再是对新闻事实简单的再现，而是成为一种建构性的再现活动。

传播者在不同事实之间的选择取舍，是相对比较宏观的新闻建构方式。传播者（主要是记者和编辑）在一定的新闻工作经验中，会逐步形成相对比较稳定的新闻选择图式，这样的图式成为其过滤新闻事实、新闻信息的"筛子"，适合图式网孔大小的事实才能进入传播渠道，不适合的则可能被倒掉。如果传播者的筛子长期得不到更换或者更新，那就意味着在很长一段时间内，只有某类传播者感兴趣的事实能够被当作新闻事实而得到再现，至于这样的呈现到底能否反映一定事实领域的整体真实面貌就不得而知了。这种"刻板印象"式的新闻呈现往往不是短期的而是长期的，但传播者常常浑然不觉。当传播者的个人偏好最后变成了个人偏见，自己的新闻价值取向变成了一种偏爱，呈现出来的事实世界的面貌也就只能是某一个侧面了，甚至是不重要的一个侧面。这样的新闻建构当然是不合理的新闻建构。

新闻传播者是按照自己的认识图式特别是新闻认识图式反映、再现自己眼中的事实世界的①，是按照自己的价值模式特别是新闻价值模式反映、再现自己眼中的事实世界的，在一定程度上是按照自己的临场状态反

---

① 关于传播者"新闻认识图式"的构成、功能、发展变化等问题，我在《新闻理论教程》中做了初步的阐释，有兴趣的读者可参阅杨保军. 新闻理论教程 [M]. 北京：中国人民大学出版社，2005：137-142。

映和再现新闻事实的面貌的。记者的每一次新闻采访、写作，总是用自己
的新闻观念（可能还有其他观念）去"污染"或"净化"自在的新闻事
实，使其转变成自己"看到"的事实。记者写出来的、说出来的、拍摄出
来的事实，总是记者看到的事实，这样的事实确实是事实，但已经不是纯
净的事实，而是记者观念框架中的事实。这种框架会体现在具体的新闻报
道中，"记者叙述一条新闻的观察点或视点构成了一条新闻框架，就如同
一幅镶在镜框的照片一样，这个相框决定了读者能看到什么或看不到什
么，记者决定把什么内容收进新闻报道的相框内，同时把什么内容排斥在
相框外"①。"新闻报道是'框限'部分事实，'选择'部分事实以及主观
地'重组'这些社会事实的过程。"② 这种框架过程，也正是新闻的建构
过程。为什么选择这一事实而不选择另一事实，这不是事实信息本身能够
完全说明的事情。选择本身表明：传播者不只是想让收受者知道某一事实
或不想让收受者知道某一事实，更重要的是传播者向社会、向收受者表达
了某种倾向，传达了某种意图，即某类事实是应该关注的，是"我"或
"我们"关注的，进而说明，这样关注事实的方式才是合理的、正确的，
符合"我"或"我们"的框架的。

　　在再现已经选中的事实对象后，传播者通常采取两种原则进行文本建
构：一是"减损原则"，二是"增补原则"。增补，就是"外加"，就是对
新闻事实进行一定的"外包装"，做一番涂脂抹粉，加上传播者想要的但
新闻事实本身却没有的，这多少有点像"化妆"，甚至像"整容"中的
"添加"。许多经验报道、典型报道、正面报道就是这样上台表演的。增补
的结果是：新闻的"形象"大了、"美"了，但实际存在的新闻事实还是

① 李希光. 新闻学核心 [M]. 广州：南方日报出版社，2002：52.
② 张克旭，臧海群，韩纲，等. 从媒介现实到受众现实：从框架理论看电视报道我驻南使馆被
炸事件 [J]. 新闻与传播研究，1999（2）：4.

老样，还是那么朴素。一旦新闻塑造的形象超过事实本身的真实存在，美于事实本身的朴素，新闻就失实了，甚至虚假了。如此一来，新闻失去了自身的目的，它不但没有把新闻事实的真实面目呈现出来，反倒遮蔽了新闻事实的真实形象。减损，和增补恰好相反，就是把事实本身具有的一些事项遮蔽起来，从本应呈现的内容中抹去，抹去的有可能是"好"的事项，也有可能是"坏"的事项，但目的只有一个，就是确保传播者新闻报道意图的实现。不管是"增补"还是"减损"，如此的新闻建构当然欺骗了广大的收受者，影响了他们对事实真实面目的充分了解。对传播者来说，这样的事实选择方式，不仅谈不上社会责任的承担与实现，恐怕连基本的社会道德也没有了。因此，新闻建构尽管是新闻呈现中的必然性现象，但这并不等于说建构行为就是合理的。存在的并不都是合理的。传播主体应该努力避免新闻呈现中的过度建构行为，以保证新闻基本目的的实现。

就新闻叙事而言，更是充满了新闻建构的玄机和艺术，事实选择的结果必须要通过叙事来实现，这是一个更加细致的操作化过程，也是显示一个传播者"让事实说话，用事实说话，为事实说话"水平和技艺的过程。人们知道，新闻文本塑造本身就充满了传播者建构的功夫，怎么结构文本话语、如何进行叙述修辞、怎样营造文本语境，其实都是在建构文本、建构新闻，都是在为获得预期收受效果而搭建桥梁、投放诱饵。让收受者接收以至接受文本中所包含的各种信息，是传播者创制新闻文本的基本目的。而新闻建构过程，就是在铺设实现这一基本目的的道路。对此，我们不可能在这里展开详细深入的阐释，它需要专门的新闻叙事学去研究。我们只能做一些粗略的说明。

新闻事实是独立的，是自在的，可一旦自在的事实进入叙事之中，就成为自为的事实存在，它便是观念性的存在，符号化的、语言化的存在。

这两种存在之间的差异性是客观的、必然的。传播者只能按照自己的眼睛看事实，也只能用自己的心灵理解事实，只能用自己的语言描述事实，只能用自己的认识形式把握事实。意识在任何时候都只能是意识到了的存在，观念的东西总是被移入人的头脑并在人的头脑中被改造过了的存在，一旦客观存在的新闻事实经过了符号化、语言化的主观过程，它就被主体以自己的方式改造过了，"认识的内容就深深地打上了认识主体的印记，就牢牢地受到了认识形式的束缚。设想纯粹客观性的认识内容，就是幻想认识内容脱离认识形式而独立存在"①。因此，新闻认识过程，是难以避免主观建构的。只有得到传播者再现的事实、叙述的事实，才是能在传播与收受中存在的新闻，能在传播与收受中存在的事实。有人从叙事学的角度这样说："世界上实际发生的一切（事）在尚未被人形诸语言之前，是按照'本来'面貌存在着的，但这样存在着的事件不是 narrative，而是 story，即故事（表现为本来面貌的'故事'，而不是我们通常意义上的'故事'）。当这种意义上的故事被特定语言加以表述之后，所得的结果才是 narrative，即存在于语言之中的，以一定方式结构起来的，并由一位叙述者由特定角度传达给读者（听众）的一系列事件。叙事（narrative）是指'叙述所得之事'。"②"现在人们已经公认，并不存在原原本本的客观事实，因为任何事实或现象都已经是经过描述的，而不同的观察点、参考框架和指述语言决定着一个事实或现象将以何种方式和面目被呈现给我们。"③ 尽管我们不能同意"没有叙述的事实就是不存在的事实"这样极端的看法，但对人们能够理解的事实来说，特别是对现实的新闻来说，事实的形象只能在新闻的叙述中存在。也就是说，人们能够看到的、理解的

① 孙正聿. 探索真善美 [M]. 长春：吉林人民出版社，2007：44.

② 马丁. 当代叙事学 [M]. 伍晓明，译. 北京：北京大学出版社，2005：译后记.

③ 同②.

事实景象，只能是叙述者眼中的景象。有人这样说："大众传播的内容，并非如一些人所说，是一面反映世界的镜子——按照世界本来的多样性反映社会现实。特别是新闻，新闻故事其实是以某种特定的方式被架构出来的。传播者选择某些故事而舍弃其他故事，将事实排入特定的叙事格式之中，或偏执于某个特定的角度来叙事，强调某些细节而舍弃其他细节，如偏爱争执、危险或冲突等方面的细节。新闻的架构过程就是把事实之碎片往一个既定的框架里填充。"① 这一过程实质上就是新闻景象的建构过程。

传播者结构新闻文本的过程，就是新闻叙事过程，也就是选择新闻语言符号和非语言符号的过程。新闻文本的创制也像其他任何类型的文本创制过程一样，是选择的结果、建构的结果。对同一新闻事实的反映呈现，如果选择不同的新闻语言加以叙述，选择不同的结构方式加以叙述，就可能呈现出不同的事实面貌，产生出不同的结果。新闻叙事、新闻呈现是一个高度意图化甚至是艺术化的过程，只是它不能超越新闻本性的限制，一旦超越，新闻文本将会变质。因此，所有真正的新闻传播主体，应用的框架首先是新闻自身的框架——新闻传播规律所要求的原则和规范；然后在这样的框架内，用尽其他框架之能事。如果在新闻自身框架内无声无息地运用了其他框架，那么新闻叙事从叙事者叙事意图角度来说是高明的、高超的。当然，如果这些高明、高超的手段破坏了新闻的本性，则会被看成某种宣传意图对新闻目的的强奸。

传播者的心不是镜子，不可能把事实形象完整再现出来；即使传播者的心是镜子，他也不可能再现出事实形象的所有侧面。但再现完整事实形象又被设定为新闻报道的基本任务，于是，传播者便开始把自己的心设想为全智、全能的类似上帝的心或者眼睛，这就是所谓的全知视角，但这在

---

① 陈力丹. 传播学是什么 [M]. 北京：北京大学出版社，2007：161.

客观上又是不可能的。哲学家普特南认为，"从根本上说，不可能有一个'上帝的视角'，即不可能有一个真正'客观的'描述视角。任何视角都是一个从某种角度的视角，所以它都是由观察者的立场（社会的或理论的）和'透镜'所形成的"①。因此，新闻呈现出来的事实形象一定是不完整的，完整的事实形象离不开心的"合理想象"、猜测或推理，也就是说建构是必然的。新闻事实就是在这样的矛盾中得到呈现的。有学者写道："尽管并非所有人（尤其是那些对西方新闻独立和新闻职业主义抱有坚定信念的记者）都同意所谓新闻媒介'构造'或曰'制造'新闻或现实这一类多少给人以耸人听闻之感的说法，但大多数论者都基本同意记者和新闻媒介作为信息把关人（gatekeeper）至少参与了对现实的'塑造'（shaping）。"② 新闻传播者在新闻报道过程中，无法避免自己针对一定对象的视角和聚焦，这是认识反映对象过程中的本体性行为。传播者的视角决定了他想怎样看一定的对象，传播者把自己的眼光收拢于、聚焦于什么，则表明传播者想看到什么③，想让收受者看到什么。视角也好，收拢、聚焦也罢，体现的都是传播者的意图。通过这些意图，通过这样的叙述策略，传播者不仅再现新闻事实，也在表达再现的意义，从而实现建构新闻事实、框架新闻事实的目的。

　　需要人们注意的是，通过某种既有图式、框架对具体新闻事实形象或者整个新闻图景的建构，尽管是以预先存在的主观框架中介化了事实对象，使关于新闻事实的形象或整个新闻图景具有了浓厚的主观意图性，但

---

　　① 马克斯威尔．质的研究设计：一种互动的取向［M］．朱光明，译．重庆：重庆大学出版社，2007：29.

　　② 鲁曙明，洪浚浩．传播学［M］．北京：中国人民大学出版社，2007：62-63.

　　③ 我国著名文艺理论家杨义先生说："视角讲的是谁在看，聚焦讲的是什么被看，它们的出发点和投射方向是互异的。"参见杨义．杨义文存：第1卷：中国叙事学［M］．北京：人民出版社，1997：245.

这并不意味着新闻传播者的图式、框架是唯一的新闻建构中介或基础。新闻框架论、建构论，实质上是科学哲学认识论中"理论先于观察"在新闻认识活动中的折射和表现。它力求纠正新闻再现论、摹写论（即对新闻事实的镜子式的反映）的直观性和机械性。但我以为不能走向另一个极端，否认新闻认识的再现性特征。事实上，我们之所以还把新闻传播者在新闻创制活动中的认知行为称为新闻建构行为，最重要的原因是他的认知行为是以本体事实的客观存在为前提的。没有新闻事实对象存在的新闻建构，不是新闻建构。新闻建构的条件、中介不是单一主体性的。框架不能笼罩事实，更不可能统治事实。因此，把新闻形象想象为单一主体建构的结果是不符合事实的，我们也不能过分夸大新闻传播主体在再现行为中的建构作用。德国哲学家阿多尔诺说："当主体断言自身是万物的培根式的主人并最终是万物的唯心主义创造者时，它便把一种认识论的和形而上学的东西带进了这种幻想。"① 将阿多尔诺的这一论断应用到新闻建构论中，就可以说，把新闻图景极端化为建构的产物，不仅是幻想，也是一种疯狂。而我由此还想到了另一种可能，它其实在一定程度上已经成为事实。这就是，从人类意义上说，如果新闻图景主要不是再现的事实形象，而是建构的主观形象，那就意味着人类自己生存、生活在自己塑造的主观图景中，生存、生活在可能是虚假的图景中，或者至少可以说，人类或一定社会中的一些人、一些群体在欺骗另一些人、另一些群体，这样，生活世界不过是人类通过各种手段（其中就有新闻手段）相互欺骗的世界。如此的逻辑实在是太可怕了。果真新闻是在这种逻辑中运演展开，新闻就走向了它基本功能的反面，成了异化性的存在。进一步说，则是主体通过自己的精神创造物异化了自身的精神世界、符号世界，最终的结果是异化了不同主体

---

① 阿多尔诺. 否定的辩证法［M］. 张峰，译. 重庆：重庆出版社，1993：177.

之间的关系。新闻的基本目的在于把握世界最新的真实变化，结果在建构中扭曲了真实，不仅没有把握实际，反被自己建构的图景蒙蔽，这实在是人类自身的荒谬，至少说明人类至今还没有真正找到处理相互关系（新闻关系是信息时代人与人之间极其重要的一种关系）的有效途径。因此，反映、再现是新闻传播实践的根本原则，有意按照自身（传播主体及其背后的力量）各种图式建构新闻图景的方式尽管不可完全避免，但仍需要人们自觉和警惕，以尽可能最大限度消除建构带来的负面效应。正如有学者所说的那样，"每个新闻事件都有不同的叙述框架，一个好记者应该选择那种公正的、最接近事实真相的框架"，"选择好的叙述框架，可以使记者摆脱记者个人偏见、信源价值观的影响"①。

关于新闻传播主体的新闻建构，我还想就民间新闻传播者，特别是网络技术条件下新兴的自媒体新闻传播者（我亦称其为民间新闻传播者）的新闻建构行为以及相关问题做一些阐述。民间新闻传播者，是非职业化的传播者②，他们在建构有关新闻事实形象的过程中是高度自主的，常常是集新闻源主体、新闻传播主体于一身的传播者，他们是自己的把关者，除了法律规范外，他们较少受到其他相关规范的约束和限制，依赖的主要是自己的"良心"约束或者说某种道德自觉。但在匿名传播条件下，不少民间新闻传播者也不大顾忌有关社会道德规范的约束和限制。这种特有的自主、自由特征，使民间新闻在整个社会新闻图景以及一些具体新闻事件、新闻事实形象的塑造中，发挥着特殊的作用和影响，当然，也可能带来一

---

① 李希光. 新闻学核心 ［M］. 广州：南方日报出版社，2002：57.
② 需要人们注意的一种现象是：一些职业新闻传播者除了为自己的所在媒体、工作媒介提供新闻报道外，还会以"非职业人"的身份传播新闻，而他传播的某些新闻是通过职业身份获得的，但又不能以职业身份将有关新闻在自己工作的媒介上报道出去。这里有不少问题需要说明：职业新闻人能否以非职业身份从事新闻活动，也就是说，职业新闻人是否是全天候的职业人；一些正当的新闻为什么得不到正常的传播；职业新闻人和自己所属的媒介到底是一种什么样的关系；等等。

些特殊的问题。

与前新闻传播业时代的民间新闻相比，与传统媒体时代的民间新闻相比，网络传播时代条件下的民间新闻最突出的特点之一，就是传播者身份的大众化和公共化，即构成社会大众的个体在原则上都可以成为面向整个社会的传播者，也就是说，进入网络媒介平台的民间新闻传播者，他所传播的信息、发表的意见，不再限于狭小的私人传播范围，而是有可能传向社会大众。从可能的逻辑上说，他传播出去的信息、意见有可能迅速影响一定范围的社会大众，影响社会舆论的形成，影响社会公共事务的变化。这样，一个民间新闻传播者实质上充当了一个组织化媒体的角色，他就是一家电视台或一家广播电台，成为一个公共传播者、社会化的传播者。民间新闻传播者的这种"拟"或者"准"组织化媒介平台传播方式，使其个人身份公共化了、社会化了，使其传播出去的信息、意见公共化了、社会化了。因而，网络时代的民间新闻传播和以往任何一个时代相比，已经发生了质的变化，上升到了一个新的层次。毫无疑义，这同时意味着人们对社会承担的公共责任越来越大、越来越多，而不是相反。人们一旦拥有了更多的信息传播、意见表达自由，也就意味着必须承担更多的社会责任，也实质性地意味着要接受更多的限制。可见，高度自由的社会，是一个需要人们共同高度负责任的社会，拥有良好公共道德的社会。那种以为自由越来越多，责任越来越少的看法是错误的，是对自由的误解。每当人类为自己创造出新的自由活动的工具和方式，也就意味着人类必须锻炼出新的"枷锁"，约束工具的运用方式，以防止其成为脱缰的野马。

民间新闻传播者更容易关注组织化媒介、职业新闻传播者没有注意到的新闻事实，认为不是新闻事实的事实，或者出于各种目的被有意忽视、忽略甚至故意遮蔽的新闻事实。因此，民间新闻传播者是一定社会整体新闻图景重要的、不可缺少的建构者，对监测环境、守望社会能够产生和发挥特殊的作用，他们能够使一定社会整体的新闻图景甚至是关于某些具体新闻事件的报道更加真实全面，使人们有机会从不同角度、不同侧面、不同层次更加立体化地了解自身和他人的生存、生活状态，了解一定社会环境的变动状况和趋势。而且，从社会民主进步和技术发展的角度看，民间新闻传播者、民间新闻在新闻图景的建构过程中的地位可能会越来越重要，能够发挥作用的空间会越来越大。整个社会民众对于环境的日常了解可能越来越依赖民间新闻传播者、民间新闻。在历史性的比较中，组织化、制度化新闻的地位和影响以及职业新闻传播者，恐怕很难保持传统媒体时代的威力和风光。人人都可以是公共化、社会化的传播者，很有可能创造一个新的传播时代，创造出与以往不同的塑造新闻符号世界、新闻图景的时代，至少是可能创造出一个新闻传播主体结构不同于传统媒体时代的时代。尽管我们还难以描绘清楚未来的景象，但人们已经能够感觉到未来人类社会塑造新闻图景的方式会发生比较大的变革。后新闻传播业时代的新闻传播，很有可能是民间新闻、民间新闻传播者和组织化新闻、职业新闻传播者并驾齐驱的时代。如果用大尺度的历史眼光来观察，则很可能是民间新闻在新的历史条件下重新获得某种重要地位；民间新闻传播者很可能成为一定社会新闻图景的主要塑造者。这既是不断更新的网络技术带给我们的想象，也是不断进步的网络传播带给我们的理性推断。但民间新闻、民间新闻传播者与组织化新闻、职业新闻传播者之间到底会呈现出什么样的具体关系，现在还是不好判断的事情，我们只能等待传播实践的回答。

民间新闻传播者在新闻传播过程中，有着特殊的建构力量和建构方式。民间新闻天然的民众基础，使它与社会大众有着天然的接近性。民间新闻既易于得到迅速的传播，并在传播中得到文本的续接和延伸，也易于得到社会大众的认可。从古老的也是相随人类永存的面对面的人际传播到最新的网络传播，都是民间新闻得以建构的方式方法。民间新闻收受者与传播者之间的心理距离是比较近的，至少作为收受者的人们在感觉上会觉得要比与职业新闻传播者的心理距离近、利益距离近，也就是说，传播者与收受者之间有着民间新闻传播方式天然带来的"一家人"的感觉。传播学和心理学的研究一再表明，人们更容易相信"自己人"的话，在关键或者危急时刻，人们更容易相信亲朋好友、同事同学的信息，这就使得民间新闻以及民间新闻传播者与组织化新闻、职业新闻传播者相比，往往具有了优先影响社会大众的机会。① 就现实来看，在不少新闻事实的报道中，已经形成了民间新闻与组织化新闻之间的竞争，已经形成了民间新闻传播者与职业新闻传播者之间的竞争。我们相信，这样的局面只能是越来越多。民间新闻的建构过程，往往是收受者和传播者不断增加、介入的过程，信息或意见不断累积的过程。民间新闻的力量和影响，主要来自民间的互动，从而形成一种规模化的传播效应。一些能够激发民众普遍兴趣、引起民众普遍关注的新闻，常常会成为一个时段的社会热点问题。新闻流本身就携带着舆论流，甚至就是舆论流。新闻与舆论的交汇常常使民间新闻传播显示出巨大的力量。从更广泛的意义上说，不同民间新闻传播者、收受者之间的互动——通过对新闻文本不断建构进行的互动，会建构出新的新闻事实形象（有可能偏离事实的真实面貌），以及关于新闻事实的评论形象。这些"形象"往往会泛化或一般化，成为某种社会事实现象的代表、符号，如此一来，人们关注的就不再是简单的某一新闻事件、新闻事实，而是某种社会现象、社会问题，这就在相当程度上提升了民间新闻传播的社会意义。可以说，互动是民间新闻传播建构社会影响力的根本方式

---

① 当然，这一点不能绝对化，因为在现代化的社会环境中，人们对专业化服务的信任程度越来越高。人们之所以在一定环境中不太信任一些行业领域中的专业人士，是因为人们从根本上认为他们的专业化程度还比较低。比如，在我国新闻传播语境中，职业新闻工作者并不是完全专业化的从业人员，而是兼有多种身份。

和途径。因此，没有人敢随意轻视民间新闻的传播。民间新闻传播者往往互相接力、借力，共同塑造、建构新闻文本，从而在网络空间和生活空间中形成一种超级新闻文本，形成高度混合型的新闻文本，各种符号手段都会被用来建构相关的新闻图景。

　　民间新闻传播者与社会大众的天然接近性，使民间新闻传播者在新闻传播中更易于从社会大众的利益角度去观察新闻事实、选择新闻信息、建构新闻文本。[①] 民间新闻传播者的新闻建构是一种民间性的建构（参见第三章的相关论述），拥有不同于职业新闻传播者的独特眼光（但并不必然是客观的、全面的、公正的眼光），有时，这些传播者会有意传播与职业传播者不一样的新闻，对于同一新闻事件，民间新闻传播者往往会想方设法寻求职业新闻传播者没有报道的事实侧面或者细节。民间新闻传播者与相关新闻事实、新闻事件天然的接近性，使人们容易相信传播者所传播的新闻，信赖传播者所发表的意见和评论。民间新闻传播者往往是新闻事件、新闻事实的直接参与者或者旁观者、知情者，他们往往比职业新闻传播者对事实有着更真切的观察和了解，他们也往往更容易获得关于新闻事实的一些隐秘信息、深层信息。人们更容易相信从事实、事件中走出来的人所传播的信息。而且，越是所谓敏感的问题，民间新闻传播者越有欲望介入；越是组织化新闻媒体缩手缩脚的新闻事件，民间新闻传播者往往越有兴趣和勇气介入；职业新闻传播者无法介入的有些新闻事件，身处其中的民间新闻传播者却往往有着得天独厚的获知相关信息的条件。因此，民间新闻传播者报道出来的新闻，常常是社会大众特别感兴趣的新闻。这样，民间新闻与组织化新闻的互动，有利于人们比较全面地了解和把握事

---

　　① 需要注意的是，这只是在一般意义上的判断。社会大众自身的构成是复杂的，来自社会大众不同群体的民间新闻传播者，也常常是以自己所在群体的利益眼光观察事实、报道事实、发表意见的，并不必然代表着社会的公共利益。这本身就可以在一定程度上解释民间新闻的建构性。

实的完整面貌。自然，民间新闻传播者对人们心目中新闻符号世界（心理世界）的建构有着不可忽视的影响。

尽管民间新闻传播在网络技术支持下有了新的呈现方式，对一定社会新闻图景的建构作用已经不可忽视。但就目前来看，民间新闻的整体影响力还是很有限的，一定社会新闻整体图景的核心建构者仍然是组织化、制度化的新闻媒体和职业化、专业化的新闻工作者，这是不可否认的事实，并且，只要现有的社会制度建构方式、国家形态不发生根本性的变化，最起码在形式上一定社会新闻图景的主要建构方式就仍然是制度化的、组织化的，尽管民间新闻的作用会越来越强。在这样的整体状态下，民间新闻传播者对新闻图景的建构作用，除了以独立的民间方式发挥作用外，更多的是通过与组织化新闻媒体、职业新闻传播者的互动进行的。民间新闻会成为新闻内容的最大生产者和提供者，也往往成为组织化新闻的"导火线"或者"放大器""扬声器"。二者之间的互动是更为常态的关系，也是它们之间互相借力的途径和方式。新闻媒体期望从民间新闻传播中发现更多有意义的新闻，而民间新闻传播者则希望自己传播出去的新闻信息和其他信息能够及时引起组织化新闻媒体的关注，以便产生更大的传播效应。在民间新闻传播者与组织化大众媒体的新闻传播互动中，职业新闻传播者在新的传播技术条件下，会越来越关注、越来越重视民间新闻传播者，甚至努力把一些具有"舆论领袖"特征的民间新闻传播者吸纳到媒介队伍之中，进行某种形式的"收编"，形成一种新的一体化结构，最起码使民间新闻传播者特别是那些带有舆论领袖特征的传播者成为媒体的资源。反过来说，民间新闻传播者同样十分看重组织化新闻媒体的力量，如果他们的新闻、意见能够引起媒体组织的关注甚至传播，那是他们求之不得的事情。我们甚至可以说，一些民间新闻传播者之所以通过网络媒介传播信息和意见，一个重要的目的就是引起媒体组织的注意，从而进一步放大相关传播的效应。这样看来，在新的传播环境中，从原则上说，一定社会新闻图景总是由一定社会主体共同建构的。

民间新闻、民间新闻传播者与组织化新闻、职业新闻传播者之间的互动现象，是非常值得人们从多个方面、多种角度关注和研究的问题。民间新闻能够与组织化新闻展开一定的合作和竞争，本身就是新闻自由发展的新表现，也可以说是新闻自由度进一步扩大的表现。传播技术带来的新的社会解放作用，在民间新闻的兴盛中已经被突出地表现出来。民间新闻在新技术条件下的勃兴，也是社会民主化程度进一步提高的表现。民间新闻力量的增强，为更多的人参与社会公共事务提供了必要的信息认知、信息评价基础。同时，民间新闻可以说是社会大众认识自我的重要方式，是社会大众不同群体之间、个体之间相互了解、沟通的重要渠道。

民间新闻传播者尽管不是职业化的、专业化的新闻工作者，但完全可能成为实质意义上的新闻工作者，前提是他坚守了新闻传播的基本原则。如果一个名义上是职业新闻工作者的人并没有按照新闻传播的原则报道新闻，那他仍然不是一个真正的新闻工作者。因此，民间的非职业化的新闻传播者，有可能是事实上的新闻工作者，而职业化的新闻工作者有可能仅仅是名义上的新闻工作者。我相信这样的判断是合理的，即"任何人都可以成为新闻工作者，但并不是每个人都是新闻工作者"，成为新闻工作者的"关键不在于他们有没有记者证，而在于他们工作的性质"。[①]

需要人们注意的是，民间新闻自身的真实性、客观性、公正性一直是其面临的严峻问题，而滥用新闻自由、言论自由权利的现象更是令人头疼。这些问题不可能彻底根除，而是会长久存在下去，就像人类不可能彻底根除人性中恶的一面一样。但不管因为什么（人们关于这方面的讨论实

① KOVACH B，ROSENSTIEL T. The elements of journalism：what newspeople should know and the public should expect［M］. New York：Crown Publishers，2001：98.

在是太多了），民间新闻的真实性，始终是影响民间新闻社会影响力、影响民间新闻传播者形象的大问题。因此，如何确保信息的真实性，将会成为人们关注的核心问题之一，这一点，其实与组织化新闻传播并没有什么根本的区别，只是增加了难度。我以为，人们不必过分担心民间新闻的真实性问题，因为民间新闻本身既是新闻，又是意见，民间新闻作者大多不会按照严格的新闻专业化方式写作新闻、传播新闻。事实上，民间新闻在更多情况下，是民间意见的一种表达方式。民间新闻的新闻性可能是不准确的，在大多数情况下可能属于"基本真实"的状态，但民间新闻的意见性常常是真切的，比较真实地反映了民间新闻及其所代表的群体的意见。我们只有认识了民间新闻的特点，才能正确对待民间新闻现象。

3. 新闻收受主体的建构

新闻收受主体对新闻的建构作用，基于人们对收受者在收受活动中主体性的发现和承认：收受者是主动的、积极的，在收受活动中是有创造性的，是可以与传播者展开平等对话交流的主体，而不仅仅是被动再现和接受新闻文本信息的镜子或容器，不是传播者给定什么信息就接受和认可什么信息的无反思性的人。从更一般的意义上说，收受者在新闻收受活动中的建构表现，不过是人们在认识活动中、理解活动中建构表现的一种具体样式，因为新闻认识只是人类认识把握世界的众多方式之一。在传播学范围内，收受者对新闻的建构活动，也已经是被研究证明了的事实，英国格拉斯哥大学媒介研究小组的研究表明，"受众积极参与对事实的建构"①。并且，在新闻传播过程不同环节的建构行为中，收受者的建构带有终极性的意义，"在文本接受的意义上，受众是叙事情景的最终建构者"②，其实，受众也是整个新闻叙事结果的最终建构者。事实上，传播效果理论的

---

① 刘建明，等. 西方媒介批评史 [M]. 福州：福建人民出版社，2007：202.
② 何纯. 新闻叙事学 [M]. 长沙：岳麓书社，2006：202.

不断更新和历史演变，从一个侧面不断证明着收受者的主动性和创造性，也在说明信息收受、理解行为中普遍存在的建构现象。从新闻传播发展的整体趋势上看，收受者的主动性只会不断增强。

实际上，只要人们承认新闻传播者对新闻的建构是客观事实，在逻辑上就必然得承认收受者对新闻的建构也是不可避免的，因为在逻辑结构上，传播者报道新闻的结构和收受者收受新闻的结构是同构的、相似的，并没有本质上的不同，都是主体与客体相互作用形成的一种认识关系结构、价值关系结构和审美关系结构，当然最基本的是新闻认识关系结构。说简单点，传播者和新闻事实之间的认识关系结构与收受者和新闻文本之间的认识关系结构是相似的、同构的。新闻文本一旦生成，便成为独立于任何主体的客观存在，独立于传播者，也独立于收受者。正因为如此，尽管传播者可以在新闻文本中为收受者布下引导阅读、理解的线索和框架，但传播者却无法左右收受者对新闻文本的具体理解方式和理解情境。新闻文本能够以怎样的方式作用于收受者，更多地取决于收受者的素质与需求，取决于收受者所处的收受环境。新闻文本中新闻事实的形象确实是传播者给定的，但对收受者来说，新闻事实图景、新闻事实形象还是模糊的、不确定的，明晰的形象需要经过他与新闻文本的相互作用来形成。新闻文本一旦独立于传播者，成为面对社会的公开文本，传播者便无法驾驭文本中的事实形象，也无法左右文本的意义显现方式。收受者心目中的事实形象，还必须依赖于收受者的推断和想象，这样的推断和想象，既根源于文本，又根源于收受者自身，同时也离不开传播收受环境的深刻影响。至于新闻的价值和意义，则更是依赖于收受者的主体需要和素质。作为"是"的事实是稳定的，但作为"效应"的价值则是充满了变数。收受者面对的是完整的新闻文本，不是单纯的事实信息文本，这样的信息构成方式，为收受者的建构行为提供了基础，也创造了更多的可能性。

　　"需要与满足"理论告诉人们，在通常情况下，收受者对新闻媒介的选择是主动的。选择新闻媒介不只是在选择新闻，也是在一定程度上选择收受者自己的身份和地位，最起码是在选择收受者自己想象的和希望的身份和地位。说普遍点，媒介选择也是在选择表现收受者价值观念、生活观念、媒介观念、新闻观念的方式，选择收受者的新闻文化生存方式。媒介有时不只是收受的对象，也是收受者自己身份的直接显示，同时也可以说显示了收受者对待媒介的态度。阅读《人民日报》的人和阅读《北京晚报》的人是不一样的，至少是显得不一样；《人民日报》和《北京晚报》变成了一种符号，显示着不同的新闻收受档次、趣味和价值取向。收看中央电视台《新闻联播》和收看中央电视台一般的娱乐新闻是两回事，体现了收受者自己的新闻价值态度和新闻价值观念。① 媒介接触行为、收受行为本身可以说是收受者建构自我新闻符号世界、心理世界最重要的途径之一，不同的选择意味着不同的倾向，意味着收受者希望在自己的头脑中建构以什么为主的新闻符号世界。因而，对新闻媒介的不同选择，实际上反映了收受者对事实世界关注重点的不同选择。选择不同的新闻媒介，就可以看到不同的世界景象，至少是重点不同的世界侧面。也许媒介提供的事实世界的景象是完整的，但收受者的媒介接触偏好、偏向决定了事实世界在其心中的形象并不一定是完整的。因此，事实世界是什么，新闻事实世界是什么，在收受者心中是什么样的形象，不只是由媒介建构的、传播主体建构的，也是由收受者自己建构的，甚至可以说首先是收受者选择的结果。这是一种相对比较宏观的建构，不是针对具体新闻报道、新闻事件的收受建构。但这样的宏观层面的建构倾向，对具体层面的建构有一种指向的作用。不

---

　　① 需要提醒的一点是，一个人可能同时选择不同类型、不同层次的媒介新闻，比如一个人可能既读《人民日报》，也读《北京晚报》，也就是说，人们的媒介消费行为本身就是多元的、多层次的。但对一个具体的收受者来说，总是有自己比较稳定的媒介偏向，从而显示出收受行为的个性特点。

过需要说明的是，很多收受者对自己的新闻收受偏向是自觉的，并不必然会把自己的偏向看成现实所是。收受建构，并不是收受的自我欺骗。

具体新闻完整的过程性存在，或者更准确地说，具有实际意义的完整性过程存在，是如我在"新闻形态论"中提出的"三态"式的过程性存在，即由本源态到传播态，由传播态再到收受态的动态演变过程。[①] 本源态就是客观存在的新闻事实，就是新闻的本体状态；传播态则是对客观新闻事实的再现，是客观主观化后的产物，是通过一定符号系统再现出来的新闻事实、新闻信息；而收受态是对符号再现结果——新闻文本——的解读理解。只有到了新闻的收受态，新闻的某一周期性演变过程才算基本完成，而这一环节的完成是由新闻收受者施行的。[②] 在这一环节，收受者可以说对新闻本体进行了再次建构，如果说传播者在新闻文本中对事实的建构是首次建构的话。如果以新闻传播过程不同主体参与方式为根据，那么我们可以说收受主体对新闻的建构是第三次建构，因为最初对新闻进行建构的不是传播者，而是新闻源主体，并且，新闻源主体的建构具有决定性的先在作用，直接影响着传播主体的建构基础和收受主体最终对新闻的理

---

① 我提出新闻形态论的最初目的是解决"新闻是什么"的问题，但这一形态论描述却揭示和蕴含了诸多新闻理论的根本问题，也使我们对一些传统的新闻理论基本问题有了新的看法。参见杨保军. 新闻理论教程 [M]. 北京：中国人民大学出版社，2005：62-87。

② 当我说新闻传收过程也是新闻形态的演变过程时，或者说当我把新闻分为"三态"时，实际上贯穿着这样一种思想，就是以系统的方式来理解新闻。新闻不再限于单一的状态，而是一种过程性的存在。因而从概念构成上说，我们必须在具体的语境中理解新闻所指的确切含义，其实语言是在运用中获得意义的。当我们说新闻的三态时，新闻概念成了一种总称，具有了元概念的特征，包含了新闻形态的整个演变过程；当我们把新闻指定为传播态的新闻时，它的前一形态便成为本体态或者本源态，而后一形态便成了收受态或理解态，并且这两种形态不能再被直接指称为新闻。我还有一个比喻，比较形象地说明了新闻三态的特点和相互关系——本源态就像固体的冰，传播态就像流动的水，收受态就像蒸发的气；冰和水是有形的，看得见、摸得着，而气则是在有形与无形之间；本源态、传播态新闻是可以独立存在于主体之外的客体，而收受态新闻只能存在于收受者的心灵之中。每颗心灵作为一种"容器"，其大小、色彩、特征等都是不一样的，因而同样的新闻，在每一个收受者大脑中的样式不仅是看不见的，也是不一样的。但是，正像水的三态在本质上都是 H_2O 一样，新闻三态尽管有变化，有从客观到主观的变化，有不同的主观变换，但其最基本的内容都是关于新闻事实的事实信息。

解和建构。

如果把收受者看成整体性的社会主体存在，那么，收受者对新闻图景的建构，首先是宏观的、整体的建构。这种建构是一种无形的建构、深层次的建构，常常不被人们所重视，尽管人们并不自觉地有所论述。收受者作为建构者，在整体层面的表现主要有两个方面：一是新闻最终存在的实际样式，即新闻的收受态样式——心灵或心理样式，只能由收受者建构；二是作为社会民众，其新闻需要是新闻现象产生、演变、发展的原始动力、根本动力，每个时代整体的新闻图景是由时代的社会需要决定的，也就是由所在时代的人们的整体需要决定的。① 因而，新闻图景的整体样式不可能离开社会大众整体性新闻需要的特点。比如，在市场经济条件下，作为消费者的新闻收受者，以其顺应时代潮流、迎合时尚趣味的新闻消费需求、消费方式、消费品位，以巨大的市场影响力（收受者构成了受众市场、新闻市场），从根本上左右着大众媒介的新闻内容选择、传播方式选择，从而在相当程度上决定着新闻的整体图景以及新闻图景的整体流变方式。这也可以看作新闻社会建构的表现，因为社会大众的整体需要也就是一定社会的需要。当代文化的大众化、消费化、商业化和工业化②，是新闻平面化、同质化、标准化、规模化的重要根源。因此，我们可以说，收受者的整体新闻趣味以基础动力的方式建构着新闻图景的底色和基调，建构着新闻图景的基本形象。收受者对此当然不会有多少自觉，但作为"基础动力"的存在是客观事实。当一定社会的人们能够普遍自觉和反思自己新闻需要的真实性、合理性、层次性时，新闻图景就必然会呈现出另外的

① 需要在具体社会中的表现是具体的，表现为每个人的需要，一定社会群体的需要，但一定时代拥有自身的主题，有自己时代需要解决的主要问题，有自己时代的精神，因而有着时代的主体性的需要。
② 在大众文化全球化的背景下，这些"化"是世界范围内的表现，不只是发达资本主义国家范围内的表现。当然，这些"化"在不同发展水平的国家有着差异性的表现。

面貌。时代面貌是由人自己创造的，但时代也在创造着人的面貌，这是社会与个人互动的过程，大概也是社会发展的规律。人们生活在他们创造的世界中，而有时他们并不喜欢自己创造的世界。当前，新闻世界正处于这样历史性的尴尬状态，人们一方面依赖新闻媒介，另一方面又抱怨新闻媒介的不良表现。事实上，不仅是当前，在以往的新闻传播中，这种尴尬的状态也是存在的，差别只是不同历史时代尴尬的程度有所不同而已。何况，"尴尬"不过是个比喻性的说法，依赖与抱怨（拒绝或批评）本身是历史的常态。

收受者是理解的主体，而作为理解主体的现实存在，是一种历史性的存在，即收受者的所有特征是由其所处的历史条件塑造的，收受者自身也是历史积淀的现实主体。因此，收受者只能以其作为历史存在的特征和方式去收受新闻，只能以其具有的如德国哲学家伽达默尔所说的"偏见"或者"先见"去收受新闻。这一过程正是其用自己的"偏见"理解建构自我心理中的事实世界、新闻事实世界和具体新闻事件、新闻事实形象及其可能意义的过程，也是新闻最终的观念存在形式、心理存在形式，是有实际意义的、有价值的存在形式。如我在"新闻形态论"中所说，新闻最后的形态，不是存在于新闻文本中，而是存在于收受者的心灵中，是一种类似于"气"的无形存在，是无法超越和脱离收受者的存在；不像新闻在本源状态，是有形的类似固体的"冰"的样式，也不像在传播状态，是有形的类似流动的"水"的样式，它们都是看得见、摸得着的存在，是可以独立于任何主体意识的存在。没有进入收受者信息库、意识库的新闻，都将是无意义的新闻，就像没有进入人类认识视野中的存在，没有进入人类语言中的存在，仍然是无意义的存在一样。即使它们确实存在着客观的价值和意义，但人们茫然不知。因而，只有被受众认知了、理解了的新闻信息，才是真正能够对收受者意识、观念产生作用的新闻信息。收受者对新闻的理解过程，就是一种创造过程，就是对新闻重新建构的过程。只要有理解，就会有建构，这是必然的现象。

新闻文本是新闻收受者直接面对的对象，他们正是通过新闻文本这一中介去推断、猜测、想象新闻本体的可能面目。然而，这里并不是一个简单的认识论过程，而更多的是一个文本解释的过程。收受者对新闻文本的解读并不总是与传播者期待的一样，并不会完全按照传播者预想的那样去解读，相反，倒总是有一些"变形"。收受者总是按照自己的认识图式、价值观念、新闻经验等阅读理解新闻，按照自己的兴趣、意愿和需要阅读理解新闻，按照自己创造的、想象的情景阅读理解新闻。解读新闻文本的过程，是在思维中形成关于新闻事实意象图式的过程，是新闻事实场景、主体运动变化、形成的结果状态等在收受者大脑中形成形象和意义的过程，是收受者用想象、经验、知识和理性等建构新闻事实图景的过程。同样的新闻，很有可能在不同收受者心目中以不同的形象存在着，诚如德国哲学家伽达默尔所说："只要人在理解，那么总是产生不同的理解。"① 也许新闻文本本身的相对简约性②，使得这一系列的阅读理解不像针对文学艺术文本、历史文化文本、理论学术文本的阅读理解那么复杂，但如此的逻辑结构确实是存在的，也是基本类似的。我曾经在博士学位论文《新闻事实论》中，将收受者对新闻文本解读的结果从理论逻辑角度概括地分为三种——等值解读、变值解读（增值解读和减值解读）和异值解读③，并

---

① 伽达默尔. 真理与方法［M］. 王才勇，译. 沈阳：辽宁人民出版社，1987：280.

② 关于新闻文本的一般特征，可参阅杨保军. 新闻理论教程［M］. 北京：中国人民大学出版社，2005：214-239。

③ 等值解读，即受众解读所获得的信息量值与新闻文本中的信息量值是相等的；增值解读，即受众解读所获得的信息量值大于新闻文本的信息量值，但又没有完全脱离文本潜在意义和逻辑推理的范围，属于"正确、合理"的解读；减值解读，即受众所获得的信息量值小于新闻文本的信息量值；异值解读，即受众的解读改变或偏离了新闻文本信息的基本含义，发生了一定的质变，是一种误读、误解或曲解。参见杨保军. 新闻事实论［M］. 北京：新华出版社，2001：116-141。

对形成不同解读结果的原因做了一定的分析。"变值解读"和"异值解读"是常见的现象，反倒是"等值解读"只能是理论上的理想状态。收受者与传播者的绝对一致几乎是不可能的事情。从文化心理学角度分析，每个新闻收受者都有自己相对比较独特的文化心理结构，这种结构就是每个人理解事物的基本框架，不过这个框架不像这个词语给人的直接感觉那样"死硬"，实际上充满了弹性，松紧自如，既可以应对进入框架事物的"张牙舞爪"，也可以满足主体自身的"反复无常"。在应对与满足中，框架总会从新闻文本中"框架"出符合框架的信息，"框架"出收受者心目中的事实形象。新闻收受过程实际上也是传播框架与收受框架相互作用的过程，交流对话的过程，不是简单的谁"框架"谁的过程。传播者的新闻框架体现在他对新闻的叙事框架之中，新闻叙事框架在客观上能够形成对收受者新闻收受行为的引导或框定，但收受者并不必然会按照传播者的叙事框架去理解新闻。当然，我们不会否认在具体的新闻传播过程中，有时传播框架对收受者的作用可能会更大一些，但相反的情况也可能出现，这样的具体问题需要实证性的研究和证明。

由此可见，收受者收受新闻的过程，是新闻本体，即原生态的新闻事实、新闻信息在他们心目中、大脑中重新建构的过程，这一过程的直接表现是新闻文本与收受者"精神状态"的相互作用。[①] 同时，这一过程总是展开于一定的收受情境之中、媒介传播环境之中、社会语境之中，所有这些"理解环境"因素，都或多或少会影响收受者对有关具体新闻的推测、想象和建构。收受者只能在具体的传播收受环境中比较准确地理解新闻文本包含的事实信息，至于文本中的情感信息、意见信息则更需要通过对传播环境的把握，才能理解它们的真正意味。

———————————

① 我之所以使用"精神状态"这样一个词语，是想说明在这一相互作用过程中，收受者是以知情意的统一状态与新闻文本相互作用的，这一过程不是单一的认识性的相互作用过程。

　　收受者的推理、想象，不可能离开新闻文本，如果彻底脱离或者超越了新闻文本的基本信息边界、语义边界，这种信息收受行为就不再是新闻文本的解读，把新闻当新闻，是新闻解读的基本限定，也是我们讨论新闻解读的前提和基础。这就是说，新闻收受中关于新闻的建构，是基于新闻文本的建构，而不是凭空的建构，也不是把新闻文本当作文学文本、理论文本或者其他什么文本的建构。在新闻认识层次上①，收受者通常是通过想象方式、还原方式来建构新闻文本所呈现的具体新闻事实的形象的。一般来说，新闻的本性决定了传播者是以与事实的"像似性逻辑"呈现事实面目的，因而收受者通过再现性想象方式或者复现性想象方式，可以在自己大脑中重构新闻事实的形象，这种想象的目的是使想象中的形象达到与文本描述的一致。但收受者与传播者认识图式、价值模式、所处环境等的差异性，决定了收受者不可能以与传播者完全相同的方式去理解和想象新闻事实的面目。除此之外，收受者还可能通过创造性想象，构建出新闻文本中并没有描述出来的事实形象，收受者有时会通过自己的理解与想象"弥补"事实结构上的"不足"，这可以说是对新闻事实的纯粹想象，很有可能只是一种虚构，但谁也无法限制收受者的这种想象。这种想象的直接结果就是收受者所理解的新闻事实相异于传播者所建构的新闻事实形象，也可能完全背离客观存在的事实形象。在新闻收受过程中，在新闻文本的激发下，收受者以自己的既有图式，构建出理解新闻文本的语境，推断和想象文本所描绘、叙述的新闻事实形象；这不是事实形象的纯粹复原过程，而是收受者对新闻事实的建构过程。复原是不可能的，只有建构才是

---

　　① 在我看来，新闻作为人类认识把握事实世界最新变动的一种方式，在认识层次或认识方式类别上基本处于常识层次（类别）与科学层次之间，属于大众认识层次。新闻认识不能等同于科学认识，也不能等同于哲学认识。这并不是说我们要贬低新闻认识方式，而是要说明新闻认识世界有它自身的特点和要求。这样的认识方式正像新闻自身的目的一样，既源于新闻的本性，也源于新闻活动历史的塑造。

现实的。收受者是在自己创造的具体语境中理解新闻的，这样的语境既不同于新闻作者建构的文本语境，也不同于新闻事实客观发生的环境。新闻事实在收受者心目中只能是他理解、想象的样子，而不可能是其他的什么样子。在这样一个新闻收受理解过程中，收受者实质上已经形成了对新闻事实的建构。与传播者的新闻建构行为相比，收受者的新闻建构行为除了主体的不同，还有一个最大的不同，那就是传播者建构的对象基础是客观的新闻事实或者新闻源主体描述的新闻事实，而收受者建构的对象基础是传播者创制的新闻文本。由于收受者关于新闻事实形象的理解不是直接面对新闻事实的，而是通过传播者创制的新闻文本这个中介，因此，从一般意义上说，收受者对事实信息的把握不可能比传播者更准确、更全面，收受者理解的、想象的新闻事实形象永远不可能比传播者更形象、更鲜活。相关研究已经证明，信息传递的环节越多，失真的可能性越大。

收受者在理解新闻文本的过程中，就像传播者在建构新闻文本时一样，一般也是在两个方向上重新建构文本的内容，一个方向或者一种方式可以叫作"减损"，另一个方向或者另一种方式可以叫作"增补"。减损的主要表现是不把既有新闻文本中的一些内容、信息当作反映客观新闻事实的内容和信息；增补的主要表现是收受者在既有新闻文本的基础上，增加、补充一些他们认为属于客观新闻事实的内容和信息。增补或减损，既是主观性极强的新闻理解行为、建构行为，也是造成传收矛盾、传收差异的重要原因。

增补、减损的主要表现形式有两种，一种是无意增补或减损，另一种是有意增补或减损。无意增补或减损就是收受者没有自主意识到的增补或减损。无意增补或减损的产生原因也比较简单，主要属于认识论原因，或者是没有注意到新闻文本中的相关信息，或者是没有理解到新闻文本中的相关信息，或者是误解了新闻文本中的相关信息。有意增补或减损，就是收受者给新闻文本故意"增加"或者从新闻文本中故意"丢掉"相关信息。之所以故意增补，是因为在收受者看来，传播者所报道的事实本应该包含这样或那样的信息，实际上却没有包含，收受者之所以有这样的"信念"，主要是基于他以往的收受经验、生活经验以及他对相关事实的了解、分析与判断，或者是心理上的完形机制所致，即当新闻文本对事实的描述在收受者看来不完备时，收受者总会有一种将其完备化的心理欲望。之所以故意减损，是因为收受者主观上不愿意、不相信相关信息是对新闻事实的反映和再现，他们认为或者以为并相信有些包含在新闻文本中的所谓事实信息，不过是传播者有意制造、虚构的产物，不属于事实本身具有的信息。

减损和增补解读是新闻收受中的普遍现象，也是必然的现象，与收受的主动性或者被动性之间没有多大的关系。也就是说，不管是主动性的解读还是被动性的解读，解读过程中的减损或增补都是存在的。而且，解读过程中的这两种现象是同时存在的，即并不是说，有减损的时候无增补，有增补的时候无减损，而是在有些内容上可能是减损，在另一些内容上可能是增补。

新闻收受中增补、减损现象的普遍化，与整个传收环境的变化有很大的关系，与传媒生态、传媒格局的变化更是有着直接的关联。新的传播技术使得收受者越来越能够比较自由地、多渠道地获取相关事实信息，更快速、更全面、多角度地了解相关事实面貌。同时，新的传播技术使得收受者越来越能够普遍地"传者化"——既是收受者，又是传播者，从而使收受者之间易于形成有效的信息互动局面，这无疑在一定程度上冲破了组织化、制度化新闻渠道的信息控制。因此，也使得收受者能够以比较理性的、客观的方式增补或减损职业新闻传播者所提供的新闻文本内容，诚如有学者指出的那样，"受众对新闻产品的解读不再是直接的线性反映，而是一种生产、一种创造性的建构。受众的生产意味着新闻产品中所隐匿的东西被表现出来，媒体通过忽略某些东西来蒙蔽受众已经不再像从前那么容易了"[①]。主体意识觉醒后的受众，往往能将报道中明确的论述与那些欠缺部分、空白点和沉默之处结合起来读。后者是一种未曾言明的论述，它们正是潜藏在原文中未被人意识到的问题式的症候。媒介组织提供的新闻报道有时不过是众多相关报道中的一种，而不是唯一。针对同一事实的不同新闻版本，特别是民间新闻版本，使收受者有机会进行比较和分析，做出自己的判断。不同新闻文本之间会形成或强或弱的文本间互动关系，这种文本间的关系实质上建构了一种理解具体新闻的语境（也可以称为媒介语境或者从收受者角度称为理解语境），收受者通过语境提供的信息来推测和想象当下新闻所描述的事实景象。

　　针对同一事实形成的众多新闻文本，尽管给收受者全面认识新闻事实带来了更多的机会，但实际上也同时带来了更多的困难，特别是在遇到不同新闻媒介的互相矛盾的报道时，收受者其实是比较难辨别谁真谁假或者谁的报道质量更高的。因而，新闻自由度的增加，不仅对传播者的素质提出了更高的要求，也对收受者的媒介素养、新闻素养有了更高的要求。不然，越自由，就越混乱，越自由，就越迷惑，令人不知所措。同时不可忽视的问题是，如我们前面所说，一些民间新闻作者提供的新闻的真实性更是令人怀疑。因此，在当前新闻传播环境下，收受者收受新闻的自由度确实扩展了，能够全面了解相关信息的机会增加了，但能够准确理解、判断新闻事实面目的难度也增加了。在这样的背景下，收受者事实上有了更多的想象空间和推理机会，他们能够在各种信息的比较中，凭借他们对不同媒介的了解以及自身的收受经验，去建构事实的形象。然而，我们不能把

---

① 刘建明，等. 西方媒介批评史 [M]. 福州：福建人民出版社，2007：291 - 292.

不同新闻文本造成的理解困难现象想象得过分严重，因为在现实的新闻收受行为中，普通大众接触的具体媒介往往是相当有限的，甚至可以说是比较单一的，他们通常选择的新闻媒介都是他们比较信任的或者符合他们自己收受趣味的媒介。只是在遇到重大的、特殊的新闻事件时，普通大众才有兴趣、欲望去通过多种渠道获取关于同一事实的不同报道。

4. 新闻控制主体的建构

"相对新闻源主体、新闻传播主体、新闻收受主体存在的新闻控制主体，是指那些通过一定方式，限制、约束新闻传播内容、新闻传播方式的社会主体。"[①] 根据新闻传播业的实际运作情况，我们在理论上可以把充当新闻控制者的社会主体大致分为两类：一是国家以法律形式确立的控制者（实际上就是国家主体），即有关法律赋予其控制新闻传播主体新闻报道活动的一定权力，这可以说是"标准"的、合法的新闻控制主体；二是那些有关法律没有赋予其控制权力，但对新闻传播主体新闻报道活动实际产生着控制行为的控制者，这类控制者可以看作"准"新闻控制主体。因此，简单一点说，新闻控制主体是由"控制主体"和"准控制主体"构成的。我们这里主要讨论国家、政党（主要是执政党）作为控制主体在新闻建构中的表现和作用，而关于准控制主体对媒体新闻传播行为的影响和作用，事实上已经渗透在相关的论述之中了。并且，在我看来，将这里所说的准控制主体对媒体新闻传播行为的"制约或约束"定性为通常意义上所讲的"影响和作用"是比较准确的，毕竟它们对新闻传播行为的"制约或约束"不是法定的权利，而是通过社会不同子系统相互联系、相互作用、相互制约的机制展开的。

控制主体会把国家意志、政党意志（在新闻控制或新闻建构中，这样

---

① 杨保军. 新闻活动论 [M]. 北京：中国人民大学出版社，2006：146.

的意志可以简单称为控制主体的"新闻意志")体现在相关的控制规范之中，并通过相关规范设定新闻控制的具体方式和范围。新闻控制手段实质上就是典型的新闻建构方式。控制观念就是建构框架，控制规范就是编制建构框架的经纬线。规范之网就是筛选之网，网孔的大小标志着规范宽严的程度，本质上则反映着一定社会新闻自由的程度。新闻控制的目的就是要建构控制主体预期的新闻图景，以便新闻传播能够为自己的政权利益服务，至少是不危害政权的稳固性。新闻控制主要指向传播主体的传播行为，但客观上是对整个社会新闻传播活动的控制。控制了传播主体的传播行为，也就等于建构了呈现在社会大众面前的新闻图景。政府、政党的新闻控制、新闻建构，本质上是对新闻现象的政治控制、政治建构，当然也是一种社会文化控制。新闻控制是政治控制手段的一种，是整个政治控制体系中的有机构成部分。一个政府、一个政党建构社会整体新闻图景的能力，在一定程度上反映着它们执政的能力和水平，这对今天这样的信息时代来说，恐怕是不言自明的事情。

控制主体通过运用社会提供的、自己创造的各种手段——法律的、道德的、政策的、纪律的、经济的等——把新闻传播的内容、传播方式限制、约束在自己能够允许和忍耐的范围内。这样，新闻媒介、新闻传播者能够塑造的新闻图景要么是控制主体愿意看到的，要么至少是其可以忍受的。法律、道德、政策、纪律等规范，构成了一定社会新闻选择的规范性标准，政府和政党总是要求新闻活动主体的新闻选择行为要合法、合德、合策、合律①，并且认为在一定社会中这样的规范是合理的，必须遵守，不然，就要进行各种形式的惩戒。以上各种规范本质上是对政府、政党需

---

① 我在《新闻理论教程》（杨保军. 新闻理论教程［M］. 北京：中国人民大学出版社，2005.）和《新闻活动论》（杨保军. 新闻活动论［M］. 北京：中国人民大学出版社，2006.）中，从新闻报道内容选择的角度对此做了比较细致的论述，有兴趣的读者可参阅两书的相关部分。

要的反映，是合乎它们目的的规范。比如，在我国，党（指中国共产党）和政府确定的基本的新闻报道方针是"坚持以正面宣传（正面报道）为主"。在这样的基本新闻报道方针下，新闻媒介塑造出来的新闻符号世界往往是让人"赏心悦目"的，而这实质上就是新闻控制主体根据自身的目的①，希望看到的新闻符号世界图景，是按照控制主体意志建构的结果②。同样是中国实际，一旦被其他目的控制下的新闻媒介、新闻传播者去报道、反映和塑造，有可能图景完全不一样，出现被称为"妖魔化"的结果。同一实际，却被反映成两种对立的形象，或者多种矛盾的有差异的形象，这恰好说明了新闻的建构性，也同时说明人们总是希望看到他们愿意看到的景象，于是往往不顾事实，塑造出自己心目中的事实景象。建构性本身就是具有强烈主观色彩、主观意愿的行为，它的片面性是不可避免的。

作为国家主体、政党主体的控制主体，对新闻图景的建构侧重的主要不是一时一事的新闻形象，而是长期的、宏观的新闻图景，这也是常态的控制新闻图景、建构新闻图景的任务。除此之外，在特殊的情景下，控制主体还会采取特别的手段控制新闻信息的发布和流动。当一定社会处于特别的时期，比如社会处于严重的动荡状态，处于国际国内军事冲突、战争时期等，遇到特殊的事件，比如重大的天灾人祸等，控制主体就会直接控制相关新闻的发布和传播，将新闻源主体和控制主体的角色有机统一起

---

① 当然，法律、道德等规范总是在一定程度上反映着社会的普遍意志或者说人民的意志。控制主体必须代表社会大众主体的利益追求，不然，其执政的合理性、正当性都会受到人们的质疑，政权也难以稳固。

② 写到这里，我想起一位作者在其著作中写的一段话，录于此处，供读者参考品味，作者说："几乎没有人喜欢受到别人的批评，受批评总是没有受表扬或歌颂那样令人高兴。然而，正如国家只对正当的行为适用奖励而不能对犯罪适用刑罚，则违法犯罪必定猖狂一样，公民只能赞扬国家的行为而不能批评国家的行为，国家必然会偏离正义和法律的轨道。"参见谢鹏程.公民的基本权利［M］.北京：中国社会科学出版社，1999：277。

来，甚至会搞"新闻一律、舆论一律"，只允许政府和政党自己的一种声音存在和传播，以塑造有利于自己的、具体的新闻形象和一定事实的新闻图景。通常情况下，国家主体、政党主体作为控制主体，控制的是一定社会主导性的新闻图景，因而，国家主体、政党主体主要关注的是主流新闻媒体的新闻报道和新闻评论。作为新闻控制者，国家主体、政党主体特别注意处理与传播主体之间的关系，并通过这样的关系，以新闻手段调整与社会不同系统之间的关系。这对于把"笔杆子"当作革命和建设工具的中国共产党及其领导的政府来说，显得尤为重要。

控制主体用来建构新闻图景的观念，或者说用来指导建构新闻图景的原则，是多样的，并不仅仅是新闻观念。新闻原则本质上是事实原则、实事求是的原则，要求真实、客观、全面地呈现事实景象，而这往往是新闻建构者们不完全愿意做的。[①] 在新闻图景的建构过程中，控制主体的控制是从"政治正确"出发的控制，只要控制者认为某种报道有利于自身政治观念的宣扬，有利于自身政治意愿的实现，就不会太多考虑报道的内容是不是新闻信息。在自己的媒介上，控制主体会不遗余力地宣传自己政策、路线、方针的正确性，至于是不是新闻，则是次要的事情。如果控制主体能够以新闻方式塑造新闻图景并实现自己的意志，那就属于十分"高明"的艺术了。在新闻图景的建构过程中，控制主体建构新闻图景的原则会表现出更为强烈的非新闻性，甚至会彻底背离新闻传播的内在原则，成为本质上的宣传性控制。控制主体会在新闻的名义下，利用能够运用的各种手段，迫使新闻媒介、新闻传播者报道那些缺乏新闻性或者新闻价值不大的事实，以直接塑造控制主体自身的形象或者有利于自身形象的所谓新闻

---

① 关于新闻传播的本性原则——事实原则，我在《新闻真实论》（杨保军. 新闻真实论［M］. 北京：中国人民大学出版社，2006.）中做过比较深入、详细的论述，有兴趣的读者可参阅书中的相关章节。

图景。

除自己直接所有的新闻媒体和其他组织化、制度化媒体之外①，新闻控制主体越来越重视与各种民间所有的新闻媒介和民间新闻传播者的关系，其目的仍然在于建构有利于自身的新闻图景。在新的网络传播环境中，如何处理与民间新闻传播的关系，已经成为政府、政党关注的重要课题，其实质就是探求网络传播环境下建构新闻图景的新方式、新方法。政府通过一定的程序制定了一系列关于网络传播的法规和政策，还有众多的各种各样的自律性规范等，它们作为规范共同规定了新闻传播者和其他信息传播者的合法、合德等界限，按照如此规范传播出来的新闻和其他信息，塑造出来的符号图景包括新闻图景也正是控制主体可以接纳的图景。当然，现实不会呈现出如此理想的景象或结果。一旦和预期的图景有比较大的偏离，政府就会采取各种措施，不断调整民间信息传播者的行为，使民间信息进入控制主体试图建构的基本框架。由于民间新闻在一定社会整体新闻图景的塑造中力量越来越大，而民间新闻传播者又有着技术上和操作上不太好限制的自主性或自由性，因此，如何调整控制民间新闻已经成为新闻控制主体建构新闻图景面临的难题。

控制主体通过对新闻图景的建构，形成对社会的信息控制、思想控制（参见第四章相关内容）、意识形态控制，最终则是实现政治、经济、文化和社会控制。人类社会是管理中的社会，人类的生存、生活世界，处于人类自己的各种管理之中，控制是必然的，新闻控制不过是众多控制手段中的一种比较柔性的方式；但它在信息时代、媒介时代的作用则是难以替代的，任何社会统治者都会紧紧抓住新闻信息的命脉和神经，编织自己希望

---

① 有人甚至创造、发明了"政府新闻学"，认为其"就是从行政主体的角度出发，研究当代政府如何应对媒体，从而更好地发挥媒体的社会功能的一门实践性科学"，参见叶皓. 政府新闻学：政府应对媒体的新学问［M］. 南京：江苏人民出版社，2006：29。

的信息图景、新闻图景。可见，新闻控制、新闻建构本身不是目的，实现意识形态控制、思想控制，在人们的大脑中建构起控制主体期望的观念和思维方式，才是控制主体建构新闻图景的真正目的。控制主体正是试图通过在一定程度上控制信息流通方式、控制人们的思想方式来实现对人们行为方式的控制。因而，如果能够实现信息控制、思想控制，也就实现了深层价值观念的控制，这是一种更加稳定的控制。由此，我们就可以理解控制主体为什么会特别关注新闻媒体的传播行为，甚至将新闻媒体的创办权牢牢掌握在自己的手中。

需要说明的是，控制主体控制的正当性是以自由的合理性能否正常存在、实现为界限、为标准的。控制主体的控制，其直接表现就是对自由范围、自由程度的控制；在新闻传播领域则表现为对言论自由、新闻自由的控制。控制就是建构，通过控制新闻传播内容与传播方式来建构新闻图景的构成是直观的、非常易于理解的。控制是必然的，也是必要的，但控制的合理界限到底在哪里，不可能有一个抽象的、共同的答案，它依赖于具体的社会历史条件和现实社会的具体发展状况。如何对控制主体的控制行为做出限制乃是更需要研究的问题。言论自由的本质是异质意见的平等交流，新闻自由的本质表现之一是直接不利于控制者的新闻事件能够得到正常的报道。控制主体主要控制的往往就是这样的新闻，不让这样的新闻进入新闻符号世界，成为新闻图景的一部分。这种控制从现实性上讲并不都是正当的，如果做了不正当的控制，新闻图景即使在纯粹的新闻意义上也一定是有缺陷的、有漏洞的。控制主体控制的是新闻符号世界的构成方式、塑造方式，实际调整的是自身与媒介、与公众的关系。因此，这种控制并不是纯粹的新闻控制，而是政治控制、意识形态控制、文化控制。看来，控制主体如何从自身角度调控新闻图景的建构，并不是小事，而是大事，关系到自身、媒介、社会大众三者的利益及利益关系，关系到一定社会信息环境的营造、信息秩序的维护、信息安全的保障。

（四）新闻的技术建构

新闻图景是由新闻活动主体建构的，而主体特别是新闻传播主体，不仅仅是通过操作符号系统建构新闻图景，还总是要运用一定的传播技术手段去建构新闻图景。任何传播技术一旦产生，便具有了自身的客观性和独立性，有特殊的技术支持和对不同符号系统的特别要求，总是具有某些超越新闻活动主体特定能力的功能，在新闻传播过程中可以发挥特殊的作用；不然，人类也就没有必要去创造发明一定的传播技术了。人们看到，新闻传播的技术依赖性越来越强，今天人们看到的新闻图景充满了技术的痕迹，如果没有特定的传播技术，那么一些新闻的传收是不可想象的。因此，从传播技术角度讨论新闻建构问题，是有充分现实根据的，也是很有必要的。

技术已经贯穿在新闻传播的各个环节或者说整个过程中。人们能够看到、听到、感觉到的新闻，总是一定技术中介化的产物。技术以其特有的方式建构着新闻的面貌。在新闻事实与人们之间，技术中介的作用和影响越来越大。我们甚至可以说，技术与新闻不是相互分离的，而是相互建构的。新闻被技术建构，而技术，作为一种社会人工制品，也被新闻建构，被社会建构。技术在新闻生产、传送、收受过程中越来越被建构出神奇的形象，技术已经渗透进了新闻的骨子里。技术，不仅限定了人们对新闻事实的把握，也在一定程度上限定了人们开展新闻认识、新闻活动的方式，正像哲学家海德格尔所指出的，现代技术作为一种框架，对它所涉及的存在起着框定的作用，即限制的作用。技术的标准、模式、运作的轨迹都要有相关存在（包括人）与之适应，正如人在机器旁操作时要服从机器一样。[①] 当

---

① 海德格尔. 海德格尔选集：下 [M]. 孙周兴，译. 上海：上海三联书店，1996：945.

下制度化、组织化、规模化、标准化的新闻生产传输系统，可以说在很大程度上正是依赖于一系列技术组建的技术系统。离开现代技术、当代技术体系，我们就没有今天的新闻生产方式、传输方式和收受方式。在技术与新闻之间，有着诸多的问题需要认真探讨。①

从宏观尺度上看，特别是从宏观的历史尺度上观察，现象新闻的整体图景确实离不开传播技术②的建构。麦克卢汉当年那多少有些怪诞和神秘的"媒介即信息"，正好从一个侧面说明了技术对整个信息环境，包括新闻符号世界的建构作用。有什么样的技术，就有什么样的信息环境，就有什么样的新闻符号世界。印刷媒介所依托的印刷技术只能塑造出印刷新闻的景象，人们只能通过文字和图片来想象现实世界的景象；传统的电子媒介所依托的传统的广播电视技术只能塑造出传统电子新闻的景象，人们可以通过声音和电视图像去理解事实世界的景象；而依托网络技术塑造出来的新闻图景与传统媒介时代相比，已经发生了翻天覆地的变化。当人类只能通过直接的面对面的方式交流信息时，他们拥有的新闻符号世界与他们实际拥有的狭小的生存、生活空间是高度匹配的，与他们的生产、生活方式也是相适应的，他们对实际生活时空之外的想象只能是虚幻的想象，而不是实际的想象。当由大众化传播技术支持的"点—面"传播模式成为人类交流新闻信息的基本模式后，人们的信息空间扩展了，信息更新的时间周期缩短了，这与人们所处的新的生产、生活方式也是匹配的，他们对实际生活空间之外的想象则有了更多的信息基础。可以说，在直接性上，传

---

① 顺便可以指出的是，在中国新闻传播研究语境中，人们对相关技术与新闻传播的关系还没有足够的反思性研究。人们基本上是在乐观主义的情调下谈论技术的价值和作用，批判性的研究很少。对于人们在高度发达、快速发展的传收技术面前怎样保持自身的主体性，怎样不被技术支持下的信息洪流左右或淹没等问题，还缺乏有深度的研究成果。

② 当然还有其他技术，仅仅凭借狭义的信息传播技术，并不能实现有效的传播。技术之间的相互关联造就了社会发展过程中整体的技术系统。对人类社会来说，当今社会越来越成为技术系统支撑的社会。

播技术决定着传播的可能景象。地域性的传播技术只能产生地域性的新闻传播，全球化的传播技术才能产生全球性的新闻传播景象。与此相应，人们在不同的传播技术条件下，生活在不同的符号世界景象中。传播技术的每一次进步，都开阔了人们的眼界和视野，都是对人类思维和精神的一次解放，使人们获得了更多的自由空间和机会。当然，我们不会忽视，每一次技术进步，都可能给人类带来新的问题，传播技术也不例外。没有代价的技术可能是不存在的，人类能够做的只能是尽可能减少代价。

伴随传播技术的不断进步更新，新的媒介形态也一个又一个地出现①，结果是，媒介形态结构方式和媒介生态结构在不断变化，信息传播、新闻传播的总体格局也在不断变化。比如，仅就大众传播媒介诞生以来，信息传播、新闻传播的总体格局已经经历了单一的印刷媒介阶段，印刷媒介、广播媒介和电视媒介三足鼎立的阶段，传统媒介（印刷、广播、电视）与网络媒介四分天下的阶段，就现在的发展趋势来看，还有可能出现各种媒介大融合的阶段。媒介形态总体结构的变化、总体传播格局的变化，就新闻传播来说，意味着呈现新闻图景的方式在不断发生变化。如果不同时代拥有不同的主导性的媒介形态，那就意味着一定时代塑造和建构新闻图景的主导方式不同。如上所说，在印刷媒介时代，人们看到的新闻图景主要是由文字塑造的；在影像媒介时代，人们看到的新闻图景主要是由图像塑造的。当然，这只是逻辑的分析，是就时代性的主导方式而言的。在现实世界中，对每个具体环境中的民族、群体和个人来说，其表现则是五花八门、千变万化的。

技术建构的、创造的不只是新的媒介形态、新的媒介格局和新的新闻

---

① 具体的媒介形态样式会不断更新，但更新的方向是有限的，不可能超越人类的感觉器官和心智机能，因而，在可以想象的范围内，相对独立的媒介形态是非常有限的。关于媒介形态无限更新的想象是缺乏充分根据的。

传播样式，更根本的是，每一次划时代的技术创造、技术发明，都在创造着新的传播主体，同时也在创造着新的收受主体，自然也会创造出新的控制主体和新的新闻源主体。没有任何人工技术中介的面对面交流，就只能产生直接的"说者"和"听者"；有了书写的新闻，才产生了新闻作者和新闻读者；有了印刷技术，才有可能产生大众化的传播者和大众化的读者；有了广播，才有了面向大众的播报者和大众化的新闻听众；有了电视，才有了直接把自身展现在社会大众面前的新闻传播者和大众化的电视新闻观众；有了网络技术，才会创造出大批的网络新闻传播者和收受者；有了手机技术，才有巨量的手机新闻传播者和收受者；有了各种技术的融合现象，才会产生融合技术以及融合传播所需要的具有"融合能力"的传播者，也就自然出现了相应的收受者。有了这些不断更新的技术，也就有了与这些技术相适应的新闻采访、写作、编辑、播发、收受等新的样式。技术尽管不能决定一切，但技术确实在影响着信息传播、新闻传播中的一切，这是不可否认的事实。人创造发明了传播技术，传播技术又将人分为不同的人群，分为在传播中具有不同角色标识的人群。当传播技术不再成为界分传播、收受的技术时，传播者与收受者之间的界限也就可以在一定的技术层面上互动互换了。当传播技术创造不同的传播主体和收受主体时，它实质上就在通过创造不同的新闻传播主体而创造着不同的新闻传播景象。传播技术和其他相关技术，在一定程度上是通过对传播者和收受者的建构来建构整体新闻图景的。以历史的眼光去审视人类的新闻传播现象，人们会发现，每一次革命性的技术变革，都会在一定程度上离间以往的新闻人群，组构新的新闻传播人群和新闻收受人群，并且更改、变革新闻的传播与收受方式，从而建构出新的新闻图景。离开传播技术和其他相关技术的革命性变化，这一切都是不可想象的，也是不可能成为现实的。传播技术和其他相关技术以其自身的力量建构了新的传播主体，这在新闻领域的表现是异常突出的。人们看到，正是网络技术，几乎使所有人都可以实际成为面向所有社会公众的传播者，而在传统媒介技术时代，这种可能性只能比较偶然地发生在少数人身上，再往前看，人们就只能是人际传播者的角色了。因此，如果一定的社会人群或者社会势力掌控了一定社会的传播技术，那么他们也就有可能操控人们能够看到的新闻图景，而当这种掌控在技术上变得不大可能时，或者说当传播技术成为人们可以普遍运用的工具而又不好限制时，也就意味着一定社会的新闻图景将由社会主体共同来塑造，这大概也是人们自己决定自己命运的一种表现。当然，即使在今天的网络传播技术条件下，这仍然只是带有理想色彩的境界。但无论如何，正如我们反复表明的那样，传播技术的进步，在整体上总是在促进人类的自由发展和自由生活。传播技术的发展变化，也总在不断更新控制主体的构成和新闻控制的方式。至于新闻源主体的结构方式，特别是新闻源主体发挥信息源的作用的方式，在不同的技术条件下，会有很大的不同。在传统媒介技术背景下，社会大众即使能够充当新闻源主体，也往往是比较单纯的新闻源主体；在网络传播技术背景下，充当新闻源主体的社会大众，在原则上可以同时充当通过网络进行传播的自媒体传播者。传播技术正在加快传播中不同角色的一体化进程。当然，不断更新的传播技术，也在建构着不同新闻活动主体之间的新的关系，这本身也是非常值得研究的问题。

技术创造了跨国性的新闻传播主体和新闻源主体。不断更新、进步的传播技术，尽管难以冲破有形的国际地理空间边界，信息边界、信息壁垒也仍然存在，但有些信息边界、信息壁垒已经无法设立和构筑。这就意味着一定国家、社会范围内的新闻图景，不再仅仅是由一定国家、社会范围内的人们塑造的，而且还有超越这个范围的塑造者，有不同于一定社会范围内的新闻传播主体、新闻源主体等存在着、活动着。如果没有不断新生的媒介技术、传播技术出现，这样的现象是不可想象的。因此，从原则上说，尽管一定社会范围的整体新闻图景是由该范围内的新闻活动主体建构的，但范围之外新闻活动主体的建构作用越来越大。早已存在并且日益兴盛的国家新闻传播现象正好说明了这一点，也说明了这种现象背后的技术支持。至于一定社会范围之外的各种力量直接进入该社会进行新闻活动，那是另一种传播主体介入的现象，和我们这里讨论的凭借技术间接介入是有所不同的。

技术的时代性，在一定程度上界分了新闻传播现象的时代性。事实上，人们现实地看到，几乎所有的相关研究者正是通过媒介形态（技术）的历史变迁，区分出不同的传播时代、新闻传播时代的。所谓口语时代、书写时代、印刷时代、电子时代、网络时代、融合时代等的区分，背后的实质正是传播技术的历史演变关系。[①] 技术成为区分不同传播时代的质性标准。但必须指出的是，这种划分有可能给人们造成一种错觉，以为造成不同传播时代的根本原因是唯一的，只有技术（技术决定论者正是这样的倾向）。事实上，新闻传播时代的区别，是整个历史时代各种因素整合性的区别。也就是说，传播时代的划分，依赖的不仅是技术，还有整个社会提供的政治、经济、文化等其他要素和条件。何况，技术本身作为社会化的人工制品，在相当程度上是社会建构的产物，没有一定的社会环境条件，技术本身也难以发展，技术发展和社会物质需要、社会文化观念系统之间本质上是互动的。比如，在把技术视为雕虫小技的中国传统文化环境中，技术不大可能得到规模化、系统化的发展，这大概也是中国社会没有能够较早成为工业化社会的重要原因之一。当人们用技术的演变来区分不

---

① 这种演变是叠加式的、扬弃式的。关于传播时代的演变，可参阅杨保军. 新闻活动论 [M]. 北京：中国人民大学出版社，2006：344-362。顺便说一句，对人类新闻传播历史演变时代的划分，依据是多样的。每一划分依据，都使人们可以看到新闻传播史不同的侧面。

同的传播时代时，技术仅仅应该被理解为一个时代传播特点的突出表征。这里的实质意义是说，人类或者一定社会范围内拥有的新闻图景，不是单一技术的产物，而是各种社会要素合力的产物，技术不过是最为明显的一种力量，具有符号性的标志作用。同样一种传播技术支持下的媒介形态，在不同社会中呈现的新闻图景模式往往有着巨大的差异，这时的决定因素，当然不是技术，而是技术以外的东西。

在直接的历史现实或者当下的现实表现中，整体的新闻图景与传播技术水平在总体上是高度相适应的。人们能够在多大空间范围内了解世界的最新变化，在什么样的时间尺度上尽快了解事实世界的最新变化，都与传播技术因素高度相关。因此，我们可以在一定程度上说，在人类塑造新闻符号世界整体景象的过程中，技术在直接表现上是一个决定性因素。但人们在一定具体的社会环境中，能够看到怎样的世界景象，就不是单一的技术因素能够决定的。正如媒介批判学派学者们（如美国学者席勒、加拿大学者莫斯可、英国学者温斯顿等）指出的那样，他们并不相信技术决定一切的神话。技术作为工具，在发挥其作用的过程中，不可能离开政治、经济、文化等因素的影响。我以为这样的看法在原则上是合理的、正确的。技术不可能成为新闻图景所是的决定性因素，不过是核心因素之一。技术不大可能像加拿大学者英尼斯、麦克卢汉，美国学者朴尔表达的那样①，成为社会进步的决定性甚至是唯一性的力量，成为创造信息自由、政治民主的根本力量。技术只是推动历史进步、信息自由、民主政治的各种社会力量之一。就新闻世界而言，在我看来，技术以怎样的观念、方式建构新闻符号世界，不仅取决于技术本身的属性特征，更取决于能够操控技术的社会经济、政治等力量以及社会提供的整个文化环境的质量。

---

① 鲁曙明，洪浚浩. 传播学 [M]. 北京：中国人民大学出版社，2007：301-306.

从微观尺度上看，即从关于具体新闻事件、新闻事实的报道和收受层面上观察，技术对新闻的建构作用更是不可忽视的。一些新闻事件、新闻事实只有在与一定的媒介技术相匹配、相适应时，才能得到比较到位的报道和呈现。如果有些新闻事实难以通过一定的传播技术呈现，则它们甚至可能失去得到报道的机会。新闻在其报道过程中，依赖的不仅是广义的传播技术，还可能涉及其他技术。人们有时只有在一定的技术条件下才能比较准确地发现、观察报道对象的真实面目。如果不恰当地运用技术，就有可能得出错误的结果，就有可能在科学技术的名义下误导社会大众。总之，技术本身也是一种框架，在框定着新闻的呈现方式。技术不仅对呈现的新闻事实对象形成了一定的限制，也对新闻传播主体的传播再现行为形成了一定的限制。在技术面前，传播者首先要按照技术特征、技术功能、技术规律、技术规范、技术方法运用技术，不可能随心所欲[①]，为我所用。一位美国学者这样写道："新闻记者将跟随技术前行，到达那些以前所无法抵达的地方。在他们的旅途中，他们将有能力以过去所无法想象的广度、深度和力度来进行重大新闻的报道。"[②]

如今，在可视听的世界中，人们能够看到、听到世界的可能性在很大程度上依赖于技术的可能性，因而技术的可能性也就成为人的可能性。一个什么样的事实世界、事实景象能够被呈现在人们的面前，往往要看人类拥有什么样的技术能力和现实的技术手段。这种现象不只是表现在科学世界中，也越来越表现在新闻世界中。对电视观众来说，摄像技术探索不到的角落，也就是人们眼睛看不到的死角，摄像技术观察不到的微小变化，也就是人们眼睛觉察不到的细节。技术在为人们建构着事实的景象，人们

---

① 我在讨论新闻报道内容的选择问题时，曾经把传播技术规律或者是媒介形态规律作为专门的一条规律性标准对待，目的在于说明技术对传播内容其实也是有选择的。参见杨保军. 新闻理论教程 [M]. 北京：中国人民大学出版社，2005：107－125。

② 沃尔克. 网络新闻导论 [M]. 彭兰，等译. 北京：中国人民大学出版社，2003：168.

通过技术手段提供的信息观照想象事实的全貌。技术已经成为人们"广泛"和"深入"了解事实世界的基本的、必需的中介。人们看到的世界，越来越成为被传播技术中介化过的世界。隐蔽的事实，可能在技术的中介作用下被扯去了神秘的面纱；另一方面，赤裸裸的事实世界，也有可能在技术的装扮下被戴上了神秘的面纱。摄像机能够"抓到"的事实，才能成为新闻事实，录音机能够"听到"的声音，才能成为新闻声音。通过黑白图片、黑白电视，人们只能看到事件的黑白静态呈现和黑白动态过程，然而，事实、事件本身的色彩并不一定是"黑白"的；只有通过保真度很高的收音设备，人们才能听到真实的现场声音。在新闻的技术建构中，人们似乎已经看到了这样的奇怪景象，"机器越来越聪明，人越来越笨"①。人已经没有足够能力通过他们的感觉直接面对真实的世界，机器能够看到的、发现的，就是人能够看到的、发现的，机器如果出错，人就只能跟着出错；电脑死机了，人脑也跟着"死脑"了。技术的边界，成了人们了解世界的边界。技术的"清晰度"，也就是人们了解世界的"准确度"。这话说得有点过分，但并不是没有事实根据。当然，如果以技术本体论的眼光审视这一切，我们不会否认，机器的聪明本质上乃是人的聪明，机器的眼睛乃是人的眼睛。如果人是愚蠢的，那么不大可能有聪明的机器；如果人是盲人，那么机器的眼睛不大可能明亮。但也不要忘记这样的事实：机器、技术一旦产生，它便具有了相对独立的功能作用，并不是人可以随心所欲驾驭的，反过来，人常常不得不按照技术的要求设计自己的意图。因此，技术的建构功能是现实的、不可避免的。在现象表现上，人不过是技术系统运行的一个环节，因而，新闻的技术建构确实是难以否认的事实。

如果说具体一点，那么偷拍、偷录等，首先依赖于一定的技术手段。

---

① 张一兵. 无调式的辩证想象 [M]. 北京：三联书店，2001：35.

没有这样的技术，也就实施不了相关的行为，实现不了一些相关的目的。没有造假的技术，假是造不出来的；没有高明的技术，不会有高明的造假。现在的传播技术使一些新闻事件可以重现，让人们重新表演，人们利用一些技术可以轻易改变、组装、扭曲事实的真实面目，技术成了建构新闻的基本手段。技术在今天对新闻传播的影响，超过了以往任何一个时代。仅就新闻的创制来说，几乎所有的新闻媒体、新闻记者、新闻编辑，越来越依赖摆在他们面前的电脑，穿越他们神经的互联网。一件事实的形象往往不是记者用眼睛看到的，而是网络的数据库建构的。关于同一事件、事实、人物等的各种庞杂的、鱼目混珠的真假信息，通过无数条网络渠道蜂拥到记者的面前、编辑面前，它们成了记者、编辑的新闻源，它们成为记者、编辑创制新闻的基础。记者们不再是采访新闻，而是在组合新闻，至于组件的真假，他们自己是说不清楚的，也无法准确判断。他们其实成了技术加工的出口，新闻其实是被技术建构出来的。人们都明白，技术既可以激发人们做善事的动机，也可以刺激人们做恶事的欲望。毫无疑问，这里最主要的原因仍然是人的因素，但技术是必不可少的要素。没有某种技术，人们就既没有做相应善事的可能，也没有做可能恶事的能力。

因此，对技术的运用应该是有限度的。没有限度的技术，就有可能成为疯狂的技术；过度使用的技术，有可能给人类带来难以预料的恶果。这种限度来自对人文社会规范、人文精神的考虑和要求，"不能单一按技术自身的逻辑去自由地展开，不能认为仅仅从技术上可能的事情就是人可以去做的事情"[①]。技术的可能性是多样的、多向度的，有些可能性是不应该被现实化的，有些向度的功能是应该封闭的，如果技术如何人类就如

<hr>

[①]　肖峰. 哲学视域中的技术［M］. 北京：人民出版社，2007：284.

何，这个世界将必然变成恐怖的地狱。就新闻传播领域来说，在现实中，人们看到，一些新闻采访已经被技术牵引，而不是被新闻精神牵引。① 一些所谓的新闻，在技术手段的"帮凶"下，正在激发人们一些不正当的需要、虚假的需要。德国哲学家恩斯特·卡西尔的一段话，放在技术与新闻传播的关系上，在我看来也是恰如其分的，他说："科学技术不仅导致日趋严重的人的自我疏远，而且最终导致人的自我丧失。那些看起来是为了满足人类需要的工具，结果却制造出无数虚假的需要。技术的每一件精致的作品都包含着一份奸诈的礼品。"② 传播技术已经可以使人们在瞬间推测出灾难事件的死伤人数，传播技术可以使人们窥探到他人的隐私，传播技术可以使人们的苦难和不幸被毫无遮拦地呈现在大众面前……然而，这一切并不都是正当的、应该的。在传播技术面前，人们是应该有一份警惕性的。每当我们运用传播技术去采集、加工、制作、刊发新闻时，原则上都应该有一种自觉的发问：对技术的运用是恰当的吗？新闻文本成为完整的、完形的作品，是经过了各种技术化的处理和包装的，这里不仅是事实形象的呈现、传播者传播意图的呈现，也是技术功能的某种呈现。传播者在加工制作新闻文本、新闻产品的过程中，不得不受到相关技术的制约和影响，反过来说，就是相关技术"制导"了传播者的某些新闻行为，新闻文本中总是遗留或者包含着一定的技术痕迹。

传播技术对新闻传播的影响，对新闻的建构作用，表现在所有的媒介形态中。越是依赖技术的传播，越会受到技术的影响，技术的建构作用也会越大。比如，在网络新闻传收活动中，网络传播所形成的新闻文本间相

① 关于新闻精神，我在《新闻精神论》（杨保军. 新闻精神论 [M]. 北京：中国人民大学出版社，2007.）中对其具体构成做了总结概括，认为新闻精神本质上是一种民主精神、公共精神，具体表现为：求实为本的科学精神，正义至上的人文精神，和谐为美的自由精神。在新闻报道中，要努力将这些具体的精神统一起来，为社会、为大众提供有价值、有意义的新闻信息。

② 卡西尔. 人文科学的逻辑 [M]. 沉晖，等译. 北京：中国人民大学出版社，1991：65.

互作用，是任何传统新闻媒介都无法达到的，而这种文本间相互作用造成的人们对新闻的理解，与通过单一文本或者有限的几个文本间的相互作用对新闻的理解是有很大差异的。这种现象正是在网络技术所提供的超级链接形式下形成的。通过网络新闻文本之间的相互链接和作用，一种新闻事件、新闻事实的面貌被建构出来了、呈现出来了。通过网络文本间相互作用建构的系统化文本，并不必然与新闻事实的真相越来越接近，很有可能在文本的延续和不断膨胀过程中，离事实的本来面目越来越远。技术的先进性，并不必然意味着新闻传播的真实性和公正性。任何技术神话都需要被打破。冷静、理性面对人类自己的创造物，是人类永远应该具备的精神和姿态。

因此，人们以怎样的方式收受新闻、理解新闻，会受到传播和收受技术的内在引导。技术提供的方式，就是人们视听的方式。

(五) 新闻建构的意义解读

新闻是建构的产物、是建构的结果，这样的说法和判断已经非常流行，以至于很多人认为新闻只是建构的产物和结果，与客观存在的事实世界没有多少本质性的关系，与实际发生的新闻事件没有多少本质性的关系，事实仅仅是建构的"由头"。我以为这样的看法是偏颇的，甚至是不正确的，也不符合新闻传播的基本实际。马克思曾经讲过一段非常著名的话："动物只是按照它所属的那个种的尺度和需要来构造，而人却懂得按照任何一个种的尺度来进行生产，并且懂得处处都把固有的尺度运用于对象；因此，人也按照美的规律来构造。"[①] 这段话中的"人却懂得按照任何一个种的尺度来进行生产"，说明人是能够真实客观地再现事实对象的，

----

① 马克思.1844年经济学哲学手稿 [M]. 北京：人民出版社，2018：206.

是可以完全按照事实对象的尺度去塑造对象的。在新闻活动中，各种各样的主体都有建构行为，但这并不是说新闻活动主体不能真实客观反映或理解他们面对的事实对象或者新闻文本。新闻建构是基于对新闻事实的建构，是基于对新闻事实的选择，不然，也就超越了新闻建构的限度，谈不上是新闻建构，可能变成了纯粹的文学性虚构。因此，在讨论了新闻建构的诸多方面之后，很有必要对新闻建构本身的意义进行解读。

人们可以用各种符号、概念范畴反映、再现一定的对象，建构一定的对象，但语言符号、概念范畴并不能改变事实对象自身的存在，这正如胡塞尔所说："观念对象尽管在意识中被构造，却仍有它自己的存在，自在的存在。"[①] 新闻建构中的主观性，是不可能改变事实的客观性的。但作为建构结果的新闻文本却有可能以影响收受者言行态度的方式，改变一定事实本来可能的自然演变方式。简单点说，一件事实，如果得不到新闻报道，那它就会以某种方式继续演变；如果被报道了，那它就有可能以另一种方式演变。进一步讲，一件事实，如果得到了不同的报道，就很可能以不同的方式演变。因而，新闻报道有时可以比较直接地影响相关事实的演变方式和演变结果。新闻传播主体或者其他新闻活动主体，为什么要建构新闻图景，根本原因在于他们相信——事实上也确实会——新闻报道是可以在一定程度上改变相关事实的演变方式和变化方向的。

当我们说新闻是建构的结果，主要是说现实中人们传收的新闻是人为的、有目的的、有选择的报道结果，并不是纯粹自然信息自发性传播、散发的结果。这种意义上的新闻建构是必然的，离开人谈论新闻是无意义的，新闻报道对象的目的性选择是必然的。人们不可能以纯粹镜像的方式反映新闻事实，传播新闻信息。新闻的建构性特征，使新闻在

---

① 倪梁康. 意识的向度：以胡塞尔为轴心的现象学问题研究［M］. 北京：北京大学出版社，2007：19.

呈现事实世界时注入了主体的主观性和意向性，或者说事实世界是在主体主观性、意向性的视野中得到呈现的。这种主观性、意向性有可能促进了对事实世界的准确呈现，也有可能损害、扭曲了对事实世界最新变动情况的真实呈现。因此，建构的不可避免性，并不必然说明建构的合理性，当然也并不说明建构的不合理性。但不管怎么说，对建构不能只做单向的、单方面的理解。建构合理性本身是一个比较复杂的问题，需要仔细的讨论。

新闻活动主体建构新闻图景的原因或者说动力根源不是单一的，而是多元的。有价值论（利益和需要）上的原因，有认识论上的原因，有新闻传播范围内的原因，也有新闻传播范围外的原因，而所有可能原因的核心，综合起来，可以概括为一条：新闻传播的价值取向。也就是说，新闻活动主体总是按照自己的新闻传播追求来建构新闻图景的；或者说，新闻活动主体总是按照自己期望新闻传播应该发挥的功能作用和应该实现的目标来运用新闻手段、建构新闻图景的。从理论原则上说，建构意图以及建构行为的合理性取决于两个大的方面：一是主体自身利益追求是否正当合理；二是是否遵循了新闻传播自身的内在规范。这两方面的要求是同时性的、共时性的。一些新闻建构行为之所以是不正当的，主要是因为活动主体只是按照自己的利益追求去建构新闻图景，而不顾新闻传播还有自身的规律性和规范性要求。新闻建构者在建构新闻图景的过程中，大都是自觉的，即他们明知自身的利益有时并不代表公共利益，却偏要把自身的利益说成公共利益；有时则可能是不自觉的，即他们把自身的利益想当然地（无反思地）等同于公共利益（事实上不必然是）。不管哪种情形，都说明他们利益的正当性是值得怀疑的。我们揭示出新闻建构意图、建构行为的动力根源，目的在于提醒人们，新闻建构行为是易于偏狭的，新闻传播主体易于把自己的利益冒充为社会公共利益。任何新闻活动主体都有可能不恰当甚至不正当地运用新闻手段去实现自己的利益，而同时则损害了他人利益或社会公共利益。说到底，维护社会公共利益，是新闻传播活动、新闻媒体、新闻传播业永远的理想和应该追求的目标。所有人、所有社会主体都有通过新闻手段追求自己正当利益的权利，但如果不正当地运用新闻手段，就应该受到谴责和批评，受到各种规范的限制和约束。

新闻的建构性再次提醒人们，整个人类或者一定社会范围内的人们面对的新闻图景，总是免不了虚构、虚拟、虚假的一面（我们随后还将展开专门的阐释），新闻信息、新闻传播并不都是必然对社会有益的。因此，面对新闻传播、面对新闻符号世界，人们始终应该有一种批判的、质疑的眼光；人们应该始终清醒地认识到，新闻只是人类把握事实世界的一种方式，它的认识能力是有限的，新闻图景总是在一定的利益追求下、价值取向下由一定的社会主体塑造出来的，而这样的利益追求，往往不是社会公共利益，只是个别利益群体的利益。新闻媒介并不是想当然的公共信息、公共意见、公共利益观念的交流、对话平台。建设这样的平台，需要所有社会主体的共同努力，在一定的社会条件下，不同利益主体展开对话，是形成公共意见的基本方式。要想使一定社会拥有的新闻图景比较真实、客观、全面、公正，需要努力的是所有的社会成员，而不只是职业新闻工作者。自己利益最忠实、最有力的捍卫者永远是自己。因此，新闻图景建构的不可避免性再次提醒人们，足够的新闻自由才是解决建构中所存在的问题的根本办法。一定社会只有能够在制度上保障人们都有平等的机会传播和收受信息与意见，客观景象的真实面目才有更多的可能在新闻意义上呈现在人们面前。

全面理解新闻的建构性，目的在于让所有的新闻活动者都能够理解真实的新闻传播景象。通过上面的阐释我们已经知道，新闻建构，不只是传播主体的建构，而是所有新闻活动主体的共同建构。当然，就客观实际而言，对处于当前阶段的新闻传播来说，最重要的建构者是新闻传播主体，是职业新闻工作者。因此，职业新闻工作者能否真正坚守新闻职业理念、新闻职业精神、新闻职业规范，运用新闻手段维护社会公共利益，仍然是最为现实的问题。而职业新闻工作者能够按照新闻传播规律自身的要求进行新闻传播，进行新闻图景的塑造，是需要诸多社会条件的，是需要相应的政治、经济、文化环境的。这些环境条件才是决定新闻图景的深层力量。新闻，在直接的表现上，必定是认识范围内、意识形态范围内的事情，左右其景象并不完全是新闻工作者可以自律的；相反，塑造一定社会新闻图景的方式主要是他律的，新闻图景主要是在各种社会物质力量及其相关的精神力量的左右下被塑造的。因此，改变新闻图景塑造方式的根本，在于改变新闻媒体的物质或者资产结构方式，在于改变精神交往、信息交往的整体结构方式，而这，毫无疑问，对任何一种既有的社会制度来说，都是十分艰难的事情。因而，改变新闻图景建构中的不合理性，仍然是一件任重道远的事情。而要真正实现一定社会新闻图景整体上的合理性，恐怕改变新闻资产结构方式是唯一且根本的道路，它是所有其他改变的基础和根基。事实上，人们很难改变具体建构的不合理性，但却可以通过改变新闻传播主体的整体结构方式，在宏观层面上实现新闻图景整体的合理建构。这看上去有点矛盾，其中的道理需要仔细地琢磨。

如上所述，技术，不只是传播技术，而是社会拥有的整体技术（因为信息传播、新闻传收，依赖的不只是狭义的传播技术，而是整个社会提供的各种与信息生产、传递、收受相关的技术），对整个新闻传播内容和个别新闻报道都有一定的建构作用。但我们并不会认为技术决定了新闻的面貌或者景象，新闻图景不管是宏观的还是微观的，都是由各种主客观因素决定的，是由整个社会提供的各种条件在相互作用中共同决定的，技术决定论是极其偏颇的。① "传播技术决定论似乎更适合被理解成一种想刻意凸显传播技术重要性的比喻，传播技术的'显灵'其实还要依靠许许多多的非技术因素。"② 然而，技术对新闻图景的建构作用越来越大，却是不可否认的事实。传播技术带来的不只是传播效率的提高，还有传播结构的变革，这是一种具有深层意义、长远意义的变革。技术变革带来的直接结果之一是新闻传播主体的"大众化"和社会化，这就在不改变既有新闻资产制度和整个社会精神结构的前提下，改变了新闻图景的塑造方式。我之所以不断论及民间新闻问题，正是因为看到了由技术发展直接带来的这一深刻的变化。传播技术与相关技术将会怎样改变现有的新闻传播局面，从而带来怎样的新闻图景建构方式，还是不太清楚的问题。如果技术发展与其他社会变革一起③，能够带来人们新闻观念的不断改变，比如，如果能够带来人们对民间新闻与制度化新闻关系看法的改变，那么，影响一定社会的整体新闻图景在实质意义上就会发生变化。

三、新闻符号世界

新闻符号世界是对人们创制的新闻图景的一种总称。与新闻本体世界或者新闻事实世界相比，新闻图景就是一个由新闻文本或者新闻符号编织而成的符号世界，这是一个由各种新闻信息符号组构而成的信息世界、精

---

① 所谓技术决定论，"通常指强调技术的自主性和独立性，认为技术能直接主宰社会命运的一种思想。技术决定论把技术看成人类无法控制的力量，技术的状况和作用不会因其他社会因素的制约而变更；相反，社会制度的性质、社会活动的秩序和人类生活的质量，都单向地、唯一地决定于技术的发展，受技术的控制"。参见于光远. 自然辩证法百科全书 [M]. 北京：中国大百科全书出版社，1995：225。

② 鲁曙明，洪浚浩. 传播学 [M]. 北京：中国人民大学出版社，2007：72.

③ 比如，中国社会的最大变革，就是人们现在是以市场经济方式来生存、生活的，这是人的生存方式的转变，它已经根本不同于计划经济时代的生存方式。人们观察世界的方式、认识环境的方式、评价事物的方式，也都已经发生了根本性的转变。

神世界、文化世界、意义世界，是新闻传播创制出的整体的新闻信息环境。新闻符号世界是整个人类符号世界构成中最为鲜活的一部分。人类通过新闻活动为自己创造着不断变换、不断更新的新闻符号世界。新闻符号世界以它自己的特有方式，为人们提供了行为的信息基础；通过新闻符号世界，人们具有了共同的谈资，获得了集体性记忆，拥有了共同关注的事务。因而，在宏观层面上，对新闻的创制结果——新闻符号世界——进行分析是有意义的。

（一）创制新闻符号世界的手段

新闻符号世界是通过新闻手段创造的；新闻手段既有职业化的，也有民间性的。从一般意义上说，任何一种手段或者"手段族群"的背后，都有一定的传播观念和新闻观念在发挥支配作用，而左右这些基本观念的则是传播主体（传播主体本身具有不同的存在方式和不同的类型）的利益和需要。既有的事实表明，有什么样的传播观念、新闻观念，就会创制什么样的新闻符号世界，就有什么样的新闻图景。在这样一个宏观描述的前提下，我们再对创制新闻符号世界的手段加以阐释。

广义的新闻手段就是指报道新闻事实、传播新闻事实信息、评论新闻事实、发表新闻意见的活动；狭义的新闻手段不包含新闻评论。因此，广义上的新闻符号世界，是由新闻事实信息符号和新闻评论意见符号共同构成的；狭义上的新闻符号世界，则是由新闻事实信息符号构成的。就现实性存在来说，新闻符号世界不可能是纯粹的事实信息符号世界，只能是广义的新闻符号世界。并且，新闻意见总是在新闻符号世界中有着特殊的意义和影响，它往往在不同的层次上、语境中，特别是具体媒介层次上和语境中，被称为新闻符号世界的旗帜和灵魂，对人们的态度、思想和行为往往有着更为直接的影响和引导作用。但新闻符号世界的基础和核心部分仍然是，也应该是由新闻事实信息符号构成的。新闻意见终究是对新闻事实的评论，是对新闻事实发表的认知判断和价值判断。人们在一般意义上谈论新闻符号世界或者新闻图景时，指的也主要是由新闻事实信息符号构成的符号世界，我们也将主要在这一意义上讨论与新闻符号世界相关的一些宏观问题。

人类创制新闻符号世界的新闻手段是丰富的、多样的，不仅有新闻专业化手段，还有非专业化的、可以称为社会化的或者民间的新闻传播手段，当然人们还会通过其他一些非新闻职业的专业手段（比如宣传手段、公关手段、非新闻的情报手段、组织手段等）去传播新闻，这时新闻仅仅被当作手段，失去了自身的目的性意义。所有新闻手段都是历史性的产物，并且随着历史演变而发生变化，每一种手段的产生、演变都需要一定的历史环境、历史条件。我们把专业化、主要是新闻专业化的手段统称为制度化或者组织化的新闻手段，把通过制度化手段传播的新闻统称为制度化新闻或者组织化新闻，也就是职业新闻，而把其他手段统称为民间手段，把通过民间手段传播的新闻统称为民间新闻（参见第二章的相关论述）。如此，从理论逻辑上说，新闻符号世界就是由制度化新闻或职业化新闻与民间新闻共同塑造的，但二者在客观历史逻辑中，有着具体的、不同的结构关系。也就是说，新闻符号世界本身是历史性产物，在不同的历史时代有着不同的呈现方式和不同的具体景象，两类不同手段所创制的两种不同样式的新闻，在不同历史时代的新闻符号世界中，其地位和作用都是不相同的。

如上所说，整个人类和每一特定社会的新闻图景，即使在今天看来，也是由民间新闻和制度化新闻共同建构的。并且，我们已经可以看到，新闻图景建构的整体逻辑显现出这样的基本路径：民间新闻建构—以制度化新闻为主的新闻建构—以新的民间新闻为主的建构。前两个环节已经是客观事实，不会有多少争议。我们正处在以制度化新闻为主的新闻图景建构时代。会不会出现或者什么时候出现第三个逻辑阶段，即民间新闻重新成为建构一定社会新闻符号世界或者新闻图景的主要手段，或者说民间新闻重新成为整个新闻图景的主要组成部分，现在还难以准确预料。但在网络传播诞生之后，我们已经看到，人类塑造新闻符号世界的手段已经上升到一个新的螺旋层次，民间新闻的力量已经显示出巨大的作用和效应，正在超越传统新闻媒介时代塑造新闻符号世界的方式。制度化新闻的绝对垄断地位正在受到自由性更强的民间新闻的冲击。

　　在大众化新闻传播方式诞生之前，人类塑造新闻符号世界的手段，主要是广义的人际交流方式①，这是一种原则上并不自觉的方式，即从整体上说，人们并没有自觉地去塑造一个新闻符号世界，新闻交流不过是自然生活方式的一部分，是人们信息交流的一部分。当大众化新闻传播诞生之后，新闻传播对整个人类来说，已经转变成为一种极为自觉的目的性活动，人们开始自觉利用新闻手段追求自己各方面实际的利益。在世界范围内，新闻活动逐步成为职业化、专业化的活动，新闻组织、新闻机构逐步成为社会建制的有机组成部分，成为社会运行不可缺少的重要信息系统、神经系统，成为社会的精神系统、文化系统和意义生产系统，并且越来越成为社会重要的产业系统，成为经济基础的重要组成部分。因此，塑造新闻符号世界成为各种社会利益主体的自觉行为，他们都在想方设法建构对自己利益团体或群体利益有利的新闻图景。当网络传播诞生后，一个新的时代又来了，民间新闻似乎获得了新生，人人都想成为、能够在实际上逐步成为"大众化""公共化"新闻传播者的时代似乎到来了，信息自由传

---

　　① 包括面对面的人际交流、小群体传播、公众传播等，关于传播的类型，可参阅《传播理论导引》(韦斯特，特纳．传播理论导引：第 2 版 [M]．刘海龙，译．北京：中国人民大学出版社，2007．) 第二章中的相关内容。

播的新时代在技术的催生下确实有了新的空间，这是以往人们难以想象的。民间新闻在质上的变化，特别是在量上的"疯狂性"增加，使人们面对的新闻符号世界有了新的形象。传统的制度化新闻的垄断局面已经被打破，信息和新闻封锁在今天这样的信息环境中、技术条件下是难以得逞的，一个更加开放、透明、自由的信息时代是任何一种力量都难以遮挡住的。人类塑造新闻符号世界方式的演化和变革，确实说明新闻传播经历了由自在到自为再到自在自为的过程，这是一个不断强调人类信息自由交流的过程，与整个人类的文明进程是相一致的。

就当前人们面对的现实世界来说，创制新闻符号世界的主体在不同层次上有不同的表现，不同范围的人们通过新闻媒介、新闻报道看到的世界变动、环境变化，仍然是在一定利益主体主导下的呈现。从人类意义上说，大量的实证研究一再表明，人们能够看到的世界的最新变动景象，主要是由当今那些发达的资本主义国家的新闻媒介塑造的，正是它们以几乎垄断的方式为人类描绘着整体的新闻图景。相关研究同样表明，这些新闻媒介，并不完全是从人类的利益出发去反映环境的有意义的变动，而主要是从媒体所在国家的利益出发、从媒体（集团）自身的利益出发描绘世界景象的。这就意味着人们通过世界新闻、国际新闻了解到的事实世界，即使在新闻真实的意义上，也是一个相当片面的符号世界。在一定的国家范围内，不管是在什么样性质的、什么样形态的国家，新闻媒介实质被控制在统治阶级、统治阶层或者能够左右社会经济运行的利益集团的手中，差别在于有些控制是直接的，有些控制是间接的。因此，一定国家、一定社会范围内的媒介，在整体上总是按照国家意志、政府意志以及相关的执政党的意志进行新闻传播的，或者说是按照一定社会中的核心利益集团的利益进行新闻传播的。这些意志并不必然代表人民的意志、反映人民的意愿，因而，一定社会范围的人民通过新闻媒介所了解的事实世界同样是相当有限的，即使在新闻真实的意义上，也不容易真正把握自己生存环境的最新变动情况，或者说他们看到的事实景象主要是别人眼中的景象，是新闻媒体实际的控制者希望他们看到的事实景象。上文所说的两种情形，在我看来，既是历史的、现存的客观事实，也是将来不可彻底改变的可能事实，可以说是一种规律性现象。从普遍意义上说，任何主体只可能主要从自身的利益出发去行动，不可能主要从其他主体的利益出发去行动。因此，只有当一定社会范围内的人们乃至于整个人类成为真正的利益共同体，或者说他们能够真正认识到自己是真正的利益整体，并且历史已经发展到人们愿意以利益共同体的方式处理他们面临的主要问题时，这个世界的景象才有可能成为他们眼中的共同景象。在新闻传播范围内，人类或者一定社会范围内的人们，才有可能按照新闻自身的规律与自身主体利益相统一的尺度，去比较全面、真实、客观、公正地塑造新闻图景。

在媒体、媒介层面上，不同媒体是创制新闻符号世界最基本的组织手段，不同媒介是创制新闻符号世界最基本的中介手段，大众传播媒介则是塑造新闻符号世界最有力、最有效的手段，"几乎所有新闻，因此也是我们头脑中关于遥远的环境的几乎全部形象，都是通过大众媒介得到的"[①]。在主体人的意义上，职业新闻工作者则是新闻符号世界的直接创制者，他们主要是通过对媒体确立的目标报道领域的反映和报道来塑造目标报道领域的整体图景的，也是通过这样的手段来建构具体的新闻事实景象的。制度化新闻图景正是在如此样式的报道传播中得到塑造的。如前所说，任何媒体都是一定的利益主体，媒体同样是以自己的传播价值观念来进行新闻符号世界塑造的。因而，每家媒体的具体新闻手段必然具有一定的差别。对民间新闻来说，媒介层次的手段，就当前来说，主要依赖于直接人际传

---

① 施拉姆，波特. 传播学概论 [M]. 陈亮，等译. 北京：新华出版社，1984：17. 2010 年，中国人民大学出版社推出该书第二版的中译本。

播的口语媒介和间接人际传播的技术媒介，比如电话、书信等，但就现实情况来看，在间接人际传播手段中，人们越来越倚重网络传播媒介和手机媒介。需要说明的是，也是我们在前面已经不止一次论述过的，制度化新闻手段与民间新闻手段已经具有了很强的互动性，并且通过手段的互动实现着不同传播主体之间以及传播主体与收受主体之间的互动，也最终影响着整个新闻符号世界构成的方式和格局。

在个体收受层面上，每一作为收受者的主体，拥有的新闻符号世界在直接意义上、最终意义上是由自己在自觉或者不自觉中建构的，是在与新闻符号世界的相互作用过程中建构的，具体的新闻可能是制度化新闻，也可能是民间新闻，在更多情况下则可能是两种新闻的混合体。个体所拥有的新闻符号世界，是在自己理解外在新闻文本符号世界的基础上建构的，体现为两个方面：有什么样的新闻文本世界，自己就会有什么样的新闻符号世界；同时，对新闻文本世界做出怎样的理解，自己就会有什么样的新闻符号世界。这两个方面统一起来，才是一个人心目中可能拥有的新闻符号世界。

（二）新闻符号世界的特征

关于新闻的特征，人们从不同角度已经做过大量的论述，在最基本的层面上也形成了比较一致的看法。[①] 但由具体新闻组合而成的新闻符号世界具有什么样的特征，人们的论述并不多。这是一种宏观性的思考，需要对新闻符号世界进行全局性的考察和把握，因而，并不是一个简单的问题。在历史向度上具体描述不同传播时代新闻符号世界的特征，对我们来

---

① 比如，人们通常把新闻的特征描述为四点：内容上的真实性、新鲜性，传播方式上的及时性、公开性。参见杨保军. 新闻理论教程 [M]. 北京：中国人民大学出版社，2005：88-106。当然，这是一种本体性的特征描述，人们还可以从其他视角去认识新闻的特点或属性，具体可参阅该书第二章内容。

说是一个十分艰难的任务，也是这里不可能完成的任务。在前文，我从民间新闻与制度化新闻历史关系的角度，对新闻符号世界的构成做过十分简要的描述。此处，我重点针对当下新闻传播的现实情况，说明新闻符号世界的特征。

新闻符号世界是一个能够真实呈现一定事实世界面目的符号世界，它是一个以事实性内容为核心的符号世界。无论人们对新闻认识再现事实世界的能力有多少怀疑和批评，但在我看来，新闻符号世界仍然是再现事实世界的符号世界，也是能够真实呈现一定事实世界面目的符号世界。再现性、事实性（也即客观性和真实性）是它所有特征中最基本的、具有根基性的特征。具体新闻的本性在集合性的新闻符号世界中仍然得到了延续和保存。人们尽管对新闻真实性的整体信任表现出摇摆不定的局面，但在了解周围环境最新变动的情况时，诉求的主要信息来源依然是新闻媒介的新闻报道。如果哪一天，新闻符号世界失去了再现性、事实性这样的基本特征，就意味着人类彻底放弃了通过新闻认识把握事实世界的方式，也就实质性地说明人类认为新闻这种认识形式、新闻这种把握事实世界的方式已经没有特殊的实际价值和功用了。

能够满足人类特定的需要，是事物能够存在和发展的基本动力与根据。越是能够满足人类基本需要的事物，越是具有恒久的生命力，也就越是能够伴随人类文明的步伐不断更新换代。已有的经验事实证明，新闻认识对于人类来说，正是这样一种事物，它特有的魅力、优势、力量，就在于它以事实为本，它以真实为命，它以自己的方式为人类不断提供言行的最新信息基础和参考。今天的新闻之所以能够被称为明天的历史，是因为新闻符号世界留下的历史轨迹能够成为人类对自己最为真切的记忆方式之一，这也足以说明人类对新闻作为事实性内容的高度认可。

新闻符号世界具有最为广泛的共享性、公共性或者说是社会性，原因就在于它内容的事实性或真实性。正是因为新闻符号世界是关于事实再现的符号世界，它才有可能成为所有人的符号世界。能够真正独立于任何心灵同时又能被任何心灵接受的只有事实世界，能够对任何人都有意义的世界也只有事实世界。人们可以不同意别人的意见，可以不赞同别人的价值观念，可以不相信别人信仰的世界的存在，但人们不得不承认事实本身。只有在承认事实的前提下，人们才有可能进一步从事改造事实世界的活动。新闻媒介能够成为公共信息平台、公共意见平台，正是首先基于新闻符号世界内容的事实性。事实性是新闻、新闻符号世界产生一切特殊价值、发挥一切特殊作用的唯一根本基础。

新闻符号世界不管在哪个层次上（比如类的层次、国家或一定社会范围层次、媒介层次、个人层次等），都是一个变动不居、日日常新的符号世界。新闻符号世界，像人类创造的所有其他的各类符号世界一样，是一个流动变化的符号世界，既是符号的大洋，也是符号的长河。然而，在所有的符号世界中，即在人类通过各种手段塑造的、建构的符号世界当中，新闻符号世界是变换最为迅速的，最能反映事实世界最新变动情况的。这正是新闻符号世界的特征之一，也是新闻符号世界显示其特有价值的根本条件之一。

人类自身生存环境变动的强烈性，人类自身生活状态、生活方式变动的连续性，是新闻符号世界流动变化的根本原因。人类个体和一定群体可以经常感知的空间，并不完全等于影响他们实际生存、生活的空间。直接感知范围之外的事物变化、变动，会在不同程度上影响人们的生存和生活。影响和制约人们实际生存、生活的不只是人们能够直接观察到的事物，更多的可能是人们通过各种信息渠道间接了解的事实。所以，人们渴望知道周围环境变动的信息。不断的、连续的信息需求，正是新闻符号世界变动性的根本主体根据。人类就是信息动物，信息需要，包括新闻信息需要，是人类永恒的基本需要；任何个体的一生，都是在吸纳和输出信息的过程中度过的，信息需要就像吃穿住行一样，是必不可少的需要。正是在如此需要的强大动力的支撑下，人类的新闻传播景象不断呈现出新的面貌，新闻符号世界也在不断的变动中展示着人类生存环境的变化，也反映着人类自身的变化。

新闻符号世界的日日常新要成为现实，仅仅依赖于面对面的人际传播是很难实现的。不断进步、持续更新的传播技术和其他技术，是人类能够拥有最新事实世界新闻图景的技术保证。反过来说，在媒介技术、传播技术和其他技术越来越发达的背景下，新闻符号世界的流动、变化也越来越激烈。如上所说，技术在整体上不仅仅是人类再现事实世界景象的手段，而且已经成为人类建构新闻符号世界的手段和基本理性。

新闻符号世界是几乎与事实世界同步变化的世界，与时间同步前行的世界。新闻作为整体，之所以具有"监测环境、守望社会"的功能，除其事实性或真实性的根本特征外，也是因为它具有与事实世界同步变化的突出特征。"事后诸葛亮"或"马后炮"式的监测或守望，是没有新闻意义的，体现不了新闻符号世界特有的价值。人类世界已经是一个越来越复杂的社会，也是一个越来越脆弱的社会，是一个危机事件、突发事件常态化的社会，因此，监测、守望的同步变得越来越紧迫，越来越重要。在这样一个时代，新闻符号世界与事实世界变动的同步性显得越来越突出。

新闻符号世界是符号世界的一部分，原则上不过是对新闻事实世界的再现，是关于新闻事实世界的符号世界，因此，新闻认识事实世界的能力是相当有限的。新闻符号世界，不过是人类观察整个事实世界的一个"窗口"。这个窗口再大，也不过是个窗口，通过它看到的一定是世界的部分景观，绝对不会是整个世界的景象。这既说明了新闻符号世界的典型性、代表性，也说明了新闻符号世界的有限性、局限性。新闻不过是人类看世界的一只眼睛，而不是所有眼睛。新闻符号世界不过是新闻探照灯下的那一片光亮，再明亮也不能反映周围世界的"黑暗"。新闻这个特殊能否反映事实世界这个一般，并不存在必然性。人们可以通过新闻符号世界了解到事实世界最突出的变动，但很难了解到那些基础的、不声不响的变动。新闻符号世界反映的往往是表面化的事实世界①，世界的深层变动只有"涌现"出来，像火山岩浆那样喷发出来，才会成为新闻关注的目标。新闻符号世界在总体上属于"浮光掠影"的世界，"走马观花"的世界，它只能承担它能够承担的职责，完成它能够完成的任务。② 人们通过新闻符号世界把握到的事实世界，在总体上只能是新闻认识范围内的和新闻认识层次上的世界。当然，人们始终都在努力通过新闻符号世界把握世界的真相。人们看到，新闻同样关注"前景"背后的"背景"，"表面"下面的"里面"，"现象"后面的"本质"。而且，新闻日益关注那些看似"平淡无奇"的事情，关注普通人的普通生存、生活状态，支持这种新闻的新闻观念被人们称为平民新闻观念、草根新闻观念等。新闻活动主体正在力求呈现一幅完整的世界图景。但这只能是美好的愿望，新闻符号世界无论如何丰富多彩，都不可能呈现出实际社会生活的纷繁复杂。新闻符号世界只能是一个简化的世界，被选择出来的世界，具有一定代表性的世界。

从一般意义上说，"离开了符号的构形作用，主体将不能真正把握对

---

① 一些人直到现在，仍在坚持新闻真实只能是现象真实，不可能是本质真实，大概也正是看到了新闻的这一特征。但这种观点内含的关于现象和本质关系的看法割裂了二者的关系。有兴趣的读者可参阅杨保军. 新闻真实论 [M]. 北京：中国人民大学出版社，2006：43-97。

② 恩格斯1889年12月9日在写给康·施米特的信中写道："……从另一方面看，新闻事业使人浮光掠影，因为时间不足，就会习惯于匆忙地解决那些自己都知道还没有完全掌握的问题。"参见马克思恩格斯全集：第37卷 [M]. 北京：人民出版社，1971：319。恩格斯从新闻认识的个性特征出发，说明了新闻认识的不可避免的局限性。这一判断不仅适用于个别的新闻报道，也适用于整个新闻符号世界。

象世界，或者说根本不可能构成对象世界，意义也就无法产生。所以，从某种意义上说，语言符号不仅表现了世界，而且构成了这个世界"①。事实上，新闻符号世界也像其他符号世界一样，不仅再现着事实世界的实际情况，也在建构着事实世界的图景，在为人们建构着新闻意义上的生活世界、意义世界。但需要人们特别注意的是，新闻活动主体在建构新闻符号世界的过程中，总是离不开对自身利益的考虑，总会受到自身利益需要的左右和影响。因此，新闻活动主体在建构新闻符号世界的过程中，一方面实现着对事实世界的新闻把握，另一方面，又在一定程度上偏离了新闻式的把握；也就是说，新闻传播主体一方面努力实现着对事实世界的真实反映，但另一方面又在自身某些利益的影响下，偏离了事实世界的真实面貌。这在新闻活动中，大概是一个具有长久性的矛盾现象。

新闻符号世界有其难以避免的虚拟的一面。新闻符号世界，有可能是对事实世界的异化呈现②、虚拟式的再现，是具有一定欺骗性的符号世界。人们本来是想通过新闻符号认识和把握事实世界的最新变动情况的，如果实现不了这样的目标，那就是对新闻本质的背离，是对新闻传播目的的背离。在新闻传播活动中确实存在着这样的事实，在新闻图景中确实存在着这样的"污染"，以致有一些极端的看法，认为新闻符号世界和文学世界其实没有多大的区别③，也是一个用诸多真实材料编织的虚构世界，甚至有比文学符号世界更多的欺骗性。需要我们注意的是，新闻符号世界对新闻本质的异化呈现属于事实性的存在，而不是应该性的存在；新闻的目的仍然是再现事实世界的真实面貌，呈现新闻事实的真实图景，而不是

---

①　周晓风.现代诗歌符号美学［M］.成都：成都出版社，1995：22.

②　我并不是在严格的哲学传统中使用"异化"这一概念的。在我看来，与事物本质或者目的性相背离的现象都可以被看作异化现象。

③　比如，在史学界有人就宣称文学与历史确实难说有本质的区别，如果按照这样的逻辑，那么新闻与文学也就没有什么区别了。

像文学那样，通过虚构世界图景的方式来反映事实世界的真实面貌。新闻是直接的真实，文学是间接的真实，二者都是真实，但属于两种不同认识方式实现的真实。造成新闻符号世界虚拟性的原因是多种多样的，其大致可以分为这样几类：一是认识论原因，即由于认识条件和认识能力的限制，人们不可能真实地认识事实；二是价值论方面的原因，即新闻传播者有可能从自己的利益、需要、兴趣等出发，故意扭曲事实，从而塑造出虚假的事实；三是各种环境因素的影响，即新闻传播环境中的各种社会力量，如果以不当的方式对新闻传播者施加各种压力，那么在压力下产生的新闻符号世界可能就是一个扭曲的、变形的符号世界。这些因素使得新闻符号世界可能具有一定的虚拟性，但这并不能说明新闻符号世界在整体上是虚拟的、虚假的。

符号世界的发达，使人们越来越成为符号动物，现实世界往往被符号世界包裹和遮蔽，人们实质上已经减少了与感性现实世界的直接接触，符号世界这个巨大的中介成了人们理解事实世界的基本渠道。同样，随着传播技术的日新月异，新闻符号世界也越来越"张狂"，常常使现实的新闻事件"隐退"到人们的视野背后。人们关于现实世界、现实事件的探讨，围绕的核心常常是"符号世界"而不是"现实事件"。人们本来是想通过符号中介"澄清"现实事件，但结果往往背道而驰，人们离现实事件越来越远；现实事件不是在新闻符号世界中变得越来越清晰，而是常常变得越来越模糊。于是，新闻"异化"了事件，而不是再现了事件。从更一般的意义上说，新闻符号世界"异化"了事实世界，而不是"澄明"了事实世界。结果是人们想通过新闻符号世界把握现实世界的目的走向了自己的反面。这种现象是当前新闻传播面临的一大困境，也可以说是新闻异化现象的一种典型表现。

人们在生活世界中谈到的有偿新闻、片面新闻、"公关"新闻、歧视新闻、失实新闻、虚假新闻、市场化新闻等，正是新闻异化的表现，也是新闻异化的结果。当然，需要我们指出的是，人们也不能把新闻神圣化，以为新闻符号世界应该是对事实世界的完整再现。这种观念本身就是不切实际的。新闻没有这样强的功能，也无法承担如此重大的社会责任。新闻不过是人类认识、把握世界的一种极其简单的方式，尽管这种方式在我们的时代显示出了前所未有的巨大作用。新闻，永远不能代替人类认识、把握世界的其他方式。每一种方式都有自己特有的价值，超越自己边界发挥作用不是不可能，也不是不应该，但超越边界发挥作用总是危险的。

新闻符号世界是一个复合的符号世界，它所反映的、再现的、陈述的、写真的，当然包括它所建构的、虚拟的世界，针对的都不是单一的某一类事实，而是整个世界中所有具有新闻意义的事实，也会在事实上包含不具有新闻意义的事实，不少事实都是在新闻名义下被"贩卖"给社会大众的。将新闻符号世界想象为纯粹的关于新闻事实的符号再现，显然是幼稚的。即使在最基本的问题上，比如，到底什么样的事实才是新闻事实，其实并没有绝对一致的回答，也不可能、不应该有这样的回答。理论上的回答是抽象的，也是原则性的，多是空壳性的，尽管这样的回答有其理论上的意义。在新闻实践中，对于什么是新闻事实，回答必然是历史的和具体的，以至于我们可能看到的结果是，任何事情都可以在一定的情景下成为新闻事实。但这并不是说新闻事实没有自身的规定性，新闻符号世界没有自己相对的边界，而是说新闻事实的规定性恰好是具体的，新闻符号世界恰好是可以相对独立的。

新闻符号世界本身就是一个丰富多彩的文化世界，它不仅反映和呈现了新闻文化自身的特征，也在一定程度上反映和呈现着人类和一定社会范围内文化整体的特征；它不仅是人们了解事实世界最新变化的窗口，也是人们了解最新变化的渠道；它不仅可以让人们认识到、感觉到生存、生活环境的变化，也可以使人们认识到、感觉到自身心灵世界、精神世界的变化。新闻符号世界是以新闻文本形式存在的，是以文字符号、声音符号、图像符号以及它们的整合、融合形式存在的，是以弥漫的方式存在于社会之中，存在于人们心中的。今天新闻文本的累积与积淀，将成为明天建构历史大厦的基础砖石。

（三）新闻符号世界的意义

如上所言，新闻符号世界就是人们通过新闻传播手段、运用新闻符号所塑造的符号世界，它是整个符号世界的一部分，是整个符号世界中最为活跃的一部分。对生活在传播高度发达时代的当代人类来说，新闻符号世界已经是人们理解事实世界最新变动情况的绝对性中介，离开对新闻符号世界的理解，人们也就无法了解自身生存的狭小感性时空之外世界景象的最新面貌，从而会影响到人们应对环境变化的方式和结果。新闻符号世界是相对不同类型、不同层次主体而同时存在的，因而它的意义是普遍的。新闻符号世界越来越成为内在于人们的符号世界，而不仅仅是人们面对的新闻信息环境。新闻符号世界的意义本身是一个宏大的题目，我下面只是做一些简要阐释。新闻符号世界的意义在具体层面表现为新闻传播的各种效应，这正是传播学、新闻学、社会学等进行实证研究的基本课题，我们这里不可能展开此类具体的研究。

新闻符号世界本身是一个信息世界、意义世界，是一个文化符号世界，它既是人们交流的结果和表现，又是人们交流的中介和平台。新闻符号世界在动态的意义上已经成为不同社会（国家）之间、不同群体之间、不同个人之间展开交流的渠道和中介，也是呈现不同社会面貌、展现不同文化景象、再现不同人群特征的巨大平台。在人类生活的多重世界当中，新闻符号世界已经成为不可缺少的一重。新闻，不仅成为人类认识、把握事实世界的特有方式，而且成为人类谋求自身生存、发展的基本手段之一。对当今人类来说，新闻符号世界在政治、经济、文化、社会生活等各个领域，都是须臾不可缺失的。套用一句俗话，新闻活动已经成为人们精神生活基本方式中的一种。从整体上说，新闻活动时时刻刻都在影响着人们的政治生活、经济生活、文化生活和其他社会生活。人们面对的新闻符号世界，已经成为人们开展各种活动的基本环境，有着不可"逃脱"的客观价值和意义。处理、应对与新闻符号世界的关系（表现为与新闻记者、新闻媒体、新闻报道、新闻事件或民间新闻传播行为等的关系），已经成为不同社会主体特别是有些组织主体的日常行为。新闻活动、新闻符号世界，已经深深介入和渗透进了整个社会有机体，成为细胞、血液、神经性的存在，同时也产生和发挥着这些比喻性意义上的作用。新技术支持下的民间新闻，更使越来越多的普通社会成员成为直接的新闻传播者和塑造者，成为具有社会化、公共化角色特征的新闻人、媒介人。新闻符号世界就是我们自己的世界，而不是外在于我们的世界，人们就在新闻符号世界之中，在分享意义的同时也在创造着新闻符号世界的意义。

就现实来说，人们只有依赖传播者所塑造的新闻符号世界，才能进入他们遥不可及的事实世界，才能在一定意义上超越时空限制，以马克思所说的"用时间去消灭空间"① 的方式，以人类一分子或以世界公民一员的身份去了解自己的世界。从一定意义上说，正是新闻符号世界的塑造和存在，使个人获得了世界性存在的意义，变成了人类的一分子。人们只有在成为世界的主人后才能真正成为自己的主人。为此，新闻符号世界在精神意义上为人们提供了一种可能的渠道。人们在实际生活空间中的自由是永

---

① 马克思恩格斯文集：第 8 卷 [M]. 北京：人民出版社，2009：169.

远有限的，但在精神空间的自由可以是无限的，而实现精神自由的重要信息资源之一就是新闻符号世界。人们的精神自由表现为思想的自由、表达的自由，而精神自由的基础在于对精神资源的自由运用，新闻符号世界是由新闻文本建构的世界，这是一个开放的、人们可以任意进入的符号世界，是获取信息资源、精神资源的世界。因此，新闻自由的范围在一定程度上标志着人们精神自由的范围；新闻符号世界的质量将在一定程度上反映人类或者一定社会范围内新闻自由的质量。新闻天生好奇，厌恶限制，喜欢自由。如果新闻符号世界不能激发人们的好奇与兴趣，则可以断言，它将对社会大众失去价值和意义。

尽管在实践上，"使个人从狭隘的地域性的国家、民族、宗教、文化等各种'集体'的束缚中解放出来，自由迁徙、自由工作、自由活动、自由信仰和自由享受生活，将需要一段漫长的时间，至少是一两个世纪的事"①；但我们也看到并承认，通过符号世界特别是新闻符号世界，人们不仅在观念世界中获得了世界性的存在，也正在实际生存与发展中获得一种解放性的存在。全球性新闻传播、跨国新闻传播，为人类塑造了特有的世界性新闻符号世界。通过它，人类的类意识正在得到进一步的提高和强化。世界各国之间新闻交流矛盾和冲突的一面，提醒人类的是要进一步加强交流，而不是限制交流；人类应该推倒不合理的信息壁垒，而不是建构不合理的信息壁垒。传播技术和其他科学技术的日新月异，把这个世界变成了"地球村"，致使如今的交往，不管是物质性的交往还是精神性的交往，都超越了狭小的地域性和狭隘的精神性，具有了更强的世界交往的意义。每一个民族、国家、地区，每一个个人都在加速进入不可逆转的世界交往体系之中。个人的完善和发展在符号世界中，特别是在新闻符号世界

---

① 李泽厚. 李泽厚近年答问录［M］. 天津：天津社会科学院出版社，2006：268.

中找到了新的契机。人们在信息全球化过程中，在一定意义上获得了新的生存、生活方式，至少是生存、生活在拥有了新维度的世界之中。人类正在成为真正的共同体，正在成为真正意义上的同类。全球化开启了人类意识的新时代，全球化的真正标志将是精神观念的全球化，将是人类意识的真正确立，即人们能够在事实向度和价值向度上达成基本共识——我们拥有一个地球，拥有共同的利益，拥有共同的梦想，我们是一家人。在这样一个过程中，新闻需要以其特有的方式和力量，首先为人类之间的相互理解修筑渠道和建构平台。

新闻符号世界为人类创造了一个近似的、共同的符号世界。不同人们在生活中所面对的现实的、感性的时空世界是有很大差异的，但在全球化所造成的全球性传播环境下，人们面对的新闻符号世界却具有更多的相似性。人类永远都不可能生活在同一个具体的、狭小的感性时空世界中，但却完全有可能生活在比较近似的，甚至在一些方面基本相同的新闻符号世界中。与其他符号世界相比，比如与文学符号世界、理论符号世界、宗教符号世界等相比，人类可能拥有的共同符号世界更多的可能是新闻符号世界。[①] 共同的新闻符号世界，使人类充分意识到他们生活在同一时空中，生活在同一个地球上，他们面临一些共同的问题，有着作为人类的共同命运。正是新闻符号世界，使人们形成了及时的相互了解，形成了具有全球规模的互动，成了一体性的存在。当然，对于新闻符号世界的共同性或相似性，我们不能做出过于乐观的描述，因为今天的世界仍然是一个以区分为前提的统一世界。今天的人们仍然主要只能在虚拟的符号世界中想象人类的一体化，想象一个大同的世界，人类的一体化还处于最初的描绘蓝图的阶段，在整体上还没有进入塑造直接的实践观念或实践图式的阶段，但

[①] 在所有通过一定符号对事实世界的理解中，科学符号世界对人类来说，是迄今为止最为一致的世界。

新时代背景下全球化的开启，使我们对人类拥有的共同明天充满希望。

　　新闻符号世界的意义不仅在于记录时代实况，再现时代面貌，反映时代精神，还在于新闻符号世界也在塑造时代面貌，引导时代精神，创造时代未来。一言以蔽之，新闻符号世界不只是在记录历史，也在创造历史，至少是以新闻传播特有的方式参与对历史的创造。

主要参考书目

一、中文文献（著作类）

蔡雯 . 新闻编辑学［M］. 北京：中国人民大学出版社，2006.

陈嘉映 . 哲学 科学 常识［M］. 北京：东方出版社，2007.

陈力丹 . 马克思主义新闻学词典［M］. 北京：中国广播电视出版社，2002.

陈力丹 . 世界新闻传播史［M］. 2 版 . 上海：上海交通大学出版社，2007.

陈力丹 . 传播学是什么［M］. 北京：北京大学出版社，2007.

陈原 . 社会语言学［M］. 上海：学林出版社，1983.

陈原 . 在语词的密林里 重返语词的密林［M］. 北京：三联书店，2005.

邓利平 . 审美视野中的新闻传播［M］. 北京：新华出版社，2002.

方汉奇 . 中国新闻事业通史：第 1 卷［M］. 北京：中国人民大学出版社，1992.

方延明 . 新闻与文化研究［M］. 北京：社会科学文献出版社，2007.

傅国涌 . 文人的底气：百年中国言论史剪影［M］. 昆明：云南人民出版社，2007.

甘惜分 . 新闻学大辞典［M］. 郑州：河南人民出版社，1993.

何纯 . 新闻叙事学［M］. 长沙：岳麓书社，2006.

黄旦 . 新闻传播学［M］. 修订版 . 杭州：杭州大学出版社，1997.

李彬．全球新闻传播史［M］．北京：清华大学出版社，2005.

李德顺．价值新论［M］．北京：中国青年出版社，1993.

李福印．语义学概论［M］．北京：北京大学出版社，2006.

李建盛．理解事件与文本意义：文学诠释学［M］．上海：上海译文出版社，2002.

李良荣．西方新闻事业概论［M］．上海：复旦大学出版社，1997.

李良荣．当代世界新闻事业［M］．北京：中国人民大学出版社，2002.

李良荣．新闻学概论［M］．上海：复旦大学出版社，2001.

李希光．新闻学核心［M］．广州：南方日报出版社，2002.

李元授．新闻信息概论［M］．武汉：武汉大学出版社，1994.

李元授，白丁．新闻语言学［M］．北京：新华出版社，2001.

李泽厚．李泽厚近年答问录［M］．天津：天津社会科学院出版社，2006.

刘华蓉．大众传媒与政治［M］．北京：北京大学出版社，2001.

刘建明．当代新闻学原理［M］．北京：清华大学出版社，2003.

刘建明，等．西方媒介批评史［M］．福州：福建人民出版社，2007.

鲁苓．语言 言语 交往［M］．北京：社会科学文献出版社，2004.

鲁曙明，洪浚浩．传播学［M］．北京：中国人民大学出版社，2007.

苗东升．系统科学辩证法［M］．济南：山东教育出版社，1998.

倪波，霍丹．信息传播原理［M］．北京：书目文献出版社，1996.

倪梁康．意识的向度：以胡塞尔为轴心的现象学问题研究［M］．北京：北京大学出版社，2007.

孙正聿．崇高的位置［M］．长春：吉林人民出版社，2007.

孙正聿．探索真善美［M］．长春：吉林人民出版社，2007.

田中阳．蜕变的尴尬：对百年中国现代化与报刊话语嬗演关系的研究［M］．长沙：湖南教育出版社，2006.

童兵．理论新闻传播学导论［M］．北京：中国人民大学出版社，2000.

童兵．比较新闻传播学［M］．北京：中国人民大学出版社，2002.

项德生，郑保卫．新闻学概论［M］．武汉：武汉大学出版社，2000.

肖峰．哲学视域中的技术［M］．北京：人民出版社，2007.

谢鹏程. 公民的基本权利 [M]. 北京：中国社会科学出版社，1999.

徐耀魁. 西方新闻理论评析 [M]. 北京：新华出版社，1998.

许正林. 欧洲传播思想史 [M]. 上海：上海三联书店，2005.

杨保军. 新闻事实论 [M]. 北京：新华出版社，2001.

杨保军. 新闻价值论 [M]. 北京：中国人民大学出版社，2003.

杨保军. 新闻理论教程 [M]. 北京：中国人民大学出版社，2005.

杨保军. 新闻真实论 [M]. 北京：中国人民大学出版社，2006.

杨保军. 新闻活动论 [M]. 北京：中国人民大学出版社，2006.

杨保军. 新闻精神论 [M]. 北京：中国人民大学出版社，2007.

杨义. 杨义文存：第 1 卷：中国叙事学 [M]. 北京：人民出版社，1997.

姚大志. 何谓正义：当代西方政治哲学研究 [M]. 北京：人民出版社，2007.

叶皓. 政府新闻学：政府应对媒体的新学问 [M]. 南京：江苏人民出版社，2006.

于光远. 自然辩证法百科全书 [M]. 北京：中国大百科全书出版社，1995.

喻国明. 嬗变的轨迹：社会变革中的中国新闻传播与新闻理论 [M]. 北京：中央编译出版社，1996.

喻国明，张小争. 传媒竞争力：产业价值链案例与模式 [M]. 北京：华夏出版社，2005.

袁贵仁. 价值学引论 [M]. 北京：北京师范大学出版社，1991.

展江，张金玺，等. 新闻舆论监督与全球政治文明：一种公民社会的进路 [M]. 北京：社会科学文献出版社，2007.

张国良. 传播学原理 [M]. 上海：复旦大学出版社，1995.

张一兵. 无调式的辩证想象 [M]. 北京：三联书店，2001.

郑兴东. 受众心理与传媒引导 [M]. 北京：新华出版社，1999.

郑兴东，陈仁风，蔡雯. 报纸编辑学教程 [M]. 北京：中国人民大学出版社，2001.

郑杭生. 社会学概论新修 [M]. 3 版. 北京：中国人民大学出版社，2003.

赵心树. 选举的困境：民选制度及宪政改革批判 [M]. 成都：四川人民出版社，2003.

钟宇人，余丽嫦. 西方著名哲学家评传：第 3 卷 [M]. 济南：山东人民出版社，1984.

周晓风. 现代诗歌符号美学 [M]. 成都：成都出版社，1995.

周明强. 现代汉语实用语境学 [M]. 杭州：浙江大学出版社，2005.

二、中文文献（期刊类）

郭湛. 文化的相对性与文化相对主义 [J]. 中国人民大学学报，2007（6）：4-5.

刘文静. 政府信息公开制度的制度经济学分析 [J]. 法商研究，2007（4）：59-66.

彭富春. 论无原则的批判 [J]. 武汉大学学报，2007（4）：438-445.

彭菊华，吴高福，彭祝斌. 传播禁止论纲 [J]. 新闻与传播研究，2003（2）：2-14，92.

万俊人. 公民美德与政治文明 [N]. 光明日报，2007-06-19.

许永. 媒体内生态中的个体与群体行为 [J]. 当代传播，2003（1）：22-24.

杨保军. 需要与想要：受众需要标准解析 [J]. 当代传播，2007（5）：6-9.

杨保军. 简论新闻源主体 [J]. 国际新闻界，2006（6）：41-45.

杨魁森. 物化的时代：论商品经济的基本特征 [J]. 吉林大学社会科学学报，1999（4）：3-12，96.

张克旭，臧海群，韩纲，等. 从媒介现实到受众现实：从框架理论看电视报道我驻南使馆被炸事件 [J]. 新闻与传播研究，1999（2）：2-10，94.

郑保卫. 从"保卫新闻学"到"发展新闻学"：当前我国新闻学学科建设之我见 [J]. 现代传播，2007（1）：1-4.

朱羽君. 电视新闻评论的发展趋势 [J]. 现代传播，1999（4）：44-46.

三、中文文献（翻译类，包括论文与著作）

阿多尔诺. 否定的辩证法 [M]. 张峰，译. 重庆：重庆出版社，1993.

阿特休尔. 权力的媒介 [M]. 黄煜，裘志康，译. 北京：华夏出版社，1989.

埃默里 M，埃默里 E. 美国新闻史：大众传播媒介解释史：第8版 [M]. 展江，殷文，译. 北京：新华出版社，2001.

巴格迪坎. 传播媒介的垄断 [M]. 林珊，等译. 北京：新华出版社，1986.

班尼特. 新闻：政治的幻象：第5版 [M]. 杨晓红，王家全，译. 北京：当代中国出版社，2005.

布尔迪厄 . 关于电视 [M]. 许钧，译 . 沈阳：辽宁教育出版社，2000.

哈贝马斯 . 公共领域的结构转型 [M]. 曹卫东，等译 . 上海：学林出版社，1999.

海德格尔 . 海德格尔选集：下 [M]. 孙周兴，译 . 上海：上海三联书店，1996.

霍克海默 . 批判理论 [M]. 李小兵，等译 . 重庆：重庆出版社，1989.

霍克斯 . 结构主义和符号学 [M]. 瞿铁鹏，译 . 上海：上海译文出版社，1987.

伽达默尔 . 真理与方法 [M]. 王才勇，译 . 沈阳：辽宁人民出版社，1987.

加汉姆 . 解放·传媒·现代性：关于传媒和社会理论的讨论 [M]. 李岚，译 . 北京：新华出版社，2005.

卡尔佛特 . 革命与反革命 [M]. 张长东，等译 . 长春：吉林人民出版社，2005.

卡西尔 . 人论 [M]. 甘阳，译 . 上海：上海译文出版社，1985.

卡西尔 . 人文科学的逻辑 [M]. 沉晖，等译 . 北京：中国人民大学出版社，1991.

马丁 . 当代叙事学 [M]. 伍晓明，译 . 北京：北京大学出版社，2005.

马克思恩格斯全集：第 1 卷 [M]. 北京：人民出版社，1956.

马克思恩格斯文集：第 1 卷 [M]. 北京：人民出版社，2009.

马克思恩格斯文集：第 28 卷 [M]. 2 版 . 北京：人民出版社，2018.

马克思恩格斯全集：第 37 卷 [M]. 北京：人民出版社，1971.

马克思恩格斯文集：第 3 卷 [M]. 北京：人民出版社，2009.

马克思恩格斯文集：第 4 卷 [M]. 北京：人民出版社，2009.

马克思恩格斯文集：第 8 卷 [M]. 北京：人民出版社，2009.

马克思恩格斯论新闻 [M]. 北京：新华出版社，1985.

马克思 .1844 年经济学哲学手稿 [M]. 北京：人民出版社，2018.

马克斯威尔 . 质的研究设计：一种互动的取向 [M]. 朱光明，译 . 重庆：重庆大学出版社，2007.

多种声音，一个世界 [M]. 北京：中国对外翻译出版公司，1981.

麦克卢汉，秦格龙 . 麦克卢汉精粹 [M]. 何道宽，译 . 南京：南京大学出版社，2000.

孟德斯鸠 . 论法的精神：上 [M]. 张雁深，译 . 北京：商务印书馆，1961.

齐林斯基 . 媒体考古学 [M]. 荣震华，译 . 北京：商务印书馆，2006.

施拉姆，波特 . 传播学概论 [M]. 陈亮，等译 . 北京：新华出版社，1984.

斯拉姆，等．报刊的四种理论［M］．中国人民大学新闻系，译．北京：新华出版社，1980.

瓦耶纳．当代新闻学［M］．丁雪英，等译．北京：新华出版社，1986.

威廉斯．关键词：文化与社会的词汇［M］．刘建基，译．北京：三联书店，2005.

维纳．人有人的用处［M］．陈步，译．北京：商务印书馆，1978.

韦斯特，特纳．传播理论导引：第2版［M］．刘海龙，译．北京：中国人民大学出版社，2007.

沃尔克．网络新闻导论［M］．彭兰，等译．北京：中国人民大学出版社，2003.

新闻自由委员会．一个自由而负责的新闻界［M］．展江，王征，王涛，译．北京：中国人民大学出版社，2004.

雅斯贝尔斯．存在与超越［M］．余灵灵，徐信华，译．上海：上海三联书店，1988.

后　记

　　这是我承担的"高等学校全国优秀博士学位论文作者专项资金资助项目"《理论新闻学系列专论研究——新闻本体论、新闻真实论、新闻道德论》（200314）的又一成果，是三本专著中的第二本。第一本《新闻真实论》已于 2006 年由中国人民大学出版社出版，之后得到了不少好评，当然也获得了不少善意的建议，这些都给我的研究工作添加了宝贵的动力。这里首先特别感谢教育部有关部门给予的大力资助。

　　关于新闻本身的问题人们讨论的实在很多，论著可谓汗牛充栋，论文更是不计其数；但深入、细致特别是有创见的讨论其实并不多。这部《新闻本体论》是我对"新闻"本身所做的一次比较系统的思考。新闻是新闻学中的大问题，但看上去又是一个具体的小问题。德国有位学者说得很朴素，但很实在有用，他说："踏踏实实地去写那些细小的事物，要比不着边际地写那些伟大的事物要有用处。"① 我不希望自己"不着边际"，我是

---

① 齐林斯基. 媒体考古学 ［M］. 荣震华，译. 北京：商务印书馆，2006：69.

把新闻本体作为一个小问题来写的，而且自认为"踏踏实实"。视为"小问题"，是想有一种仔细把玩的态度、来回琢磨的情怀。希望我没有辱没这个实际上的大问题、新闻学的根本性问题。理论研究既需要站得高、看得远，也需要坐得低、看得细。宏观只有和微观结合起来，宏观才是有实际意义的；微观只有具备了宏观的境界，大致才不会弄错了方向。不管哪个层次的研究，一定是各有各的用处，各有各的长处，研究者之间没有必要在这些问题上互相过意不去、争高论低。

写作过程中，始终萦绕脑际的两个问题是：我做这些研究的目的到底是什么？我们的新闻理论研究目标又是什么？我总觉得，整个新闻学界还没有足够的学术目的自觉和自省。也许别人都是清醒的，唯独我是糊涂的。那我就非常坦然地承认、真诚地期望，能够得到清醒的人们的指点。我以为，我所做的所有研究，除了解决相关问题的直接目的之外，就是要为确立合理的、合乎时代要求的新闻观念做一些力所能及的基础性工作。当然，也在为我以后可能要做的"更要紧"的研究做一些准备和铺垫。记得德国哲学家费尔巴哈讲过这样的话，"作为起源，实践先于理论；一旦把实践提高到理论的水平，理论就领先于实践"，然而，理论能否真正领先于实践，不只是把实践提高到理论水平的问题，关键还在于理论的创造者是否能够提出领先于又不脱离于实践的理论。人们都说，中国的新闻实践已经远远把新闻理论抛在后面了，姑且认为这样的判断是真的。那就意味着，理论要指导实践，对我们来说，既是一个十分艰难的过程，也是一项艰巨的任务，需要所有理论工作者的努力和奋斗。

我的写作还是保持了我一贯的风格，只论述、解释和说明，很少举例。我以为，对基础理论研究来说，梭伦所说的"如果你熟悉了原理，你还会关心难以计数的事例和应用吗？"的话是真切的。当然，对于原理加举例或者二者有机融合的写法我也并不拒绝和鄙视，那是另一种风格和境界。何况，熟悉原理的基础，一定是"难以计数的事例"，一定是新闻传播实践。我现在之所以还做不到"理论联系实际"的较高境界，主要还是因为自己的学养与经验不足。信手拈来，融会贯通，那是大境界、高境界，是我向往和努力的方向。

　　同样一如既往，我把自己看成一个新闻学术领域的普通思想者，而不是典型的实证或者经验研究者（说老实话，事实上也不是，我也没有足够的能力）。我依赖的主要方法仍然是观察的、描述的、分析的和思辨的（这基本上属于传统意义上的定性方法，实际上在总体上可以称为哲学方法），而不是实证的（实证方法是科学性的研究方法），当然也离不开一个学者特有的生存特别是生活经验、体验、体会甚至是顿悟。（这大概被称作非理性的、非思考的、直觉的不是方法的方法，这样的方法可以称为艺术性的方法。）有人羞于承认这一点，以为这样就是背离科学精神，降低了研究成果的可信度。果真如此，他们就既忽略了人性的丰富性，又忘记了理性的有限性，在一定程度上还可以说没有真正理解新闻学的人文性质。如果他们看看被认为是真正具有科学面貌的自然科学成果是怎么创造出来的，就会对并不怎么像科学的人文社会科学的研究方法有一些更加全面的看法。正因为这样，我对于诸多新闻基本问题的看法或观点，更多的是提供观察、分析、思考问题的角度，提供一些新的解说阐释方法、概念和逻辑，而不是具体的知识或真理。我讲的很可能是一些道理。但话说回来，我并不试图通过无根据的想象或者幻想去塑造理论的逻辑、弥补客观的逻辑，对我这个多多少少懂点哲学思想史的人来说，很明白那是德国古典哲学的一大毛病，受到了作为伟大革命家、思想家的马克思的尖锐批判。① 对

---

　　① 包括黑格尔在内的传统哲学家们往往"用观念的、幻想的联系来代替尚未知道的现实的联系，用想象来补充缺少的事实，用纯粹的臆想来填补现实的空白"。参见马克思恩格斯全集：第28卷 [M]．2版．北京：人民出版社，2018：355.

一个研究者来说，我以为，还是应该运用自己比较熟悉的方法，去解决这种方法容易解决的问题。不要赶时髦，用自己"半生不熟"的方法去解决所谓的难题，这样会一无所获的。不同的方法，有不同的用场，不同方法也有各自的长处和短处。方法是不可完全互换的。哲学方法和艺术性的方法，很难甚至不可能求得自然科学意义上的真理，它们更多的是讲道理的方法；实证方法基本上属于求取真理的方法，但它很难代替哲学方法和艺术性的方法。我相信（似乎成了非理性），哲学方法和艺术方法具有不可替代的创造性，有其永远存在的理由。道理和真理并不完全是一回事，但它们之间到底是什么关系，恐怕并不是我这里三言两语能够讲清楚的问题，还是留给善于概念辨析的哲学家们去做吧。

我是一个对外界感觉相对比较迟钝的人，不太容易洞察那些最新传播现象的深刻意义，也不大能够及时讨论和发表对那些时髦话题的睿智见解。只是在人们蜂拥而过的大路小路上甚或是荒野中，我乐于和喜好捡拾他们留下的硬骨，像中国中央电视台《动物世界》栏目中讲述的一种苍鹰一样，反反复复把骨头用双爪抓起，奋力飞向高空，然后用犀利的眼睛寻找着地面的坚石，一旦发现，便迅速松开鹰爪，将骨头抛向石头。尽管有时抛得准确，有时抛得不着边，但最终结果是可以想象的，也是美好的，骨髓在骨裂或者骨碎声中迸射或者流泻出来，苍鹰盘旋落地，一边吸食骨髓一边捡食碎骨，之后，则可数日甚至数月不食，漫漫消用，一边游览浩瀚长空，一边再寻战机。

我深知，"思想并不是一件超然与静态的事，而需要深深地与生活结合在一起"①。生活是有价值诉求的过程，正像生命并不单纯是自然的过程一样。作为一个思想者，必须自觉发明原创性的见解、创造新的思想观

---

① 孙正聿.崇高的位置［M］.长春：吉林人民出版社，2007：126.

念，更为重要的是，必须明白知识为谁所用，思想为谁所思。这一点，虽然我不停地审问自己，但我的内心还是比较清楚的。我所做的一切，如果还能够算得上是学术研究的话，那就是为了确立一种在我看来是合理的、正当的、有意义的、时代性的新闻观念。这样的新闻观念是什么、应该是什么，我在《新闻观念论》一书中做了描绘和探究。

我之所以选择新闻理论中的基本问题，一个一个进行解剖，就是因为在我看来，它们是稳定的、基本的问题，它们可以说是永远的问题。至于说什么样的问题是基本问题，什么样的问题不是基本问题，我想不是由我主观认定的，也不是按照我的兴趣选择的。基本问题是在人类新闻活动的历史过程中形成的，也是在新闻学术发展过程中造就的，不是谁愿意承认还是不承认的问题。理论逻辑与现实逻辑有其天然的一致性，这不仅是我们的信念，也是我们进行理论研究的哲学前提（对这一前提的批判是哲学家们的事情）。对新闻理论和新闻实践中诸多基本问题的时代性解决，能够建立起时代性的新闻观念，也就能够建立起时代性的新闻理论解释框架。这种框架的合理表现应该是富有个性的、丰富多彩的，只要是时代性的探索，就能够体现时代性的要求。

推动新闻理论研究发展的根本动力，当然不仅仅是研究者们思想的力量、精神的力量，而是迅猛发展的整个新闻传播业的力量，新闻实践的力量，日新月异的传播技术的力量。在它们的背后，隐藏着最根本的动力，这就是社会的需要和时代的呼唤。然而，这些根本力量的推动，必须通过新闻研究者们的观察、分析、研究、反思的精神中介。没有研究者的发现和自觉，探索和反思，概括和总结，深究和高瞻，细察和明见，新闻理论不会展现出时代性的面貌。如果理论一再落后现实发展，一再不能给现实指出或者至少是提供方向性的信息的话，那就不只是理论自身的疲软贫困问题，还必将使现实陷入迷茫和不知所措。我们在今日中国新闻传播现实中看到的种种矛盾和怪象，已经在一定程度上表明了理论的懒惰和无能。在我看来，理论研究不能一味停留在或者跟随着现象的变幻发表一些智巧的、支离破碎的看法，而必须有一部分人沉下心来，探究那些具有长久意味的基本问题，为建构足以能够不断生发新的新闻观念的开放性新闻理论体系奠定基础。

理论既规范着理论研究自身，也规范着实践活动，这是理论最重要的也是最基本的功用。有学者非常清晰地写道："理论在观念上规范着人们想什么和不想什么、怎么想和不怎么想，即规范着人们的思想内容和思维方式；理论又在实践上规范着人们做什么和不做什么、怎么做和不怎么做，即规范着人们的行为内容和行为方式。"① 理论的功用来源于它既是对一定对象的概念反映，也是对一定主体目的的概念把握，它把合规律性与合目的性有机地统一起来了。对理论功用、价值的自觉，是当前新闻基础理论研究中亟待强化的意识。新闻研究领域中的"理论无用论"实际上是存在的，并且具有蔓延的趋势，其中，基础理论研究队伍的缩减就是一个明证，而基础研究成果不太好发表是另一个有力的证据。至于新闻专业教育中忽视理论教育的现象，更是越来越严重的现象。我在《新闻精神论》（中国人民大学出版社，2007 年版）中说过，新闻教育的重点其实不是专业技能，而是新闻精神的培养。有人问我为什么，我的回答是：专业技能的门槛对于新闻职业来说，实在是不怎么高，但新闻精神、社会责任这个有形而又无形的门槛是无限高的，谁要跨入新闻职业都是艰难的，而现实如何呢？

说老实话，这部著作写得比较艰辛，用时也比较长。新闻本体也像我研究的新闻事实、新闻价值、新闻真实等问题一样，是"老掉牙"的问

① 孙正聿．探索真善美 [M]．长春：吉林人民出版社，2007：43.

题。对老问题提出新看法，实在不是一件容易的事情。但我觉得，真正有价值的问题，并不是纯粹按照新旧来衡量的，有些老问题，像新闻事实、新闻价值、新闻真实、新闻本体等，总是蕴含着大量的新问题，它们就像是"英雄母亲"，总是能够孕育、生发出诸多有价值、有意义的新问题，而这些问题的"儿女"们，则会生发出更多的理论问题和实践问题。因此，我对这些老问题充满了热情和兴趣；我希望以自己的方式，能够站在时代的平台上，对它们阐发出新的有意义的看法，激发人们更多的思考和探索；我希望通过我的研究，能够生发出具有时代性价值的新问题。这样，老问题就变得更有魅力，老问题也就有了时代性的内容。

每每写完一部书稿，我的感谢、感激之情便油然而生。

感谢我的导师童兵教授、师母林涵教授，尽管他们远在上海，但在我需要得到指点或者帮助的时候，他们总是满怀热情并细致入微。他们不仅关心我的教学和科研，还总是像父母一样，一通电话总会"唠唠叨叨"要我这个学生注意锻炼、注意饮食、注意身体。导师就是导师，师母就是师母，这是任何其他角色都不可替代的一种角色，而导师和学生之间的关系，是任何其他关系都不可替代的一种关系，是和亲情关系近乎一样的一种特殊的感情关系。

感谢我的博士后研究合作导师、中国传媒大学的曹璐教授，她对我的态度就更像是一位慈爱的母亲了。她从不给我的科研"加油"，让我由着性子去做，而是一贯制地提醒我慢一点、缓一点，少写一点，多陪爱人、孩子玩一点。她的那份来自心底深处的关爱，给我的将是永恒的温馨。拥有这样的导师，本身就是莫大的财富，更是一种享受不完的幸福。

感谢我的父母、我的岳父岳母，是他们的理解和无形的支持，才使我有更多的时间和精力投入到教学和科研之中。他们其实并不大清楚我究竟在做什么，只知道我在大学读书、教书、写书，很忙。但在他们看来，读书、教书、写书都是很重要的事情，不能让自己的孩子分心。我衷心祝福老人家们心情愉快、健康长寿。

我更要深深感谢我的爱人成茹。每当得知我要写感谢她的话语，她总是说不要写，夫妻之间有什么谢不谢的。但我自己深知，我的每一部著作背后都有她付出的辛劳，我的那份安心、宁静与泰然，离开她的操劳是不可能存在的。

感谢中国人民大学新闻学院所有的老师，他们的辛勤与智慧共同创造了新闻学院的今天。我愿通过高质量的教学和创新性的科研，为新闻学院的继续发展，奉献自己的微薄之力。

我要特别感谢中国人民大学出版社人文分社对我的一贯关心和支持，特别感谢本书责任编辑一贯的尽心尽力与一丝不苟。我最近几年撰写的几部著作，都是由他们直接主持、编辑出版的。他们对我来说，已经不是一般的出版者、编辑者，而是真诚的良师益友。如果说我这些年来在新闻基础理论研究领域确实取得了一点成绩，那与他们的支持是绝对分不开的。再次谢谢他们的无私提携和帮助。同时，也非常感谢中国人民大学出版社的支持和帮助。

一如既往，感谢所有帮助过我、关心着我的朋友们。我同样也会一如既往地努力，在教学、科研的道路上继续前行。

杨保军

2007 年 12 月 28 日

于北京世纪城

图书在版编目（CIP）数据

新闻本体论／杨保军著. -- 2版. --北京：中国
人民大学出版社，2024.1
中国新闻传播学自主知识体系建设工程
ISBN 978-7-300-32332-9

Ⅰ.①新… Ⅱ.①杨… Ⅲ.①新闻学－研究 Ⅳ.
①G210

中国国家版本馆 CIP 数据核字（2023）第 218077 号

中国新闻传播学自主知识体系建设工程
当代中国新闻理论研究
新闻本体论（新修版）
杨保军　著
Xinwen Bentilun

出版发行	中国人民大学出版社				
社　　址	北京中关村大街 31 号		邮政编码	100080	
电　　话	010 - 62511242（总编室）		010 - 62511770（质管部）		
	010 - 82501766（邮购部）		010 - 62514148（门市部）		
	010 - 62515195（发行公司）		010 - 62515275（盗版举报）		
网　　址	http://www.crup.com.cn				
经　　销	新华书店				
印　　刷	中煤（北京）印务有限公司		版　　次	2008 年 11 月第 1 版	
开　　本	720 mm×1000 mm　1/16			2024 年 1 月第 2 版	
印　　张	26.75 插页 3		印　　次	2024 年 1 月第 1 次印刷	
字　　数	338 000		定　　价	119.00 元